本书配套资源

读者学习资源

1. 书中历年真题的参考答案。
2. 国家教师资格考试历年真题试卷及答案解析。
3. 国家教师资格考试全真模拟题试卷及答案解析。
4. 与国家教师资格考试相关的法律、法规、纲要等。

读者扫描右侧二维码，即可获取上述资源。
一书一码，相关资源仅供一人使用。

34461 教育学基础（小学）
（第二版）
请刮开后扫描获取本书资源
本码2030年12月31日前有效

教师教学资源

本书配有教学课件，如任课老师需要，可扫描右边二维码，关注北京大学出版社微信公众号“未名创新大学堂”（zyjy-pku）索取。

· 课件申请
· 样书申请
· 教学服务
· 编读往来

普通高等教育“十四五”规划教材
教师教育“课证融合”系列教材

FOUNDATION OF EDUCATION

教育学基础

（小学）

（第二版）

组织编写　教师教育“课证融合”系列教材编委会
主　　编　汪　波
副 主 编　季旭峰　李　琦　何君辉
参　　编　（按姓名拼音排序）
陈旭峰　胡春丽　胡旭红　金红华
李文田　林红慧　龙　勇　卢晓静
王德才　徐正林　薛忠英　姚玉香
赵　蕊　邹婧祎

北京大学出版社
PEKING UNIVERSITY PRESS

图书在版编目（CIP）数据

教育学基础. 小学 / 汪波主编. —2 版. —北京：北京大学出版社，2024. 1
教师教育“课证融合”系列教材
ISBN 978-7-301-34461-3

Ⅰ. ①教… Ⅱ. ①汪… Ⅲ. ①教育学—小学教师—资格考试—教材 Ⅳ. ①G40

中国国家版本馆 CIP 数据核字（2023）第 176826 号

书　　名　教育学基础（小学）（第二版）
JIAOYUXUE JICHU (XIAOXUE) (DI-ER BAN)
著作责任者　汪　波　主　编
策 划 编 辑　胡　媚
责 任 编 辑　胡　媚
标 准 书 号　ISBN 978-7-301-34461-3
出 版 发 行　北京大学出版社
地　　址　北京市海淀区成府路 205 号　100871
网　　址　http：//www. pup. cn　新浪微博：@北京大学出版社
电 子 邮 箱　编辑部 zyjy@pup. cn　总编室 zpup@pup. cn
电　　话　邮购部 010-62752015　发行部 010-62750672　编辑部 010-62704142
印 刷 者　三河市北燕印装有限公司
经 销 者　新华书店
787 毫米×1092 毫米　16 开本　21 印张　500 千字
2018 年 9 月第 1 版
2024 年 1 月第 2 版　2025 年 6 月第 2 次印刷
定　　价　78.00 元

教师教育“课证融合” 系列教材

编 委 会

教师教育“课证融合”系列教材

第二版总序

教师教育“课证融合”系列教材牢牢把握教材建设的政治方向和价值导向，将党的教育方针全面体现到教材中，注重思想性与专业性的结合，强化教师教育“课证融合”，及时、准确反映学科发展最新成果，引导学生在掌握教育教学知识与技能的同时，提高思想政治素养，自觉践行社会主义核心价值观，实现知识掌握、能力培养与价值塑造的协同发展。

教师教育“课证融合”系列教材第一版出版后，受到了相关院校师生的充分肯定和欢迎，我们为之感到欣慰和鼓舞。本次修订深入贯彻落实党的二十大精神，坚持以习近平新时代中国特色社会主义思想为指导，在教材编写思路和理念上保持了原有特点，增加了学科理论与实践改革的最新成果和课程思政等内容，充分吸纳广大师生在教学中的意见和建议。

一、编写背景与意图

党的二十大报告指出，“教育、科技、人才是全面建设社会主义现代化国家的基础性、战略性支撑。必须坚持科技是第一生产力、人才是第一资源、创新是第一动力”，我们要“完善人才战略布局，坚持各方面人才一起抓，建设规模宏大、结构合理、素质优良的人才队伍”。培养造就大批德才兼备的高素质人才，是国家和民族长远发展大计，也是我国当前重要且迫切的任务。提升教育质量，培养优秀教师，又是培养人才的前提和基础。

2000 年 9 月 23 日教育部颁布《〈教师资格条例〉实施办法》，标志着教师资格制度在全国正式实施。该实施办法规定：“国务院教育行政部门负责全国教师资格制度的组织实施和协调监督工作”（第四条），“依法受理教师资格认证申请的县级以上地方人民政府教育行政部门，为教师资格认定机构”（第五条）。这个阶段教师资格认定的具体工作由地方政府教育行政部门负责。

2011 年我国开始在浙江和湖北试行教师资格国家统一考试制度，并于 2013 年 8 月 15 日发布《中小学教师资格考试暂行办法》《中小学教师资格定期注册暂行办法》，明确规定，“教师资格考试实行全国统一考试”。

如此，师范生的培养将面临专业养成与资格证书获得的双重任务。师范院校就不得不思考一系列问题：职前教师教育与教师资格考试如何有机融合？教师教育的课程设置与教学方式应该如何适应国家教师资格考试？现有的教学大纲和内容如何与国家教师资格考试大纲相融合？职前教师教育的评估与考试如何进行？…… 为了应对上述问题，北京大学出版社经过多年的实地调查与理性论证，审慎地决定编写一套“教师教育‘课证融合’系列教材”，力图保证教师教育专业的学术品位，同时又能兼容国家教师资格考试的考试大纲内容。

出于这样一种思路，“教师教育‘课证融合’系列教材”在深入地分析了《教师教育课程标准（试行）》《幼儿园教师专业标准（试行）》《小学教师专业标准（试行）》《中学教师专业标准（试行）》，以及国家教师资格考试标准、教师资格考试大纲等若干文件的基础上，结合现有的师范院校全日制本科生及研究生所开设的相关教师教育类必修课程的知识结构梳理出编写框架，希望其既能具有学科的逻辑体系，又能覆盖教师资格考试大纲的知识要点，让师范生在获得毕业证的同时又能够获得教师资格证书；既能符合师范类各专业人才的培养目标，适应当前我国对教师教育领域的人才需求，又能满足国家教师资格考试的要求，帮助师范生在获得教师教育专业知识与技能的同时获得从事教师职业的资格。

二、编写原则与体例

（一）编写原则

“教师教育‘课证融合’系列教材”在编写过程中，遵循以下三个原则：

1. 专业知识与应试技能相结合

尽管通过国家教师资格考试是本套教材所追求的目标之一，但通过考试并不是最重要的目标。更重要、根本性的目的是通过本套教材的学习能够让学生系统地掌握教育的基本原理，理解并能运用教育的基本规律与原则，获得从事基础教育工作的基本技能与技巧，为成为一名优秀的人民教师奠定坚实的理论与技能基础。因此，我们在编写时既注意学科知识与原理的系统介绍，也重视资格考试知识点的梳理与解释，更加关注教育教学能力的培养与解决问题能力的形成，使本套教材既能用于正规的课堂教学，又适用于学生应对国家教师资格考试。

2. 理论思维与实战模拟相结合

一名优秀的人民教师需要有深厚的教育理论修养，必须具备教育学的思维，因此我们在编写时特别注意对学生进行教育学思维的培养，强调教育基本逻辑与基本范式的学习，使学生能够运用教育学的思维阐释教育现实问题，进而形成自己的教育思想。但“有知识的人不实践，等于一只蜜蜂不酿蜜”（古波斯诗人萨迪语），因此，我们在编写时特别注意理论知识与实践操作之间的联结，每节都有原理与知识点的概括，并有针对性的案例分析、试题举例和学习方法导引等。概括地说，本套教材既强调教育原理运用于解释现实问题的方法论引导，又注重教师资格考试的针对性训练。

3. 课堂讲授与课外练习相结合

教材是教师和学生用于教与学的材料，是师生双方共同使用的材料，只有师生配合才能获得最大的效益。任何优秀的教材都有两个特点：内容安排科学，符合教学规律，教师使用方便，即“能教”；学科知识逻辑清晰，练习形式多样，即时练习资源丰富，即“能学”。因此，本套教材在编写时既强调要方便教师的教（配套的教学课件、重点知识提示等提供了这个方便），又强调要方便学生的实践运用和复习巩固（配套的同步练习与模拟考试卷提供了这个保障），保证教师指导作用和学生主观能动性的充分发挥，有助于避免“教师只讲不听，学生只听不练”的弊端。

（二）编写体例

在编写体例上，“教师教育‘课证融合’系列教材”由学习目标、学习重点、学习导引、正文、知识结构等部分组成。学习目标，让师生明确教学的方向与标准；学习重点，明确知识的逻辑结构与核心知识点；学习导引，指明学习路径与学习方法；正文，系统地呈现相关知识；知识结构，简明地呈现本章的知识要点。正文部分，首先由一个简短的案例导入，引出本章的学习主题，激发学习者思考的兴趣。每节在介绍相应的知识体系外，都有相关的试题样例供学生思考与练习。每节最后都有本节重要知识点的概括，并有相关的学习方法提示。每章最后都有一个简短的小结，让读者对本章的思路有一个总体的把握。

三、教材特色与使用建议

（一）教材特色

“教师教育‘课证融合’系列教材”具有以下四个特色：

1. 内容体系完整

本套教材依据学科的逻辑结构，结合教师教育课程标准、教师专业标准、国家教师资格考试标准、教师资格考试大纲等进行编写，内容体系既保证有严密的学科逻辑，又保证国家政策文件规定的知识点的落实，力图将它们科学地加以融合，既保证学科内容体系的完整性，又兼具资格证考试的针对性。

2. 备考实用性强

本套教材在原有教材“学术性”的基础上增加“备考性”，即为通过国家教师资格考试做准备。教材通过真题的诠释，详尽细实地介绍各学科考试的基本内容、命题特点、考试题型、答题技巧、高分策略等，让考生对国家教师资格考试有一个具体而接地气的了解；书中罗列的真题与解析、练习题、模拟试题、知识结构图等，为考生提供模拟的考试环境，帮助考生在实战演练中提升自己的能力。

3. 考点全面覆盖

本套教材中知识点的选择基于两种路径：一是依据学科知识结构和教师资格考试大纲选择，二是根据对历年国家教师资格考试真题的考点梳理。据此梳理和确定每章每节的知识点，而后再根据学科的逻辑结构进行组织与编写。因此，本套教材几乎涵盖了国家教师资格考试的所有考试内容。

4. 线上线下融合

本套教材是一套创新型“互联网+”教材。教材在内容上力图融合学科内容与考试大纲规定的知识点；在体例上，坚持以学生为本，为学生掌握学科知识和应对教师资格考试提供支持；在呈现方式上，应用现代网络技术，教学资源立体配套，使教师和学生能够运用手机、计算机等电子设备随时随地学习。除了线下教学之外，手机二维码、微视频、在线咨询等拓宽了学生的学习时空。

（二）使用建议

“教师教育‘课证融合’系列教材”是团队合作的产物，由北京大学出版社组织全国数十所高等学校联合编写，由于各校情况迥异，因而在使用时学校可以因校制宜，选择适合自己的方案。下面的使用建议仅供使用者参考。

1. 课时安排

课程	周课时	总课时	备注
教育学基础（中学）	2	36	不包括实践类课时
心理学（中学）	2	36	不包括实验课时
教育学基础（小学）	3	54	不包括实践类课时
心理学（小学）	3	54	不包括实验课时
学前教育学	3	54	不包括实践类课时
学前儿童发展心理学	3	54	不包括实验课时
学科课程与教学论	3	54	根据学科性质调整

2. 教学方式

建议以讲授与讨论为主。讲授时注意：①讲清学科逻辑结构，给学生一个完整的理论框架；②梳理每章的知识逻辑，特别注意根据知识的内在逻辑讲授各知识点，教给学生特定的教育学思维；③讲授过程中注意方法论的引导，讲清各种题型的答题技巧；④每次课后灵活运用国家教师资格考试历年真题进行同步练习，并即时分析与评价，让学生在实战中理解与运用解决问题的技巧。

3. 考核评价

课程考核由三大类组成：平时成绩（主要是课堂表现、练习册完成的数量与质量）、课程论文与社会实践或实验、期末闭卷考试。

计分采用百分制。平时各类成绩占 60%，期末成绩占 40%。

希望本套教材的出版，能够帮助考生顺利通过国家教师资格考试，并为国家培养教师教育领域的优秀人才做出我们应有的贡献。

教师教育“课证融合”系列教材编委会
2023 年 7 月

目 录

第一章

教育与教育学

☞ 学习完本章，应该做到：

◎ 了解：教育、教育学产生与发展的基本历程。

◎ 识记：教育学发展过程中的著名教育家及其主要观点、代表作。

◎ 理解：教育、教育学的概念，教育的本质属性，学习教育学的意义。

☞ 学习本章时，重点内容为：

◎ 教育的概念、本质属性、起源与发展，教育学的发展。

☞ 学习本章时，知识要点与具体方法为：

本章内容按“教育是什么—如何产生—如何发展”“教育学是什么—如何产生—如何发展”这两条主线展开。首先在厘清教育内涵的基础上理解教育的本质，在了解教育产生与发展的过程中进一步加深对教育内涵与本质的理解。其次在了解教育学产生与发展的过程中，认识著名教育家及其代表作和主要观点。学习本章内容要注重联系历史知识、联系生活。

【引子】

教育学究竟是怎么一回事——略议教育学的基本概念（节选）

如今，拿教育说事的洋洋大作成堆，教育学人（学士、硕士、博士）成阵，“教育学家”云集，以致教育学几乎成为常识性的学科领域。问题在于，教育学究竟是怎么一回事？其中有什么独到的见识？它是否已经成为一种以经验事实为依据，按照通行的学术规范建构的理论？这便同这门学科理论能否成立、是否成熟相关。

如果说教育学以教育问题为研究对象，那么“教育是什么”（教育元概念）便是其中一个前提性质的问题。因为任何一门基础性质的学科，只有形成本学科的专门概念，并且尽可能严格地保持自身的基本概念，进而培植出本学科独立的见识，作为研究范围的核心，才可能在林立的基础学科群中具有独立设置的价值。①

教育是每个人都很熟悉的词语，任何人都可以围绕“教育”谈上几句。从牙牙学语到如今成为一名接受教育学专业训练的大学生，需要接受十几年教育，你是如何理解“教育”的？“教育学”比“教育”仅多一个“学”字，“教育学”又该如何理解呢？

---

① 陈桂生．教育学究竟是怎么一回事：教育学辨析［M］．上海：上海教育出版社，2020:5-6.

第一节　教育及其产生与发展

"任何人，只要他愿意且诚心谈论教育问题，并力图使他的谈论进入一种专业的境界，那么，他必然面对着一个最基本的问题，即教育是什么。"① 学习教育学首先必须要搞清教育是什么的问题。

一、教育的内涵

（一）教育的词源

教育是与人类同始终的一种社会现象。"教"字在甲骨文中就已多次出现，是指儿童在成人执鞭监督下习文之事。《说文解字》对"教"与"育"这两个单字的解释是，"教，上所施，下所效也""育，养子使作善也"。"教"与"育"这两个字在春秋前尚未合成一个词使用，最早将"教""育"两字合成"教育"一词的是《孟子·尽心上》。孟子曰："君子有三乐，而王天下不与存焉。父母俱存，兄弟无故，一乐也；仰不愧于天，俯不怍于人，二乐也；得天下英才而教育之，三乐也。"

"教育"成为常用词，在我国是 20 世纪初的事。② 1901 年 5 月，罗振玉在上海创办了最早以"教育"命名的杂志《教育世界》。在其创刊号上，王国维先生提到了"教育学"这门新学问，因而"教育"一词一跃成为理论术语。此后，译界翻译了大量的西方和日本的教育著作，使"教育"一词迅速走向中国的知识界，走向师范学校，也使其具有现代"教育"的含义。

从词源上看，"教育"一词，在汉语中的意思是上一代对下一代的培养。它往往被看成是一种积极的活动或者外塑的行为，如塑造、陶冶、训练、宣传、灌输、说教、规劝、训示、改造、教化、感化等，通常可以一概称之为"教育"。西文中的"教育"含有"内发"之意，强调顺其自然，把自然人身上所固有或潜在的素质引发出来，成为现实的发展状态，具有"启发"之意。

（二）教育的概念

教育是人类特有的培养人的社会实践活动。教育有广义、狭义和特指之分。

1. 广义的教育

广义的教育是指有目的地影响人的身心发展的活动。教育是一种影响活动，但并不是所有的影响活动都是教育。对人的影响可能来自自然界。例如，天气变化、自然风光、野生动物或家养宠物等都可能对人产生影响，这种影响能称作教育吗？一个人到北京旅游，参观了长城、游览了圆明园……他觉得自己收获很大，而后说："这次旅行对我教育很大。"这里的旅行是教育吗？除非是有意地安排对学生进行某些方面教育

① 周浩波．教育哲学［M］．北京：人民教育出版社，2014：13．

② 黄向阳．"教育"一词的由来、用法和含义［M］//瞿葆奎．元教育学研究．杭州：浙江教育出版社，1999：110．

的活动才可以称为教育。教育是有目的的社会现象，是指一个人或一群人有目的、有意识地对另一个人或另一群人施加的影响。教育的目的性特征就排除了自然界对人的影响。那么，“棍棒底下出孝子”的所谓的“棍棒教育”是教育吗？至少不是现在所倡导的教育方式。教育应该是以人为本，以受教育者可以接受的、道德的方式施加的影响，而且主要是积极的精神影响，阻碍人发展的、消极的影响也不是教育。

广义的教育包括家庭教育、学校教育、社会教育三种教育形态。家庭教育是基础，学校教育是主导，社会教育是依托，只有形成“三结合”的教育合力，才能更好地促进人的发展。

历年真题

【1.1】发挥教育合力必须注意三种教育形态的有机结合，这三种教育形态是（　　）。

① 家庭教育　② 学校教育　③ 社会教育　④ 自我教育

A. ①②④　　B. ①③④　　C. ①②③　　D. ②③④

2. 狭义的教育

狭义的教育是指学校教育。学校教育是教育的下位概念，既含有“教育”这一上位概念的一切属性，又有自己的特点。首先，学校教育中有明确的影响者（教师）与被影响者（学生），有固定的场所（学校），一般是指教师在学校中有目的、有意识地对学生施加的影响。其次，与家庭教育、社会教育相比，学校教育有更加严密的计划性，并且大多是以教与学为基本表达形式进行的影响活动。概括而言，学校教育是指在学校中，由教师组织和实施的有目的、有组织、有计划地以教与学为主要方式，对学生的身心施加积极影响的活动。

历年真题

【1.2】学校教育的直接目标是（　　）。

A. 推动社会发展　　B. 增强人的体质

C. 增进社会公平　　D. 促进人的发展

3. 特指的教育

除广义和狭义的教育外，在学校教育中，为了表现对德育工作的重视，或者强化学校的道德教育功能，往往把“教育”从最狭义的角度进行限定，特指思想品德教育。思想品德教育一般有三大内容：政治教育、思想教育、品德教育。

（三）教育的本质

教育是什么？教育是一种影响人的发展的社会活动。它与其他社会活动有何区别？教育是有目的、有意识的，以影响人的身心发展为直接目标的社会活动，是专门培养人的社会实践活动。培养人是教育的质的规定性。概括起来，教育有以下几个方面的本质特征：

（1）教育是人类社会特有的一种社会现象，是人类有意识、有目的的影响活动，与动物的本能和自然的影响有质的区别。

（2）教育是人类社会特有的一种生活方式，产生于人类的生产劳动，是传承社会文化、传递生产经验和社会生活经验的基本途径。

（3）教育产生于人类生存与发展的需要，只要人类社会存在，教育就存在，具有永恒性。

（4）教育是以培养人为直接目标的社会实践活动，有别于其他的社会活动，具有相对独立性。

（5）教育作为一种社会现象，必然与社会发展息息相关，在不同的社会或同一社会的不同历史发展阶段，会表现出不同的特点，具有历史性。

历年真题

【1.3】教育产生的根本原因是（　　）。

A. 社会经济发展的需要　　B. 国家政权稳定的需要

C. 人类文化传承的需要　　D. 人类生存发展的需要

【1.4】“只有通过适当的教育之后，人才能成为一个人。”夸美纽斯的这句话旨在说明教育是（　　）。

A. 培养人的社会实践活动　　B. 使人得以生存的活动

C. 传递社会经验的活动　　D. 保存人类文明的活动

（四）教育的要素

要素是指构成活动必不可少的因素，但并不包含活动中涉及的所有因素。教育者、受教育者、教育影响是构成教育的基本要素。

（1）教育者即影响的施加者，包括学校的教师，教育计划、教科书的设计者和编写者，教育管理人员以及参与教育活动的其他人员等。学校的教师是最重要的教育者和教育者的主体，在教育活动中起主导作用。

（2）受教育者或者称学习者，是指在各种教育活动中接受影响或从事学习的人。受教育者既包括学校中的学生，也包括各种成人教育机构中的学员。由于受教育者是具有主观能动性的人，学习者自身是决定学习成效的主要因素，所以受教育者既是教育的对象，又是学习和成长的主体。

（3）教育影响也叫媒介、教育载体等，是指介于教育者和受教育者之间、影响教育效果的各种中介因素，是教育实践活动的工具。教育影响主要包括教育内容、教育方法和教育手段等。

（五）教育的功能

教育功能要探讨的是“教育干什么”的问题，是指教育活动和系统对个体发展和社会发展所产生的各种影响和作用。根据不同的标准，教育功能可以划分为不同的种类。

1. 个体发展功能与社会发展功能

按教育功能作用的对象，可以把教育功能划分为个体发展功能与社会发展功能。

个体发展是指个体在生命全过程中（从出生到生命的终结），其身心诸方面所发生的一切积极变化，它是个体的潜在素质变成现实特征的过程。教育的个体发展功能是指教育对个体身心发展的影响和作用。促进个体发展是教育所预期的正向功能，即显性正向功能。这一功能是教育本质和教育目的的体现，因此也被称为教育的本体功能，成为派生其他功能的源泉。

教育的社会发展功能是指教育对社会发展的影响和作用，表现在教育对其他社会子系统的促进作用，包括人口、政治、经济、文化等方面。

2. 正向功能与负向功能

按教育功能的性质划分，可以把教育功能划分为正向功能与负向功能。

教育的正向功能也叫积极功能，是指教育对个体发展和社会进步的积极影响和作用。教育的个体发展功能、经济功能、政治功能、文化功能、人口功能等都是教育的正向功能。

教育的负向功能也叫消极功能，是指教育对个体发展和社会发展所产生的消极影响和作用。教育本身是有目的、以影响人的精神为主的积极的活动，但由于教育与经济、政治发展等不相适应，教育者的价值观或教育理念不正确，教育结构不合理等，可能导致教育阻碍个体或社会的发展。

3. 显性功能与隐性功能

按教育功能的呈现形式，可以把教育功能划分为显性功能与隐性功能。

教育的显性功能是指教育系统的参与者所筹划并觉察的客观结果。如促进人的全面和谐发展的教育目的的实现、促进社会繁荣进步等，都是显性功能的体现。

教育的隐性功能是指既非事先筹划，也未被觉察到的非预期性的客观结果，一般是伴随显性功能出现的。例如，学校教育复制了社会的分层，再现了社会的不平等，都属于隐性功能。

二、教育的起源

教育产生于人类生存与发展的需要，与人类社会同始终。但教育到底是怎么产生的？古今中外的学者们对此有各种不同的见解，大约有以下几种。

1. 生物起源论

教育的生物起源论的主要代表人物是法国社会学家、哲学家查尔斯·勒图尔诺和英国教育家托马斯·沛西·能，勒图尔诺是教育史上第一个将教育起源问题作为学术问题进行研究的学者。勒图尔诺认为动物生存竞争的本能是教育的基础。沛西·能认为：教育从它的起源来看，是一个生物学过程；生物的冲动是教育的主要力量。① 也就是说，持生物起源论观点的人认为，教育的产生完全来自动物的本能，是种族发展的

① 沛西·能. 教育原理［M］. 王承绪，赵端瑛，译. 北京：人民教育出版社，1992：8.

本能需要。教育的生物起源论混淆了人类社会和生物界的本质区别，将动物的本能与人类的教育进行类比，忽视了人类教育活动的社会性和目的性。

历年真题

【1.5】英国教育家沛西·能认为，教育是天生的而不是获得的表现形式，是扎根于本能的不可避免的行为。这一观点属于（　　）。

A. 神话起源说　　B. 生物起源说　　C. 心理起源说　　D. 劳动起源说

2. 心理起源论

教育的心理起源论的代表人物一般认为是美国教育史家保罗·孟禄。他在《教育史教科书》中讨论了原始教育问题。他认为：原始人从来没有达到过有意识的教育过程。即使就给予的训练而言，至多仅仅指明要做的事情的过程，而没有试图作解释或阐明，绝大部分纯粹是无意识的模仿。儿童仅仅是通过观察和使用“尝试—成功”的方法学习如何用弓箭骑射等。同时，他又认为原始社会中的儿童必需的知识是通过模仿而获得的。在幼年时，其模仿是无意识的。据此，有人推论教育起源于人类的无意识的模仿，这就是教育的心理起源论。

3. 劳动起源论

教育的劳动起源论是在批判和否定了生物起源论和心理起源论的基础上，在马克思主义理论的指导下形成的。苏联的教育学者（如康斯坦丁诺夫、伊凡·安德烈耶维奇·凯洛夫等）与我国的教育学者（如曹孚、王天一等）大多持这种观点。劳动起源论认为，教育起源于人类开始制造工具的时候，是在劳动过程中产生出来的。具体来说，它是在人类的群体劳动生产过程中，把个体和群体逐步积累起来的劳动生产知识、经验和技能，有意识和有目的随时随地传授给下一代，使人类自身和社会不断延续和发展下去。

除上述几种基本学说之外，在教育起源上还有神话起源说、交往起源说、生活起源说等多种不同观点。

三、教育的发展

自从有了人类也就有了教育。那么教育是如何发展的呢？从形式上看，教育的发展经过了从非形式化教育到形式化教育，再到制度化教育的发展历程。

1. 非形式化教育阶段

非形式化教育是指与生活过程、生产过程浑然一体的教育，没有固定的教育者，也没有固定的受教育者。这种教育方式自有了人类就产生了，一直到原始社会的解体。非形式化教育阶段的特征如下：

（1）教育主体与教育对象具有不稳定性；

（2）没有专设的教育机构，教育与社会生活融为一体；

（3）教育的内容只是为了满足社会生活和劳动生产需要（如行为规范、习俗经验、原始的宗教艺术、劳动的技能、体格锻炼等）；

（4）教育传播媒介主要是靠语言和形体示范；

（5）儿童在模仿成人的活动中学习。

2. 形式化教育阶段

教育的发展经历了从不定型到定型的过程，这就是教育的形式化过程。到了奴隶社会阶段，生产力的发展、脑力劳动和体力劳动的分离、文字的创造与知识的积累、国家机器的产生等，为学校的出现提供了条件。随着学校的出现，教育也就从非形式化教育阶段发展到了形式化教育阶段。一般认为，学校出现在奴隶社会。我国早在夏朝就出现了庠、序、校这样的学校教育形态。形式化教育阶段的教育具有如下特点：

（1）教育主体确定；

（2）教育对象相对稳定；

（3）形成系列的文化传播活动，所传播的文化逐步规范化；

（4）一般有固定的活动场所和或多或少的设备；

（5）由以上种种因素结合而形成独立的社会活动形态。①

历年真题

【1.6】中国最早的学校教育形态出现在（　　）。

A. 西周　　B. 春秋战国　　C. 夏朝　　D. 殷商

3. 制度化教育阶段

大约在19世纪下半叶，严格意义上的教育系统已经基本形成，以班级授课制的出现为标志，教育在其组织形态上又出现了第二次大的分化，即制度化教育和非制度化教育的分化，从此进入制度化教育阶段。在制度化教育的视野中，教育就等同于学校教育。学校教育制度的建立是制度化教育的典型表征。制度化教育具有下列特征。

（1）学校化。把教育等同于上学。

（2）制度化。明确规定各种制度，如入学制度、教学制度、考试制度、学籍管理制度等。

（3）封闭化。它按自身的特有的标准，以自身特有的规则、规范构筑壁垒，形成对其他系统、其他实体、其他过程的排斥性，导致正规教育“十分狭隘”。②

（4）标准化。用统一的标准与规格来管理，保持教育系统的一致性。

---

① 陈桂生．教育原理［M］．2版．上海：华东师范大学出版社，2000：34.

② 陈桂生．学校教育原理［M］．长沙：湖南教育出版社，2000：56.

重点提示

“教育”一词最早由孟子使用，具有“上所施，下所效”之意，王国维最早将“教育”一词当作术语使用。教育一般包括广义的教育、狭义的教育、特指的教育三个层次的含义。学习时要重点注意教育的基本特征，注意其与其他影响活动或训练活动的区别。此部分内容大多以选择题的形式进行考核，注意牢记一些“首次”提出的概念，理解教育特别是学校教育的本质。

第二节　教育学及其产生与发展

最开始，“教育学”（pedagogy）一词源于希腊语中的“教仆”（pedagogue），是指照料年幼男孩的奴隶，他们送孩子上学、接孩子回家、替他携带学习用品等，并没有其他太多的含义。经过扬·阿姆斯·夸美纽斯、伊曼努尔·康德、约翰·弗里德里希·赫尔巴特等一大批教育家的努力，终于完成了从“pedagogy”到“education”的过渡，使教育学获得了应有的学科地位。从“pedagogy”到“education”不仅是一个词的变化，其中隐含着教育学的产生与不断成熟的过程。本节将对这个演变过程进行简要的介绍。

一、教育学的概念

教育学是以教育现象、教育问题为研究对象，揭示教育规律，指导教育实践的社会科学。

教育现象是指教育活动外在的、表面的特征，包括教育社会现象和教育认知现象。教育社会现象是指反映教育与社会关系的现象，教育认知现象是反映教育与学生认知活动关系的现象。

教育问题是指人们从大量的教育现象中发现的、需要深入研究和探索的教育课题。教育问题是推动教育学发展的内在动力。

教育规律是指教育内部各要素之间，教育与其他社会现象之间，内在的、必然的联系和关系。探索教育规律用以指导教育实践，是教育学的基本任务。

教育学的产生要比教育现象的出现迟很多，它是在教育现象成为需要人们思考和着手解决的问题时才产生的一门学问。随着社会的发展，教育现象越来越复杂，在社会生活中的作用越来越大，需要人们专门进行探索。如我国古代的孔子、孟子，古希腊的苏格拉底、柏拉图、亚里士多德等哲学家、思想家们对教育问题的阐述，为教育学的产生奠定了良好的基础。

二、教育学的发展

根据教育理论的成熟程度、教育研究方法的不同等，教育学的发展历程可以划分为萌芽阶段、创立阶段、发展阶段、分化阶段等四个阶段。

1. 萌芽阶段

萌芽阶段也叫孕育期。其特点是：有教育思想但尚未形成独立的教育理论。我国古代的孔子就是最典型的代表。孔子 3 岁丧父，15 岁“志于学”，30 岁“而立”，收徒讲学。孔子一生大部分时间和主要精力都用在聚徒讲学、从事著述上。孔子有“弟子三千，贤者七十二”。他是中国私人讲学的开创者，也是系统传播古代文化的第一人、儒家学派的开创者。《论语》一书是研究孔子的主要资料，“性相近也，习相远也”“不愤不启，不悱不发”“有教无类”“因材施教”“庶富教”“学思习行”“温故知新”等都是孔子的重要观点。其他如孟子、朱熹等也是杰出的代表。奴隶社会的教育内容“六艺”，封建社会的教育内容“四书”“五经”对后世影响巨大。特别是全面概括和总结我国先秦时期教育思想和教育实践的《学记》，被认为是中国教育史上，也是世界教育史上第一部体系极为严整的教育学专著（成书年代大约为公元前 4 世纪至公元前 3 世纪）。“是故学然后知不足，教然后知困。知不足，然后能自反也；知困，然后能自强也。故曰：教学相长也。”“故君子之于学也，藏焉，修焉，息焉，游焉。夫然，故安其学而亲其师，乐其友而信其道，是以虽离师辅而不反也。”“禁于未发之谓豫；当其可之谓时；不陵节而施之谓孙；相观而善之谓摩。此四者，教之所由兴也。”“道而弗牵，强而弗抑，开而弗达。道而弗牵则和，强而弗抑则易，开而弗达则思。和、易以思，可谓善喻矣。”“学者有四失，教者必知之。人之学也，或失则多，或失则寡，或失则易，或失则止。此四者，心之莫同也。知其心，然后能救其失也。教也者，长善而救其失者也。”“善歌者，使人继其声；善教者，使人继其志。其言也，约而达，微而臧，罕譬而喻，可谓继志矣。”这些名言均出自《学记》。

古希腊苏格拉底的有关产婆术的著作、柏拉图的《理想国》、亚里士多德的《政治学》，古罗马马库斯·法比尤斯·昆体良的《雄辩术原理》、圣·奥勒留·奥古斯丁的《忏悔录》，荷兰德西德里乌斯·伊拉斯谟的《一个基督教王子的教育》《愚人颂》，法国弗朗索瓦·拉伯雷的《巨人传》、米歇尔·德·蒙田的《论儿童的教育》等著作，从不同角度对教育问题进行了探讨，提出了一些精辟的见解，其中包含着大量科学的成分，对教育科学的诞生奠定了深厚的基础。

历年真题

【1.7】“是故学然后知不足，教然后知困。知不足，然后能自反也；知困，然后能自强也。故曰：教学相长也。”这句话出自（　　）。

A.《大学》　　B.《论语》　　C.《学记》　　D.《孟子》

【1.8】我国最早记载和阐释孔子“不愤不启，不悱不发”教学思想的著作是（　　）。

A.《学记》　　B.《论语》　　C.《大学》　　D.《孟子》

【1.9】“庶”与“富”是“教”的先决条件。首次提出这一教育观点的教育家是（　　）。

A. 孔子　　B. 孟子　　C. 荀子　　D. 墨子

【1.10】孔子主张学习过程应包括四个基本环节。它们是（　　）。

A. 导、学、习、行　　B. 学、思、习、行

C. 闻、行、忠、信　　D. 知、情、意、行

【1.11】下列主张属于儒家教育思想的是（　　）。

A. 有教无类　　B. 道法自然　　C. 绝圣弃智　　D. 以吏为师

【1.12】“子曰：自行束脩以上，吾未尝无诲焉。”《论语》中这句话体现的教育思想是（　　）。

A. 启发诱导　　B. 因材施教　　C. 有教无类　　D. 诲人不倦

2. 创立阶段

创立阶段也叫诞生期。其特点是：由于研究方法改革，教育思想得到快速发展，出现了自成体系的教育理论。英国哲学家弗朗西斯·培根批判了亚里士多德的经院哲学，提出了实验的归纳法，为教育学的诞生提供了方法论基础。1623年在《论科学的价值和发展》中，他首次将教学的艺术作为一个独立的研究领域提出，并把它理解为“讲述与传授的艺术”。[①] 捷克教育家夸美纽斯的《大教学论》探讨“把一切事物教给一切人类的全部艺术”。《大教学论》被认为是教育学成为一门独立学科的标志，夸美纽斯也因此被誉为“教育学之父”。他主张教育要遵循人的自然发展的原则；他特别强调教师的作用，认为教师是太阳底下最光辉的职业；他系统论述了班级授课制、教学原则和教学方法；他提出了“泛智教育”（把一切知识教给一切人），规定了百科全书式的课程；等等。在他以后，人们开始进入对教育学的独立探索时期，如英国哲学家约翰·洛克的《教育漫话》基于他的“白板说”，提出了完整的绅士教育体系；法国思想家让-雅克·卢梭的《爱弥儿》阐述了自然教育理论；瑞士教育家裴斯泰洛齐的《林哈德与葛笃德》明确提出要“使人类教育心理学化”，这为教育学的诞生奠定了重要的基础。

在教育学的创立阶段，德国哲学家康德做出了重要贡献。在柯尼斯堡大学期间，他先后四次讲授教育学，其讲稿由其学生们编纂后以《康德论教育》为书名于1803年出版。康德认为“教育的方法必须成为一种科学”[②]。接任康德哲学教席的是赫尔巴特，他于1806年出版的《普通教育学》为教育学的创立做出了重要的贡献。他认为：“教育学作为一种科学，是以实践哲学和心理学为基础的。前者说明教育的目的；后者说明教育的途径、手段与障碍。”[③] 赫尔巴特将教学理论建立在心理学基础上，将道德教育理论建立在伦理学基础上，可以说奠定了科学教育学的基础，赫尔巴特本人也被誉为“科学教育学的奠基人”。英国教育家赫伯特·斯宾塞于1860年出版了《教育论》，认为教育的目的和任务在于教导每一个人怎样去过“完美”的生活，所以在教育内容上强调实科教育，具体内容包括直接保全自己的活动、间接保全自己的活动、教养子女的活动、履行社会义务的活动和休闲娱乐活动等。

---

① 培根将科学分为历史、诗歌、哲学，其中哲学又分为自然神学、自然哲学、人类哲学，人类哲学又分为人类群体哲学、人类个体哲学，人类个体哲学又分为人体学、灵魂学，灵魂学又分为伦理学、逻辑学，逻辑学又分为研究和发明的艺术、检验和判断的艺术、保存和记忆的艺术、讲述和传授的艺术。讲述和传授的艺术就是现在的教育学。

② 康德．康德论教育［M］．瞿菊农，译．北京：商务印书馆，1930：11.

③ 赫尔巴特．普通教育学　教育学讲授纲要［M］．李其龙，译．北京：人民教育出版社，1989：190.

历年真题

【1.13】主张让儿童顺其自然地发展，甚至摆脱社会影响的法国教育家是（　　）。

A. 杜威　　B. 卢梭　　C. 裴斯泰洛齐　　D. 洛克

【1.14】明确指出教学就是阐明“把一切事物教给一切人们的全部艺术”的著作是（　　）。

A. 赫尔巴特的《普通教育学》　　B. 卢梭的《爱弥儿》

C. 夸美纽斯的《大教学论》　　D. 洛克的《教育漫画》

3. 发展阶段

发展阶段也叫发展期。其特点是：教育研究方法不断更新，教育理论走向成熟。19 世纪以来，以赫尔巴特为代表创立的教育学一直占据统治地位，到 19 世纪末，教育学得到了迅速的发展，出现了许多新的教育学派：德国教育家恩斯特·梅伊曼和威廉·奥古斯特·拉伊将自然科学的实验法用于研究儿童发展与教育的关系；德国心理学家威廉·狄尔泰等将精神科学方法运用于教育学研究，采用理解与解释的方法讨论教育问题；美国教育家约翰·杜威强调教育与生活的联系；马克思主义则运用唯物辩证法研究教育问题；还有对教育诸多问题的研究都有比较广泛影响的批判教育学；等等。总之，在 19 世纪末期的教育学派纷呈、争鸣不断，教育学出现了多元化发展的态势，从而使教育学趋向成熟。

实用主义教育学是 19 世纪末 20 世纪初在美国兴起的重要教育思潮，对 20 世纪整个世界的教育理论研究和教育实践发展产生了极大的影响。其代表人物是杜威、威廉·赫德·克伯屈（又译为基尔帕特里克）等人，代表性著作有杜威的《民主主义与教育》《经验与教育》，克伯屈的《设计教学法》等。实用主义教育学也是在批判以赫尔巴特为代表的传统教育学的基础上提出来的。实用主义教育学强调“教育即生活”，教育的过程与生活的过程是合一的，而不是为将来的某种生活做准备的；“教育即生长”，教育的目的就是使学生个体经验继续不断地增长，除此之外，教育不应该有其他目的；“学校即社会”，学校是一个雏形的社会，学生在其中要学习现实社会中所要求的基本态度、技能和知识；“经验中心”，课程组织以学生的经验为中心，而不是以学科知识体系为中心，教育即经验的不断改造；“学生中心”（也称“儿童中心”），师生关系以学生为中心，而非以教师为中心，教师只是学生成长的帮助者，而非领导者；“活动中心”，让学生“从做中学”，学生通过自主活动、解决问题等掌握知识。在教学过程中，教师应重视学生自己的独立发现、表现和体验，尊重学生发展的差异性。杜威强烈反对赫尔巴特以教师为中心、以课本为中心、以课堂为中心的教育主张，认为这是不适应时代发展的“传统教育”的观点。自此，教育史上就有了“传统教育”与“现代教育”的争论。

历年真题

【1.15】教育史上传统教育派与现代教育派的代表人物分别是（　　）。

A. 夸美纽斯和布鲁姆　　B. 夸美纽斯和杜威

C. 赫尔巴特和布鲁姆　　　　D. 赫尔巴特和杜威

【1.16】"现在，我们教育中将引起的改变是重心的转移……在这里，儿童变成了太阳，教育的一切措施要围绕他们组织起来。"这一儿童中心理念出自教育家（　　）。

A. 洛克　　B. 康德　　C. 杜威　　D. 培根

苏联的一批教育家运用马克思主义唯物辩证法的思想研究教育问题，逐渐形成了马克思主义教育学说：凯洛夫主编的《教育学》论述了全面发展的教育目的，极其强调智育的重要意义，提出了一套比较严密的教学理论，被公认为世界上第一部马克思主义教育著作，对我国的教育产生了很大的影响；安东·谢苗诺维奇·马卡连柯的《教育诗篇》《论共产主义教育》《父母必读》《儿童教育讲座》《家庭教育问题讲演》等在对流浪儿童和违法者的改造方面做出了杰出贡献，其核心是集体主义教育思想。我国马克思主义教育理论家杨贤江以李浩吾为化名，编写的《新教育大纲》是我国第一部以马克思主义为指导的教育学著作。

其他如苏联教育家赞科夫在《教学与发展》中提出的发展性教学理论的五条教学原则，瓦西里·亚历山德罗维奇·苏霍姆林斯基的《给教师的一百条建议》《巴甫雷什中学》《把心灵献给儿童》《学生的精神世界》等论述了全面和谐的教育思想；美国教育家杰罗姆·布鲁纳在《教学过程》中强调"学科结构"理论和"发现教学法"，本杰明·布鲁姆在《教育目标分类学》中将教育目标划分为认知、情感和动作技能三大领域，强调以教育目标为导引、以掌握学习为指导思想的掌握学习理论；德国教育家瓦根舍因在《范例教学原理》中创立了范例教学理论。被毛主席誉为"学界泰斗，人世楷模"的蔡元培、"生活教育理论（生活即教育、社会即学校、教学做合一）"的提出者陶行知、"平民教育之父"晏阳初，都对教育学理论的发展做出了重要的贡献。

历年真题

【1.17】以布鲁姆为代表的教育家将教学目标分为三大领域，其中不包括（　　）。

A. 认知领域　　B. 情感领域　　C. 意志领域　　D. 动作技能领域

【1.18】将教学目标分成认知、情感、动作技能三大领域的教育家是（　　）。

A. 布鲁姆　　B. 奥苏伯尔　　C. 杜威　　D. 布鲁纳

【1.19】被毛泽东称为"学界泰斗，人世楷模"的教育家是（　　）。

A. 杨贤江　　B. 徐特立　　C. 蔡元培　　D. 陶行知

【1.20】陶行知"生活教育理论"的主要观点是（　　）。

A. 教育即生活，社会即学校，从做中学

B. 教育即生活，学校即社会，教学做合一

C. 生活即教育，社会即学校，教学做合一

D. 生活即教育，学校即社会，从做中学

4. 分化阶段

分化阶段也叫反思期。其特点是：教育学学科体系不断完善，并与相关学科融合，不断分化出新兴学科。在第二次世界大战以后，教育学学科迅速分化并成为一个相对

独立的学科。这表现在两个方面：一是从教育学中分化出一些新的教育学科，如教学论、德育论等；二是由于教育学借鉴其他学科的方法论与研究成果，因而形成了一些新学科，如技术学与教育学结合的教育技术学、人类学与教育学结合的教育人类学等。教育学科的细密分化，使教育学学科体系得以初步形成。当前，我国教育学一级学科包含教育学原理、课程与教学论、教育史、比较教育学、学前教育学、高等教育学、成人教育学、职业技术教育学、特殊教育学、教育技术学、教育法学等二级学科。

同时，研究者们开始对教育学本身进行反思，这种反思是对教育研究的研究，其目的不是要形成教育理论，而是检讨教育研究活动本身的目的、性质、价值等，形成教育学观。有关教育学自身的研究结果形成了教育学的元理论。教育学元理论的出现极大地提高了教育研究者的理论自觉性，推动了教育学的未来发展。

重点提示

建议自己动手列一个“教育学发展”表格，包括发展阶段、主要特征、重要代表人物、重要著作、主要观点等内容。

三、学习教育学的意义

1. 学习教育学有助于形成正确的教育观，涵养教育理念与师德

教育学对教育观、教师观、学生观等进行了全面、深入的分析，学习教育学是未来的教师们了解什么是教育、教育对社会与人的发展的意义、教育的目的、教育的内容、教育的途径等教育相关知识的重要途径。学习这些知识有助于未来的教师们树立正确的教育理念，理解小学教育工作的意义，热爱小学教育事业，理解小学生的身心发展特点，热爱、尊重、信任小学生，认同小学教师的专业性和独特性，注重自身专业发展，从而提高贯彻教育方针的自觉性，端正自己的教育教学的态度与行为。

2. 学习教育学有助于获得教育理论知识，丰富教师专业知识

《小学教师专业标准（试行）》要求小学教师要具备小学生发展知识、学科知识、教育教学知识、通识性知识等各种相关知识。教育学不仅较为系统地介绍教育教学知识，而且涉及小学生发展、学科教学、通识性知识等多方面。通过学习不仅可以获得大量的教育理论知识，扩展理论视野，还可以启发教育自觉，不断地领悟教育的真谛。

3. 学习教育学有助于掌握科学育人规律，提升教师专业能力

教师不仅需要知识，更需要有很强的专业能力。教育教学设计、组织与实施、激励与评价、沟通与合作、反思与发展等能力都可以在教育学学习过程中得到培养和锻炼。

4. 学习教育学有助于形成教育思维，提高教师综合素质

学习教育学不仅可以帮助未来的教师们丰富知识、提升能力，而且还可以帮助他们学会像教育理论家一样思考教育问题，用教育学知识和话语系统分析、解决教育问题，避免“摸着石头过河”的经验主义倾向，走进现代教育理论，尽快成长为教育专业工作者。

5. 学习教育学有助于推进教育教学改革，培养教师创新能力

教育是科学，更是艺术，它需要教师不断探索、不断改革、不断创新。学习教育

学，提高对教育本质的认识、掌握教育教学规律，才能不断推进教育教学改革，不断提升创新意识和实践能力。

☞ 本章小结

本章内容是学习教育学的基础。希望从事教育事业的未来教师，必须正确理解教育的内涵，深入理解教育的本质，系统把握教育的要素，全面认识教育的功能，清楚了解教育的发展。不同历史阶段的教育具有不同的特点，我们既要认识其永恒性、继承性，又要清楚其历史性、独立性。不同教育家从各自的立场出发提出了不同的教育观点，我们既要学习其解决教育问题的策略措施、方式方法，更要学习其思考教育问题的境界、思路。

☞ 本章要点回顾

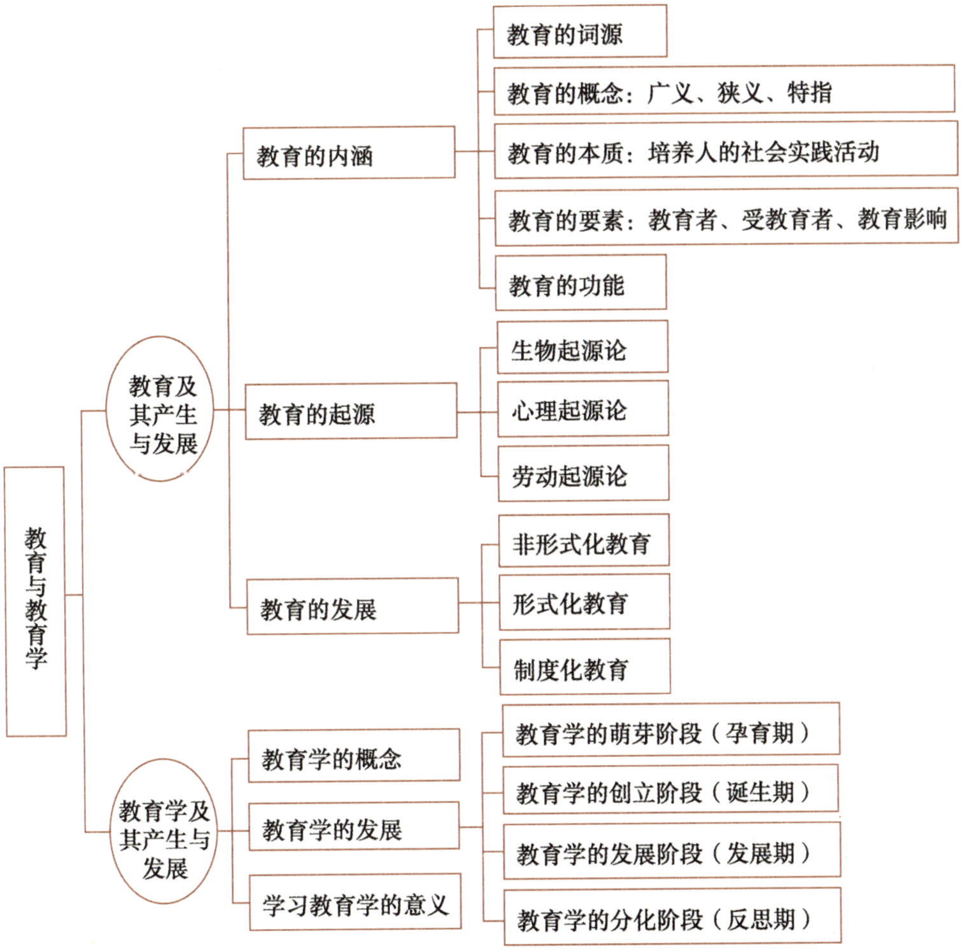

☞ 学习资源

1. 夸美纽斯．大教学论［M］．傅任敢，译．北京：教育科学出版社，2014.

2. 卢梭．爱弥儿［M］．李平沤，译．北京：商务印书馆，2017.

3. 赫尔巴特．普通教育学［M］．李其龙，译．北京：人民教育出版社，2015.

4. 杜威．民主主义与教育［M］．王承绪，译．北京：人民教育出版社，1990.

5. 洛克．教育漫话［M］．傅任敢，译．北京：人民教育出版社，1985.

6. 章开沅，唐文权．平凡的神圣：陶行知［M］．武汉：湖北教育出版社，1992.

7. 侯怀银．20世纪中国教育学史［M］．北京：人民教育出版社，2020.

8. 娄雨．从παιδεία到education：西方“教育”概念的词源学分析［J］．教育学报，2017（3）：9-17.

9. 刘幸，施克灿．“Education”何以译为“教育”：以日本有关学术史料为基础的讨论［J］．教育研究，2021（11）：86-95.

第二章

教育基本规律

☞ 学习完本章，应该做到：

◎ 了解：教育与社会发展的若干理论；人的发展的概念。

◎ 识记：政治、经济、文化、科技、人口对教育的制约性以及教育的社会功能；影响人的发展的因素以及教育的个体功能。

◎ 理解：人的发展规律；人的发展的动力观。

☞ 学习本章时，重点内容为：

◎ 政治、经济、文化、科技、人口对教育的制约性以及教育的社会功能；影响人的发展的因素以及教育的个体功能。

☞ 学习本章时，知识要点与具体方法为：

教育的基本规律有两个：一是教育要与社会发展相适应，即教育要受社会经济、政治、文化等因素的制约，并对社会经济、政治、文化等的发展起作用；二是教育要与人的发展相适应，即教育要受人的发展特点的制约，并对人的发展起作用。本章内容首先在介绍教育与社会发展若干理论的基础上，分析社会发展对教育的制约以及教育的社会功能；其次在分析人的发展及其规律的基础上，阐述影响人的发展的因素以及教育的个体功能。学习本章内容要注重联系社会现实与教育实践。

【引子】

教育是民族振兴、社会进步的重要基石，是功在当代、利在千秋的德政工程，对提高人民综合素质、促进人的全面发展、增强中华民族创新创造活力、实现中华民族伟大复兴具有决定性意义。

——2018 年 9 月 10 日，习近平总书记在全国教育大会上的讲话

教育发展具有自身的规律。只有遵循规律，教育才能健康运行。教育的基本规律是指教育内部和外部各相关要素之间的必然联系。教育作为培养人的社会实践活动，从产生之日起就与社会和个人具有本质的必然联系，三者是在相互制约中共同发展运动的。教育、社会与个人三者是一个运动着的辩证统一体，其中体现出教育的两大基本规律：一是教育要与社会发展相适应，即教育要受社会经济、政治、文化等因素的制约，并对社会经济、政治、文化等的发展起作用；二是教育要与人的发展相适应，即教育要受人的发展特点的制约，并对人的发展起作用。

第一节　教育与社会发展

教育是社会大系统中的一个重要组成部分，它的发生和发展受到社会其他因素的

制约，特别是受到社会政治经济制度、社会生产力水平、文化背景及文化传统、科学技术的影响，并对这些因素产生反作用，这就是教育的政治功能、经济功能、文化功能和科学技术发展功能。

一、教育与社会发展的若干理论

（一）教育独立论

教育独立论是以我国近代著名教育家蔡元培为代表的一些思想家提出的主张。在我国，这一思潮萌发于五四运动之前，兴盛于20世纪20年代。1922年，蔡元培在《教育独立议》中阐述了教育独立论这一思潮的基本观点。他认为，教育作为一种发展个性、培养人才的工作，必须保持一定的独立性。具体来说，教育要独立于政党，独立于宗教，要有独立的行政权，要交给教育家去办，保持学术、内容的自由。

蔡元培关于教育独立的主张，反映了资产阶级民主派要求摆脱政府、西方教会对教育的控制，按照教育规律、独立自主办教育的美好愿望，在当时具有一定的进步意义。然而，应该看到，教育独立论把教育与政治的关系完全对立起来，认为教育应该摆脱社会系统的影响，这在实践中是行不通的。教育的确具有相对独立性，却不能具有完全的独立性。

（二）教育万能论

教育万能论的观点过分夸大了教育对人的成长的作用，否认遗传对人的成长的应有作用。其主要代表人物是18世纪法国启蒙思想家、唯物主义哲学家克洛德·阿德里安·爱尔维修。爱尔维修反对天赋观念，认为人的天赋是平等的，人的才智差别根源在于人所处的不同环境、后天的不同机遇以及所受的不同教育，甚至认为“人受了什么样的教育，就会成为什么样的人”“教育是包括自然环境和社会环境等一切生活条件的总和”“教育是万能的，它甚至还能创造天才”。

教育万能论是错误的。它虽然看到了教育在人的发展中的独特作用，但是没有看到人的发展的复杂性，夸大了教育对于人的发展的作用，具有一定程度的“乌托邦”色彩。

（三）人力资本论

人力资本论是西方经济学中关于人力资本的形成、作用和收益的理论，其主要代表人物是美国经济学家西奥多·舒尔茨。所谓人力资本，就是一种能力资本、人力素质资本，是相对于物质资本而言的，是凝聚在劳动者身上的知识、技能及其所表现出来的可以影响从事生产性工作的能力。人力资本论的主要观点是：人力资本的积累是社会经济增长的源泉；教育不但是一种消费，而且是一种投资；人力资本的核心是提高人口质量；人力资本增长的速度要比物质资本增长速度快得多；教育投资要以市场供求为依据。

人力资本论加深了人们对教育与经济关系的理解，对教育产生了深远影响。它促使国家不断增加对教育的投入，促使全社会都更加重视教育。

（四）筛选假设理论

筛选假设理论，又称文凭理论，主要代表人物是美国社会学家彼得·伯格。1970年，他出版了《教育与职业：训练大盗》，书中针对在当时经济不景气的状况下出现的诸如“文凭膨胀”“过度教育”“高失业率”等社会问题，对“人力资本论”进行了强烈质疑，并把人力资本方法贬斥为“训练大盗”。筛选假设理论的主要观点是：教育是一种筛选装置，帮助雇主识别不同能力的求职者，将他们安置到不同的职业岗位上。教育是一种表示个人能力的工具，揭示了内含于人的未来的生产特征，表明了一个人固有的生产力，从而为雇主识别、选拔不同能力的求职者提供依据，起到筛选作用。

筛选假设理论重视文凭的筛选功能，描述和解释了自20世纪70年代以来困扰许多国家的教育文凭膨胀问题，但它片面强调教育的信号功能与筛选功能，否认教育通过提高人的认知技能来提高劳动生产率的作用，这是其不足之处。

（五）劳动力市场理论

劳动力市场理论出现于20世纪70年代，其主要代表人物是美国经济学家迈克尔·皮奥雷、彼得·多林格、戴维·戈登等。他们认为：人力资本论关于教育与工资的关系分析得不正确，关于教育水平与个人收益成正相关的论断不全面，因其没有考虑“劳动力市场内部结构”对于个人收益的重要影响。劳动力市场理论认为，劳动力市场由“主要劳动力市场”和“次要劳动力市场”两部分组成。“主要劳动力市场”提供的工作具有工资高、工作条件好、职业有保障、权利平等、有晋升机会等特点，“次要劳动力市场”提供的工作则往往工资低、待遇差、要求苛刻、晋升机会少。两个市场之间具有相对的封闭性，它们之间的人员很少相互流动。因此，教育与个人收入之间的连接关系和个人的生产力本身并不相关。一个人的工资水平主要取决于他在哪一个劳动力市场工作，教育只是决定一个人在哪一个劳动力市场工作的重要因素之一。

该理论得到西方一些激进者的好评，它揭示了教育在资本主义国家劳动力市场划分中的作用，解释了教育的扩展未能改变各阶级、集团之间收入不平等的现实。但该理论也存在实证检验不足的缺陷，遭到其他理论的反对。

二、社会发展制约教育

教育作为社会的子系统，其发展受到社会经济、政治、文化、人口、科技等的影响与制约。

（一）经济对教育发展的影响和制约

经济一般是指社会生产关系的总和或物质生产资料的分配、交换、消费的活动，生产力是其中最活跃的因素，生产力的发展影响着生产关系，因此，经济对教育发展的影响和制约主要取决于生产力发展水平。

1. 生产力发展水平制约着教育目的的设定

教育的根本问题是培养什么样的人的问题。生产力发展水平之所以制约着教育目的的设定，是因为社会生产力水平和方式决定着劳动力的规格，进而也就决定了教育所培养的人的质量和规格，尤其是人的知识、技能和态度的规格。总之，教育目的必定反映生产力发展要求，受到它的制约，这是一个普遍规律。无论封建社会、资本主义社会还是社会主义社会，生产力发展的要求都将始终在教育目的中得到充分反映和表达。为此，教育就必须依照生产力发展带来的劳动分工结构的变化确定教育目标，设置学科专业，调整课程结构。

2. 生产力发展水平制约着教育事业发展的规模和速度

教育事业必须建立在一定的物质基础上。显然，办教育必须要具有一定的人力、物力、财力，而社会能够给教育发展提供的物质条件是由生产力水平决定的。一定社会的生产力发展水平，决定着社会剩余劳动产品的多少、自由劳动时间的多少，而剩余劳动产品、自由劳动时间的多少又直接关系到社会财富的积累和允许多少人脱离或暂时脱离物质生产过程。在生产力发展给教育提供一定的物质条件的同时，也对教育事业的规模和速度产生制约和影响作用，要求它的发展与之相适应。

3. 生产力发展水平制约着教育结构

教育结构的变化和教育内容的选择在一定程度上受到生产力发展水平的制约。教育结构是指教育机构总体的各个部分的比例关系及其组合方式，包括教育纵向系统的层次与层次之间的比例关系和相互衔接，以及教育横向系统的类别与类别之间的比例关系和联系。由于生产力的发展不断引起社会产业结构的调整，产业结构的调整要求对在职人员进行调整，在职人员的调整影响学校专业设置的改革，进而影响教育结构的不断调整。在近代以前，世界各国主要是单一的普通教育，主要培养社会所需要的官吏和人文知识分子。自工业革命以后，社会产业部门不断调整，尤其是进入 20 世纪以后，随着生产力的快速发展，社会生产力结构、经济结构、产业结构日趋多样化和复杂化，带来教育结构的复杂化和多样化。

4. 生产力发展水平制约着教育内容和专业设置

生产力的发展必然引起科学知识的不断积累和发展。这既为教学内容的丰富和更新、学校专业设置的改变提供了客观条件，又要求教育培养出来的人能够适应当时生产力发展状况，能够掌握生产上所需要的知识和技能，这对教学内容的改革和专业设置又提出了新的要求。从教育发展的历史来看，生产力发展水平不同，学校的教育内容也各不相同。在古代，由于生产力极不发达，教育内容就极为贫乏，主要为哲学、宗教、语言等人文学科。到了近代，随着社会生产力的发展，许多新兴的产业部门出现，对学校的教学内容和专业调整提出了新的要求，自然科学和技术知识不断充实到学校的教学内容中。在当代，生产力发展以高度综合为主要特征，强调学科之间互相渗透，就出现了教学内容综合化的趋势。

5. 生产力发展水平制约着教育教学方法、手段及其组织形式

学校的物资设备、教学实验仪器、学校组织管理所使用的某些工具和技术，都是一定的生产工具和科学技术在教育领域的应用，它反映了生产力的发展水平。例如，理化实验、幻灯、电影乃至多媒体的演示教学等，无不与生产力水平的不断提高有关。此外，教学组织形式的演变也与生产力发展有关。在古代，个别教学是主要的教学组织形式，而近代以后，则以班级授课制为基本的教学组织形式。到 20 世纪中后叶，个别化教学呈现出良好的发展势头，这一切无不与生产力的发展相关。换而言之，它们

是生产力发展的必然要求。

历年真题

【2.1】制约教育发展规模和速度的主要因素是（　　）。

A. 政治　　B. 经济　　C. 文化　　D. 人口

（二）政治经济制度对教育发展的影响和制约

1. 政治经济制度决定着教育的社会性质

一定社会的教育具有什么性质，是由那个社会的政治经济制度的性质直接决定的。教育的发展历史证明：有什么样的社会关系就有什么样的教育。欧洲古代中世纪教育的神学性是由于宗教僧侣对教育的垄断；近代资本主义教育的阶级性，则是由于资本主义的物质生活方式所决定。这是卡尔·马克思、弗里德里希·恩格斯在《共产党宣言》中所揭示的教育的普遍特征。因此，阶级社会的教育都反映着统治阶级的需要，从属于社会关系的性质，它是统治阶级进行统治的重要工具。

2. 政治经济制度决定着教育领导权

教育领导权是判断和确定教育性质的最主要标志。政治上的统治者同时也是教育上的统治者，统治阶级依靠其掌握的政治经济权力，同时就掌握了教育的领导权。阶级对教育的控制是通过国家机器实现的，他们通过国家政权颁布法律、政策、法令，规定办学宗旨、方针，以强制的手段监督执行，并通过任命教育机构的领导人等有效手段掌握教育领导权。统治阶级利用统治思想作为指导来编写或审定教科书、教学参考书和各种课外读物等，来保证在思想上的统治地位。

3. 政治经济制度决定着受教育权

受教育权也是判断和确定教育性质的重要标志，它是由政治经济制度决定的，即由国家政权的法律规定或由受教育者和其他各种条件所决定。诸如谁有接受学校教育的权利，谁没有接受学校教育的权利，谁有接受什么样的学校教育的权利，学校教育以什么内容和方法来培养人等，都是由一定的政治经济制度决定的。

历年真题

【2.2】决定教育性质的根本因素是（　　）。

A. 社会生产力　　B. 政治经济制度　　C. 上层建筑　　D. 科学技术

4. 政治经济制度决定着教育管理体制

教育管理体制直接受制于社会关系。在教育发展历史上，不同社会政治经济制度历来决定着不同的教育体制。法国、日本等的中央集权，决定了学校管理体制的集中统一；美国地方分权的政治经济制度决定了美国教育的分权制，各州有权根据各州实际确定颁布各种教育法规，而不是中央一统到底。中国强调发挥中央和地方两个方面的积极性，因而在教育上实行大政方针上的集中统一、具体实施上的地方分级管理，既有中央的集中，又有地方的灵活。这些都是不同社会关系和政治经济制度的反映。①

（三）文化对教育发展的影响和制约

1. 文化影响教育目标

文化类型不同，教育目标也有不同。任何社会的教育目标都是社会统治阶级人才利益的集中体现，是统治阶级主观意志的产物。人的意志和决断决定于人的需要和价值取向。所以，教育目标中的主观成分越多，受文化的影响就越大。例如，中国古代社会的主流文化是以儒家为核心的“伦理型”文化，反映在人才培养上，强调教育的目的是“在明明德，在亲民，在止于至善”。西方文化则是一种“知识型”文化，故主张“知识就是力量”，注重通过知识学习达到对真理的认识。

2. 文化影响教育观念

文化制约人们对教育的态度和行为。例如，同在工业化历史进程中，具有大工业意识的国家便十分重视教育的发展，重视人口素质的提高对其社会高质量发展的重要作用，如日本和德国；相反，传统和保守的社会则把社会发展归之于政治制度的作用，结果必然导致社会发展进程的缓慢，如英国。另外，文化观念影响教育思想的产生和发展。任何教育家的教育思想都是在一定的社会文化背景中孕育起来的，是其世界观和价值观的反映。例如，中国近代教育史上黄炎培的职业教育思想、陶行知的平民教育思想，都是他们所处时代的社会需要的反映。西方教育史上夸美纽斯、卢梭、裴斯泰洛奇的“自然教育”原则，是资产阶级上升时期要求“肯定人性、削弱神性”的社会潮流的反映。

3. 文化影响教育内容

文化传统影响着教育内容的构成。文化传统典型地反映了民族文化特定的内涵。不同的国家和民族创造了不同的文化传统，不同的文化传统又反过来塑造了不同的教育。例如，各民族都把本民族语言作为教育内容中必不可少的部分，这充分反映了一个民族对其语言的固守和钟爱。中国古代社会长期重农抑商、追求仕途的文化传统，导致教育内容主要以社会典章制度为主，很少有自然科学和生产知识。文化发展影响着教育内容的选择。当文化发展水平很低、文化积累很少时，教育内容的选择范围就很小；反之，当文化发展水平越高、内容越多、速度越快时，选择的教育内容越具有广度和深度，课程的种类和变革频率也随之加快。

4. 文化影响教育方法

文化影响着学校的教育方法。在中国的传统文化里，把读书和求教看成是获得知识、增长才能的最佳途径。所谓“书读千遍，其义自见”“听君一席话，胜读十年书”就是对读书和聆听先生教诲的具体写照。这种文化传统反映到教育上，表现为学校把教师的系统讲授看成是获得知识的最佳途径，把读书视为获得真知的唯一源泉，故而倡导“多教多得、少教少得、不教不得”。教师讲、学生听的灌输注入便成为学校教学的主体形式。

---

① 柳海民．教育学原理［M］．北京：高等教育出版社，2011：121.

（四）人口对教育发展的影响和制约

1. 人口数量制约着教育的规模和速度

一定数量的人口是构成教育事业及其活动的前提和基础，特别是学龄人口数量直接制约着教育事业的规模和发展速度。社会的人口数量是不断变化的，其变化的速度可用增长率来表示。在一段时期内，在其他各方面条件都具备的情况下，若人口增长过快，对教育的需求也会急剧增加。要满足这些人受教育的需求，就要扩大教育规模，加大教育投资，建设更多的学校，增加现有学校的设施，大量补充合格的教师及管理人员等。相反，当学龄人口减少时，也会影响教育发展规模和速度。

2. 人口质量制约着教育的质量

人口质量对教育质量的影响表现为直接和间接两个方面。首先，直接影响是指入学者已有的水平对教育质量的总影响。其次，间接影响是指年长一代的素质影响其子女的质量。这一方面受到遗传的影响，另一方面通过年长一代对新生一代的养育过程实现。优生是保证新生一代遗传素质良好的重要条件，科学养育是保证新生一代身体健康成长的重要条件。这两方面的实现，不仅与父母的身体素质有关，也与父母的文化修养水平相关。

3. 人口结构制约着教育结构和布局

人口年龄结构制约着各级教育发展的规模和进程。例如，在人口的年龄结构中，学龄人口的基数多、比重大，中小学等基础教育在教育体系中的比重就必然会高；相反，如果成人人口比重大，教育的重心就会转移到成人教育上。

人口就业结构制约着教育类型。例如，如果生产力发展水平低，大多数劳动者集中在第一产业、第二产业就业，此时教育的发展水平就十分有限，教育的类型结构也比较单一。相反，如果生产中的科技含量加大，劳动人口流向第三产业，教育的发展就必然有良好的环境和条件，教育的类型和结构也必然呈现多样化的特点。

人口地域分布制约着学校布局。一般来说，人口分布平衡，人口密度均匀，办学规模适度，教育效益就高。但是人口分布过于集中或过于分散，就会给教育事业的发展带来不利影响。

（五）科学技术对教育发展的影响和制约

1. 科学技术影响着教育者的教育观念和教育能力

教育观念和教育能力是衡量一个时代的教育者与科学、与时代的契合度的重要指标。随着科学技术的发展，教育者不断用新的技术知识武装自己的头脑、更新自己的教育观念，进而不断地用自己的新观念去影响学生。同时，科学技术发展会为教育者开展教育活动提供各种设备支持和技术手段，从而提升教育者的教育能力，提高教育质量。

2. 科学技术影响着教育对象

一方面，科学技术发展日益揭示出教育对象的身心发展规律，从而使教育活动更符合这种规律，并使学习者扩展自己的受教育能力。另一方面，科学技术的发展能够使教育对象的视野和实践经验得以扩大。新的信息技术时代的到来为教育对象的主体生长提供土壤，教育对象的自主参与成为智能化社会教学的基本学习形式，这种学习形式将使教育对象由被动地接受信息转变为主动地获取信息。在智能化学习过程中，教育对象有更大的学习自由度和自由活动空间，师生之间、生生之间的交流机会也会增多。

3. 科学技术影响着教育的内容、手段和方法

科学技术的发展影响着教育内容、手段和方法。随着科学技术的发展，教育内容不断淘汰与更新。教育内容的结构和价值取向也随着科学技术的发展而不断发生着变化。科学技术为人类社会提供生产、生活的技术、设备，也为教育提供技术、设备，因此，新的科学技术出现后，教育手段也会受其影响。比如，无线电收音机、电视机发明以后，人类社会便出现了新的教育、教学形态——远程教育，出现了广播电视大学（空中学校、开放大学等）这一新型学校；计算机和网络发明以后，出现了网络教学法和多媒体教学法等。

三、教育促进社会发展

教育在受到社会各因素制约的同时，也反作用于社会的经济、政治、文化、人口和科技等，促进社会的发展，这也就是教育的社会功能。

（一）教育促进经济发展

教育主要是通过实现劳动力和科学技术再生产，培养能够参与各种经济活动的劳动者和专门人才，使社会生产力和经济得到发展。具体来讲，教育主要通过劳动力的再生产和科学技术的再生产促进经济的发展。

1. 教育通过劳动力再生产促进经济发展

劳动力是指具有一定科学知识、生产经验和劳动技能，能使用生产工具实现物质资料生产的人。劳动力是社会生产力中最重要的组成部分，经济发展取决于劳动力的质量。习近平总书记在庆祝“五一”国际劳动节暨表彰全国劳动模范和先进工作者大会上的讲话中提到：劳动者素质对一个国家、一个民族发展至关重要。劳动者的知识和才能积累越多，创造能力就越大。在现代化生产的今天，衡量劳动力的质量，不光要衡量劳动者体力的大小，还要衡量劳动者智力的高低。然而，不论是体力的改善还是智力的提高，都要靠教育去完成。

教育可以把潜在的劳动力转化为现实的劳动力，教育可以改变劳动能力的形态，提高劳动者的生产能力。第一，教育可以提高生产者对生产过程的理解程度和劳动技能技巧的熟练程度，从而提高工作效率。第二，教育可使生产者合理操作、使用工具和机器，注意对工具、机器的保养和维修，减少工具的损坏率。第三，教育可使生产者提高学习知识和技能的能力，能缩短学习新技术或掌握新工种所需的时间。第四，教育可使生产者提高创新意识和创新能力。第五，教育可使生产者提高加强生产管理的愿望与能力。

2. 教育通过科学技术再生产促进经济发展

党的二十大报告提出：“教育、科技、人才是全面建设社会主义现代化国家的基础性、战略性支撑。必须坚持科技是第一生产力、人才是第一资源、创新是第一动力，深入实施科教兴国战略、人才强国战略、创新驱动发展战略，开辟发展新领域新赛道，

不断塑造发展新动能新优势。”科学技术是第一生产力，科学技术的发展与教育具有极其密切的关系，并且越来越依赖于教育的作用。教育进而通过科学技术的再生产促进经济的发展。

第一，教育能够传递和传播科学知识。科学知识的再生产首先需要科学知识的积累和继承。教育就是传递或传承科学知识的最基本和最重要的手段，也是科学知识的一种再生产。一般来说，教育是传递和传播科学知识最简捷和最有效的途径。教育以极为简约、极为广泛的形式传递人类已有的科学知识，高效能地扩大科学知识的再生产，从而提高劳动生产效率，促进生产力发展。

第二，教育是促进科技革命与发展的重要手段。教育不仅生产科学技术知识，而且也担负着生产新的科学技术的任务。现代科技革命与现代教育革命相互促进，新的科学知识的产生与发展以教育的发展为基础，这在高等教育中表现得尤为明显。世界高等教育的发展出现了教学、科研、生产一体化的趋势。在许多国家，基础研究的中心都是在高等院校中。当代科技发现、发明与创造的重要源头仍是高等院校。任何科技发展的新成就，都不可能离开教育的贡献。教育促进科技更新与发展的功能将会随着现代社会的向前发展而进一步增强。

历年真题

【2.3】“治贫先治愚。”教育扶贫能够阻断贫困的代际传递，这是因为教育具有（　　）。

A. 政治功能　　B. 经济功能　　C. 生态功能　　D. 人口功能

（二）教育促进政治发展

教育为政治服务具有必然性，并不以人的意志为转移。在阶级社会里，教育作为阶级统治的工具，受到政治经济制度的制约。同时，教育也是推动社会政治进步，使社会不断走向民主化的重要因素之一。

1. 教育具有维系社会政治稳定和促进社会变革的功能

作为社会现象，教育的政治功能首先就表现在它对维护社会政治稳定发挥着十分重要的作用。《学记》中就曾明确提出“古之王者，建国君民，教学为先”，言明教育乃是治国安邦的关键，是“化民成俗”的途径，而这正是教育的基本功能之所在。从历史来看，即便是通过法治的手段实现对社会的政治控制也是借助教育的力量达成的，法的控制在本质上也是通过法治思想的教化实现的。因此，自古以来，任何国家或政权都无一例外是以教育作为维系政治稳定的基本途径。

2. 教育通过培养一定社会所需要的合格公民和政治人才去实现教育的政治作用

教育是培养人的工具。人不仅是生产力的重要因素，而且是社会的一员。在阶级社会里，无论哪个时代，无论哪个国家，掌握政权的阶级总是利用他们手中的权力掌握支配教育的优先权，利用社会占统治地位的思想和道德去培养年轻的一代，以使他们具有统治阶级所需要的思想品德和知识技能，具备政府所希求的政治观、世界观和人生观。这是自古以来的一条不变的法则。

3. 教育通过传播思想、制造舆论来影响社会政治生活

教育特别是学校教育，历来是有见解、有学识的知识分子和青少年集中的领域，是新思想、新文化的发源地。此外，通过教育者和受教育者的言论、行动、讲演、文章以及学校的教材等，也能起到宣传思想、制造舆论、动员民众、影响政治生活的作用。在现代社会，教育发挥着弘扬社会政治、思想、道德及文化领域中的积极因素，抑制与抵御腐朽、落后的消极因素，进而推进政治民主化的作用。

4. 教育推进着政治民主化，政治民主化是现代社会政治发展的必然趋势

一个国家的政治是否民主，取决于该国的政体，但同时也与人民的文化素质、教育水平密切相关。一个国家的教育普及程度越高，公民素质也就越高，就越能具有公民意识、认识民主的价值、推崇民主的措施，同时在政治生活和社会生活中积极履行民主的权利、承担相应的义务。因此，国民教育的发展和全体公民素质的不断提高，是推进政治民主化的重要前提和保证。

（三）教育促进文化发展

文化是人类的创造物，文化的创造过程本身就是教育的过程。教育在文化发展中的作用主要体现在以下几个方面。

1. 教育促进文化传承

教育是传递和保存人类文化的重要手段。教育促进文化传承通过两种方式来实现：一是以物的载体为手段实现的延续，如实物保存、运用各种符号（文字）记录等，即通过物质或借助于物质载体将精神文化客观化、物质化；二是以人作为载体实现延续，即通过人的活动形式、心理行为方式等保存文化。文化的这两种传承途径都与教育有关。学校教育由于其在传承文化的过程中的系统性、集中性、高效性和普及性等特性，使其成为文化传承中最基本亦是最重要的途径。教育对人类文化的传承是通过教育对它的选择、整理实现的。教育通过对人类文化的选择和整理，使之成为与学生发展相一致的力量——教育内容与教育方法，从而传递给年轻一代，实现文化的代际延续。

2. 教育促进文化选择

文化是构成教育活动的背景和内容，但并非所有的人类文化都能够进入到教育活动中。只有符合真善美标准的文化，才有可能进入到教育活动中。这就意味着教育需要对文化进行选择与整理。文化选择是文化变迁和文化演进的起始环节，表现为对某种文化的自动选择或排斥。教育虽然是文化传递的手段，但教育又不等同于文化传递，它不是对所有文化的传递，而是有所选择地进行文化传递。教育的文化选择通常有两个尺度：一是它要与主流文化相一致，二是它符合人的身心发展规律。据以上两个尺度，教育的文化选择功能则表现为吸取和排斥。通过选择，使文化成为更有助于人发展的力量。

历年真题

【2.4】小学开展经典诵读活动时，对传统文化要取其精华，去其糟粕。这说明教育对文化具有（　　）。

A. 继承功能　　B. 传递功能　　C. 选择功能　　D. 创新功能

3. 教育促进文化交流

文化交流是指在一定社会价值体系下，不同文化之间相互影响、吸收和融合的过程。文化交流是文化发展的主要动力。随着社会的发展，特别是日新月异的科学技术的影响，文化的时代性、地域性已被打破，文化的开放性是大势所趋，它也使文化交流与传播成为必然。文化的交流主要通过两条途径得以实现：一方面是通过教育的交流活动，如互派留学生、教师的出国访问、学术交流等，促进不同文化间的相互吸收、相互影响；另一方面，教育过程本身通过对不同文化的学习，对文化进行选择、创造，对旧的文化进行变革、整合，形成新的文化，促进文化的不断丰富和发展。

历年真题

【2.5】我国在世界各地开办孔子学院，向各国人民介绍中国文化。这说明教育对文化具有（　　）。

A. 传递功能　　B. 创造功能　　C. 更新功能　　D. 传播功能

【2.6】“君子如欲化民成俗，其必由学乎。”《学记》中的这句话反映了（　　）。

A. 教育与经济的关系　　B. 教育与科技的关系

C. 教育与政治的关系　　D. 教育与人口的关系

4. 教育促进文化创新

实现文化的创造是教育的重要功能之一。交流是文化的生命力之所在。而实际上，交流本身就是一个综合创造的过程，不可能是简单地复制。教育的文化交流功能本身就表明它具有文化创新功能，通过教育，使各文化要素不断得以丰富和发展，重建新文化。教育的文化创新功能的实现也是通过两条途径实现的。一是教育本身固有的文化选择、批判功能使文化创新成为可能。二是教育自身也通过其活动创造新文化。依照知识社会学理论，一名教师在课堂上不会像录音机一样叙述有关内容，而是或多或少地会对教学内容进行再加工和再创造，丰富、完善教学内容并使其个性化。

5. 教育促进文化批判

教育促进文化批判是指教育按照其价值目标和理想，对社会现实的文化状况进行分析，做出肯定或否定的评价，引导社会文化向健康的方向发展。教育的文化批判与选择是密切联系的，批判的过程也是一个选择的过程，但批判还具有改造的功能，是选择功能的深化。当前，培养学生的创新精神和实践能力作为我国素质教育的核心理念之一，已经成为教育领域甚至整个社会的共识。教育不仅要培养出对社会文化起到继承和发扬作用的人才，同时更要塑造出具有创新精神和批判意识的人才，进而对社会文化的健康发展方向起到重大的影响和制约作用。

（四）教育促进人口发展

1. 教育是提高人口素质、改变人口质量的手段之一

影响人口质量的因素有很多，既有来自上一代人的遗传素质，也有其所处的社会环境和生活条件。除此之外，教育是提高人口质量的又一基本手段。一方面，教育本

身就是以培养人为目的的社会实践活动，它能够有目的、有计划、有组织、有系统地向青年一代传授科学文化知识和劳动技能，发展智力和体力，培养思想品德，从而提高人的整体素质。另一方面，一般来说，受过较好教育的人，更易掌握优生学和遗传学等相关知识，懂得近亲结婚以及各类遗传疾病对新生一代的危害，能有意识地注意妇女孕期的保健卫生，尽量减少因用药不慎、疲劳过度、神经紧张等对胎儿带来的不利影响，从而大大减少了先天愚型儿和先天残疾儿的出生。

2. 教育可使人口结构趋向合理化

人口结构包括人口的自然结构和社会结构。自然结构是指人口的年龄、性别等方面的比例。社会结构是指人口的阶级、文化、职业、地域、民族等方面的比例。所谓人口结构的合理化是指人口结构有利于社会生产和人口的自然平衡。第一，从教育与性别年龄结构的关系来看，由于受过一定教育的人们生育观的改变，使他们摆脱了“重男轻女”的传统意识，从而降低了女胎的流产率，进而调整着新生儿的性别结构。第二，从教育与人口的城乡结构来看，人口的城乡结构实际上就是城镇人口比重，城镇人口比重的大小是衡量一个国家经济发展水平特别是工业发展水平高低的重要标志。

3. 教育有利于人口迁移

人口迁移是指人口从一个地点向另一个地点的迁居活动。相关研究表明，受教育程度与人口迁移成正相关。原因在于以下几个方面：一是受过较好教育的人不易受本土观念的束缚，他们更想到最适合发挥自己才能的地方去工作。二是迁入的城市大多是以资本密集型和知识密集型产业为主，或是以第二、第三、第四产业为经济主体，这就决定了迁入这些城市的人员必然是具有一定专业技术水平的人。三是教育本身就实现着人口的迁移。现代教育，特别是现代高等教育如同一个人才集散地，它把各地区的人才聚集起来加以培养，然后根据社会发展的需要、学习者的志愿和特长，再把他们输送出去，从而实现跨区域的人才流动。

历年真题

【2.7】衡量一个国家文明程度和人口素质高低的重要标志是（　　）。

A. 经济发展水平　B. 科技发展水平　C. 人口结构状况　D. 基础教育水平

（五）教育促进科学技术发展

科技发展深刻影响着现代社会，也将继续深刻地影响未来社会。科技发展对于现代经济及其各个领域的影响都依赖于教育。简而言之，教育具有强大的科技功能。

1. 教育是科技知识再生产的基本手段

教育可以使科学得以继续与系统化，在此基础上又使科学得以创新和发展。学校特别是高等学校，是传授知识的教育单位，承担着再生产科学知识的任务。通过教学，可以实现高效率的科学知识再生产，完成培养人的光荣任务和使命。由学校教育过程实现的这种科学知识再生产是一种无限、永恒的再生产。只要人类社会存在一天，只要人类需要进行劳动力的培养和训练，需要对年轻一代进行知识武装，开发智力、培养能力、发展思维，需要向全体社会成员进行科学知识普及，以提高全体公民科学文化素质，就需要教育进行科学文化知识传播，需要把已经成形的科学理论传授给新一代，为新一代掌握和继承。科学知识的一次传授过程便是一次再生产过程。只要人类社会发展下去，这种生产便将永远进行下去。

2. 教育是直接生产和发展科技知识的重要途径

现代教育承担着科技知识再生产功能的同时，更肩负着直接的科学生产和科学发展功能，具体表现为高等学校的“科学研究”。必须看到，教育机构也承担着直接的科学生产的任务，已成为科学研究的一支重要的生力军。高等学校承担着教学和科研的双重任务。通过承担科研课题、技术革新，不仅可以创造发明新的生产工具、生产工艺，而且可以发现新的科学规律，建立新的科学理论。高等院校集中了一批一流的专家和教授，构成了良好的专业结构，又有年轻且精力充沛的博士、硕士研究生作为人才梯队，这就使大学有条件进行一些高水平研究，通过不断的科学研究促进科学技术的生产和发展。

历年真题

【2.8】社会发展与教育是相互作用的，其关系可概括为（　　）。

A. 制约与促进　　B. 共性与个性　　C. 影响和干涉　　D. 培养与推动

重点提示

教育要与社会发展相适应是教育的基本规律之一。一方面，教育受到社会经济、政治、文化、人口、科技等的制约；另一方面，教育又会反作用于社会经济、政治、文化、人口、科技等的发展，即教育的社会功能。此部分内容大多以选择题和简答题的形式进行考核。

第二节　教育与人的发展

教育的社会功能是通过对人的培养实现的，教育既要全面培养人的素质，又要同时发掘人的潜能，塑造人的个性，提升人的地位。人是教育的对象，教育既能促进人的发展，又要受到人的身心发展规律的制约。

一、人的发展

（一）人的发展的概念

人的发展通常有两种含义：其一是指作为物种的人的发展，考察人类在地球上的出现过程；其二是指个体的发展，即随着时间和年龄的增长，个体在生理与心理两方面发生的积极变化。教育学所研究的人的发展主要是后一种理解。其中，生理的发展包括机体的正常发育，体质的不断增强，神经、运动、生殖等系统生理功能的逐步完善；心理的发展包括感觉、知觉、注意、记忆、思维、言语等认知的发展，需要、兴趣、情感、意志等意向的形成，能力、气质、性格等个性的完善。人的生理发展与心理发展是紧密相连的，生理的发展是心理发展的物质基础，心理的发展也影响着生理的发展。在发展水平上，人的身心发展应当是全面、充分、自由的发展。

（二）人的发展的规律

1. 人的身心发展具有顺序性

人的身心发展是一个有顺序、持续不断的发展过程。比如，身体的发展遵循着从上到下、从中间到四肢、从骨骼到肌肉的顺序发展；心理的发展总是由机械记忆到意义记忆，思维过程由具体思维上升到抽象思维，在情感变化上由喜怒哀乐等到理智感、道德感、美感等复杂情感。人的身心发展的顺序性决定了我们的教育活动必须根据身心发展的这一特点循序渐进地进行。

2. 人的身心发展具有阶段性

人的成长是一个持续不断的发展过程，在这个总的发展过程中，不同的年龄阶段表现出不同的身心发展总体特征，具有不同的身心发展矛盾的重点，面临着不同的发展任务。身心发展前后相邻的阶段是有规律地更替着，在一段时期内，发展主要表现为数量的变化，经过一段时间，发展便产生了由量变到质变的过程，从而使发展水平达到了一个新的阶段。人的身心发展的阶段性决定了教育工作的针对性，对不同年龄阶段的儿童应采取不同的内容和方法，不能搞“一锅煮”“一刀切”。

3. 人的身心发展具有不均衡性

人的身心发展具有非等速、非直线的特性。在生理发展方面，在不同年龄阶段生长不均衡。例如，青少年身高、体重有两个增长高峰，第一个出现在出生后的第一年，第二个出现在青春发育期。在高峰期，身高、体重发展较其他年龄阶段更为迅速。在心理发展方面，儿童的发展存在关键期和最佳期，发展亦有不平衡的方面。例如，2—3 岁是儿童学习口头语的关键年龄，4—5 岁是开始学习书面语言的关键年龄。《学记》中有“时过然后学，则勤苦而难成”，说明从古人开始就已认识到了学习的最佳期问题，错过了学习的最佳期，学习的效果就会差些。人的身心发展的不均衡性决定了教育活动的进行要善于根据个体身心发展的最佳期给予合适的教育，以促其得到更好的发展。

4. 人的身心发展具有个体差异性

人的身心发展须经历共同的发展阶段，但由于人的遗传、社会生活条件和教育、主观能动性的不同，其发展的速度、水平以及发展的优势领域千差万别，彼此间表现出发展的个别差异。个体差异性有多种层次。首先，从群体的角度看，表现为男女性别的差异。其次，从个体的角度看，表现为不同儿童的同一方面发展的速度和水平各不相同。如两个同龄儿童，有的某一方面才能表现较早，有的则很晚；不同方面发展的相互关系存在差异，如有的儿童第二信号系统的发展占优势，数学能力强，但绘画能力差，另一些儿童则相反；不同儿童具有不同的个性心理倾向，如同年龄的儿童具有不同的兴趣、爱好和性格等。人的身心发展的个别差异性要求教育活动要“有的放矢”，真正做到因材施教。

历年真题

【2.9】有人少年早慧，有人大器晚成；有人善于言辞，有人长于数理运算。上述现象表明，人的心理发展具有（　　）。

A. 顺序性　B. 连续性　C. 不均衡型　D. 差异性

【2.10】儿童身心发展具有明显的差异性，这个特点决定了教育工作要（　　）。

A. 循序渐进　B. 因材施教　C. 教学相长　D. 求同存异

5. 人的身心发展具有互补性

互补性反映个体身心发展各组成部分的相互关系。它首先是指机体某一方面的机能受损或缺失后，可以通过其他方面的超常发展得到部分补偿。如失明者通过听觉、触觉、嗅觉等方面的超常发展得到补偿。除此之外，互补性也存在于心理机能与生理机能之间，如人的精神、意志、情绪状态对整个机体能起到协调作用，帮助人战胜疾病和残缺。如果一个人的心理承受能力很弱，缺乏自我调节能力和坚强的意志，即使不发生严重的疾病或遭遇不太大的磨难也会被击倒。人的身心发展的互补性要求教育者首先要对全体学生，特别是对生理或心理机能存在障碍、学业成绩落后的学生平等相待，要相信他们可以通过其他方面的补偿性发展达到与正常人一样或相似的发展水平。要掌握科学的教育方法，特别是要善于发现他们的优势，长善救失。

（三）人的发展的动因观

1. 内发论

内发论又称自然成熟论、预成论、生物遗传决定论等。内发论认为，人的心理发展完全由其内部所固有的自然因素预先决定，心理发展的实质是这种自然因素按其内在的目的或方向而展现的。外部条件只能影响其内在的固有发展节律，而不能改变节律。

孟子可以被认为是中国古代内发论的代表。他认为人的本性是善的，万物皆备于我心，人的本性中就是恻隐、羞恶、辞让、是非四端，这是仁、义、礼、智四种基本品质的根源，人只要善于修身养性，向内寻求，这些品性就能得到发展。现代西方的内发论者进一步从人的机体需要和物质因素来说明内发论。如奥地利精神分析学派的创始人弗洛伊德认为人的本能是最基本的自然本能，它是推动人的发展的潜在的、无意识的、最根本的动因。美国当代生物社会学家爱德华·威尔逊把“基因复制”看作是决定人的一切行为的本质力量。而美国心理学家阿诺德·格塞尔则强调成熟机制对人的发展的决定作用。他认为人的发展基因决定特定的顺序支配，完成了一系列顺序后机体达到成熟，教育要想通过外部训练抢在成熟的时间表前面形成某种能力是低效甚至是徒劳的。

2. 外铄论

外铄论又称心理发展的环境决定论、外塑论或经验论等。外铄论认为个体心理发展的实质是环境影响的结果，环境影响决定个体心理发展的水平与形式。

荀子是中国古代外铄论的代表。他认为人性本恶，要改变人的恶的本性，需要通过后天的教育“化性起伪”。英国哲学家洛克也是外铄论者，他提出了“白板说”，认为人的心灵犹如一块白板，它本身没有内容，可以任人涂抹，外部的力量决定了人的发展状况。外铄论的另一个典型代表是美国行为主义心理学家约翰·华生。他认为环境与教育是心理发展的唯一条件，教育是万能的。美国心理学家伯尔赫斯·弗雷德里克·斯金纳继承了华生的环境决定论观点，认为人的行为乃至复杂的人格都可以通过外在的强化或惩罚手段来加以塑造、改变、控制或矫正。外铄论把心理发展看作是外界环境影响的结果，否认心理发展的内因作用。其根本错误在于否认心理反应的能动性，是一种机械主义的发展观。

3. 多因素交互作用论

由于内发论和外铄论具有明显的片面性，于是在 19 世纪末 20 世纪初出现了内发论和外铄论的混合体——多因素交互作用论。它主要有两种观点。一种观点认为，人的发展既不是单由遗传决定，也不是单由环境决定，而是由遗传和环境共同决定。人的发展不是遗传和环境之和，而是二者的乘积。另一种观点认为，遗传从怀孕起就受环境的影响，出生后环境的影响更是无处不在。遗传和环境对人身心发展的作用在人的形成和发展过程中一直是交织在一起的，很难明确区分开。

辩证唯物主义认为，人的发展是个体的内在因素与外部环境在个体活动中相互作用的结果。人是能动的实践主体，没有个体的积极参与，个体的发展是不可能充分实现的；在主客观条件大致相似的情况下，个体主观能动性发挥的程度对人的发展有着决定性的意义。

因此，人的发展是多种因素综合作用的结果，是先天遗传与后天社会影响以及主体在活动中的主观能动性的交互作用的统一，个体在身心发展过程中所表现出来的基本特点，不是某一因素单独作用的结果，而是多种因素综合作用的结果。

历年真题

【2.11】英国哲学家洛克提出白板说，认为外部力量决定了人的发展，这种观点属于（　　）。

A. 外铄论　　B. 内发论　　C. 多因素论　　D. 相互作用论

二、影响人的发展的因素

（一）遗传在人的发展中的作用

遗传是指从亲代继承下来的生理解剖上的特点，如机体的结构、形态、感官和神经系统等的特点，也叫遗传素质。遗传或遗传素质是人发展的自然或生理的前提条件。如果没有这些生物条件，人的发展就无法实现。正因为人类大脑具有高度的可塑性，人的心理发展才有了物质和生理的前提条件，人们在后天的环境和教育的影响下，才可以学习科学文化知识，培养极为复杂的智力活动，甚至做出发明创造，这是其他动物所不能做到的。

遗传素质对人的发展是有影响的，无论是遗传学、心理学的研究成果，还是我们的日常生活观察，都证明了这样一个事实。有人认为，遗传对人的发展起决定作用。如英国科学家弗朗西斯·高尔顿认为个人的能力由遗传而得来，其受遗传决定的程度，如同一切有机体的形态及躯体组织受遗传决定一样；美国心理学家爱德华·李·桑代克运用测验统计的方法，得出双生子的智力相关系数大于一般的同胞兄弟，试图以此来证明遗传的决定作用。遗传素质对人的发展是否起决定作用，不可一概而论，它与个体发展是否处于常态有关。对于大部分处于常态的人来说，遗传素质对人的发展不起决定作用；然而对于非常态的智力缺陷者来说，遗传素质由于没有为个体的发展奠定正常的基础，常常具有决定作用。可以这么认为，再好的环境、再好的教育，也很难使先天的低能儿有良好的发展。对于非常态的智力优异者，固然具有超越一般人的优异遗传素质，先天条件为他们的发展奠定了很好的基础，但能否使这一优势潜能充分展现，则要受到后天其他条件的限制。可以说，先天的智力优异者并不一定就能有杰出的发展和成就。所以，我们要反对过度夸大遗传作用的“遗传决定论”，正确地认识遗传在人的发展中的作用及其限度。

1. 遗传素质是人的身心发展的生理基础和前提，为人的身心发展提供了可能性

遗传素质是人的身心发展的前提条件，如果没有这些自然条件，个体的发展便无法实现。例如，一个先天的盲人不可能发展正常人的知觉，更不可能成为一个画家；一个先天的聋哑人也不可能发展正常的听觉，更不可能成为一个音乐家。从这个意义上说，遗传为个体发展提供着生理基础和前提，是个体发展的必要条件。对于缺乏这个条件的个体来说，发展就受到了极大的限制，甚至在许多方面就不可能得到发展；但对于具备这一发展条件的个体来说，这只提供了可能性，发展的方向如何，发展的状况如何，则取决于后天的环境、教育和实践。人与人之间遗传素质的差异，影响着他们发展的方向和可能发展的状态。如在感知觉发展上，有的人反应快，有的人反应慢；在智力上，有的人聪明，有的人迟钝；在气质上，有的人外向，有的人内向；在才能上，有的人这一方面突出，有的人那一方面突出。这些都使人选择了不同的发展方向，有的并不影响人的发展成就，但有的却直接影响着人的可能发展成就。

2. 遗传素质的生理成熟程度制约着人的身心发展的过程及其阶段

生理成熟是指个体受遗传素质的生理机能和构造的变化在一般的年龄阶段所达到的一般程度。人的身心发展是一个渐进的成熟过程，其成熟程度制约着身心发展的程度和特点，它为一定年龄阶段身心特点的出现提供了可能和限制。有些早期运动机能的获得是直接建立在成熟的生理基础上的。美国心理学家格塞尔的双生子爬楼梯的实验就很好地说明了这一点。他以一对满 46 周的同卵双生子为被试对象，其中一个孩子先做每天 10 分钟的爬楼梯训练，共 6 周。然后测量两个孩子爬同一楼梯所需的时间，结果是：受训儿 26 秒完成爬楼梯的任务，未受训儿需要 45 秒。然后当这对双生子满 52 周时，再对他们同时进行为期两周的相同的爬楼梯训练。测量结果是：他们都只用 10 秒钟就完成了爬楼梯任务。

3. 遗传素质对不同机能发展的影响作用不同，随着机能的复杂度增大而呈递减的趋势

人的身心发展的机能按照复杂程度，可以分出不同的水平。在整体上，生理机能

比心理机能发展程度低；在身心发展的不同方面，又可以区分出低级的生理机能、高级的生理机能，低级的心理机能、高级的心理机能。从整体来看，遗传对低级的生理、心理机能影响程度和作用大些，而对于高级的生理、心理机能，遗传的影响作用就相对弱些，甚至一些高级的心理机能，如理智感、道德感、审美感的发展与遗传的关系不大。德国心理学家斯腾和美国心理学家伍德沃斯都认为，个体的发展受环境和遗传两个方面的影响，对不同的机能而言，各自所起的作用不同。对于有些机能而言，遗传的影响作用大些；对于有些机能而言，环境的作用大些。人的低级机能主要基于生理的发展，所以受遗传的影响大些；高级的机能主要是后天发展的结果，所以受环境的影响大些。

4. 遗传素质在个体发展的不同阶段作用的大小不同，随着个体不断地发展，遗传的作用日益减弱

遗传是人的发展的原动力，一切起始的发展都不可能离开遗传。但随着影响人的发展因素的增多、人的发展的生理方面的减弱和社会性方面的增加，遗传的影响越来越小，社会性的影响因素所起的作用越来越大。遗传因素在人生的起步阶段，即胎儿期和婴儿期发挥着比较突出的作用，但随着个体生理发育成熟和生活经验的日益丰富，人的高级、复杂的心理机能的发展占据了主导地位，遗传因素的影响逐渐降低。个体后天已经获得的知识经验、身心已有的发展水平以及个体的自我意识，逐渐代替了遗传及其成熟度的主导地位，成为支配人生后期发展的主要因素，对个体发展的影响越来越明显、越来越重要。

5. 遗传素质的差异性对人的发展有一定影响

由于各种族在其发育过程中受遗传和变异双重作用的影响，因此各种族之间在生理上存在差异；而每个人也受遗传和变异的影响，他们之间也存在着遗传素质的差异。例如，人的机体就存在着遗传的差异，身高、肤色、面孔等都不一样。人的心理也存在着与生俱来的差异，例如，儿童的视觉、听觉等感觉器官的灵敏度有着遗传差异；儿童在记忆、注意、思维等心理过程方面也存在遗传的差异，特别是在高级神经活动类型及其活动过程的强度、灵活性及兴奋与抑制的平衡性等方面，都存在着差异。我们发现，有的孩子生来好动，有的生来好静；有的儿童智力发展较快，有的智力发展比较迟缓，这些都在一定程度上与人的遗传素质及其成熟水平有关。人的先天遗传素质的差异性，使人的后天发展具有自己的独特特点。由于遗传素质的差异，不同的民族、种族、性别之间产生的区别通常不是靠简单的后天努力可以补救的，而要通过遗传的缓慢进化才能实现。

6. 遗传素质具有可塑性

随着环境、教育和实践活动的作用，人的遗传素质会逐渐发生变化，人的遗传素质的发展也因人的生活条件不同，可以提前或推迟。另外，随着现代遗传学和基因工程的发展，科学家通过转基因技术改变某些基因而使遗传性状得到改良，从而获得“遗传修饰过的生物体”。遗传素质是个性形成和发展的物质前提，没有这个前提，个性的形成和发展是不可能的。遗传素质固然重要，但是遗传决定论是错误的。

（二）环境在人的发展中的作用

任何的生物体，只要是现实的、具体的，都生活在一定的环境中，动物和人概莫

能外。从生物进化的角度看，环境对人和动物的发展都产生着影响，动物也在不断地适应环境中逐步地进化。但就个体发展而言，由于动物的发展的特性化和完善性，使得环境对动物的发展不起作用，或短期内看不到它的作用。但人就不是这样，人的未特性化、发展的未完善性，为后天的发展留有巨大的空间。人的发展受到后天环境的影响，因此环境成为人的身心发展的第二大影响因素。

环境影响人的发展，这是毫无疑问的。但是这一影响的作用有多大？环境决定论者把人看作环境的消极、被动的产物，片面夸大环境对个体发展的影响作用。例如，中国古代的思想家墨子认为："染于苍则苍，染于黄则黄，所入者变，其色亦变。"意思是人的发展犹如白布放进染料缸中，放进什么颜料缸中，就会染成什么颜色。荀子也有类似的观点，他说："蓬生麻中，不扶自直；白沙在涅，与之俱黑。"西方行为主义心理学家提出的 S-R 学说，认为人的发展就是环境刺激的结果，有什么样的刺激就会有什么样的反应，完全无视有机体内部的条件。人不同于动物就在于人是有意识、有主观能动性的存在，环境的作用不可能不通过人的选择和认同，只有被人所认同和接受的环境刺激，才能真正成为人的发展的影响因素。所以，我们要反对过度夸大环境作用的"环境决定论"，正确地认识环境在人的发展中的作用及其限度。

1. 环境是个体发展的资源，为个体的发展提供了可能性与限制

人生存于客观世界之中，人的生存受到客观世界的制约。整个有机的客观世界成为制约人的发展的外部条件。这种外部条件不是生命可以选择或抛弃的，而是生命不可回避、必须适应的。环境作为人的发展资源，个体在环境的适应中，通过对环境资源的开发、占有、利用、消化和吸收，实现内在生命和外在自然力的能量转换，使生命不断地从环境中吸收自己发展所需要的养料，从而使个体发展壮大。

环境作为一种客观的存在，它只是提供了个体发展的一种可能的资源，这种资源对人的发展会起什么影响，取决于人对待环境的态度。对抱有消极态度的人来说，环境是其发展的一种限制，因为要生存，不得不被动地听从环境的摆布，消极地适应环境。对于抱有积极态度的人来说，环境的限制固然要适应，但不能完全听从环境的摆布，在适应的基础上主动地改造环境，变被动适应为主动适应，这样的环境就为人的发展提供了多种可能。所以，同样的环境被不同的人所利用会产生不同的效果。有的人在逆境中奋进，有的人在逆境中消沉；有的人在顺境中如鱼得水，得到很好的发展，有的人在顺境中虚度光阴，浪费人生。同样的环境对有的人是限制和拦路虎，但对有的人则是发展的希望和可能。

2. 环境对人的影响既取决于环境自身，也取决于个体的意识发展水平

环境有多个组成部分，在性质上有自然环境和社会环境，在范围上有大环境和小环境，在实施的载体上有家庭、学校、社会等。不同的环境成分影响人的发展的不同方面，也体现在个体发展的不同阶段。例如，在儿童发展的早期，自然环境、小环境、家庭对他们的发展影响较大；当个体发展进入青年期后，社会环境、大环境、学校对个体发展的影响相对增强。在儿童发展的早期，环境主要影响人的智力和生理、心理机能的成熟和完善；进入青年期后，环境影响主要集中在人的高级社会情感，如人生观、世界观、爱国主义情感等。而且随着年龄的增长，人的自觉意识、主体意识日益觉醒，人从消极地适应环境到积极地改变环境，从做环境的"奴隶"到做环境的"主

人”。前者属于“近朱者赤，近墨者黑”，后者属于“出淤泥而不染”。

3. 环境对人的发展的影响，最终取决于个体主观能动性的发挥

环境如果只作为一个静态的场景，不为人所认识、所利用，就不会对人发生任何影响。环境只有为人主动选择、吸收后，才可能对个体发生影响。但这一影响在性质上可能是积极的，也可能是消极的；在方式上，可能是限制、阻碍，也可能是希望和动力。所有种种可能，究竟变成什么样的现实，根本上不是取决于环境，而是取决于人对待环境的态度，取决于人的主观能动性的发挥。具有主观能动性的人，能够战胜恶劣的环境，为自己的发展创造条件；相反，意志薄弱、缺乏理想的人不仅战胜不了困难，而且面对良好的环境，也会错失良机，失去发展的可能。所以，对于教育者来说，既要看到环境对人的限制，更要激发人的主观能动性。

（三）个体主观能动性在人的发展中的作用

个体先天的遗传素质和外部的环境资源都是影响个体身心发展的可能性因素，为身心的发展提供着支撑。个体的遗传素质和外部的环境因素，只有通过活动的结合，才能将外部的资源因素转化为个体身心发展需要的能量，所以，活动是内因和外因对个体身心发展综合作用的汇合点，也是推动个体发展的直接、现实的力量。人是实践的主体，没有个体积极地参与和实践，个体的发展是不能实现的。

1. 个体的主观能动性是影响人的发展的现实性因素

个体自身遗传素质和个体所处的环境，都是影响个体发展的一种可能性因素。在同样的环境和教育条件下，每个个体发展的特点和程度主要取决于其自身的态度，取决于其在学习和工作中所付出的精力。所以，个体的主观能动性是其身心发展的动力。个体只有发挥其主观能动性，才能把内在的遗传因素与外部的环境联系起来，使两者由潜在状态转化为现实状态，使个体在遗传素质和环境的相互作用中获得发展。所以，在这个意义上，个体的主观能动性可以说是影响人的发展的决定性因素。

2. 个体的主观能动性通过活动体现出来

活动是人的主体性生成的机制，体现着人的能动性。活动的过程是一个内化和外化相统一的过程。个体通过活动可以不断地接受外部的要求，主动地选择和吸收这些要求，产生新的需要，这是个体潜能的储存形式。随着活动的深入，个体的潜在力量会逐步被开掘，由萌芽、发展到成熟，从而外化为个体的现实力量，通过循环不断的活动的进行，不断地产生新的需要，从而推动自身的不断发展。

历年真题

【2.12】在外部条件大致相同的课堂教学中，每个学生学习的需要和动机不同，对教学的态度和行为也各式各样。这反映了下列哪种因素对学生身心发展的影响？（　　）。

A. 遗传素质　　B. 家庭背景　　C. 社会环境　　D. 个体能动性

三、教育促进人的发展

从前面的分析中，我们可以看出，影响人的发展有三个要素：遗传、环境和个体

主观能动性。除了这三种因素之外，学校教育作为一种特殊的环境，它是影响人发展的最有效手段，对人的发展起着主导作用，这也就是教育的个体功能。

（一）学校教育起主导作用的表现

1. 学校教育可以促进个体个性化

个体个性化是指个体通过教育与自身实践，逐步形成具有一定倾向性的相对独特和稳定的心理特征的过程。换言之，个性就是个别性、个人性，就是一个人在心理诸方面不同于其他人的质的规定性，这个规定性表现于其言谈举止之中。人的个性包括三个方面。①个性倾向性是指人对社会环境的态度和行为的积极特征，它是推动人进行活动的动力系统，是个性结构中最活跃的因素。它决定着人对周围世界认识和态度的选择和趋向，决定人追求什么，包括需要、动机、兴趣、理想、信念、世界观等。个性倾向性是个性系统的动力结构，主要是在后天的培养和社会化过程中形成的。需要是个性倾向性乃至整个个性积极性的源泉，只有在需要的推动下，个性才能形成和发展。世界观属于最高指导地位，它指引着和制约着人的思想倾向和整个心理面貌，它是人的言行的总动力和总动机。②个性心理特征就是个体在其心理活动中经常地、稳定地表现出来的特征，主要是指人的能力、气质和性格。③自我意识是指自己对所有属于自己身心状况的意识，包括自我认识、自我体验、自我调控等方面，如自尊心、自信心等。在个性系统中，自我意识具有调节、调控的作用。

促进个体个性化是教育个体功能的重要方面。任何人都有个性，都是一种个性化的存在。这就要求教育要尊重学生个体的差异性和独特性，依据学生的不同的个性因材施教，促进其全面发展。人的发展不是单纯的适应社会的过程，而是自觉地在适应社会的基础之上力求改造社会的过程。

2. 学校教育可以促进个体社会化

个体社会化是指个体将社会行为规范、准则内化为自己的行为标准，以适应社会生活的过程，是由生物人变为社会人的过程。社会化的主要类型包括：初始社会化（儿童时期理解社会角色和文化），预期社会化（学习将来要扮演的角色），继续社会化，逆向社会化（晚辈传授知识和规范给长辈），再社会化（人们有意忘掉以前的价值观和行为模式，接受或产生新价值观与行为）。

狭义的社会化是指人从出生到其成为基本合格的社会成员即青年这一阶段，广义的社会化则是一个贯穿人一生的过程。从个人与社会的关系来看，人的社会化就是个体吸收社会经验，由二者的分立走向二者的融合。这种融合是个体减少自己的与生俱来的生物性，学习群体和社会的文化，发展自己的社会性，把自己整合到群体中去的过程。人的社会化不是削弱人的生物机能，而是使人的行动少受生物本能的影响，而更多地受社会文化、社会规范的影响，即在他参与群体生活、社会生活时用群体规范指导自己的行动，以实现与他人的合作。教育是个体社会化的重要途径。

人的发展既是一个社会化的过程，也是一个个性化的过程。社会化是社会个体发展自我个性化的基础，个性化使社会化在同质性的基础之上保持了社会发展的多样性。也可以说，没有个性的社会化与没有社会的个性化都是不存在的，弱化了其中一个方面，另一个方面也必然发展不充分。

（二）学校教育起主导作用的原因

教育之所以在人的发展中能起主导作用，是由教育的特点所决定的。

1. 教育是有明确目的地影响人发展的活动过程，它对人的发展方向起着制约作用

教育是有目的、有意识地培养人的活动，它是遵照一定的社会要求和人的身心发展规律，按既定目的对人施加影响的过程。社会环境和社会实践也都在影响人的发展，但是它们的直接目的是改造自然和改造社会，它们都不是以影响人的发展为主要目的。只有教育是以专门影响人的发展为主要目的。同时，社会环境和社会实践活动对人的影响性质是错综复杂的，既有积极影响，也有消极影响；既有正面作用，也有负面作用。各种因素都从不同角度和不同方向上影响人，而教育则是按照一定目的在培养人，所以教育总要对社会环境和实践活动的影响起着筛选、过滤和调控的作用，以保证教育的目的和方向。因此，教育的重要特点之一就是可以根据一定的目的和要求，选择影响条件，排除和控制各种不良因素的影响，从而达到影响性质和方向的一致性，以保证教育目的的顺利实现。

2. 教育是有计划地全面系统影响人的过程，可以大大增强对人影响的有效性

教育，尤其是学校教育对人的发展的影响是有计划的、全面系统的。教育总是根据一定的要求有计划地选择教育内容，有效地组织教育活动。同时，教育对人的影响又是全面的，既影响受教育者的身体，也影响受教育者的精神；既增进受教育者的知识能力，也影响其思想品德。教育对人的影响也是系统地按照人的身心发展规律进行的，这就避免了环境和社会实践活动对人的影响的自发性、片段性和偶然性等缺陷，使教育对人的影响更加有效。

3. 教育是有特定的教育者负责组织的教育活动过程，可以使人的发展不走或少走弯路

任何教育都是教育者和受教育者的双边活动过程，都必然有教育者的存在。尤其学校教育中的教育者受过专门的培养训练，他们既掌握丰富精深的科学文化知识，又懂得教育规律，掌握有效的教育教学方法；他们既有丰富的教育经验，又有高尚的师德。因此，在教育者的指导下，受教育者可以少走弯路，获得最有效的发展。而人在环境和实践活动中，只能自发地获得知识经验，这往往要多走许多弯路。

（三）学校教育起主导作用的条件

如前所述，教育的发展或发展教育必须适应现有生产力发展水平和社会经济的需要，考虑生产力发展和政治经济对教育的要求。同理，教育要发挥它的育人作用，也不是没有条件的，也必须考虑与之有关的若干因素。

1. 人自身的主观能动性

人与动物不同，人是一个能动的个体，具有主观能动性。环境和教育对人的影响作用的大小与人的主观能动性有着直接的关系。人的主观能动性是人的一种内在需要和动力，是一种积极的学习动机和渴望。当受教育者具备了积极的求教动机时，环境和教育的外因才能发挥相应的作用。学习者的学习积极性越高，教育的作用就越大。教育中的“教学相长”，只有在教育者和受教育者的积极性发生共鸣时才会产生。

2. 教育的自身状况

教育主导作用发挥的程度和能力的大小，与教育自身的条件也有很大的关系。这些条件包括教育的物质条件、教师的素质、管理水平以及相关的精神条件等。

3. 家庭环境的效应

家庭环境的效应，包括适当的家庭经济条件、父母的文化水平以及良好的家庭氛围等。

4. 社会发展状况

社会发展状况，包括社会生产力发展水平、社会政治经济制度的进步程度、整体的社会环境、民族心态、文化传统、科学技术发展状况等。

总之，教育的主导作用不是无条件产生的，它要受到多方面因素的制约。教育如能得到社会各方面条件的积极配合，就能充分发挥出促进人的发展和社会发展的独特作用。

历年真题

【2.13】学校教育的直接目标是（　　）。

A. 推动社会发展　B. 增强人的体质　C. 增进社会公平　D. 促进人的发展

重点提示

教育要与人的发展相适应是教育的另一个基本规律。一方面，人的身心发展具有顺序性、阶段性、不均衡性、个别差异性、互补性等特点，制约着教育的开展，要求教育的实施遵循人的身心发展规律；另一方面，遗传素质、环境、个体主观能动性、教育都是影响人身心发展的因素，其中遗传素质是人的身心发展的物质前提，环境为个体的发展提供了多种可能，个体主观能动性是人的身心发展的内因和动力，而学校教育作为特殊的环境对人的身心发展起主导作用。学校教育对人的发展起主导作用是由学校教育的特殊性决定的，且其主导作用能否有效发挥是有条件的。

本章小结

本章内容介绍了教育的基本规律：教育要与社会发展相适应、教育要与人的发展相适应。教育发展一方面既受社会政治、经济、文化、人口、科技因素的制约，另一方面又促进社会政治、经济、文化、人口、科技的发展；人的身心发展具有自身的规律，教育只有遵循人的身心发展的规律，才能有效发挥其对人的身心发展的主导作用。作为未来的教育者，我们一定要深刻理解教育的两条基本规律，在教育工作中，按规律办事。

☞ 本章要点回顾

- 教育基本规律
  - 教育与社会发展
    - 教育与社会发展的若干理论
      - 教育独立论
      - 教育万能论
      - 人力资本论
      - 筛选假设理论
      - 劳动力市场理论
    - 社会发展制约教育
      - 经济对教育发展的影响和制约
      - 政治经济制度对教育发展的影响和制约
      - 文化对教育发展的影响和制约
      - 人口对教育发展的影响和制约
      - 科学技术对教育发展的影响和制约
    - 教育促进社会发展
      - 教育促进经济发展
      - 教育促进政治发展
      - 教育促进文化发展
      - 教育促进人口发展
      - 教育促进科学技术发展
  - 教育与人的发展
    - 人的发展
      - 人的发展的概念
      - 人的发展的规律
      - 人的发展的动因观
    - 影响人的发展的因素
      - 遗传在人的发展中的作用
      - 环境在人的发展中的作用
      - 个体主观能动性在人的发展中的作用
    - 教育促进人的发展
      - 学校教育起主导作用的表现
      - 学校教育起主导作用的原因
      - 学校教育起主导作用的条件

☞ 学习资源

1. 冯建军．教育学原理［M］．北京：中国人民大学出版社，2018.
2. 黄济，王策三．现代教育论［M］．3 版．北京：人民教育出版社，2012.
3. 顾明远．中国教育的文化基础［M］．太原：山西教育出版社，2018.
4. 王道俊，郭文安．教育学［M］．7 版．北京：人民教育出版社，2016.

第三章

教育目的与学校教育制度

☞ **学习完本章，应该做到：**

◎ 了解：全面发展教育组成部分及其关系，学校产生的条件，素质教育及其实施。

◎ 识记：教育目的的含义、功能及确定依据，我国现行学校教育制度。

◎ 理解：全面发展教育思想和义务教育的实施，在新形势下如何落实我国的教育目的和学校教育制度。

☞ **学习本章时，重点内容为：**

◎ 教育目的内涵，全面发展教育思想，我国的学校教育制度。

☞ **学习本章时，知识要点与具体方法为：**

本章内容按“教育的目的—我国的教育目的—素质教育及其实施”和“学校及其产生—我国的学校教育制度—义务教育及其实施”这两条主线展开。首先厘清教育目的与培养目标，了解我国的教育目的、教育组成部分及其关系，如何在我国素质教育及其实施过程中更好地达成教育目的和培养目标。其次识记在学校及其产生的过程中，我国学校教育制度的发展历程、我国现行学校教育制度、义务教育及其实施。学习本章内容要注重联系我国学校教育制度的发展和实际生活。

【引子】

马克思曾经说过：“蜘蛛的活动与织工的活动相似，蜜蜂建筑蜂房的本领使人间的许多建筑师感到惭愧。但是，最蹩脚的建筑师从一开始就比最灵巧的蜜蜂高明的地方，是他在用蜂蜡建筑蜂房以前，已经在自己头脑中把它建成了。劳动过程结束时得到的结果，在这个过程开始时就已经在劳动者的表象中存在着，即已经观念地存在着。”①

第一节　教育目的

目的是个体对他所希望达成或获得结果的一种主观上的设定。人类实践活动与动物本能活动的根本区别之一就在于有无目的性。因此，人类进行教育首先就需要明确教育目的是什么。

---

① 中共中央马克思恩格斯列宁斯大林著作编译局．马克思恩格斯全集：第 23 卷［M］．北京：人民出版社，1972：202.

一、教育目的概述

（一）教育目的的含义

教育目的是指教育主体对于其所希望达成结果的设定，即教育意欲达到的归宿所在或所预期实现的结果。它是教育活动的出发点和归宿，本身就反映了教育的主体对教育活动在努力方向、社会倾向性和人的培养规格、标准等方面的要求和指向，是教育活动所要培养人才的总的质量标准和规格要求。教育目的可以回答"教育要培养什么样的人"这样一个根本问题，所以教育目的是整个教育工作的核心，也是教育活动的依据、评判标准、出发点和归宿。

教育目的可分为社会的教育目的和个人的教育目的两类。社会的教育目的主要反映社会对于教育系统的总要求，要求教育为一定社会的政治、经济和文化及其发展服务。个人的教育目的则要考虑教育对于个体身心发展的促进，要求教育为个人的全面和自由的发展以及未来幸福生活的目标服务。教育的社会目的与个人目的应当是相互联系的两个方面，它们共同组成完整的教育目的整体。有效的社会教育目的必须通过个人教育目的来实现。反之，有效的个人教育目的也必须考虑社会教育目的，以社会教育目的为设定和实现的前提。孤立或割裂两者的关系，就会形成片面的教育目的，导致整个教育观念上的社会本位或个人本位。所以，在教育目的的设定过程中，应当充分考虑社会目的和个人目的的统一；在实际的教育活动中，则应在鼓励教育对象具有个性自由和全面发展的同时，注意引导这种个人发展与社会发展的需要相结合。

历年真题

【3.1】德国教育家凯兴斯泰纳认为，国家的教育制度只有一个目标，那就是造就公民，这种教育目的观价值取向是（　　）。

A. 社会本位　　B. 科学本位　　C. 伦理本位　　D. 个人本位

【3.2】"人只有通过适当的教育之后，人才能成为一个人。"夸美纽斯的这句话旨在说明教育是（　　）。

A. 培养人的社会实践活动　　B. 使人得以生存的活动

C. 传递社会经验的活动　　D. 保存人类文明的活动

【3.3】裴斯泰洛齐认为教育目的就在于全面和谐地发展人的一切天赋力量和才能，使人的各项能力得到自然的进步与均衡发展，其价值取向属于（　　）。

A. 个人本位论　　B. 社会本位论　　C. 文化本位论　　D. 生活本位论

（二）教育目的的功能

教育目的的功能是指教育目的使实际教育活动所具有的作用。它主要表现为以下三点。

1. 导向功能

教育活动是一项系统工程，教育目的规定了教育活动所应培养的人才质量和规格，实际上就是规定了教育活动的大方向。任何社会的教育活动，都要通过教育目的才得以定向。一方面，它表现为教育制度的建立、教育规划的确定以及教育活动内容、形式及教育方法的选择等；另一方面，它又必须是各个年龄段教育的合成，是学校、家庭和社会教育的结合，无论在空间或时间上，都必须朝向教育目的所指明的方向。

2. 调控功能

教育目的是社会根据自身或人的发展需要，对教育活动进行调节、控制的重要手段。从宏观上说，教育目的对一个国家或地区的教育规划以及教育结构的确立与调整等都具有指导、协调的作用；从微观上说，教育目的对具体教育内容的安排、教育活动的形式及教育手段、方法和技术的选择等都有支配、协调和控制、调节作用。在理解和掌握教育目的的条件下，人们在设计教育活动方案时，都会自觉地按照教育目的的要求行事，以克服教育活动的盲目性；当教育活动偏离教育目的所规定的方向时，教育工作者也会自觉地反思并予以纠正。

3. 评价功能

教育活动以教育目的为出发点和归宿，是检验教育活动成功与否的最根本标准。评价教育过程是否有效，教师工作成绩的高低以及在教育活动中学生成长的状况如何，要有具体、细致的评价标准，但是所有细化的评价标准的最高价值预设都来源于教育目的。教育目的是整合所有具体的教育评价标准的精神内核，也是教育评价的最高准则。当具体评价标准有违教育目的时，就需要对具体评价标准做出修正。

（三）教育目的与培养目标的区别和联系

教育目的是各级各类教育培养人的总的质量标准和规格要求，教育目的必须集中反映时代、社会和个体发展的总体要求，是教育最高理想的体现，具有一定的终极性。培养目标是特定的社会领域、不同层次、不同级别和不同类型教育的具体目标，它是教育目的的具体化，是各级各类学校对学习者身心发展所提出的具体标准和要求，是教育活动的具体努力方向。

教育目的和培养目标之间的关系是普遍与特殊的关系，它们之间既有联系又有区别。教育目的是对所有受教育者而言的，是社会对教育所要造就的社会个体质量规格的总的设想或规定，而培养目标是针对特定的对象提出来的。教育目的是各级各类学校确立培养目标的依据；培养目标是在教育目的的基础上制定出来的，因此是教育目的的具体化。同时，教育目的只有具体化为各级各类学校的培养目标，才能进行现实操作和具体落实。

二、我国的教育目的

人的全面发展是现代教育的共同追求，它既是一种学说、一种思想，又是一种战略、一种实践。马克思主义关于人的全面发展学说奠定了我国人的全面发展教育的根基，素质教育的提出和发展，又不断践行、丰富和实现着人的全面发展思想。

（一）中华人民共和国成立后教育目的表述回顾

教育目的是一个历史性的范畴，中华人民共和国成立后，我国对教育目的的表述也随着社会发展而有所不同。

1986年，第六届全国人民代表大会第四次会议通过的《中华人民共和国义务教育法》（以下简称《义务教育法》）第三条规定："义务教育必须贯彻国家的教育方针，努力提高教育质量，使儿童、少年在品德、智力、体质等方面全面发展，为提高全民族的素质，培养有理想、有道德、有文化、有纪律的社会主义建设人才奠定基础。"1995年，第八届全国人民代表大会第三次会议通过的《中华人民共和国教育法》（以下简称《教育法》）第五条规定："培养德、智、体等方面全面发展的社会主义事业的建设者和接班人。"1999年6月，《中共中央 国务院关于深化教育改革全面推进素质教育的决定》指出："实施素质教育，就是全面贯彻党的教育方针，以提高国民素质为根本宗旨，以培养学生的创新精神和实践能力为重点，造就'有理想、有道德、有文化、有纪律'的、德智体美等全面发展的社会主义事业建设者和接班人。"党的十六大报告指出："全面贯彻党的教育方针，坚持教育为社会主义现代化建设服务，为人民服务，与生产劳动和社会实践相结合，培养德智体美全面发展的社会主义建设者和接班人。"2006年修订的《义务教育法》第三条规定："义务教育必须贯彻国家的教育方针，实施素质教育，提高教育质量，使适龄儿童、少年在品德、智力、体质等方面全面发展，为培养有理想、有道德、有文化、有纪律的社会主义建设者和接班人奠定基础。"2021年修正的《教育法》第五条规定："教育必须为社会主义现代化建设服务、为人民服务，必须与生产劳动和社会实践相结合，培养德智体美劳全面发展的社会主义建设者和接班人。"第六条规定："教育应当坚持立德树人，对受教育者加强社会主义核心价值观教育，增强受教育者的社会责任感、创新精神和实践能力。"党的二十大报告指出："全面贯彻党的教育方针，落实立德树人根本任务，培养德智体美劳全面发展的社会主义建设者和接班人。坚持以人民为中心发展教育，加快建设高质量教育体系，发展素质教育，促进教育公平。"

新时期的教育目的具有历史继承性，也反映了新时期社会发展的特点和我们对教育目的新的思考和探索。

（二）确定教育目的的依据

教育目的的确定受限制于特定的社会政治、经济、文化背景。由于社会制度、经济条件、文化背景不同，教育目的的内涵也不尽相同。但教育目的首先反映的是不同的教育价值取向，是教育理想的体现，因此，不同的教育家往往会有不同的教育目的观念和理念。历史上曾出现以柏拉图、凯兴斯泰纳等为代表的社会本位的教育目的论，以卢梭、福禄培尔、裴斯泰洛齐等为代表的个人本位教育目的论，以美国教育家杜威为代表的教育无目的论等不同的教育目的论，证明教育目的具有较强的主观性，但教育目的又以客观性为存在前提，需要考虑社会发展的现实和要求，受教育者的身心发展规律。所以，确定教育目的的基本依据可概括为以下四个方面。

1. 社会政治、经济、文化制度

社会生产力在一定程度上制约着教育目的，在一定生产力基础上建立起来的生产关系对教育目的起决定性作用。所以，教育目的的确定必然会与一定社会政治、经济、文化制度相联系。马克思、恩格斯曾指出，"一个阶级是社会上占统治地位的物质力

量，同时也是社会上占统治地位的精神力量。支配着物质生产资料的阶级，同时也支配着精神生产资料，因此，那些没有精神生产资料的人的思想，一般地是隶属于这个阶级的。占统治地位的思想不过是占统治地位的物质关系在观念上的表现，不过是以思想的形式表现出来的占统治地位的物质关系"①。统治阶级一方面要利用其经济和政治上的统治权制定出符合本阶级需要的教育目的，为巩固这一统治服务；另一方面还要利用自己在政治、经济上的权力维护本阶级在教育资源占有上的特权，并保证这一教育目的的实现。所以，教育目的的确定会体现一定社会政治、经济、文化的要求，在阶级社会中便具有鲜明的阶级性。

2. 人的身心发展特点与需要

教育活动是一种对象性的活动。教育目的既然是教育活动主体对培养对象质量和规格的设计，就不能不依据人的身心发展特点和规律。人的身心发展特点和规律虽不对教育目的的社会性质和方向起决定作用，但仍对教育目的起制约作用。教育目的必须要以各级各类教育培养目标为基础，并通过具体的教育目标去落实，因而教育目的需要反映不同学段受教育者的共同成长规律。完全不考虑人的身心实际及发展规律的教育目的不仅是错误的，而且还是无效的。

3. 制定者的教育理想和价值观

教育目的首先是教育活动中人的价值选择。人们在考虑教育目的时往往会受其哲学观念、人性假设和理想人格等观念和价值取向的影响。人总是用理想提升自己，用理想人格塑造自身。教育目的既然是对培养对象规格的设计，就不能不与人格理想相联系，受到制定者理想人格观念的影响。在社会主义国家，马克思主义经典作家关于全面发展的人格理想是教育目的确定的重要依据。

4. 马克思主义关于人的全面发展学说

中华人民共和国成立以来，马克思主义关于人的全面发展学说一直是我国制定教育政策的理论依据。20世纪末我国推行的素质教育，实质上是马克思主义关于人的全面发展学说的具体实践。

马克思主义把人的发展归结为社会物质生产实践的产物。旧的社会分工导致了人的片面发展。在旧的社会分工中，工人只从事某一局部的生产，只具备一方面的知识技能，"逐渐地失去了全面地从事原有手工业的习惯和能力"②，造成了工人智力和体力片面的、畸形的发展。

机器大工业生产为人的全面发展提供了基础和可能。机器大工业承认劳动的变换、职能的更替，需要工人的全面发展以适应大工业生产的要求。马克思主义从大工业生产要求提出人的全面发展，其基本含义是适应大工业的劳动变换、职能更替、工人全面流动所要求的人的劳动能力或才能的全面发展。马克思主义的人的全面发展是指每个社会成员的体力和智力尽可能多方面的、充分的、自由的发展。

马克思主义关于人的全面发展学说强调人的全面发展和自由发展的辩证统一。全

---

① 中共中央马克思恩格斯列宁斯大林著作编译局．马克思恩格斯选集：第1卷［M］．北京：人民出版社，2012：178.

② 中共中央马克思恩格斯列宁斯大林著作编译局．马克思恩格斯文集：第5卷［M］．北京：人民出版社，2009：391.

面发展是指人的发展的完整性、多方面性，包括人的智力、体力和社会关系等；自由发展是指人的自觉、自愿、自主的发展，即个体按照自己的意志，选择适合自己的发展。如果没有自由发展，全面发展就可能成为平均发展和整齐划一的同质性发展。有了自由发展，每个人才能在其基本素质发展中形成自己独特的个性。因此，全面发展是自由发展的基础，全面而自由发展的人是具有个性的人。马克思主义的人的全面发展的学说内涵是指每个人全面的、自由的、个性的发展。

马克思主义认为，教育与生产劳动相结合是造就全面发展的人的唯一途径。教育与生产劳动相结合的实质，就是对学校的儿童、青少年和生产过程中的劳动者，通过各种形式进行科学教育、劳动教育和综合技术教育，把他们培养成为体脑并用的、能适应现代生产过程的全面发展的劳动者和适应现代社会生活的社会成员，从而推动生产和社会的高速发展。

历年真题

【3.4】简答题：简述确立小学教育目的的基本依据。

【3.5】马克思认为，造成人的片面发展的根本原因是（　　）。

A. 个人天赋　　B. 社会分工　　C. 国家性质　　D. 教育水平

【3.6】马克思主义经典作家关于人的全面发展的基本含义是指（　　）。

A. 德智体美劳全面发展　　B. 人的身心全面发展

C. 人的劳动能力全面发展　　D. 人的独立个性全面发展

（三）全面发展教育组成部分及其关系

1. 全面发展教育组成部分

全面发展的教育目的决定了全面发展教育的整体内容，即德育、智育、体育、美育和劳动技术教育。

（1）德育。德育即思想品德教育，是教育者按照一定社会的要求，有目的、有计划地对受教育者施加系统的影响，把一定社会的思想观点、政治准则转化为个体思想品质的教育。德育是教育工作者组织适合受教育者品德成长的环境，促进受教育者在政治、思想、道德等方面不断建构和提升的教育活动。政治教育旨在培养学生正确的政治观念和政治信仰，思想教育旨在培养学生正确的世界观、人生观和价值观，道德教育旨在促进学生的道德发展和良好道德行为习惯的养成。德育是实现全面发展教育目的的保证，是全面发展教育的重要组成部分。在全面发展教育中，德育对其他各育起着灵魂和指导的作用：它一方面可以从思想上、政治上保证育人的方向，使受教育者沿着社会所期望的方向发展；另一方面，它又给其他各育提供动力和能源，推动受教育者智、体、美、劳等方面的发展，促进全面发展教育目的的实现。

（2）智育。智育是授予学生系统的科学文化知识、训练学生技能、促进学生智力发展的教育。人们常常把智育与教学混为一谈，把智育等同于教学。实际上，智育与教学是既有联系又有区别的两个概念。智育是全面发展教育的组成部分之一，它与德育、体育、美育、劳动技术教育一起构成一个完整的教育体系；而教学则是学校的基本工作，是实施上述各育的基本途径，它与智育属于不同的层次。从完成的任务方面看，智育与教学亦有所不同。智育与其他各育一样，具有自身的任务和内容。智育的任务是向学生传授系统的文化科学基础知识，培养、训练学生形成基本技能和技巧，发展学生的智力。教学则不仅要完成智育任务，还要完成其他各育的任务。即智育是教学的基本任务之一。

在全面发展教育中，智育作为传授知识技能和发展智力的教育，为其他各育的实施提供知识技能准备和智力支持，是实施其他各育的基础。其他各育中的知识因素，都要靠智育去形成和发展。同时，智育中也包含其他各育的因素。因此，要使年轻一代具有高尚的情操、崇高的理想、健康的审美情趣、科学的卫生保健知识、熟练的劳动本领，必须实施智育。

（3）体育。体育是授予学生健身知识、技能，发展学生机体素质和运动能力，以增强体质、发展体能、锻炼体能为目标的教育。体育是促进学生身体发育，增强体质的重要手段。小学阶段是学生一生中生长发育的关键时期，对他们施以体育，指导他们有计划、有组织地锻炼身体，可以促进青少年和儿童身体的正常发育，增强体质，为其一生的健康奠定良好的基础。体育还能丰富学生的业余生活，对学生来说，进行各种体育活动是主动的、休闲性的，具有愉悦学生性情、缓解学习紧张、丰富学生生活、减轻学生负担、提高享受闲暇能力的作用。

（4）美育。美育又称审美教育或美感教育，是培养学生正确的审美观点以及感受美、鉴赏美和创造美的能力的教育。美育是社会主义精神文明和物质文明建设的需要。美育能提高学生的审美能力，增长人的聪明才智，丰富人的精神生活，满足学生日益增长的审美要求和情趣，给学生提供区别善恶、美丑的标准，提高他们的精神境界，促进社会主义精神文明的建设。美育也可使学生在未来的物质生产过程中按照美的要求创造出优质美观的产品。

美育是陶冶性情，培养健全人格的需要。美育具有形象性和情感性的特点，能以具体、鲜明、生动的形象感染人、陶冶人。美育可以潜移默化地影响人的气质、情操、性格、意志和信念，起到塑造人的心灵、陶冶人的情感、培养健全人格的作用。美育也是实施其他各育的需要，是全面发展教育的重要组成部分，它渗透在全面发展教育的各个方面，对学生身心健康和谐地发展有促进作用。

（5）劳动技术教育。劳动技术教育是向学生传授现代生产劳动的基础知识和基本生产技能，培养学生正确的劳动观念，养成良好的劳动习惯的教育。劳动技术教育包括劳动教育和技术教育两个方面。劳动教育主要是培养学生的劳动观点和劳动习惯，技术教育则是使学生掌握基本劳动技术知识和技能。

劳动技术教育有利于促进学生的全面发展。在小学阶段对学生进行劳动技术教育，让学生参加一定的劳动，可以促进学生养成良好的道德品质，培养劳动观念、劳动习惯和尊重劳动人民的思想感情，养成珍惜劳动成果、爱护公共财物的品德，增强对社会和集体的责任感。劳动技术教育可以使学生把课堂上学到的知识和实际联系起来，加深对书本知识的理解，促进理论和实践、感性认识和理性认识的结合，使学生获得比较完整的知识，掌握一定的生产劳动技能。在劳动实践中，学生的情操可以得到陶冶，体质受到锻炼。

加强劳动技术教育是提高全民族科学文化素质的需要，也是解决当前学生缺乏劳动能力问题的现实需要。近年来，各种原因导致学生的劳动观念淡薄，劳动能力较差，怕吃苦、讲享受，缺乏勤俭节约精神，缺乏责任感。重视劳动技术教育，培养学生的劳动态度、习惯和生产技能，形成学生优良的民族精神与美德，关系民族、国家的前途和未来。

劳动技术教育的推广是世界各国教育的共同趋势。加强劳动技术教育是当今世界各国普通关注的一个重大问题。为了适应新技术革命和提高劳动者素质的需要，许多国家都十分重视在义务教育阶段实施劳动技术教育。

2. 全面发展教育各部分的关系

历史上把德育、智育和体育作为全面发展教育的组成部分和内容，现在又把美育和劳动技术教育列为全面发展教育的组成部分，简称德、智、体、美、劳“五育”。这“五育”并不属于同一层次，而分别属于心理发展、身心发展和实践能力发展三个不同层次，遵循从抽象到具体的方法论，后一层次包含前一层次的内容，又综合了本层次的新内容。教育目标的第一层是促进受教育者心理发展，提出目标和任务，这就是智育、德育和美育。当把心理发展的目标同其生理基础联系在一起考查时，进入教育目标的第二层次，即体育。教育目标的第三层次是劳动技术教育，该层次与前两个层次的教育目标相比，更具体、更现实，强调将前两个层次培养、获得的各种知识和能力在个体实践中创造性运用的。

具体而言，德育对其他各育起着保证方向和保持动力的作用。同时，其他各育为德育的实施提供了条件。任何一种思想品德的形成，只有将其寓于各育任务的实施中才有可能。智育则为其他各育的实施提供了认识基础，成为实施各育不可或缺的基础。体育则是实施各育的物质保证。美育和劳动技术教育则是德、智、体的具体运用和实施。正确的审美观念反映了一个人的知识水平，体现着一个人的思想素质状况。而在劳动技术教育中更离不开知识基础和技能，离不开良好的思想品德修养。

因此，德育、智育、体育、美育和劳动技术教育之间是相互依存、相互影响的关系。在学校教育活动中不可强调某一方面或将它们割裂开来，要坚持“五育”并重，但“五育”并重并不是均衡发展，要使全面发展教育的各组成部分有机地结合起来。要求每一个学生都成为科学家、艺术家、运动健将，或者要求每一个学生都精通语文、数学、外语、政治、历史等是不可能的。全面发展是指学生基本素质的发展，学生可以而且应当在基本素质全面发展的基础上保持并发展自己的兴趣和特长。就个人而言，基本素质的发展和兴趣、特长的发展是相互依赖、相互促进的。我国政府始终提出要全面贯彻党的教育方针，坚持教育为社会主义现代化建设服务，为人民服务，与生产劳动和社会实践相结合，培养德智体美劳全面发展的社会主义建设者和接班人。

历年真题

【3.7】期末考试前一个月，学校突然决定提前进行音、体、美课程的考试，将课时留给语、数、外科目。该校的做法（　　）。

A. 正确，有利于教师组织教学　　B. 正确，有利于提高学生成绩

C. 错误，不利于校际公平竞争　　D. 错误，不利于学生全面发展

（四）我国教育目的的基本特征

我国的教育目的在不同时期表述不完全一致，但这些不同的表述在总体上又是统一的。它反映了社会主义国家教育目的的基本特征，主要有以下三点。

1. 以马克思主义人的全面发展学说为指导思想

马克思主义人的全面发展学说是在社会生产和分工的基础上考察人的片面发展到全面发展的历史进程。马克思主义既十分关注人的全面发展，将人的全面发展作为坚定的价值取向，又认为社会存在是全面发展的前提条件，只有到了生产力高度发展，物质财富和人的闲暇时间极其充裕，消灭了人压迫人和人剥削人的社会制度，“每个人的自由发展是一切人的自由发展的条件”① 的共产主义社会，人的全面发展才能真正彻底地实现。所以，人的全面发展只能是一个随着社会历史条件变化而不断前进的历史过程。马克思主义的全面发展学说为我们制定社会主义的教育目的提供了人的全面发展的价值理想和正确认识、处理社会发展和个人发展关系的方法论，这样既避免了将社会发展与个人全面发展对立起来，抽象地谈论人的全面发展的片面性，又避免了在阶级社会将满足统治阶级的需要作为教育的唯一和根本目的，否定个人和个性发展的价值，用社会需要取代个人需要的片面性。

从我国教育目的的表述中可以看出，我国始终坚持德智体美劳全面发展的方向，始终强调教育与社会实践相结合的方针。这实际上是现阶段马克思主义关于人的全面发展理论的表现。全面发展的核心内涵是个性的自由发展，使学生主动和生动活泼地发展更是我国教育的长期和根本任务。当然，全面发展也不能超越社会发展阶段的制约，我们只能实现在一定历史阶段最大可能的全面发展。

历年真题

【3.8】马克思主义关于人的全面发展学说指出，造就全面发展的人的唯一方法是（　　）。

A. 脑力劳动与体力劳动相结合　　B. 智育与体育相结合

C. 知识分子与工人农民相结合　　D. 教育与生产劳动相结合

2. 具有鲜明的政治方向

我国的教育目的始终强调我们要培养的人是符合无产阶级根本利益或社会主义方向的人。这在不同时期的表述上有所不同，如“有社会主义觉悟的有文化的劳动者”“热爱社会主义祖国和社会主义事业，具有为国家富强和人民富裕而艰苦奋斗的献身精神”以及“社会主义事业的建设者和接班人”等。在教育目的的阶级性上，社会主义教育目的有其明显的特点。它既不同于宣扬超阶级性的资产阶级教育目的，也不同于奴隶社会、封建社会以剥夺绝大多数人受教育权利的为统治阶级利益服务的教育目的。

---

① 中共中央马克思恩格斯列宁斯大林著作编译局．马克思恩格斯文集：第 2 卷［M］．北京：人民出版社，2009：53.

社会主义的教育追求每个社会成员都享有平等的受教育权，并为受教育者提供最大限度的全面发展的可能空间。同时，它也根据生产实践中的经验和教训，要求受教育者做到政治与业务素质的统一，德才兼备。

3. 坚持全面发展与个性发展的统一

社会主义社会是现代社会，现代社会为人的个性发展提供了前所未有的可能性；现代社会需要具有鲜明的个性和创造性的社会成员，从而促进社会的高速发展。社会主义的教育具有以前各社会阶段所未有的高度的民主特征，除了教育机会均等等方面的进展之外，这一民主特征的重要内涵就是尊重个体的存在价值、促进个性的充分发展。社会主义建设的不同领域需要具有不同风格与特长的建设者，需要“具有实事求是、独立思考、勇于创造的科学精神”的建设者。所以，社会主义的教育目的在强调全体受教育者德智体美劳全面发展的一般要求的同时，也必然重视个人的自主性、创造性和其他个性品质，强调个体才能和特长的充分发挥，从而寓一般于特殊之中，形成较为完善的教育目的内涵。

三、素质教育及其实施

素质教育是以促进学生素质全面提升为根本目标的教育活动。素质教育观在我国20世纪八九十年代产生，经过激烈的讨论形成了共识，并最终上升为国家意志。

（一）素质教育的内涵

1. 素质教育以提高国民素质为目的

全面提高国民素质是素质教育的总目标。要实现中华民族伟大复兴的中国梦，必须提高我国国民的整体素质。国民素质的问题是综合国力的集中体现，更是社会发展的根本所在，关系到我国能否从“人口大国”向“人力资源强国”的转变。

1993年，《中国教育改革和发展纲要》提出中小学要由应试教育转向全面提高国民素质的轨道。党的十六大报告提出：“全面推进素质教育，造就数以亿计的高素质劳动者、数以千万计的专门人才和一大批拔尖创新人才。”党的十八大报告提出：“全面实施素质教育，深化教育领域综合改革，着力提高教育质量，培养学生社会责任感、创新精神、实践能力”。党的二十大报告提出：“坚持以人民为中心发展教育，加快建设高质量教育体系，发展素质教育，促进教育公平。”实施素质教育，为实施科教兴国和人才强国战略奠定坚实的基础，为国家振兴培养人才。

2. 素质教育是面向全体学生的教育

素质教育不是面向少数学生，而是面向全体学生的教育，要求对所有的学生一视同仁，不歧视任何学生。素质教育不是竞争性、排他性的教育，而是一种合作式、相容性的教育，不但要保护青少年受教育的权利，而且要给他们以均等的机会，促使每一个人都能够成功。

面向全体学生不仅要保证每一个孩子有平等的受教育权，而且还要努力追求教育公平。在教育政策层面，需要提高相对平等的受教育机会和条件，力争教育成功机会和教育效果的相对均等。在具体教育教学中，则表现为关注每一位学生的需要、情感、思想、行为。

3. 素质教育是促进学生全面的、生动活泼的、可持续发展的教育

从发展的特征看，素质教育具有全面性、主体性和可持续性。①全面性。素质教育必须把德育、智育、体育、美育、劳动技术教育等有机统一起来，使各方面教育相互渗透，协调发展，促进学生全面发展和健康成长。②主体性。素质教育把学生视为教育主体，强调学生自主探究，自主发展，以区别于“应试教育”中学生死记硬背、灌输式的被动发展。③可持续性。素质教育要激发学生的兴趣、爱好，培养他们自主学习和终身学习的能力。全面的素质发展，为学生的进一步发展奠定了基础，提供了动力，促使学生后续可持续发展。

4. 素质教育是促进学生个性发展的教育

每个学生都是一个独特的个体，他们的兴趣、爱好、个性特征、理想追求不同，具有差异性。素质教育重视学生的全面发展，使他们在基本方面达到统一标准，实现共同发展。在此基础上，重视学生的差异性，为不同的学生提供不同的教育，提出不同的要求，促进他们的个性发展，做到因材施教。

5. 素质教育要着力提高学生的社会责任感、创新精神和实践能力

素质教育应以培养学生的创新精神和实践能力为重点，激发学生独立思考和创新意识，培养学生的科学精神和创新思维习惯。这是教育对知识经济向人才培养提出挑战的回应。

为了应对社会上出现的道德困境和危机，素质教育强调德育为先，提出全面贯彻落实“立德树人”根本任务，把“提高学生服务国家、服务人民的社会责任感”与“培养学生创新精神和实践能力”共同作为素质教育的重点。

（二）素质教育的实现途径

素质教育是一项关乎中国教育发展全局的战略选择和行动，涉及整个基础教育以及高等教育的教育发展战略调整。对学校教育而言，素质教育的具体实现途径主要有以下几条：

1. 国家各项教育政策措施确保素质教育发展路线

素质教育作为教育发展的一个时代风向标，急需政策的支持。需要国家、地方和学校多方的政策支持。自国家正式提出和使用“素质教育”以后，先后出台了大量的政策和规定来落实素质教育的目标和内容，如“教育均衡”“义务教育阶段的就近入学”就是人们广泛关注的政策决定。

教育均衡实质上是指在教育公平思想和教育平等原则的支配下，教育机构、受教育者在教育活动中享有平等待遇的教育理想和确保其实际操作的教育政策和法律制度。其最基本的要求是在教育机构和教育群体之间，平等地分配教育资源，达到教育需求与教育供给的相对均衡，并最终落实在人们对教育资源的分配和使用上。从个体看，教育均衡是指受教育者的权利和机会的均等，是指学生能否在德、智、体、美、劳等方面均衡发展、全面发展；从学校看，教育均衡是指教育所培养的劳动力在总量和结构上，是否与经济、社会的发展需求达到相对的均衡。当前人们关注的基础教育均衡发展，主要是指我国不同地区之间、城乡之间、同一地区不同学校之间、同一学校不同群体之间的教育均衡发展问题；或者说，它主要涉及的是受教育者的受教育权利保

障问题，教育的民主与公平问题。

2. 学校文化变革集中体现素质教育的精神

文化变革是基础教育改革的本质特征。实施素质教育具体依托学校发展和课堂教学改革的教育行动来进行，如新课程改革。素质教育实施以来，“教育与生活”成为教育发展中最主要的话题。以生活为视角来重新建构学校教育的主旨和精神，推进了学校教育的开放和转型。

素质教育要求学校教育充分尊重学生个体差异，要求学校教育为学生差异的个性发展提供更多的机会和更广阔的空间。《国家中长期教育改革和发展规划纲要（2010—2020年）》中指出，把育人为本作为教育工作的根本要求。要以学生为主体，以教师为主导，充分发挥学生的主动性，把促进学生健康成长作为学校一切工作的出发点和落脚点。关心每个学生，促进每个学生主动地、生动活泼地发展，尊重教育规律和学生身心发展规律，为每个学生提供适合的教育。因此，在素质教育相关的方针政策指引下，各地学校都在努力创造和形成自己的特色文化、特色管理、特色班级、特色教师、学生的特色发展等。

3. 新课程改革是推进素质教育的有效途径

我国在新一轮基础与课程改革中，用先进的教育理念指导实践，不断推陈出新，有效促进学校教育的发展，有效贯彻了素质教育的理念。基础教育课程改革成为完善基础教育阶段素质教育体系的核心环节。新一轮基础教育课程改革在进行充分的国际比较、调查研究、经验研究与历史研究的基础上，针对目前中小学课程的某些弊端，以及社会发展对课程提出的新的要求，确定了我国基础教育课程改革的总目标，描绘了符合素质教育要求的新基础教育课程的共同愿景。

学校的课程集中反映了社会发展对教育的需求，体现着教育价值的取向，制约着教育的活动方式，直接影响着学生身心成长和整体教育质量的提高。审视现行基础教育的课程，不难发现，确实有一些不容忽视的问题，主要表现在：教育观念滞后，人才培养目标已不能完全适应时代的需求；思想品德教育的针对性、时效性不强；部分课程内容陈旧；课程结构过于单一，学科体系相对封闭，以致难以反映现代科技、社会发展的新内容，脱离了学生经验和社会实际；课程实施过程基本以教师、课堂、书本为中心，难以培养学生的创新精神和实践能力；课程评价只重视学业成绩，忽视学生的全面发展；课程管理过于集中，使课程不能适应当地经济、社会发展的需求和学生多样发展的需求等。致力于改变这些问题和现状的新课程改革切切实实、脚踏实地地贯彻了素质教育的理想。

4. 学校的具体改革措施夯实素质教育的基础

素质教育是在教育过程中把学生培养成生活的人、智慧的人、创新的人的教育。具体开展素质教育时，要求一切都要以提高学生的发展质量和水平作为出发点和归宿，做到立足于学生、基于学生、为了学生。因此，在选择开展素质教育的途径时，学校需具体承担素质教育的种种理想和行为，要特别关注学校的教育观念是否摆脱了应试教育的束缚，教师传授知识的方式是否多样化，学生获得发展的方式是不是有了更多的自主性和创造性等方面。

从目前学校教育改革的举措和已经取得的成果来看，素质教育的有效开展需要学校教育致力于课内与课外的结合、校内与校外的结合、教师教导与学生自学的结合。例如，很多学校通过开展各类课内外活动来丰富学生的校园文化生活和精神世界，逐步践行素质教育的理想。

第二节　学校教育制度

学校教育制度（简称学制）是教育制度的主体，是指一个国家各级各类的学校系统，具体规定学校的性质、任务、入学条件、修业年限及彼此之间的关系。学制的建立为实施正规的学校教育提供了基本的制度保障。

一、学校及其产生

（一）学校的定义及其功能

在人类社会发展的早期，随着社会的发展和人类知识的不断丰富，传授知识的活动就已经从社会的生产和生活中分离出来，形成专门的活动领域，从而出现了专门的教育机构和教师职业。由此可见，学校是一种古老的、广泛存在的社会组织。它始于人类知识及其传播的专门化要求，是有计划、有组织、有系统地进行教育教学活动的专门机构，是社会生活中最常见、最普遍的一种组织形式。教育教学活动就是由许多不同类型和不同层次的学校教育机构来实施的。

作为对社会成员进行教育、培养的社会机构，学校的基本功能是利用一定的教育教学设施和选定的教育内容实施教育教学活动，培养社会所需要的合格人才。为此，学校应根据社会的经济、政治及文化发展要求，选择有教育价值的知识对学生进行教学教育，使之具有符合社会要求的良好行为道德倾向，培养他们为社会服务的能力，并具有为社会发展和人类进步而贡献力量的认识和责任感。学校要启迪学生的智慧，由简而繁、由易而难、循序渐进地教育学生学习现代科学技术，吸收优秀的民族文化传统，掌握从事社会物质生产和精神文明建设所需要的各种知识、技能和技巧，充分做好参加社会生活的准备。

为了实现上述功能，学校应当具备下列基本条件：与学生数量相适应的校舍、场地及其他基本教学设施；有符合法律规定要求的，按编制标准配备的教师队伍；有按规定标准配置的教学仪器、图书资料和文娱、体育、卫生器材。

（二）学校产生的条件

学校是专门培养人的机构，其一切活动都是围绕一定目的而展开的培养。因此，学校的产生也需要具备一定的条件。

1. 生产力的发展，剩余产品的出现

在奴隶制社会中，铁制工具的使用，使生产力得到了很大的发展，剩余产品的出现为社会的分工提供了最主要的条件，社会的分工又进一步地促进了生产力的发展。而社会生产力水平的提高和剩余产品的出现为学校的产生提供了必要的物质基础。

2. 体脑分工的出现

随着社会生产力的发展，社会分工从单纯的生产劳动领域扩大到了整个社会，出现了体脑分工，使一部分人从直接的生产劳动中脱离出来，从事社会管理和文化活动，作为广义文化重要组成部分之一的教育，也逐渐演变为一种专门和固定的职业。古希腊学者亚里士多德称自己开办的学校教育为“闲暇教育”，不传授与生产劳动有关的知识和技能，反映了接受学校教育与脱离生产劳动和“闲暇”有关。

3. 文字的出现和经验、方法的积累

学校的出现除以上社会经济、政治原因外，还有文化发展方面的原因，主要表现在两个方面。第一，到了奴隶制社会，人类已经积累了大量的生产劳动经验和社会生活经验，且不少已在漫长的岁月中系统化、抽象化，形成了分门类的知识和学问，如天文、地理、水文、医学、数学、建筑等，对这些知识和学问的掌握已不可能通过日常实践活动中的非正规教育来进行，客观上要求有专门的学校教育来传授这些知识。第二，伴随着人们生产劳动和社会生活经验的丰富，以及经验向知识的演变，在原始社会末期，已经产生了原始的文字。恩格斯指出，原始社会的高级阶段是由于拼音文字的发明及其应用于文献记录而过渡到文明时代。进入文明时代之后，文字日趋复杂，文字作为处理日常事务和学习其他知识的工具，对于进入专门学校学习各种专业知识和技能的人来说，成为必须首先掌握的知识，而当时的文字辨认和书写都非常困难，绝非在日常生活中附带进行学习所能掌握的，这也对学校的产生提出了要求。在奴隶社会比较成熟之后，便出现了许多专门学习文字和初级知识的学校，如中国周朝的乡学，古希腊雅典的体操学校、音乐学校，古罗马共和时期的小学和中学等。

历年真题

【3.9】简答题：简述学校产生的基本条件。

二、我国的学校教育制度

（一）我国现代学校及学制的产生

我国现代学校教育制度是从清末开始的。1901 年，清政府明令全国书院改为学堂，在省城的改为大学堂，在各府和直隶州的改为中学堂，在州县的改为小学堂，但当时还没有形成正式的学制。

中国教育史上第一个学制系统产生于 1902 年，清政府颁布了系列学制系统文件，统称《钦定学堂章程》，又称“壬寅学制”。这一学制虽正式颁布，但并未全面实行。1904 年 1 月，清政府又颁布了《奏定学堂章程》，通常称为“癸卯学制”，这是我国第一个正式实施的学校教育制度。1905 年 8 月，清政府看到大势所趋，决然下诏停止科举，从此新式学校得到更加迅速的发展。该学制以日本学制为蓝本，但明文规定教育宗旨是“忠君、尊孔、尚武、尚实”，明显体现了“中学为体，西学为用”的思想。其突出特点是教育年限长，总共 26 年。该学制首次将师范教育纳入并实施，另外还规定男女不得同校，轻视女子教育，体现了半殖民地半封建社会的特点。

1912 年，中华民国成立后，针对清末教育的弊端，进行了学制改革，颁布了“壬子癸丑学制”，该学制第一次规定了男女同校、改学堂为学校，还废除了小学与师范学校的读经课程，充实了自然科学的内容。这是我国教育史上第一个具有资本主义性质的学制。之后，经过多年的探索，1922 年颁布了“壬戌学制”。这是在总结中华民国建立以来学校发展的经验教训，借鉴西方学制的基础上制定的，因而是一个较为成熟的现代学校系统，一直沿用到中华人民共和国成立。该学制首次规定中小学“六三三”分段，即小学六年、初中三年、高中三年。该学制明确以儿童身心发展规律作为划分学校教育阶段的依据，这在我国现代学制史上是第一次。

中华人民共和国成立后，1951 年《政务院关于改革学制的决定》中确定了中华人民共和国的第一个学制，我国学制发展开始走上了一个新纪元。其后，我国的学制经历了几次大的变动，其中既有经验也有教训。1976 年，在经历了“文化大革命”后，教育事业也和其他领域一样，着手重建和发展被破坏的学校系统：延长了中学的学习年限；恢复和重建了中等专业学校和中等技术学校，创办了职业高中；恢复了高等学校专科和本科两个层次；扩大了高等专科学校的规模；恢复和重建了很多“文化大革命”中被迫解散的学校、系、科和专业；建立了学位制度，完善了研究生教育制度；恢复和重建了各级各类成人教育机构。我国的学校教育走上正轨。

历年真题

【3.10】在我国历史上，以“中学为体，西学为用”为指导思想，以“读经尊孔”为教育宗旨，第一次以法令形式颁布并实施的学制是（　　）。

A. 壬寅学制　　B. 癸卯学制　　C. 癸丑学制　　D. 壬戌学制

【3.11】根据 1993 年颁发的《中国教育改革和发展纲要》的相关规定，小学实行（　　）。

A. 校长负责制　　B. 党支部领导下的校长负责制

C. 书记负责制　　D. 教职工代表大会制

【3.12】我国教育史上首次纳入师范教育并实施的学制是（　　）。

A. 癸卯学制　　B. 五四三学制　　C. 壬寅学制　　D. 六三三学制

【3.13】在我国近代教育史上，主要承袭了日本的学制，以“中学为体，西学为用”为指导思想来制定并实施的现代学制是（　　）。

A. 壬寅学制　　B. 癸卯学制　　C. 壬戌学制　　D. 壬子癸丑学制

【3.14】在我国近代教育史上，以美国学制为蓝本，强调适应社会发展需要的学制是（　　）。

A. 壬寅学制　　B. 癸卯学制　　C. 壬戌学制　　D. 壬子癸丑学制

（二）我国现行的学校教育制度

《国家中长期教育改革和发展规划纲要（2010—2020 年）》按照完善现代国家教育体系、形成终身教育体系的要求，明确了今后一个时期我国学制方面的发展任务。

其主要内容有：积极发展学前教育，重点发展农村学前教育；巩固提高九年义务教育水平，重点推动均衡发展，普及高中阶段教育；把职业教育放在更加突出的位置；全面提高特殊教育，完善特殊教育体系，健全特殊教育保障机制。

我国现行学制的机构（如图 3. 1 所示）纵向分为四个等级，横向分为若干不同的类型，现分述如下：

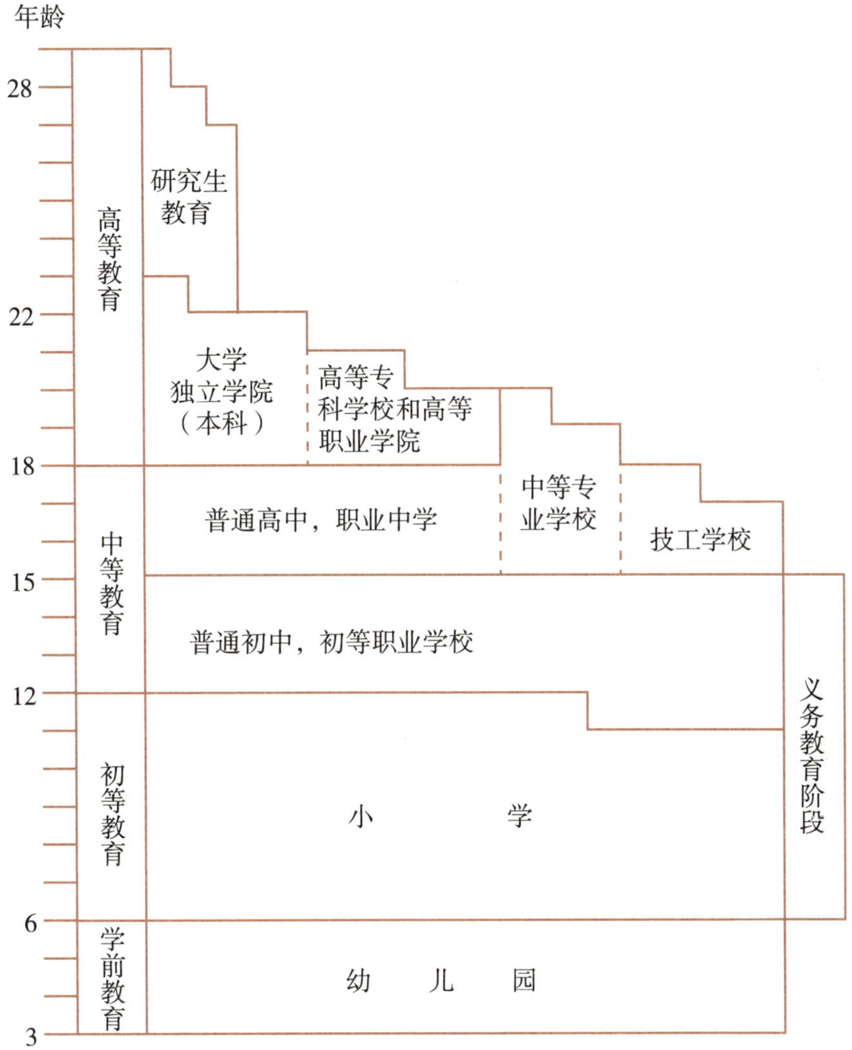

图 3. 1　我国现行学制系统图①

（1）学前教育，招收 3—6 岁的幼儿。

（2）初等教育，主要是指全日制小学教育，招收 6—7 岁儿童入学，学制为 5—6 年。

（3）中等教育，是指全日制普通中学、各类中等职业学校。全日制中学修业年限

① 杨汉清．比较教育学［M］. 3 版. 北京：人民教育出版社，2015：230.

为6年，初中为3年，高中为3年；职业高中为2—3年，中等专业学校为3—4年，技工学校为2—3年。

（4）高等教育，是指全日制大学、独立设置的学院、专科学校、研究生院和各种形式的成人高等学校。

高等学校招收高中毕业生和同等学历者。专科学校修业为2—3年，大学和独立设置的学院为4—5年，毕业考试合格者授予学士学位。成人高等学校修业年限适当延长，学完规定课程经考核达到全日制高等学校同类专业水平者，承认学历，享受同等待遇。条件和设备较好的大学、独立设置的学院和科学研究机关设研究院。硕士研究生修业年限为2—3年，招收获学士学位和同等学力者，完成学业授予硕士学位。博士研究生修业年限为3—4年，招收获硕士学位者和同等学力者，完成学业授予博士学位。

历年真题

【3.15】我国第八次基础教育课程改革在课程设置上的重大变革之一是（　　）。

A. 小学和初中分别设置　　B. 九年一贯的整体设置

C. 十二年一贯的整体设置　　D. 初中和高中分别设置

【3.16】下列属于学校教育制度内容的是（　　）。

A. 修业年限　　B. 教学大纲　　C. 课程标准　　D. 课程设置

【3.17】我国制度化学校教育体系包括（　　）。

① 幼儿教育　② 初等教育　③ 中等教育　④ 成人教育　⑤ 高等教育

A. ①②③④　　B. ①②③⑤　　C. ①②④⑤　　D. ②③④⑤

三、义务教育及其实施

义务教育又称强迫教育，是指根据法律的规定，适龄儿童和青少年都必须接受，国家、社会、家庭必须予以保证的国民教育。其实质是国家依照法律的规定对适龄儿童和青少年实施的一定年限的强迫教育的制度。

（一）义务教育的发展历程

义务教育最早源于德国，宗教领袖马丁·路德首先提出义务教育的概念。改革胜利后，为使人们都有学习《圣经》的能力，路德颁布了义务教育法。德国魏玛共和国在1619年的有关教育法令中规定：孩子的父母或监护人必须让6—12岁的孩子进入学校，这是义务教育最早在相关法律中被提出。在1763—1819年，德国基本完善了义务教育法规。

工业革命后，义务教育发挥着使人们掌握工业知识的任务，义务教育的时间也由最早的3—6个月，发展到6年，直至现在世界各国普遍采用的9年。

我国义务教育的发展可追溯至清朝。清政府在20世纪早期，在草拟清朝政府有关各阶段教育文件时采用了“义务教育”“强迫教育”等这些顺应时代发展的词语。

1911年，我国封建社会末期开始创办义务教育。在这一年，清政府专门安排人员在北京主持召开由封建社会上层人员参加的教育会议，会议最终审议通过了《试办义务教育章程案》等发展教育事业的文件。

1912 年，中华民国临时政府教育部颁布了《学校系统令》，即“壬子学制”，也规定了“初等小学四年，为义务教育”。1937 年，中华民国政府教育部颁布《学龄儿童强迫入学暂行办法》，这个时期的义务教育被定义为强迫教育。

1949 年中华人民共和国成立后，20 世纪 50 年代初期应用的《中国人民政治协商会议共同纲领》及以后正式在全国范围内实行的国家宪法中，都明确规定每一个中国公民都有接受教育的相关权利与义务。

1986 年 4 月 12 日，第六届全国人民代表大会第四次会议通过的《义务教育法》第二条规定：“国家实行九年制义务教育。省、自治区、直辖市根据本地区的经济、文化发展状况，确定推行义务教育的步骤。”该法于同年 7 月 1 日起施行，这是中华人民共和国成立以来最重要的一部教育法，标志着中国已确立了义务教育制度。

2005 年 12 月，《国务院关于深化农村义务教育经费保障机制改革的通知》中提出，逐步将农村义务教育全面纳入公共财政保障范围，建立中央和地方分项目、按比例分担的农村义务教育经费保障新机制，这为义务教育立法打下一个非常好的基础。

2006 年 9 月 1 日起开始实施新的《义务教育法》，此次修订的《义务教育法》最终明确：“国家将义务教育全面纳入财政保障范围，义务教育经费由国务院和地方各级人民政府依照本法规定予以保障。”这意味着完成了从“人民教育人民办”到“义务教育政府办”的真正转变。

历年真题

【3. 18】我国首次颁布《中华人民共和国义务教育法》确定实施九年义务教育的时间为（　　）。

A. 1982 年　　B. 1986 年　　C. 2000 年　　D. 2006 年

【3. 19】《中华人民共和国义务教育法》颁布的时间是（　　）。

A. 1983 年　　B. 1986 年　　C. 1993 年　　D. 2006 年

（二）义务教育的基本特性

义务教育的基本特征包括强制性、公益性、普遍性、公共性和基础性等。

1. 强制性

强制性又称义务性，让适龄儿童、少年接受义务教育是学校、家长和社会的义务。谁违反这个义务，谁就要受到法律的制裁。家长不送学生上学，家长要承担责任；学校不接受适龄儿童、少年上学，学校要承担责任；政府不提供相应的条件，也要受到法律的规范。

2. 公益性

公益性即明确规定“不收学费、杂费”。公益性和免费性是联系在一起的，如《义务教育法》第二条规定：“国家实行九年义务教育制度。义务教育是国家统一实施的所有适龄儿童、少年必须接受的教育，是国家必须予以保障的公益性事业。实施义务教育，不收学费、杂费。国家建立义务教育经费保障机制，保证义务教育制度实施。”

3. 普遍性

普遍性又称普及性或统一性，是指所有适龄儿童、少年，除依照法律规定办理延缓入学或休学的以外，都必须完成规定年限的义务教育。义务教育的普遍性表现在义务教育是一种全民性的教育，而不是英才教育。

4. 公共性

义务教育是一项社会公共事业，是面向本地区、本民族全体国民的教育，不应成为某一阶级、政党或宗教派别的工具而被垄断。义务教育的公共性表现在四个方面：①教育与宗教分离，学校教育成为世俗性的公共事业；②义务教育由国家设立或批准的学校来实施，体现了国民的意志；③实施义务教育的学校和教师具有公共和公务性质，其工作对国家负责、对国民负责；④国家对义务教育的实施进行有效的监督和管理。

5. 基础性

义务教育对学生进行的是基础知识、基本技能、基本方法和基本态度等方面的教育。义务教育必须贯彻国家的教育方针，实施素质教育，使适龄儿童、少年在品德、智力、体质等方面全面发展，为培养有理想、有道德、有文化、有纪律的社会主义建设者和接班人奠定基础。

历年真题

【3.20】面向全体学生，实现城乡、区域和校际的均衡发展，这体现了义务教育具有（　　）。

A. 公共性　　B. 民主性　　C. 免费性　　D. 强制性

【3.21】义务教育的基本特征主要包括（　　）

①强制性　②普遍性　③公共性　④选择性　⑤终身性

A. ①②③　　B. ①②④　　C. ①③⑤　　D. ②③④

（三）义务教育的实施

1986年的《义务教育法》规定：“义务教育事业，在国务院领导下，实行地方负责，分级管理。”这一规定在当时激发了地方普及义务教育的积极性，加快了义务教育的发展步伐，为实现“普九”发挥过积极作用。2001年，为适应农村经济体制改革的不断深化，特别是农村税费改革全面推进的新形势，《国务院关于基础教育改革与发展的决定》确立了农村义务教育的管理“实行国务院领导，由地方政府负责、分级管理、以县为主的体制”。这一体制的变革有利于确保教师工资按时发放和在县域内进行教育资源的有效配置。但在实行过程中由于存在着认识上的偏差，混淆了管理体制和投入体制，影响了政策的实施效果。2006年修订的《义务教育法》对管理体制有了更为准确的表述：“义务教育实行国务院领导，省、自治区、直辖市人民政府统筹规划实施，县级人民政府为主管理的体制。”这一款规定的是义务教育宏观管理体制，是纵向规定各级政府对义务教育的管理职责。这一新体制突出了两个特点：一是强调了省级政府的统筹作用，二是明确了管理以县为主。《国家中长期教育改革和发展规划纲要（2010—2020年）》第十五章第四十五条也规定：“健全统筹有力、权责明确的教育管理体制。以转变政府职能和简政放权为重点，深化教育管理体制改革，提高公共教育服务水平。明确各级政府责任，规范学校办学行为，促进管办评分离，形成政事分开、权责明确、统筹协调、规范有序的教育管理体制。”

省级政府是地方最高的行政机关，对包括义务教育在内的各项地方公共事业负有首要责任。强调省级统筹，就是要加大省一级的责任，这是新体制中一个值得关注的内容。省级政府一要统筹落实辖区内农村义务教育经费，确定省以下各级政府的经费分担责任，落实中央安排的转移支付和地方各级政府应承担的资金，承担与其职责和财力相应的义务教育经费数额，制定辖区内经费保障机制改革的各项政策措施；二要统筹省域内义务教育的组织协调工作，制定本省义务教育政策、规划义务教育的各项标准，统筹配置教育资源，促进省内义务教育均衡发展。无论是从投入体制还是从管理体制来讲，省级政府的统筹作用都至关重要，如果省级政府能够切实担负起这一责任，理顺省以下的体制，则相关问题比较容易解决。

县级政府对本地区义务教育的发展负有主要责任，强调管理以县为主是非常必要的。以前在一些地区存在投入以县为主的做法，使义务教育的事权和财权不对称，挫伤了基层政府管理和实施义务教育的积极性。管理以县为主表现在两个方面：一是管好经费。县级政府除了按照省级政府确定的比例承担经费外，一项更重要的任务是要具体管好用好资金。要将义务教育的各项经费全部纳入预算，建立健全科学规范、高效快捷的资金拨付制度，科学合理地分配资金，确保资金及时足额到位。建立健全农村中小学各项财务管理制度，加强监督检查，提高资金使用效益。二是具体负责义务教育实施工作，包括做好义务教育学校的规划、设置、布局调整、管理，指导学校教育教学，保障学校安全，培养教师，均衡配置师资力量，组织本行政区域内义务教育公办学校的校长和教师的流动。

历年真题

【3.22】依据《国家中长期教育改革和发展规划纲要（2010—2020 年）》，切实推进义务教育均衡发展，要实行（　　）。

A. 县（区）域内教师、校长交流制度　B. 镇（乡）域内教师、校长交流制度

C. 省（区）域内教师、校长交流制度　D. 地（市）域内教师、校长交流制度

【3.23】《国家中长期教育改革和发展规划纲要（2010—2020 年）》提出健全统筹有力、权责明确的教育管理机制。深化教育管理体制改革的重点是（　　）。

A. 加强省级政府的教育统筹　B. 规范政府管理权限和职责

C. 建立依法办学的学校制度　D. 转变政府职能和简政放权

重点提示

建议结合自身实际，动手画出我国现行学制系统图，了解我国学校教育制度、义务教育的发展历程和实施，并掌握义务教育的基本特性。

☞ 本章小结

本章内容是学习教育目的与学校教育制度，必须正确理解教育目的的内涵、功能和现实意义，掌握我国的教育目的，深入理解全面发展教育思想和其组成部分及其关系，了解在学校教育中开展素质教育的途径和方法，能依据国家实施素质教育的要求，分析和评判教育现象，系统把握素质教育及其实施。清楚了解学校及其产生的条件，了解我国学校教育制度的发展历程和我国现行学校教育制度，了解我国义务教育的发展历程、特点及实施途径。

☞ 本章要点回顾

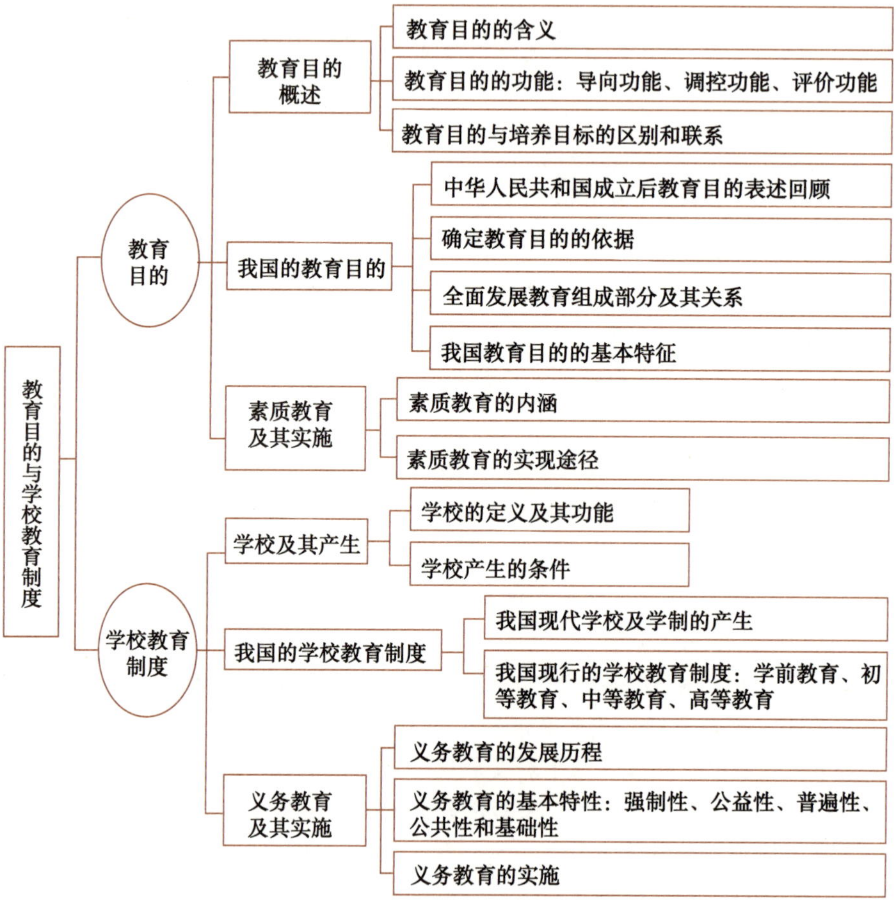

☞ 学习资源

1. 苏霍姆林斯基．怎样培养真正的人［M］．蔡汀，译．北京：教育科学出版社，1992.

2. 艾斯奎斯．第 56 号教室奇迹：让孩子变成爱学习的天使［M］．卞娜娜，译．

北京：中国城市出版社，2009.

3. 怀特. 再论教育目的［M］. 李永宏，等译 . 北京：教育科学出版社，1992.

4. 黄全愈 . 动一动中国基础教育的基础：中国素质教育之辩［M］. 北京：中国人民大学出版社，2010.

5. 王道俊，郭文安 . 教育学［M］. 7 版 . 北京：人民教育出版社，2016.

6. 柳海民 . 教育学概论［M］. 北京：北京师范大学出版社，2015.

7. 项贤明 . 教育学原理［M］. 北京：高等教育出版社，2019.

8. 田友谊 . 小学教育学［M］. 北京：北京大学出版社，2016.

第四章

小学教育概述

☞ 学习完本章，应该做到：

◎ 了解：我国小学教育的历史和现状，小学组织与运行机制的基础知识和基本要求。

◎ 识记：我国小学教育产生与发展过程中的关键事件，小学教育的特点和任务，学校组织机构与运行机制的基本知识，校长负责制。

◎ 理解：学校组织与运行机制的基本要求，小学教育的基本特点。

☞ 学习本章时，重点内容为：

小学教育的历史、特点、任务，小学组织机构与运行机制，校长负责制。

☞ 学习本章时，知识要点与具体方法为：

本章内容按“小学教育是什么—小学教育的历史与现状—小学教育的特点与任务”和“学校管理是什么—学校组织机构的设置与运行机制—小学组织的设置与运行机制”这两条主线展开。首先，在阐述小学教育性质的基础上介绍我国小学教育的历史和现状，在了解小学教育的产生与发展过程中进一步加深对我国小学教育现状的理解，分析小学教育的特点和任务。其次，厘清学校管理的基本概念、基本要求，阐述学校组织机构与运行机制的基本原理，分析小学组织机构的设置和运行机制。学习本章内容要注重历史和现实结合，联系自身学习经历理解小学教育的现状和小学组织机构的设置与运行机制。

【引子】

找准定位，制定目标，再塑教育精魂（节选）[①]

西昌市大箐乡中心小学校新校区距城区 13 公里，处于邛泸景区核心保护地带，境内林密花香，空气清新，与彝族现代诗歌博物馆、凉山最大的乡级民俗文艺演出场地——“彝山彝韵”为伴。

学校通过多次“大学习、大讨论、大调研”，学校制定出实际措施，推进教育质量再提升。一是“家校共育”。学校加强“家校共育”工作，形成学年全校家长会制度，表彰、公示积极配合学校工作的家长。建立班级微信群，加强与在外务工家长的联系。二是提高学生综合素质。要求每学期进行校内期中、期末自行检测，评选出“年级之星”，表彰、公示品学兼优的学生代表，建立学生个人发展档案。打造校园文化，对学生进行艺术熏陶，激发学生的学习兴趣。继续加强养成教育，培养山区学生良好的生活、学习习惯。三是提升教师素质。学校加强对教师的信息技术能力培训，加强教师

---

① 丁有为．找准定位，制定目标，再塑教育精魂［N］．西昌都市报．2018-11-18（A04）．有删改．

理论学习，要求教师多阅读，做好读书笔记，期末进行检查。落实结对帮扶工作，促进教师共同成长。提供培训机会，鼓励教师积极参加各类培训、比赛。建全教师激励机制，打造学科带头人，及时表彰优秀教师。四是合理配置教师岗位。尽量进行“大循环”教学模式，合理整合教师资源，让优秀教师进行“双班教学”。

…………

大箐乡中心小学校长岳林表示，在今后的工作中，大箐乡中心小学将以学生、教师、学校文化为基准，再塑学校教育精魂。学生方面，通过学校教育、家庭教育、爱国教育、精英教育的方法，帮助山区学生获得德智体美劳全面发展的机会；教师方面，借助制定职业规划，提升信息化能力，增强教师责任感的方式，打造终生学习型教师；校园文化方面，用富有特色与个性的校园文化，将学校建设为充满文化氛围的、散发浓烈书香的校园，锻炼师生的鉴赏力和见识。将学校建设为充满精神内涵的雅静校园，让师生体验校园生活的愉悦和充实，学校真正成为师生的精神家园，心灵家园。

有了新的目标方向，大箐乡中心小学所有教师齐声呐喊“再出发”，誓争做引领凉山民族教育的排头兵，为西昌教育“铂金十年”做出应有的贡献。

你认为该如何给小学教育定位呢？要回答这个问题，我们不仅要了解小学教育的性质，而且要梳理小学教育的历史和现状，分析小学教育的特点与任务，同时还要了解小学组织机构的设置和内部运行机制。

第一节　小学教育的历史与现状

小学教育也称初等教育，通常是指一个国家学制中第一个阶段的教育，教育对象一般为6—12岁的儿童。小学教育是基础教育，是对全体公民实施的基本的普通文化知识的教育，是培养公民基本素质的教育。我国现阶段小学教育的年限普遍是6年。

我国古代教育阶段的划分只有小学和大学两级。“小学”也称为“蒙学”，一般是指8—15岁儿童的教育，以学习儒家经典为主，着重儿童认知和行为处事的训练；“大学”是指“大人之学”，以成人为教育对象，教育目标是“治国、平天下”。

一、小学教育的历史

我国小学教育的发展历史可以追溯到古代，随着生产力的发展和政治经济制度的变革，小学教育从近代开始真正制度化。

（一）我国古代的小学教育

我国的小学产生于殷周时代。《孟子·滕文公上》说：“夏曰校，殷曰序，周曰庠。学则三代共之，皆所以明人伦也。”据推测，校、序、庠都是当时的小学。西周时期，周天子建立了小学，这种小学设在官府。春秋战国时期，私学兴起，办私学形成了一种风气，其中又以孔子办的私学规模为最大。此后，各朝代不但有官办的小学，也有私办的小学。

历年真题

【4.1】中国最早的小学产生于（　　）。

A. 西周　　B. 春秋战国　　C. 夏朝　　D. 殷商

（二）我国近现代的小学教育

1. 近代小学教育的开端

1878 年，张焕纶所创办的上海正蒙书院（1882 年改名为梅溪书院，1902 年正名为梅溪小学）内附设的小班，是我国近代小学的开端。

1897 年，盛宣怀创办的南洋公学，分为四院，其中的外院即为小学。它是我国最早的公立小学堂。

1898 年 5 月，清政府下谕，命各省府州县设学堂，并将各州县的书院改为小学堂。这可以看作是清政府下决心推行现代小学的开始。

2. 清末的小学教育

1904 年，清政府颁布了《奏定初等小学堂章程》，奠定了小学教育的法律地位。规定设初等小学堂，入学对象为 7 岁儿童，修业年限为 5 年。其培养目标是“以启其人生应有之知识，立其明伦理爱国家之根基，并调护儿童身体，令其发育为宗旨；以识字之民日多为成效”，并规定初等小学教育为义务教育。

3. 中华民国的小学教育

1912 年中华民国成立之后，教育部公布小学校令，改小学堂为小学校，分初等小学校和高等小学校。初等小学校招收 6 岁儿童入学，修业年限为 4 年。其培养目标是：留意儿童身心发育，培养国民道德之基础，授以生活所必需之知识技能。

1919 年，由于五四新文化运动的影响，小学教育有了较大的变化。小学教育机构统称为小学校，招收 6 岁儿童入学，修业年限为 6 年，前 4 年为初级，后 2 年为高级，前 4 年可单独设立。这一学制一直延续到中华人民共和国成立。义务教育年限为 4 年，但各地方可以视实际情况适当延长。

4. 近现代我国小学教育的发展特征

1840 年以后，我国的小学教育有了较大的发展。其发展变化的基本特征是：

第一，逐步明确了小学教育为普通教育、义务教育的性质。

第二，学制改革逐渐向世界其他国家靠近，采用修业年限为 6 年的“四二分段制”。

第三，逐步明确小学教育是为培养合格公民打基础的教育。

第四，从小学堂到小学校都有公立和私立两类。

（三）中华人民共和国成立后的小学教育

1951 年，《政务院关于改革学制的决定》中，规定小学为儿童实施初等教育的学校，入学对象为 7 岁儿童，修业年限为 5 年，并实行一贯制。

1986 年，我国颁布了《义务教育法》，开始推行九年义务教育，小学教育得到迅速发展，教育教学质量得到逐步提高。

历年真题

【4.2】我国首次颁布《中华人民共和国义务教育法》确定实施九年义务教育的时间为（　　）。

A. 1982 年　　B. 1986 年　　C. 2000 年　　D. 2006 年

2006 年《义务教育法》修订通过，并于当年 9 月 1 日起施行。2006 年修订的《义务教育法》主要修订了以下内容：义务教育由多渠道筹措经费、依靠人民办教育，向主要依靠政府财政投入办教育转变；由收费义务教育向免费义务教育转变；由无问责制向逐步建立问责制转变；等等。

2015 年和 2018 年修订的《义务教育法》进一步明确指出：国家实行九年义务教育制度。“义务教育是国家统一实施的所有适龄儿童、少年必须接受的教育，是国家必须予以保障的公益性事业。实施义务教育，不收学费、杂费。国家建立义务教育经费保障机制，保证义务教育制度实施。”也就是说，《义务教育法》从法律层面保障、推动小学教育稳步发展。

二、小学教育的现状

自 1986 年颁布《义务教育法》以来，我国开始实施九年义务教育，包括小学教育和初中教育。至今，我国义务教育阶段学制是“六三制”（小学六年，初中三年）和“五四制”（小学五年，初中四年）并存，其中“六三制”是我国义务教育阶段的基本学制和发展方向。

目前，我国的小学教育从各方面都有了极大的发展，小学教育的水平也有了很大的提高。

历年真题

【4.3】当前我国九年义务教育学制年限划分采取的是（　　）。

A. “六三制”　　B. “五四制”　　C. 九年一贯制　　D. 多种形式并存

（一）普及小学教育

中华人民共和国成立以来，普及小学教育成为党和政府的一贯方针，先后十多次下达文件或指示，要求在全国范围内尽快普及小学教育，并从 1986 年开始推行九年义务教育。

为了尽快普及小学教育，我国采取了两个基本方针：一是坚持“两条腿走路”的办学方针，即国家办学与厂矿企业、社队办学相结合；二是实行多种类型的办学形式，中华人民共和国成立以来试行的学校类型主要有全日制小学和非全日制小学两种，非全日制小学如半日制小学、巡回制小学、季节性小学等。

（二）全面推进素质教育

小学阶段的根本目标是使学生掌握必要的文化科学基础知识和基本技能，提高学生素质，培养合格的社会主义公民。1993 年，中共中央、国务院在《中国教育改革和发展纲要》中要求：中小学要由“应试教育”转向全面提高国民素质的轨道，面向全体学生，全面提高学生的思想道德、文化科学、劳动技能和身体心理素质，促进学生生动活泼地发展，办出各自的特色。

1999 年，《中共中央 国务院关于深化教育改革全面推进素质教育的决定》再次明确强调在小学阶段必须实施并全面推进素质教育。

2006 年修订的《义务教育法》明确规定“义务教育必须贯彻国家的教育方针，实施素质教育”，表明素质教育上升为国家意志。

《国家中长期教育改革和发展规划纲要（2010—2020 年）》指出：“坚持以人为本、全面实施素质教育是教育改革发展的战略主题，是贯彻党的教育方针的时代要求，其核心是解决好培养什么人、怎样培养人的重大问题，重点是面向全体学生、促进学生全面发展，着力提高学生服务国家服务人民的社会责任感、勇于探索的创新精神和善于解决问题的实践能力。”

（三）办学体制走向多样化

1985 年，《中共中央关于教育体制改革的决定》明确规定把发展基础教育的责任交给地方，即在国务院领导下，实行地方负责、分级管理。各级地方人民政府根据要求合理地设置小学，使小学生就近入学。这样，小学教育形成了以政府办学为主体，社会各界共同办学的体制。

《国家中长期教育改革和发展规划纲要（2010—2020 年）》指出：“深化办学体制改革。坚持教育公益性原则，健全政府主导、社会参与、办学主体多元、办学形式多样、充满生机活力的办学体制，形成以政府办学为主体、全社会积极参与、公办教育和民办教育共同发展的格局。调动全社会参与的积极性，进一步激发教育活力，满足人民群众多层次、多样化的教育需求。”

（四）教师队伍建设日趋完善

1993 年 10 月，第八届全国人民代表大会常务委员会第四次会议通过了《中华人民共和国教师法》（以下简称《教师法》），它规定教师是履行教育教学职责的专业人员，承担教书育人，培养社会主义事业建设者和接班人，提高民族素质的使命。

1995 年 3 月，《教育法》再次强调：教师享有法律规定的权利，履行法律规定的义务，忠诚于人民的教育事业。同年 12 月 12 日《教师资格条例》发布，提出教师资格标志着从事教师职业所必需的品德、知识和能力。

《国家中长期教育改革和发展规划纲要（2010—2020 年）》指出：“教育大计，教师为本。有好的教师，才有好的教育。提高教师地位，维护教师权益，改善教师待遇，使教师成为受人尊重的职业。严格教师资质，提升教师素质，努力造就一支师德高尚、业务精湛、结构合理、充满活力的高素质专业化教师队伍。”

2018 年 1 月出台的《中共中央国务院关于全面深化新时代教师队伍建设改革的意见》中明确指出：不断提高地位待遇，真正让教师成为令人羡慕的职业。

2022 年，教育部等八部门联合印发《新时代基础教育强师计划》，强调教师是教育工作的中坚力量，广大教师要做“四有”好老师、当好“四个引路人”，实现“四个相统一”，各级党委和政府要坚持把教师队伍建设作为基础工作。该文件明确了新时代基础教育强师计划的目标。一是到2025年，建成一批国家师范教育基地，形成一批可复制可推广的教师队伍建设改革经验，培养一批硕士层次中小学教师和教育领军人才。完善部属师范大学示范、地方师范院校为主体的农村教师培养支持服务体系，为中西部欠发达地区定向培养一批优秀中小学教师。师范生生源质量稳步提高，欠发达地区中小学教师紧缺情况逐渐缓解，教师培训实现专业化、标准化，教师发展保障有力，教师队伍管理服务水平显著提升。二是到2035年，适应教育现代化和建成教育强国要求，构建开放、协同、联动的高水平教师教育体系，建立完善的教师专业发展机制，形成招生、培养、就业、发展一体化的教师人才造就模式，教师数量和质量基本满足基础教育发展需求，教师队伍区域分布、学段分布、学历水平、学缘结构、年龄结构趋于合理，教师思想政治素质、师德修养、教育教学能力和信息技术应用能力建设显著加强，教师队伍整体素质和教育教学水平明显提升，尊师重教蔚然成风。

目前，我国已经形成了一支数量适当、素质良好、分布均衡、结构合理、地位待遇较好、相对稳定、基本适应教育改革和发展的教师队伍。

（五）课程改革不断深化

2001年，国务院批准颁布《基础教育课程改革纲要（试行）》标志着我国基础教育课程改革全面启动。通过改革，确立了三维目标，开设了综合化课程，实行弹性课程管理，开发地方课程等。通过课程改革，极大地促进了课程的管理方式、评价方式、教学观念和行为等的转变。

2011年，为贯彻落实《国家中长期教育改革和发展规划纲要（2010—2020年）》，适应新时期全面实施素质教育的要求，深化基础教育课程改革，提高教育质量，教育部组织专家对义务教育各学科课程标准进行了修订完善，印发义务教育语文等学科课程标准，并于2012年秋季开始执行。

2022年，教育部印发义务教育课程方案和语文等16个课程标准。新修订的义务教育课程标准以习近平新时代中国特色社会主义思想为指导，落实立德树人根本任务，强调育人为本，依据“有理想、有本领、有担当”时代新人培养要求，明确了义务教育阶段培养目标。各门课程基于培养目标，将党的教育方针具体化细化为学生核心素养发展要求，明确本课程应着力培养的正确价值观、必备品格和关键能力。2022年版课程标准，进一步优化了课程设置，九年一体化设计，注重幼小衔接、小学初中衔接，独立设置劳动课程；与时俱进，更新课程内容，改进课程内容组织与呈现形式，注重学科内知识关联、学科间关联；结合课程内容，依据核心素养发展水平，提出学业质量标准，引导和帮助教师把握教学深度与广度；通过增加学业要求、教学提示、评价案例等，增强了指导性。

总之，我国小学教育取得了很大的成绩，但同时也存在着不少问题：如何建立依法保障教育投入的有效机制问题；如何推进基础教育整体改革，标本兼治，解决部分地区和学校“择校生”问题、民办教育高收费问题；等等。

三、小学教育的特点和任务

（一）小学教育的特点

小学教育除了具有一般教育的特点外，还有它自身独特的基本特点，主要可以从特殊性、基础性、义务性、全面性这四个方面理解。

1. 教育对象的特殊性

小学阶段的学生是6—12岁的儿童，他们的身心处于发展期，具有较强的可塑性和可能性。第一，此阶段儿童的身高和体重都处于平稳增长的时期，神经系统的各项机能也进一步复杂化，但是由于大脑皮质神经兴奋与抑制过程的不平衡，使得此阶段的儿童具有容易兴奋、灵活性高、易疲劳、恢复较快的特点。第二，此阶段儿童的认知发展和非认知心理的发展都有着自己的特点。刚入学的儿童，其感知觉都处于较低水平，随着儿童年龄的增长和在教育教学中的不断强化训练，其感知觉逐步得到发展和提高，记忆也开始从无意识识记向有意识识记发展。其思维发展的基本特征则是从以具体形象思维为主要形式逐步向以抽象思维为主要形式过渡。

2. 小学教育的基础性

小学教育是各级各类教育的基础，对于国家和民族的发展起着奠基作用。小学教育不仅为培养全面发展的人奠定基础，而且为个体终身教育以及可持续发展做好充分的准备。同时，小学教育时期的课程内容具有基础性，小学生的学习内容必须经过科学的选择和处理，使教育任务和内容适合儿童的接受能力。

3. 小学教育的义务性

《义务教育法》第四条规定：凡具有中华人民共和国国籍的适龄儿童、少年，不分性别、民族、种族、家庭财产状况、宗教信仰等，依法享有平等接受义务教育的权利，并履行接受义务教育的义务。第十一条规定：凡年满六周岁的儿童，其父母或者其他法定监护人应当送其入学接受并完成义务教育；条件不具备的地区的儿童，可以推迟到七周岁。即，小学教育面向全体适龄儿童，任何未成年的公民，不分种族、民族、性别、肤色、语言、社会经济地位，只要达到一定的年龄（6—7岁），都必须接受小学教育。因此，小学教育具有义务性。

4. 小学教育的全面性

小学教育是向儿童实施德智体美劳全面发展的教育。对于每一个特定个体而言，小学教育都应该促进他们在各个方面的充分发展，保证他们在德、智、体、美、劳各方面都得到最大程度的和谐发展。小学教育强调的是儿童整体素质的提高，包括基本知识的获得、基本能力的形成、基本行为规范和价值标准的建立等。

儿童接受小学教育的年龄阶段是人生历程的巨大变化时期，是人的智力、能力和良好习惯形成的最佳时期，因而小学教育的每一个方面都不可偏废，要具有全面性。

（二）小学教育的任务

1. 小学教育的总任务

小学教育是基础教育，其根本任务就是打好基础，即要求学好语文、数学，打好读、写、算的基础；全面推进素质教育，为全面发展奠定基础；使小学生初步学会运用自己的手和脑，运用自己的智慧与体力，为培养具有高素质的公民打下基础，为全民族文化素质的提高打下基础。

2. 小学教育的具体任务

（1）生理发展方面：教师应培养小学生坐、立、写字与看书的正确姿势，注意锻炼小学生的小肌肉，逐步锻炼其手部的精细动作，但应避免剧烈的运动。根据童年期儿童的生理发展水平，允许他们进行系统的学习，但不应过度疲劳和过度紧张。

（2）心理发展方面：主要培养小学生的感知觉、观察、有意注意、逻辑思维和个性等方面的发展。要引导小学生有目的、有顺序地进行观察，引导小学生从知觉事物表面特征发展到知觉事物的本质特征；要不断地向小学生提出要求并及时提示，使小学生的有意注意得到发展；要在教学活动中帮助小学生学会分析、综合、抽象、概括，逐步发展逻辑思维的能力；注意培养小学生的自我意识和自我评价能力。

（3）学习兴趣和学习习惯方面：使小学生了解学习在人的一生中的重大价值，培养小学生对学习的兴趣，形成良好的学习习惯；使小学生养成认真学习、积极思考的优良的学习品质。

（4）在思想品德方面：要培养小学生初步的分辨是非的能力，逐步发展小学生对道德的理解能力，培养小学生初步的自我评价和自我教育能力。

重点提示

小学教育是我国基础教育的重要组成部分，是对全体公民实施的基本的普通文化知识的教育，是培养公民基本素质的教育。我国的小学教育形成于殷商时期，在近代开始真正制度化，中华人民共和国成立后小学教育得到稳步发展，时至今日，我国的小学教育在各方面都有了极大的发展，小学教育水平也有了很大提高。学习时要重点注意小学教育产生和发展过程中的核心知识点，关注小学教育的基本特点和任务。此部分内容在考试时大多以选择题的形式出现。要牢记一些“首次”提出的概念，理解小学教育的现状，特别是小学教育的特点。

第二节　小学组织与运行

一、学校管理概述

（一）学校管理的概念

学校管理是指学校为了有效地达到教育、教学目标，通过学校的管理人员对教育活动进行计划、组织、协调、控制、领导、激励、创新的职能过程。①

（二）学校管理的构成要素

学校管理由学校管理者、学校管理对象和学校管理手段三个基本要素构成。

1. 学校管理者

学校管理者就是在学校管理活动中处于领导地位、发挥引领作用的人。学校的正、副校长和各个职能部门的负责人员都是学校的管理者。学校管理者是学校管理的主体，在学校管理中处于主导地位。此外，学校的教职员工和学生在一定意义上也是学校的管理者，他们都是学校的主人，不仅接受管理，也积极参与管理。所以，对学校管理者不能做狭隘的理解。

2. 学校管理对象

学校管理对象就是学校管理活动的承受者，也就是学校管理者认识和实践的对象。学校管理对象主要包括学校的人、财、物、时间、空间和信息等资源。学校管理对象中的“人”主要是指学校的教职工和学生；“财”主要是指学校办学所需的各种经费，包括国家拨款、学生缴费、自筹资金、勤工俭学等方面的办学经费；“物”主要是指学校办学所需的物质设备，包括校舍、教具、仪器、图书资料等；“时间”“空间”“信息”则是学校管理的特殊资源，学校管理者必须科学地支配时间，合理地利用学校空间，收集并有效地利用各种信息，这样才能提高管理效能。

3. 学校管理手段

学校管理手段主要包括学校的组织结构和规章制度。学校组织结构按照职能和任务不同可以分为两类：行政组织结构和非行政组织结构。

行政组织结构主要包括：校长办公室、教务处、政教处、总务处、教研室和年级组等，这类组织结构是为了完成学校常规的教育教学任务、维持学校组织的正常运转而设立的，承担着学校教育教学管理的主要职责，是学校的核心组织机构。

非行政组织机构主要包括：党支部、工会、教职工代表大会（以下简称教代会）、教研机构、学生团体等。这类组织结构是为了配合、监督、支持学校常规教育教学任务的完成和学校组织的正常运转而设立的，在学校教育教学管理中承担着补充作用，是学校的外围组织结构。

学校规章制度是学校全体成员日常工作的基本规范，一般包括学校的领导制度、教育教学管理制度、学生管理制度、校园管理制度、财务管理制度、后勤管理制度等。

（三）学校管理的基本内容

小学学校管理的基本内容包括：思想品德管理、教学工作管理、教务行政管理和总务工作管理。

1. 思想品德管理

思想品德管理主要包括：

（1）制订学生思想品德教育计划；

---

① 张东娇，程凤春，等．学校管理学［M］．北京：北京师范大学出版社，2014：15.

（2）抓好班主任工作；

（3）上好政治课，充分发挥共青团、少先队和学生会的作用；

（4）加强与学生家长及校外教育机构的联系，取得他们的密切配合。

2. 教学工作管理

教学工作管理是学校管理工作的核心，主要包括：抓好教学组织工作、领导好教研组工作、督促检查和指导教学工作。

3. 教务行政管理

教务行政管理主要包括招生、编班、排课表、学籍管理与成绩统计、管理图书仪器和编制教务手册等。

4. 总务工作管理

总务工作管理主要包括：校舍的建设、设备等购置与维修、生活福利工作及财务管理工作等。

（四）学校管理的基本环节

我国学者普遍认可的学校管理工作的基本环节包括计划、施行、检查和总结四个部分。

1. 计划

计划是管理工作的起始环节，没有计划的管理工作是盲目的、混乱的、被动的。

2. 施行

施行是管理工作的中心环节，是实现学校管理目标的重要手段。施行的主要工作包括组织、指导、协调、激励。

3. 检查

检查是管理过程的中间环节，是学校管理者为实现计划目标而施加影响的重要手段，是提高学校管理效能的必要措施，是计划执行的保证措施。

4. 总结

总结是管理活动一个周期的终结环节，是在检查的基础上对照计划提出的预定目标进行的。总结是检查的继续，既是对计划执行的总分析和总评价，又是下一个管理活动周期的基础，起着承前启后、积累经验、提高管理水平的作用。

二、学校组织机构与运行机制

学校是国家为实施有组织、有目的、有计划的教育而创办的一种特殊的、正式的规范性社会组织，其目的是为儿童和青少年提供适当的身心发展环境，使其顺利完成社会化进程，成功地参与社会生活。

（一）学校组织机构

1. 概念

学校组织机构是按照学校发展目标的要求，将学校组织的职责、岗位和人员进行合理地组合和分配，形成结构合理、权责清楚的协作系统。学校组织机构建设既是学校管理的主要内容，又在学校管理中发挥着举足轻重的作用。

2. 特点

从学校组织内部系统的剖析出发，学校组织从总体上来说是一个松散结合的组织；从学校组织的教职员工特点出发，学校组织是一个更需要人本关怀的组织；从学校组织的任务、目标来看，学校组织是一个受到多重影响、具有多重标准的组织。

3. 模式

学校组织机构的模式是指学校组织中权力和职责关系的结构方式，即不同层次、不同方面的个人或部门之间的关系。学校组织机构的模式包括直线型、职能型、直线—职能型、矩阵型、事业部型。其中，最常见的是直线—职能型学校组织。

（1）直线型。

直线型组织机构模式是最早、最简单的一种组织结构形式。它的特点是组织中的职务按垂直系统直线排列，组织中的每个人只向一个直接上级报告。它具体表现为：校长、副校长统一指挥，集中领导各教研组、少先队、后勤等部门。这种组织结构模式简单，统一指挥、集中领导，适用于规模较小的学校。其优点是结构简单，上下级关系明确，责任分明，联系简便快捷；缺点是在组织规模较大的情况下，所有的管理职能都由一人承担，往往难以应付。

（2）职能型。

职能型组织机构模式是组织内除直线主管外，还相应地设立一些组织机构，分担某些职能管理的业务。该组织机构有权在自己的业务范围内向下级单位下达命令和指示。如在学校管理层中设教务处、政教处、少先队等职能机构，各职能机构各司其职、地位平等。在其职能范围内，不仅可以直接指挥下级单位的工作，而且可以指挥、监督同级其他职能机构的工作。其优点是能够发挥职能机构的专业管理作用，减轻上层主管人员的负担；缺点是容易破坏组织的集中领导和统一指挥，形成多头领导。

（3）直线—职能型。

直线—职能型（亦称直线参谋型）组织机构模式的特点是设置了两套系统：一套是按命令统一原则设置的指挥系统（又称直线指挥部门），另一套是按专业化原则组织的职能系统。直线部门和人员在自己的职责范围内有决定权，对其下级的工作实行指挥和命令，并负全部责任。而职能部门和人员被称作直线主管的参谋，在特定的范围对下级机构提供建议和业务指导，或者受直线主管的委托在特许范围内享有一定的指挥权。

（4）矩阵型。

矩阵型组织机构模式从两个维度设置部门，一个是任务部门，另一个是职能部门。这两个维度组合起来就形成一个矩阵。矩阵型学校组织是在大型组织中，为克服缺乏横向沟通的弊病，把管理中的垂直联系和水平联系、集权化与分权化有机地结合起来而设计的。在这种结构中，纵向设有指挥—职能领导关系，横向设有项目—目标协调关系，各职能部门的垂直系统和各项目的水平系统组成一个纵横交错的矩阵。矩阵型组织的不足之处是对下属可能形成双重领导，使之难以适从。我国大学和规模较大的中小学，很多都采用这种组织形式。

（5）事业部型。

事业部型组织机构模式是一种典型的用分权形式来进行管理的组织结构形式，这种组织结构形式有利于调动各事业部的积极性，有利于为各事业部培养全面的管理人才。但各事业部存在重复设置管理机构和人员的情况，造成管理成本增高，同时易滋生本位主义，忽视组织的整体利益。实行事业部型组织模式的学校一般是那些规模较大、有复合教学业务或有跨地区教学业务的学校。

4. 基本形式

我国学校组织机构一般包括两大类：一类是行政性组织机构，这是为完成正常的教育教学任务、维持学校正常运转而设立的；另一类是非行政性组织机构，这是为配合、监督、保证学校的各项活动而设立的。这两类组织相互联系、相互支持，共同产生作用和影响。

（1）行政性组织机构。

校长办公室：这是校长领导下处理日常校务的办事机构。它协助校长处理对外联系、对内协调的工作，负责对外联络、文件收发、报表统计、信息反馈等，通常设主任或干事1—2名。校长办公室直接对校长负责，一般没有直接的下级，但与学校的各职能部门，特别是教务处、政教处、总务处等都有密切的业务联系，具有综合的协调性和辅助性功能。

教务处：这是组织和管理学校教学业务的机构，具体领导各科教学研究组、年级组及班主任的工作；同时兼管与教学业务有关的科、室，如实验室、图书馆、文档室等。教务处的日常行政事务包括管理学籍、整理教学档案、统计成绩、安排作息时间、编制课表、组织课外活动等，一般设主任一人、副主任若干人。

政教处：这是管理学生思想工作、组织学校各种德育活动的机构。对各年级组的德育工作负有领导、管理和协调责任，一般设主任一人、副主任若干人。政教处的上级是主管德育的校长，下级一般是年级组和班主任，依据学校具体情况有所不同，有的小学不设政教处。

总务处：这是组织和管理学校后勤的机构，负责学校的基建、物资的供应、设备的维修、财务的支出和报销等事项，同时兼管学校的食堂、宿舍等，其宗旨是为教学服务、为师生服务。总务处一般设主任一人、副主任及办事员若干人。总务处的上级是主管后勤的校长，下级包括所辖的各职能部门或者相关人员。

教研组：这是各科教学研究组，是学校的基层教学活动单位之一，负有组织本学科教学、开展教学研究活动、提高教师教学业务能力等责任。此外，教研组有责任对本学科的教学质量进行监控和评价，发现问题后及时提出整改意见。教研组一般由同学科的教师组成，通常设组长一人。教研组的上级是教务处，下级是各年级的学科教师。

年级组：这是同一年级的班主任和任课教师的集体组织。它的任务是了解同年级学生的德智体美劳全面发展的实际情况，沟通班主任与班主任、班主任与任课教师之间的关系，统一认识，统一步调，提高教育质量。年级组组长对本年级教学工作、思想政治工作、体育卫生、课外活动、生产劳动进行组织安排，落实各项活动，评估活动效果。年级组的上级是教务处或者政教处，下级是同一年级各教学班的班主任和各科任课教师。

（2）非行政性组织机构。

非行政性组织机构一般包括党、群、团组织和各种研究性团体。

党支部：一般来说，由于小学规模有限，因此不设党委而设党支部或党总支。党支部主要抓好学校师生的政治思想工作，同时还参与学校重大问题的决策，对学校的教学、人事、财务管理等工作负有监督和保证实施的责任。

工会、教代会：大多数小学都设有工会组织和教代会组织，其性质属党支部领导下的教职工群众组织。它们是党政联系群众的桥梁，负有下情上传、向学校工作提出批评和建议、推动学校民主管理、依据有关教育法律或劳动法律维护教职工的合法权益、组织教师开展休闲娱乐活动等责任。

共青团、学生会、少先队：这是党支部领导下的青年教师和学生的群众组织。其中，共青团由青年教师和符合年龄要求的学生组成，参加者须具备一定的条件；学生会和少先队则由学生组成，一般没有严格的加入条件。这三种组织主要围绕青年教师或青少年学生的特点开展活动，活动内容涉及思想教育、教学、文体活动、社会活动等。

研究性团体：一些学校为了更好地开展教育教学活动，成立了相关的研究性组织，如学科教学研究会、文学社、艺术会等。对于这些组织，学校行政部门应给予热情的支持，并积极进行引导，使之对学校的工作起到有益的辅助促进作用。

5. 发展趋势

（1）学校组织机构网络化。

随着社会的发展，民主化、集体化管理的观念深入人心，学校组织，如职工代表大会、校外专家联谊会、家长委员会、党支部、团委、少先队、学生会等，形成一个网络框架，从而高效地开展工作。

（2）学校组织机构一体化。

组织机构的网络化并不意味着学校管理的松散，反而要求各部门之间的关系更加密切。学校的各个机构都要围绕学校的办学目标，明确各自的职责，因此，要求建立健全决策、协调、执行、操作等各个层级的管理机构，明确各机构的工作范围和工作职责，使其形成一个层次分明、结构合理、互相配合、相对稳定的有机整体，从而提高学校的整体工作效能。

（3）学校组织机构人情化。

学校组织可以说是一个正规的科层制组织，但学校不同于机关和企业，它是以培养人为基本特征的特殊社会组织，具有浓郁的人情味。因此，学校组织机构设计中需要关注人情化，这样有利于发挥组织的群体战斗力。

（4）学校组织机构个性化。

由于每个学校情况不同，而学校组织机构又是学校管理风格的外显，因此，组织特征必然具有个性化的性质，个性化的学校有利于发挥学校组织人员的积极性。

（二）学校组织的内部运行机制

建立合理、有效的学校内部机制是调动广大教职工的积极性、提高学校管理效率的首要前提和保证。学校内部机制包括学校管理体制和学校规章制度等具有动力作用的系统，其中学校管理体制是领导和管理学校的根本制度，支配着学校的全部管理工作。

1. 学校管理体制的含义

学校管理体制指的是确立学校内部管理结构与过程的组织制度，主要是指学校的机构设置、领导制度、管理权限的划分。其核心是管理权限的划分，是领导体制。小学领导体制是关于小学的机构设置、隶属关系、权限划分和组织制度等方面的总称，也可以说，就是领导关系的制度化、体系化。

2. 中华人民共和国成立以来我国学校领导体制的演变

校务委员会制是中华人民共和国成立初期实施的临时学校领导制度。校务委员会由思想进步的教职员工和学生代表组成，在发扬民主、维持学校正常秩序和对学校的改造方面起到一定作用。

校长负责制。完成了对旧制度、旧学校接管与改造以后，学校教育走向正规。1952 年 3 月，经政务院批准，教育部颁布了《中学暂行规程（草案）》《小学暂行规程（草案）》，规定学校实行校长负责制，校长负责领导学校工作，校长由人民政府委派，直接对人民政府负责，学校一切重大问题校长有权决定。该体制在贯彻党和国家方针政策、改变学校无人负责、推动学校改革等方面起到积极作用。但在加强党的领导和发扬民主方面不够，校长容易独揽大权（那时党的组织还没有普遍建立起来）。

党支部领导下的校长负责制。1957 年整风“反右”，在“不能脱离党的领导”思想指导下，1958 年中共中央国务院发布《关于教育工作的指示》，对校长负责制全盘否定，中学普遍推行了党支部领导下的校长负责制。结果是党政不分，书记说了算，行政机构和校长的作用没有发挥。

在总结经验的基础上，教育部于 1963 年颁布《全日制中学暂行工作条例（草案）》《全日制小学暂行工作条例（草案）》，规定校长是学校行政负责人，在当地党委和主管教育行政部门领导下负责领导全校工作，学校党支部对学校行政工作有保证和监督责任。该体制对党政有了明确的分工，调动了两方面的积极性。

1978 年全国教育工作会议后，教育部重新颁布了《全日制中学暂行工作条例（草案）》《全日制小学暂行工作条例（草案）》，规定全日制中学实行党支部领导下的校长分工负责制，学校的一切重大问题必须经过党支部讨论决定。1984 年教育部《关于普通中学学校领导班子调整工作的意见》，改称“党支部领导下的校长负责制”。

1985 年，《中共中央关于教育体制改革的决定》指出，“学校逐步实行校长负责制，有条件的学校要设立由校长主持的、人数不多的、有威信的校务委员会，作为审议机构。”“学校中的党组织要从过去那种包揽一切的状态中解脱出来，把自己的精力集中到加强党的建设和思想政治工作上来；要团结广大师生，大力支持校长履行职权，保证和监督党的各项方针政策的落实和国家教育计划的实现”。这些规定为大、中、小学领导体制改革明确了方向。

1993 年 2 月，中共中央、国务院印发的《中国教育改革和发展纲要》进一步明确中小学和其他学校实行校长负责制，“党的组织发挥政治核心作用”。

历年真题

【4.4】根据1993年颁发的《中国教育改革和发展纲要》的相关规定，小学实行（　　）。

A. 校长负责制　　B. 党支部领导下的校长负责制
C. 书记负责制　　D. 教职工代表大会制

2022年1月，中共中央办公厅印发的《关于建立中小学校党组织领导的校长负责制的意见（试行）》中指出，为全面贯彻新时代党的组织路线和党的教育方针，坚持和加强党对中小学校的全面领导，建立中小学校党组织领导的校长负责制。中小学校党组织领导的校长负责制是指，中小学校党组织全面领导学校工作，履行把方向、管大局、作决策、抓班子、带队伍、保落实的领导职责，支持和保证校长依法依规行使职权，建立健全党组织统一领导、党政分工合作、协调运行的工作机制。

三、小学组织与运行

（一）小学组织机构的基本形式

我国中小学校内组织机构的设置，与学校领导体制改革有着密切关系，同时也与教育教学的内在规律性相关。我国小学组织是由校级、中层和基层三级组成的。自1985年起，校级开始逐步实行校长负责制。从20世纪90年代中期起，我国小学大力推行校长负责制的组织模式。中华人民共和国成立以后，我国小学组织机构历经了几次变革，主要围绕第二管理层级进行改革。1993年，《中国教育改革和发展纲要》颁布，校长负责制在中小学全面实行，校长领导下的“两处一室”或“三处一室”的行政性组织机构被进一步确定，其中，“两处”是指教务处（教导处）、总务处，“三处”是指教务处（教导处）、政教处、总务处，“一室”即校长办公室。教导处和总务处是学校中层行政职能部门。我国小学基层组织形式主要有两种：教育研究小组和年级组。这两种组织形式可以形成四种不同的基层组织模式：仅有教研组；仅有年级组；以教研组为主，以年级组为辅；以年级组为主，以教研组为辅。

（二）小学组织机构及运行的条件

小学组织机构的有效运行必须满足以下条件：

（1）目标明确、功能齐全、党政分开；

（2）组织内部必须实行统一领导，分级管理；

（3）有利于实现组织目标，力求精干、高效、节约；

（4）有利于转换经营机制和提高经济效益与社会效益。

（三）小学组织管理运行的基本要求

1. 沟通是小学组织管理的基本途径

（1）沟通的内涵。

沟通是信息在发送者和接收者之间进行交换的过程。在一所学校中，各种事务的决策、计划、组织、控制、领导和创新要能够有条不紊地进行，沟通是必不可少的。

可以这样认为，学校目标的实现、学校气氛的营建、职权职责的明晰以及学校效能的发挥等几乎都取决于组织的沟通。因此，沟通在管理活动中占重要地位。一个完整的沟通过程应当是这样的：当发送者产生传递信息的需要时，他必须首先确定信息的内容，即确定自己的思想；然后对思想进行编码，即根据所选择的传递媒介要求，把思想转换成语言、文字或其他信号；经过编码的信息进入传递通道，由信息载体（声频、视频、光电信号、公文信函、人员等）将其发送给接收者；接收者感知到信息的到达，并对之进行解码和领会；最后，接收者对信息的理解又反传给发送者，亦即发送者得到了对他所传递的信息的反应，这就是反馈。只有当接收者得到并理解了信息的内容时，沟通才算实现。在沟通过程中的任何一个环节上遇到干扰，使信息传递受阻或造成差错，就算不上沟通。

（2）沟通在小学组织管理中的作用。

① 信息传递作用。这是沟通的最直接的目的，所有其他目的都是通过达到这一目的才得以实现的。沟通把信息载向学校系统的上下左右，使学校成为一个既有分工又有合作，权责明确、运行有序的系统。

② 控制作用。学校对其下属的机构以及全体师生实施统一的指挥和协调，离不开沟通渠道。学校的机构系统实际上就是正式的沟通渠道，上级的指令通过它层层下达，下级的情况通过它层层上报，学校通过这一机构系统可以达到有效的控制。

③ 激励作用。在学校中，沟通是一种激励的工具。及时的领导作用，对工作绩效的肯定，奖励出色的行为，给下属提供培训深造的机会等，这些都是通过沟通才达到激励的目的。

④ 情感交流作用。沟通可以满足人们社会交往的需求。通过正式的或非正式的沟通渠道，人们彼此之间交流情感，交换对于学校内一系列问题的看法，有助于提高个人的参与感、满意度。

（3）小学组织管理中沟通的两种形式。

① 正式沟通。正式沟通是指按照学校机构设置的渠道所进行的信息传递。一般可以分为下行、上行、平行、斜向沟通渠道。下行沟通是学校组织机构自上而下的命令、指示、审批、拒绝、批复、批转等，上行沟通是学校组织机构自下而上的请示、汇报、申请、建议、请求、申诉等，平行沟通是同级机构间的交流、协商，斜向沟通是不同级别机构之间的联络、协调。

② 非正式沟通。非正式沟通是指在正式沟通外的信息传递。一般有三种渠道，即个人之间的自发交往、非正式的接触或聚会、社会传闻（即小道消息）。非正式沟通是普遍存在的社会现象，这类沟通具有两面性。从积极方面来说，它可以作为正式沟通渠道的补充，缓解组织内部出现的某些紧张关系，并可作为试探性的信息发布和收集

反馈的渠道。但是其消极作用也是不容忽视的，比如信息的误传、误导所引起的不良后果以及虚假信息、不良信息所引起的误会和是非争端，还有别有用心的人利用这类渠道散布谣言等，都会对学校管理产生或大或小的消极作用。

2. 学校绩效是小学组织管理的目标和尺度

学校绩效是指学校功能发挥所产生的实际效果，是管理有效性的重要标志。一所小学的绩效一般包括学校工作任务完成的情况、工作效率的高低、工作效益的好坏等，同时还包括学校所有成员知识技能、工作态度、工作成果等各个方面的基本状况，以及由以上诸方面所反映的学校组织及其人员的素质、对环境变化所表现出来的适应能力和对社会需求的满足程度等。

学校的绩效只有经过评估才能量化并加以比较，才能成为衡量学校工作的尺度。因此，绩效评估是学校管理的重要组成部分。绩效评估的总体目的在于提高绩效。具体地说，通过绩效评估，可以对教职员工的工作绩效做出评定，并据此决定工资报酬的级别，决定工作岗位以及升迁等；通过绩效评估，可以使学校更确切地掌握教职员工的基本素质及其他情况，以便按其特点进行培训，更合理地开发他们的潜能。通过绩效评估，可以为学校的人力资源规划、财务预算、教学工作安排等提供较为准确的信息，同时也为学校的改革和发展提供决策的依据；最后，通过绩效评估，可以增强学校教职员工的公平感和成就感，调动他们的积极性、创造性，激励他们为实现学校目标而努力工作。

（四）小学组织管理的基本方法

为了实现学校的教育目标和任务，学校管理必须采用一定的方式和手段。方法是管理理论转化为管理活动的必要中介和桥梁。管理方法是指各种能够实现管理职能，达到管理目标，确保管理活动顺利进行的手段、途径和措施。一般来说，学校的管理方法可以分为以下几类：

1. 行政方法

行政方法是指依靠行政组织和领导者的权力，通过强制性的行政指令等手段直接对管理对象施加影响，按行政系统进行管理的方法。

2. 法律方法

法律方法是指运用法律这种由国家机关制定或认可并受国家强制力保证实施的行为规范来进行管理的方法。

3. 教育方法

教育方法是指通过对正确的精神观念的宣传教育，从真理性方面启发人们的理想，使之成为人们行动的动机，从而为实现学校目标而自觉努力的方法。

4. 经济方法

经济方法即物质效益的方法，是指把物质作为激励动力，按照经济规律的要求，运用经济手段来实施管理。

5. 学术方法

学术方法是对学校的教学研究等学术工作进行管理时运用的方法。对这类工作的管理不应使用简单的行政命令手段，而应贯彻“百花齐放，百家争鸣”的方针。

重点提示

小学组织的管理与运行机制是小学教育领域永恒的话题，只要有小学组织存在，就离不开对小学组织机构设置和运行机制的讨论。要理解小学组织与运行机制，需要深刻领会学校管理的三个基本要素：学校管理者、学校管理对象和学校管理手段之间的区别与联系。学校管理者为了管理学校的行政组织机构和非行政组织机构完成正常的教育教学任务，维持学校的正常运转，需要建立完善的学校内部运行机制，即学校管理体制和学校规章制度等。其中，学校管理体制是领导和管理学校的根本制度，支配着学校的全部管理工作。学习时要重点理解学校管理的内涵和要素，牢记学校组织的设置和运行机制，特别是小学组织的管理体制：校长负责制。

本章小结

本章内容是理解小学教育、小学组织与运行的基础。作为希望从事教育事业的未来教师，我们不仅要正确理解小学教育的性质、历史、现状、特点和任务，深刻理解小学教育的发展要求和方向，还要熟悉学校组织机构的设置和内部运行机制，为将来从事小学教育教学管理工作提供坚实的基础。尽管本章在历年教师资格考试中占分比例较小，但本章的内容与实际的小学教育教学工作息息相关，我们要在掌握小学教育的历史渊源的基础上，理解小学教育的变迁及现实诉求，在掌握学校组织与运行机制的基础上，理解小学组织机构的设置和运行机制，掌握小学组织管理的核心要求和基本方法。

☞ 本章要点回顾

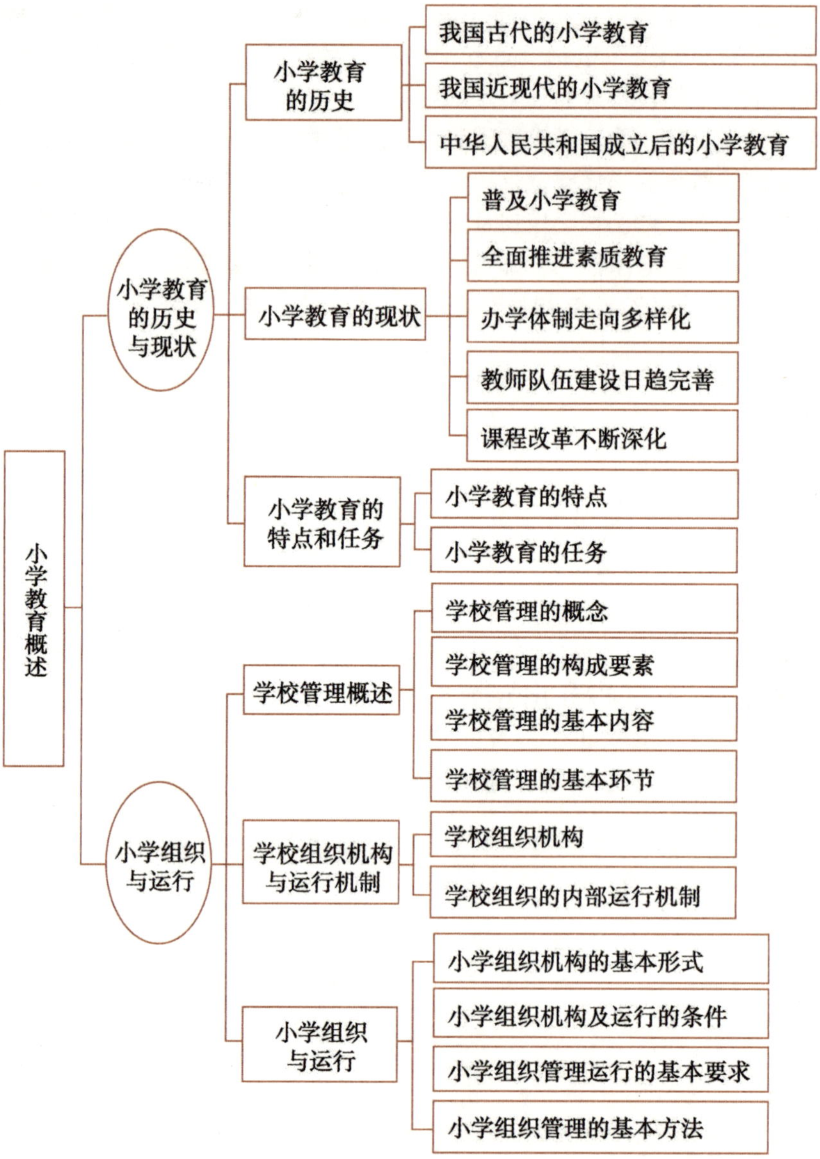

☞ 学习资源

1. 孙培青．中国教育史［M］．4 版．上海：华东师范大学出版社，2019.

2. 申菊梅．义务教育差距的量化研究：以小学阶段为例［M］．北京：中国财政经济出版社，2022.

3. 谢德华．好生活就是好教育：小学班级生活育人的实践探索［M］．上海：华东师范大学出版社，2022.

4. 蔡汉棠．探寻教育的密码：先锋教育特色文化建设理论与实践［M］．广州：暨南大学出版社，2022.

第五章

小学教师与小学生

☞ 学习完本章，应该做到：

◎ 了解：教师职业的性质与特点、小学教师的专业标准、小学教师的专业发展。

◎ 识记：小学教师的职业道德、小学教师的权利和义务、小学生权利保护、小学师生关系。

◎ 理解：学生的基本特点及全面发展、以人为本、因材施教等学生观，并能运用相关理论评析教师的行为。

☞ 学习本章时，重点内容为：

◎ 教师的职业性质与特点、小学教师的职业道德、小学教师的权利和义务、学生的特点、学生的权利、小学师生关系、学生观。

☞ 学习本章时，知识要点与具体方法为：

本章内容按“教师—学生—师生关系”展开。小学教师和小学生在小学教育教学过程中是教和学的主体，是两个最基本也是最活跃的要素。教师是教的主体，学生是学的主体，主体之间相互作用的结果便构成了师生关系。因此，学习本章内容，首先要在了解教师职业性质和特点的基础上掌握小学教师的职业道德及小学教师的权利与义务，了解小学教师专业发展、小学教师专业标准。其次要在识记学生特点的基础上理解全面发展、以人为本、因材施教等现代学生观，运用学生观分析教师的教育教学行为，掌握学生权利保护的相关法律，在教育教学活动中构建良好的师生关系。

【引子】

张桂梅心系贫困山区教育事业，倾情关爱贫困女孩和孤儿，创办了全国第一所全免费的女子高中，义务担任儿童福利院院长。二十多年来她为帮助贫困学生家访行程10万多公里，自己身患绝症却拖着病体坚守岗位，把自己的工资、奖金和社会各界捐助她治病的100多万元全部投入教育事业。在她的不懈努力下，华坪女子高中连续9年高考综合上线率保持100％。

她身患多种疾病，却以惊人的毅力克服病痛的折磨，始终坚守在三尺讲台上；凭着对教育事业的热爱，不断学习先进的教学经验和教学方法，精心研究，积极探索教育规律和民族教育发展的新模式，因材施教，进行素质教育，总结出一套适合贫困山区教育特点的教学方法，教学成绩突出。

她给没有学费的学生垫交学费，带患病的学生去看病，天冷了给他们添置衣被，把母亲般的慈爱全部献给学生和孤儿。她不仅生活上关心学生，而且积极培养学生学习兴趣和健康的业余爱好，从各个方面无微不至地关爱他们。

教师是我们成长中离不开的人。你认为教师应该是什么样的人呢？为什么张桂梅能够做到守住初心无私奉献？你能像她那样成为师德楷模吗？

第一节　小学教师

小学教师和小学生是小学教学过程中两个最基本也是最活跃的要素。未来的小学教师一定要了解自己的职业，明确教师的权利和义务及职业道德规范的基本内容，依法从教。同时，也要了解和研究自己的教育对象，开展有效的教育教学。

一、教师职业的性质与特点

教师职业在人类社会发展中不可或缺，教师既是一种社会角色，也是角色的承担者。教师是教学活动的主体，在教学活动中发挥着主导作用。不同时期人们对教师的称呼不同，“夫子”“先生”“教书匠”“孺子牛”“园丁”“蜡烛”“春蚕”“灯塔”“人梯”“人类灵魂的工程师”等都是对教师的称谓。

（一）教师职业的性质

1993 年 10 月 31 日第八届全国人民代表大会常务委员会第四次会议通过了《教师法》，第一次以法律的形式规范了教师职业的性质、权利、义务、资格、任用、培养、培训、考核、待遇、奖励、法律责任等。《教师法》第一章第三条对教师的概念进行了全面、科学的界定：“教师是履行教育教学职责的专业人员，承担教书育人，培养社会主义事业建设者和接班人、提高民族素质的使命。”该法第一次从法律上确认了教师的社会地位和专业性。

1. 教师职业是一种专门职业，教师是专业人员

教师职业被视为专业始于 20 世纪 60 年代。1966 年，国际劳工组织和联合国教科文组织在《关于教师地位的建议》中提出，应该把教学工作看作一种职业：它是公共服务的一种形式，需要教师通过严格的和持续的学习获得和保持专业知识和专门技能；它还要求个人和集体对于教育以及他们所负责的学生的福利有一种责任感。《中华人民共和国国家标准职业分类与代码》中，教师被列入“专业技术人员”这一大类。2012 年教育部印发《中学教师专业标准（试行）》《小学教师专业标准（试行）》《幼儿园教师专业标准（试行）》，对中小学、幼儿园教师专业素质及教育教学行为进行规范，是引领教师专业发展的基本准则，也是教师培养、准入、培训、考核等工作的重要依据，标志着我国教师专业建设进入了一个新阶段。

2. 教师是教育者，教师职业是促进个体社会化的职业

个体通过学习、接受人类经验实现从自然人到社会人的转化，这是个体社会化的过程。在这个过程中，教师承担着教书育人、培养社会主义事业建设者和接班人、提高民族素质的使命。所谓教书育人，就是指教师根据社会的要求，通过承担各门课程的教学，向学生传授人类长期积累的知识经验，规范他们的行为品格，塑造他们的价值观念，引导他们把外在的社会要求内化为个体的素质，促进

个体的社会化。

（二）教师职业的劳动特点

教师职业的最大特点在于职业角色的多样化。教师的职业角色是指教师在教育系统内的身份、地位、职责及相应的行为模式。[①] 教师职业角色主要有传道者角色、授业解惑者角色、示范者角色、管理者角色、朋友角色、心理保健医生角色、研究者角色等。

新课程改革中教师的角色发生了重大变化：由知识的传授者转化为学生全面发展的引导者和促进者，由课程的接受者转化为课程资源的建设者和开发者，由教学的实践者转化为课程的研究者和反思者，由单一的管理者转化为学生学习活动的参与者和合作者。

教师职业不同于其他职业，学生既是劳动对象，又是劳动产品。教师职业的劳动是塑造人的劳动，是整个社会劳动的一个组成部分，属于脑力劳动的范畴，但教师劳动的成果不是精神产品，而是具有一定思想、文化水平和道德素养的各级各类人才。因此，教师职业的劳动具有区别于其他社会劳动的不同特点。教师职业是一项较为复杂的脑力劳动，其基本特点有以下五个方面。

1. 复杂性

首先，教师劳动的对象具有复杂性。教师劳动的对象是具有一定自觉意识的、有感情有理智的、作为社会整体一员的活生生的人，是不同年龄、不同性别、不同个性的一代青少年儿童。他们正处在成长发育过程中，影响其发展的因素又是多方面的：既受生物因素的影响，又受各种社会因素的制约；同时，每个人都有主观能动性，形成了各自不同的特殊的内心精神世界。面对成长中的青少年儿童，教师要把国家和社会的要求转化为每个学生的自觉行动，这无疑是一项复杂劳动。

其次，教师劳动的任务具有复杂性。教师既要教书又要育人，既要传授知识、培养技能、发展学生的智力和体力，又要引导学生树立正确的人生观、世界观，培养良好的道德品质，形成文明的行为习惯，陶冶健康的情感，锻炼坚强的意志和性格。

最后，教师劳动的过程具有复杂性。教师劳动是一个运用智力的过程，要把人类千百年来创造的科学和文化，以及一定社会的政治、伦理知识转化为学生个体的精神财富。教师的劳动与一般的体力劳动和脑力劳动都不同，其劳动对象具有主体和客体双重属性，教师劳动的成效，在很大程度上依靠受教育者的自觉性和积极性。

2. 示范性

首先，教育的本质特点决定了教师劳动的示范性。教育是培养人的活动，教师的劳动与其他劳动的一个最大的不同点，就在于教师主要是用自己的思想、学识和言行，通过示范的方式去直接影响劳动对象。教师本人是学校里最重要的师表，是最直观的最有教益的模范，是学生最活生生的榜样。

---

① 全国十二所重点师范大学．教育学基础［M］．北京：教育科学出版社，2002：132.

其次，教育对象的自身特点决定了教师劳动的示范性。中小学生无论是在知识、智力方面，还是在心理素质、思想品德等方面的发展，都还处于不成熟时期，独立性、自觉性和自我教育的能力都有欠缺，他们对教师有一种特殊的信任和依赖，学生的向师性和模仿性是教师劳动示范性的体现。

最后，教育教学实践活动的特点决定了教师劳动的示范性。在教学工作中，教师对学生提出要求时要作示范，以增强学生学习的直观性和规范性。此外，教师的思维方式、思维品质、知识结构、学习习惯等，无形当中都对学生起着示范作用。在思想教育过程中，学生的文明习惯、精神风貌，以及人生观、世界观的形成，都离不开教师的言传身教。

3. 创造性

第一，教育对象的特殊性决定了教师劳动的创造性。教师劳动的对象是具有各种独特品质的社会成员，是活生生的人，并处在不断发展变化之中，具有主观能动性，不是消极被动地接受教师的影响，他们也影响着教师，影响着整个教育过程，是自我教育的主体。

第二，教育情境的复杂性决定了教师劳动的创造性。这不仅表现在教师因材施教上，而且表现在教师对教育、教学的原则、方法、内容的运用、选择和处理上，还表现在教师的教育机制上。

4. 长期性

第一，人的培养周期长的特点决定了教师劳动具有显效的长期性。人的培养不是一朝一夕的事，具有周期长、见效慢的特点。同时，中小学时期是打基础的阶段，教师的教育影响当时不一定能够显露出来，往往具有滞后性。

第二，受教育者的身心发展特点决定了教师劳动显效的长期性。教师劳动的长期性还表现在青少年儿童某一具体的、局部的身心特点发展变化上，也是需要经历一个长期反复的过程。“十年树木，百年树人”，也正是教师长期辛勤耕耘的结果，教师对学生的影响一旦形成，就不会随学生学业结束而简单消逝，教师在学生身上曾经付出的劳动往往会影响学生一生，可能会成为学生一生发展的宝贵财富。

5. 协作性

教师的劳动，首先是以个体劳动的形式进行的，无论是教师备课、讲课、课外活动指导，还是做集体和个别学生的工作，每个教师都各有自己独特的风格，别人不可能代替。但是，在现代的教育中，任何一个学生在德、智、体、美、劳方面的全面发展，都不仅仅是某位教师个人的劳动成果，而是教师集体共同影响的结果。广而言之，它也包括了学校教育、家庭教育、社会教育共同努力的结果，所以说教师劳动的成果是个体劳动和集体劳动相结合的产物。

历年真题

【5.1】“其身正，不令而行；其身不正，虽令不从”，这表明教师的行为具有（　　）。

A. 主体性　　B. 创造性　　C. 间接性　　D. 示范性

【5.2】多多在家里经常模仿学校李老师的样子给家长讲故事，教家长跳舞，要求家长坐好，不要随意走动。下列选项与该案例所体现的教师劳动特点相符的是（　　）。

A. 学如不及，犹恐失之　　B. 行有余力，则以学文

C. 信近于义，言可复也　　D. 桃李不言，下自成蹊

【5.3】黄老师经常带学生到学校花池观察荷叶和荷花，为学生讲解莲藕的生长过程并引导学生将有关荷叶、荷花的知识编成小册子，这体现黄老师是（　　）。

A. 教育科学研究者　　B. 行为规范示范者

C. 专业发展引领者　　D. 课程资源开发者

【5.4】张老师为了提高学生学习语文的兴趣，设计了“童话故事大比拼”“故事续写”等一系列活动，让学生在活动中主动学习。张老师的做法体现的教师劳动特点是（　　）。

A. 长期性　　B. 示范性　　C. 主体性　　D. 创造性

【5.5】古代思想家管仲说：“一年之计，莫如树谷；十年之计，莫如树木；终身之计，莫如树人。”这句话说的是教师劳动具有（　　）。

A. 全面性　　B. 创造性　　C. 示范性　　D. 长期性

二、小学教师的权利和义务

要掌握师德的相关内容，就要先明确教师的权利和义务，熟悉国家有关教育法律法规所规范的教师教育行为，进而依法从教。《教师法》明确规定了各级各类学校和其他教育机构中专门从事教育教学工作的教师的权利和义务。

（一）小学教师的权利

教师的权利是指教师在履行教育教学职责过程中，依照《教师法》等国家法律规定，所享有的可以为或不为一定行为的许可与保障，教师的权利可分为普通公民权和教师职业权两个部分。

《教师法》规定教师享有的基本权利包括以下几个方面。

1. 教育教学权

教育教学权是指教师具有进行教育教学活动，开展教育教学改革和实验的权利，这是教师为履行教育教学职责所必须具备的最基本的权利。

2. 教学研究权

教学研究权是指教师具有从事科学研究、学术交流，参加专业的学术团体，在学术活动中充分发表意见的权利。

3. 学生管理权

学生管理权是指教师具有指导学生的学习和发展，评定学生的品行和学业成绩的权利，这是与教师在教育教学过程中所处的主导地位相适应的权利。

4. 报酬待遇权

报酬待遇权是指教师具有按时获取工资报酬，享受国家规定的福利待遇以及寒暑假期的带薪休假的权利。

5. 参与管理权

参与管理权是指教师具有对学校教育教学、管理工作和教育行政部门的工作提出意见和建议，通过教职工代表大会或者其他形式，参与学校的民主管理的权利。

6. 进修培训权

进修培训权是指教师具有参加进修或者其他方式的培训的权利。

历年真题

【5.6】为促进教师终身学习，某县教育行政部门为所有在岗教师提供了每年不低于 72 学时培训机会，该县的做法（　　）。

A. 正确，保障了教师参加进修培训的权利

B. 正确，促进了义务教育经费的均衡分配

C. 错误，侵犯了学校自主管理的权利

D. 错误，侵犯了教师带薪休假的权利

（二）小学教师的义务

教师的义务是指教师在履行教育教学职责过程中，依据《教师法》等国家法律法规所必须履行的责任。如同教师的权利一样，教师的义务也分为两部分：一是教师作为普通公民应承担的义务，二是教师作为教育者应承担的义务。

《教师法》规定教师应履行下列义务。

1. 遵守法规义务

这是指教师应遵守宪法、法律和职业道德，为人师表。

2. 教育教学义务

这是指教师应贯彻国家的教育方针，遵守规章制度，执行学校的教学计划，履行教师聘约，完成教育教学工作任务。

3. 思想教育义务

这是指教师应对学生进行宪法所确定的基本原则的教育和爱国主义、民族团结的教育，法制教育以及思想品德、文化、科学技术教育，组织、带领学生开展有益的社会活动。

4. 尊重学生人格的义务

这是指教师应关心、爱护全体学生，尊重学生人格，促进学生在品德、智力、体质等方面全面发展。

5. 保护学生权益义务

这是指教师应制止有害于学生的行为或者其他侵犯学生合法权益的行为，批评和抵制有害于学生健康成长的现象。

6. 提高水平义务

这是指教师应不断提高思想政治觉悟和教育教学业务水平。

历年真题

【5.7】教师沈某因无正当理由拒不服从学校教学安排，被学校暂停授课并扣发当月绩效工资，学校的这种做法（　　）。

A. 不合法，侵犯了沈某从事教育教学的权利

B. 不合法，侵犯了沈某获取工资报酬的权利

C. 合法，学校有对教师实施奖励或者处分的权利

D. 合法，学校有对教师进行教育行政处罚的权利。

【5.8】教师李某未履行请假手续，参加了县教研室组织的一次学术研讨会，让学生在教室自习。学校给予李某记过处分并扣除其当月部分绩效工资，李某对此处分不服。关于此事，下列说法正确的是（　　）。

A. 学校不应该处分李某，李某享有学术研究权

B. 学校不应该扣除工资，李某享有报酬待遇权

C. 李某对处分不服，可以向上级纪委提出申诉

D. 李某的旷课行为，侵犯了学生受教育的权利

【5.9】教师魏某工作消极，多次旷工给学校教学工作造成了损失，依据《中华人民共和国教师法》，学校可以采取的措施是（　　）。

A. 给魏某予以解聘　　B. 给予魏某行政处罚

C. 对魏某予以罚款　　D. 要求魏某悔过

【5.10】教师熊某体罚学生造成该生重伤，被人民法院处以有期徒刑，下列说法正确的是（　　）。

A. 熊某将永远不能再取得教师资格

B. 熊某刑期内不能再取得教师资格

C. 熊某三年内不能再取得教师资格

D. 熊某五年内不能再取得教师资格

【5.11】教师张某拒不执行学校的教学计划，随意安排教学内容和教学进度，张某的做法（　　）。

A. 合法，教师有选择教学内容的权利

B. 合法，教师有安排教学进度的权利

C. 不合法，教师有执行学校教学计划的义务

D. 不合法，教师有提高教学业务水平的义务

三、小学教师的职业道德

职业道德是指从事一定职业的人们在职业生活中所应遵循的道德规范，以及与之相适应的道德观念、职业情操和品质。① 教师的职业道德，简称师德，是从事教师职业的特殊道德要求。它是教师在从事教育教学活动中形成的比较稳定的道德观念、行为规范和道德品质的总和，是调节教师与他人、教师与集体和社会相互关系的行为准则，

① 靳玉乐．现代教育学［M］．成都：四川教育出版社，2008：127.

是社会对教师行为的基本要求。由于教育活动的特殊性，教师的职业道德比其他职业的道德要求更高。例如，教师的工作时间和工作量很难以严格的时空划分，很难准确量化；学生的成长需要一个过程，育人需要一定的周期，教师的工作又难以由个人单独完成，难以在短时期内见到成效。所有这些，都需要教师必须具有强烈的责任感和事业心，要有奉献精神。

中国的师德是中华民族道德体系的重要组成部分，师德传统内容丰富，是广大教师长期实践的结晶。如孔子“学而不厌，诲人不倦”，韩愈“传道、授业、解惑”，陶行知“捧着一颗心来，不带半根草去”的教育信条等都是崇高师德的表现。作为人民教师，我们应将这些优秀师德传统发扬光大，并践行在自己的教育实践中。

（一）《中小学教师职业道德规范》

2008 年 9 月，教育部、中国教科文卫体工会全国委员会针对新形势下经济、社会和教育过程中出现的新问题，在继承我国优秀师德传统的基础上，联合发布了重新修订的《中小学教师职业道德规范》（以下简称《规范》），对中小学教师道德品质和职业行为提出了基本要求。内容主要包含以下几个方面。

1. 爱国守法

热爱祖国，热爱人民，拥护中国共产党领导，拥护社会主义。全面贯彻国家教育方针，自觉遵守教育法律法规，依法履行教师职责权利。不得有违背党和国家方针政策的言行。“爱国守法”是教师职业的基本要求。

2. 爱岗敬业

忠诚于人民教育事业，志存高远，勤恳敬业，甘为人梯，乐于奉献。对工作高度负责，认真备课上课，认真批改作业，认真辅导学生，不得敷衍塞责。“爱岗敬业”是教师职业的本质要求。

3. 关爱学生

关心爱护全体学生，尊重学生人格，平等公正对待学生。对学生严慈相济，做学生良师益友。保护学生安全，关心学生健康，维护学生权益。不讽刺、挖苦、歧视学生，不体罚或变相体罚学生。“关爱学生”是师德的灵魂。

4. 教书育人

遵循教育规律，实施素质教育。循循善诱，诲人不倦，因材施教。培养学生良好品行，激发学生创新精神，促进学生全面发展。不以分数作为评价学生的唯一标准。“教书育人”是教师的天职。

5. 为人师表

坚守高尚情操，知荣明耻，严于律己，以身作则。衣着得体，语言规范，举止文明。关心集体，团结协作，尊重同事，尊重家长。作风正派，廉洁奉公。自觉抵制有偿家教，不利用职务之便谋取私利。“为人师表”是教师职业的内在要求。

6. 终身学习

崇尚科学精神，树立终身学习理念，拓宽知识视野，更新知识结构。潜心钻研业务，勇于探索创新，不断提高专业素养和教育教学水平。“终身学习”是教师专业发展的要求。

《规范》对教师的职业道德起指导作用，是调节教师与学生、教师与学校、教师与国家、教师与社会相互关系的基本行为准则。但不是对教师的全部道德行为和教育教学工作的要求，不能取代学校的其他各项规章制度。

（二）常见的师德失范表现

近些年来，师德失范的表现主要有态度问题、观念问题和行为问题。

1. 态度问题

态度问题主要包括教师对学生的态度与对工作的态度两个方面的问题。教师对学生的态度问题主要表现为教师忽视学生的存在，不尊重学生的人格，把学生当作娱乐的对象等；教师对工作的态度问题主要表现为对工作敷衍了事，在校时间做与工作无关的事情等。

2. 观念问题

观念问题主要包括教育观、学生观、教师观、生活观、质量观等几个方面的问题。比较常见的问题表现在：一是以分数作为衡量学生的唯一标准，而忽视学生的全面发展；二是过分追求物质利益，忽视理想和追求；三是视教师为绝对权威，不准学生提出任何相反意见。

3. 行为问题

教师的行为失范包括言语失范和非言语失范两大类。言语失范是指教师用不当的言语伤害学生的身心；非言语失范是指教师在言语方式之外，在教态、管理等方面，运用不良的手段或动作，错误地对待学生。

历年真题

【5.12】“捧着一颗心来，不带半根草去。”陶行知这句话强调的是教师应具有（　　）。

A. 深厚的教育理论知识　　B. 高尚的教师职业道德

C. 广博的文化科学知识　　D. 较强的教育教学能力

【5.13】（　　）是师德的灵魂。没有爱就没有教育。教师必须关心爱护全体学生，尊重学生人格，平等公正对待学生。对学生严慈相济，做学生的良师益友。保护学生安全，关心学生健康，维护学生权益。

A. 关爱学生　　B. 爱岗敬业　　C. 教书育人　　D. 关心集体

【5.14】宋老师发现有的学生常将“鸟”和“乌”混淆，就编了首儿歌：“小鸟、小鸟有眼睛，没有眼睛看不见。”他还创编了很多类似的儿歌，对学生识字有很大帮助。宋老师的做法体现的师德规范是（　　）。

A. 廉价从教　　B. 公正待生　　C. 探索创新　　D. 举止文明

【5.15】每年王老师都给自己制订读书计划，并严格执行。这体现了王老师注重（　　）。

A. 团结协作　　B. 教学创新　　C. 循循善诱　　D. 终身学习

【5.16】平时嗓门大的小强在回答问题时声音小，老师批评说“声音那么小，难道

你是女孩子吗?”全班哄堂大笑，该老师的做法（　　）。

A. 合理，有助于促进学生自主学习

B. 合理，有助于鼓励学生反思

C. 不合理，教育应体现对学生的尊重

D. 不合理，歧视学生的生理缺陷

【5.17】小学生陈某十分调皮，经常违反课堂纪律，班主任周某让其缴纳“违反金”，宣称再犯错误则从中扣取充作班费。周某的做法（　　）。

A. 正确，有利于维护课堂纪律

B. 正确，有利于提高管理效率

C. 不正确，教师没有罚款的权力

D. 不正确，批评无效后才能交罚款

【5.18】材料分析题。

材料：冯老师针对学生个体差异性在班内开设了“读书小报”“手绘小报”“群星璀璨”“数学乐园”“精彩作文赏析”“我爱发明”等专栏，展示学生作品，激励学生，同时，她为每一名学生建立了成长档案，记录他们的成长过程，而且作为评优的参考，深受家长的认同。

小华的爸爸是维边军人，常年不在家。冯老师将小华的成长档案整理后寄给他。收到冯老师寄来的成长档案后，小华爸爸很激动。他给冯老师回信道：“因为您的倾情教育、精心培养，小华进步很大，看到孩子成长的点点滴滴，愧疚之余，更多的是对您的感激！您的付出难以回报，现寄上边疆的一点土特产聊表心意!”

冯老师读着小华爸爸的来信很是高兴，随后也收到了小华爸爸寄来的土特产，她以小华爸爸的名义将寄来的土特产悄悄地寄给了小华的奶奶。

问题：请结合材料，从教师职业道德的角度，评析冯老师的教育行为。

四、小学教师的职业行为规范

2018 年，教育部发布了《新时代高校教师职业行为十项准则》《新时代中小学教师职业行为十项准则》《新时代幼儿园教师职业行为十项准则》，并确立以上准则为教师职业行为的基本规范。其中，《新时代中小学教师职业行为十项准则》具体内容如下。

1. 坚定政治方向

坚持以习近平新时代中国特色社会主义思想为指导，拥护中国共产党的领导，贯彻党的教育方针；不得在教育教学活动中及其他场合有损害党中央权威、违背党的路线方针政策的言行。

2. 自觉爱国守法

忠于祖国，忠于人民，恪守宪法原则，遵守法律法规，依法履行教师职责；不得损害国家利益、社会公共利益，或违背社会公序良俗。

3. 传播优秀文化

带头践行社会主义核心价值观，弘扬真善美，传递正能量；不得通过课堂、论坛、讲座、信息网络及其他渠道发表、转发错误观点，或编造散布虚假信息、不良信息。

4. 潜心教书育人

落实立德树人根本任务，遵循教育规律和学生成长规律，因材施教，教学相长；不得违反教学纪律，敷衍教学，或擅自从事影响教育教学本职工作的兼职兼薪行为。

5. 关心爱护学生

严慈相济，诲人不倦，真心关爱学生，严格要求学生，做学生良师益友；不得歧视、侮辱学生，严禁虐待、伤害学生。

6. 加强安全防范

增强安全意识，加强安全教育，保护学生安全，防范事故风险；不得在教育教学活动中遇突发事件、面临危险时，不顾学生安危，擅离职守，自行逃离。

7. 坚持言行雅正

为人师表，以身作则，举止文明，作风正派，自重自爱；不得与学生发生任何不正当关系，严禁任何形式的猥亵、性骚扰行为。

8. 秉持公平诚信

坚持原则，处事公道，光明磊落，为人正直；不得在招生、考试、推优、保送及绩效考核、岗位聘用、职称评聘、评优评奖等工作中徇私舞弊、弄虚作假。

9. 坚守廉洁自律

严于律己，清廉从教；不得索要、收受学生及家长财物或参加由学生及家长付费的宴请、旅游、娱乐休闲等活动，不得向学生推销图书报刊、教辅材料、社会保险或利用家长资源谋取私利。

10. 规范从教行为

勤勉敬业，乐于奉献，自觉抵制不良风气；不得组织、参与有偿补课，或为校外培训机构和他人介绍生源、提供相关信息。

五、小学教师的专业发展

（一）教师专业发展的内容

教师专业发展是指教师在整个专业生涯中，依托专业组织、专门的培训制度和管理制度，通过持续的专业教育，习得教育教学专业技能，形成专业理想、专业道德和专业能力，从而实现专业自主的过程。① 它包括教师群体的专业发展和教师个体的专业发展。

1. 教师群体的专业发展

教师群体的专业发展也称教师的专业化，是指教师职业不断成熟、逐渐达到专业标准，并获得相应的专业地位的过程，它是教师个体专业化的条件与保障。教师群体的专业发展主要包括以下内容。

（1）教育知识技能的体系化，形成学科专业和教育专业，国家对教师任职既有规定的学历标准，也有必要的教育知识、教育能力和职业道德的要求。

（2）国家有教师教育的专门机构、专门教育内容和措施。

---

① 全国十二所重点师范大学．教育学基础［M］．北京：教育科学出版社，2002：125.

（3）国家有对教师资格和教师教育机构的认定制度和管理制度。

（4）形成社会公认的教师专业团体。

2. 教师个体的专业发展

教师个体的专业发展也称教师专业成长，是指教师作为专业人员，从专业思想到专业知识、专业能力、专业心理品质等方面由不成熟到比较成熟的发展过程，即由一个专业新手发展成为专家型教师或教育家型教师的过程。一个人取得了教师资格证书并不意味着他就是一个成熟的专业人员，当了一辈子教师也并不意味着他的专业性都得到了发展。

《小学教师专业标准（试行）》强调小学教师是履行小学教育教学工作职责的专业人员，需要经过严格的培养与培训，具有良好的职业道德，掌握系统的专业知识和专业技能。要树立师德为先、学生为本、能力为重、终身学习的基本理念。

师德为先。热爱小学教育事业，具有职业理想，践行社会主义核心价值体系，履行教师职业道德规范，依法执教。关爱小学生，尊重小学生的人格，富有爱心、责任心、耐心和细心；为人师表，教书育人，自尊自律，做小学生健康成长的指导者和引路人。

学生为本。尊重小学生的权益，以小学生为主体，充分调动和发挥小学生的主动性；遵循小学生身心发展的特点和教育教学规律，提供适合的教育，促进小学生生动活泼学习、健康快乐成长。

能力为重。把学科知识、教育理论与教育实践有机结合，突出教书育人的实践能力；研究小学生，遵循小学生成长规律，提升教育教学专业化水平；坚持实践、反思、再实践、再反思，不断提高专业能力。

终身学习。学习先进小学教育理论，了解国内外小学教育改革与发展的经验和做法；优化知识结构，提高文化素养；具有终身学习与持续发展的意识和能力，做终身学习的典范。

教师个体专业发展的内容主要体现在专业理念、专业道德、专业知识、专业能力四个方面。

（1）教师的专业理念。

教师的专业理念是教师在对教育工作本质理解的基础上形成的关于教育的观念和理性信念，它是以观念和信念的形式存在于教师头脑中的对教育现象和教育问题的基本看法。教师专业理念的发展主要是指教师适应社会发展和教育改革的需要，不断更新教育观念，树立正确的人才观、课程观、学生观、教师观等。

（2）教师的专业道德。

专业道德的发展主要是指教师要爱国敬业、热爱学生、为人师表、教书育人，具有健康心态和团队精神，勇于改革创新、严谨笃学、与时俱进。《小学教师专业标准（试行）》将小学教师的专业理念与师德合并概括为职业理解与认识、对小学生的态度与行为、教育教学的态度与行为、个人修养与行为四个领域的 19 项基本要求（如表 5.1 所示）。

表 5.1　小学教师的专业理念与师德

领域	基本要求
（一）职业理解与认识	1. 贯彻党和国家教育方针政策，遵守教育法律法规 2. 理解小学教育工作的意义，热爱小学教育事业，具有职业理想和敬业精神 3. 认同小学教师的专业性和独特性，注重自身专业发展 4. 具有良好职业道德修养，为人师表 5. 具有团队合作精神，积极开展协作与交流
（二）对小学生的态度与行为	1. 关爱小学生，重视小学生身心健康，将保护小学生生命安全放在首位 2. 尊重小学生独立人格，维护小学生合法权益，平等对待每一位小学生。不讽刺、挖苦、歧视小学生，不体罚或变相体罚小学生 3. 信任小学生，尊重个体差异，主动了解和满足有益于小学生身心发展的不同需求 4. 积极创造条件，让小学生拥有快乐的学校生活
（三）教育教学的态度与行为	1. 树立育人为本、德育为先的理念，将小学生的知识学习、能力发展与品德养成相结合，重视小学生全面发展 2. 尊重教育规律和小学生身心发展规律，为每一个小学生提供适合的教育 3. 引导小学生体验学习乐趣，保护小学生的求知欲和好奇心，培养小学生的广泛兴趣、动手能力和探究精神 4. 引导小学生学会学习，养成良好学习习惯 5. 尊重和发挥好少先队组织的教育引导作用
（四）个人修养与行为	1. 富有爱心、责任心、耐心和细心 2. 乐观向上、热情开朗、有亲和力 3. 善于自我调节情绪，保持平和心态 4. 勤于学习，不断进取 5. 衣着整洁得体，语言规范健康，举止文明礼貌

（3）教师的专业知识。

专业知识是教师区别于其他职业的理论体系与经验系统。教师专业知识的拓展既有量的积累，也有质的深化和知识结构的优化。《小学教师专业标准（试行）》将小学教师的专业知识分为小学生发展知识、学科知识、教育教学知识和通识性知识四个领域的 17 项基本要求（如表 5.2 所示）。

表 5.2　小学教师的专业知识

领域	基本要求
（一）小学生发展知识	1. 了解关于小学生生存、发展和保护的有关法律法规及政策规定 2. 了解不同年龄及有特殊需要的小学生身心发展特点和规律，掌握保护和促进小学生身心健康发展的策略与方法 3. 了解不同年龄小学生学习的特点，掌握小学生良好行为习惯养成的知识 4. 了解幼小和小初衔接阶段小学生的心理特点，掌握帮助小学生顺利过渡的方法 5. 了解对小学生进行青春期和性健康教育的知识和方法 6. 了解小学生安全防护的知识，掌握针对小学生可能出现的各种侵犯与伤害行为的预防与应对方法

（续表）

领域	基本要求
（二）学科知识	1. 适应小学综合性教学的要求，了解多学科知识 2. 掌握所教学科知识体系、基本思想与方法 3. 了解所教学科与社会实践、少先队活动的联系，了解与其他学科的联系
（三）教育教学知识	1. 掌握小学教育教学基本理论 2. 掌握小学生品行养成的特点和规律。 3. 掌握不同年龄小学生的认知规律和教育心理学的基本原理和方法 4. 掌握所教学科的课程标准和教学知识
（四）通识性知识	1. 具有相应的自然科学和人文社会科学知识 2. 了解中国教育基本情况 3. 具有相应的艺术欣赏与表现知识 4. 具有适应教育内容、教学手段和方法现代化的信息技术知识

（4）教师的专业能力。

专业能力就是教师的教育教学能力，是教师在教育教学活动中顺利完成某项任务的条件和保障。教师的专业能力包括教学设计能力、语言表达能力、组织教育活动能力、教学反思能力、教育科研能力、自我调控能力和教育创新能力。《小学教师专业标准（试行）》将小学教师的专业能力概括为教育教学设计、组织与实施、激励与评价、沟通与合作、反思与发展五个领域的 24 项基本要求（如表 5.3 所示）。

表 5.3　小学教师的专业能力

领域	基本要求
（一）教育教学设计	1. 合理制订小学生个体与集体的教育教学计划 2. 合理利用教学资源，科学编写教学方案 3. 合理设计主题鲜明、丰富多彩的班级和少先队活动
（二）组织与实施	1. 建立良好的师生关系，帮助小学生建立良好的同伴关系 2. 创设适宜的教学情境，根据小学生的反应及时调整教学活动 3. 调动小学生学习积极性，结合小学生已有的知识和经验激发学习兴趣 4. 发挥小学生主体性，灵活运用启发式、探究式、讨论式、参与式等教学方式 5. 发挥好少先队组织生活、集体活动、信息传播等教育功能 6. 将现代教育技术手段整合应用到教学中 7. 较好使用口头语言、肢体语言与书面语言，使用普通话教学，规范书写钢笔字、粉笔字、毛笔字 8. 妥善应对突发事件 9. 鉴别小学生行为和思想动向，用科学的方法防止和有效矫正不良行为
（三）激励与评价	1. 对小学生日常表现进行观察与判断，发现和赏识每一位小学生的点滴进步 2. 灵活使用多元评价方式，给予小学生恰当的评价和指导 3. 引导小学生进行积极的自我评价 4. 利用评价结果不断改进教育教学工作

（续表）

领域	基本要求
（四）沟通与合作	1. 使用符合小学生特点的语言进行教育教学工作 2. 善于倾听，和蔼可亲，与小学生进行有效沟通 3. 与同事合作交流，分享经验和资源，共同发展 4. 与家长进行有效沟通合作，共同促进小学生发展 5. 协助小学与社区建立合作互助的良好关系
（五）反思与发展	1. 主动收集分析相关信息，不断进行反思，改进教育教学工作 2. 针对教育教学工作中的现实需要与问题，进行探索和研究 3. 制定专业发展规划，积极参加专业培训，不断提高自身专业素质

国内学者更强调小学教师应具有以下五个方面的特质：① 人格特征中更富有爱心、耐心和热情；② 学科知识是整合的，更具有语言的表达能力；③ 课堂组织能力和诊断学生学习困难的能力；④ 思维的条理性、系统性、合理性和流畅性；⑤ 研究儿童身心发展规律的能力。

历年真题

【5.19】郑老师在指导新教师时说，了解学生身心发展规律、学习心理等，对做好教育教学工作极为重要。郑老师的体会表明，教师不可忽视（　　）。

A. 政治理论知识　　B. 文化基础知识

C. 学科专业知识　　D. 教育科学知识

【5.20】从教20多年的李老师教学经验十分丰富，但他还是很注意学习新知识，勇于探索创新，不断提高自己的专业素养和教育教学水平，这说明李老师具有（　　）。

A. 爱护学生的情怀　　B. 遵纪守法的自觉

C. 团结协作的精神　　D. 终身学习的意识

【5.21】肖老师正朗诵：“床前明月光，疑是地上霜。”小杰大声问道：“老师，床前怎么能看到月光呢?”对此，下列做法中恰当的是（　　）。

A. 批评小杰不经许可就发言　　B. 装作没听见继续上课

C. 告诉学生不要钻牛角尖　　D. 组织学生就此开展讨论

【5.22】姜老师听到晓成等几个学生说不喜欢自己，更喜欢别的班主任，因此对他们总是没有好脸色，经常当众斥责或罚站，这表明姜老师没有（　　）。

A. 严格要求学生　　B. 维护课堂秩序　　C. 调整自我心态　　D. 督促学生学习

【5.23】简答题：简述《小学教师专业标准（试行）》所提出的基本理念。

【5.24】简答题：《小学教师专业标准（试行）》中提到了“终身学习”的基本概念，你如何理解？

（二）教师专业发展的过程

教师在专业发展中表现出自主性、发展多阶段性和发展终身性等特点。

首先，教师是专业发展的主体，教师通过不断学习、实践、反思、探索，不断提高教育教学能力，自觉承担专业发展的主要责任，不断向更高层次提升。没有教师的主动参与和自主发展，就没有教师专业发展。因此，自主发展是教师专业发展的本质。

其次，教师专业发展是一个持续社会化和个性化的过程，具有多阶段性特点，并且不同阶段的发展速度和侧重点也不尽相同。

最后，教师专业发展是一个持续不断的发展过程，具有终身性，需要教师一生持续地学习、思考与实践，最终才能成为一个成熟的专业人员。

教师专业发展阶段的研究大都根植于美国学者费朗斯·富勒的研究。他根据教师的需要和不同时期所关注的焦点问题，把教师的成长划分为三个阶段，即关注生存阶段、关注情境阶段和关注学生阶段。①

美国心理学家德瑞福斯根据教师教学专长形成的一般过程，将教师的成长阶段划分为五个阶段，即新手阶段、优秀新手阶段、胜任阶段、熟练阶段、专家阶段。

德国学者沃尔夫等确定了在职业期间教师所经历的六个阶段，即新手教师阶段、学徒教师阶段、职业教师阶段、专家教师阶段、卓越教师阶段、名誉教师阶段。

美国约翰斯·霍普金斯大学教授费斯勒采用社会学的研究方法，将教师的整个职业生涯的发展视为一种动态的、变化的，回应各种影响因素的此消彼长且与之循环互动的历程。为此，他将教师的发展分为八个阶段，即职前教育阶段、实习导入阶段、能力建立阶段、热心成长阶段、生涯挫折阶段、稳定停滞阶段、生涯低落阶段、生涯引退阶段。

我国学者叶澜等人将教师专业发展分为五个阶段，即“非关注”阶段、“虚拟关注”阶段、“生存关注”阶段、“任务关注”阶段、“自我更新关注”阶段。②

历年真题

【5.25】一位新教师把大量的时间花在维持自己与同事、领导的关系上，这表明该老师处于由美国学者富勒与布朗提出的生涯关注理论中的（　　）。

A. 关注情境阶段　　B. 关注学生阶段

C. 关注生存阶段　　D. 关注自我感受阶段

（三）教师专业发展的取向

一般认为，教师专业发展有三种取向，即理智取向、实践—反思取向、文化生态取向。③ 理智取向强调教师接受充足的学科知识与教育知识，有效教学的影响因素就在于教师自己拥有的学科知识和借以将这些知识、技能传递给学生的教育知识。因此，它主张教师要通过正规的培训，向专家学习先进的学科知识、教育知识等，提高教育

---

① Fuller F. Concerns of Teachers: A developmental conceptualization [J]. American Educational Research Journal, 1969, 6 (2): 207-226.

② 叶澜，白益民，王枬，等. 教师角色与教师发展新探 [M]. 北京：教育科学出版社，2001：276.

③ 教育部师范教育司. 教师专业化的理论与实践 [M]. 2 版. 北京：人民教育出版社，2003：27.

理性认识水平和教学技能。实践—反思取向主张通过写日记、传记、构想、文献分析、教育叙事、教师访谈、参与性观察等教学实践开展反思，促使教师对于自己、自己的专业活动直至相关的事物有更深入的理解，发现其中的意义，改变教学行为，获得实践智慧。文化生态取向注重教师专业发展的背景，强调教师专业发展的合作性、文化氛围及群体特征，认为教师专业发展不仅要通过教师个人的学习与实践反思，更为重要的是在教师群体中形成合作的专业发展文化与模式，依赖于“教学文化”或“教师文化”为其提供意义、支持和身份认同，通过团队建设进行协同教学、合作教研、实现共同发展。目前，教师专业发展正从理智取向逐步走向实践—反思取向和文化生态取向。

（四）教师专业发展的途径

教师专业发展的途径特指教师个体的专业发展的途径，既可以纵向划分，也可以横向划分。

1. 纵向划分

从纵向角度来看，教师个体的专业发展的途径主要包括职前教育、新教师的入职指导、在职培训、教师专业发展学校。

（1）职前教育。

职前教育主要是指师范教育，由各级各类师范院校或具有师范类专业的综合性大学来承担，通过对有一定文化基础知识的学生进行教师教育专门职业训练，使之具备一定的教育科学方面的素养，具备教师的基本条件。职前教育是教师个体专业发展的起点和基础。在世界发达国家，师范院校中重视把教育课程和教育实习置于突出地位。各级各类师范院校要致力于提高教师职前教育的质量，尤其在办学思想上要突出“师范性”，强调在校生教师素质的养成教育。

（2）新教师的入职指导。

新教师的入职指导是20世纪70年代发展起来的一种促进教师专业发展的指导计划，现在已被各国广泛接受。它主要由教师任职学校主持实施。新教师是已经完成了所有职前教育课程的教师，并已获得执教资格。由师范生到开始正式任教是一个身份的转变，由于角色的转换和责任的变化，他们往往会产生适应问题，及时地帮助、理解、鼓励、支持、给予信心、给予安慰和辅导，对新教师至关重要。学校安排有经验的教师对新教师进行“传、帮、带”，对新教师进行教学方法、教材处理、敬业态度、教学研究等方面的现场指导，与新教师就有关问题进行交流与分享，会促进新教师尽快成长、成熟。

（3）在职培训。

教师专业发展的阶段性表明教师在整个任教期间应该接受继续教育，树立终身教育理念，不断学习先进的教育理论，了解基础教育改革与发展的经验，加强理论学习，开展尝试实践，促进反省探究，及时更新知识结构，进一步提升综合素质。教师的在职培训主要可以通过脱产进修，函授学习，观看视频课程，参加业务研讨会、经验交流会、学术年会，到外校考察学习，开展行动研究，参加校本培训及各种国培、省培计划等形式进行，从而实现个体专业发展。

（4）教师专业发展学校。

教师专业发展学校是20世纪80年代末在美国出现的新型教师教育模式，于90年代逐步被我国认同并尝试，目前已整合进教师教育模式中。在认同学校也是教师发展的场所、学校应当具有使教师获得持续有效的专业化发展的功能的基础上，教师专业发展学校致力于在大学与中小学之间建立协作关系，以教师职业生涯、教师生命得以健康延续为出发点，以完善教师教育体系为目标，以宽泛的“办学”功能为基础，以倡导教师自主学习为本，旨在实现教师职前培养与在职教师专业发展的一体化。

2. 横向划分

从横向角度来看，教师个体的专业发展的途径主要包括自主发展、自我反思、同伴互助和专业引领。

（1）自主发展。

自主发展是教师专业化的自我建构，是专业化发展最直接、最普遍的途径。教师自主发展的方式主要有经常性的自我教育、主动收集教改信息、研究教育教学中的各种关键事件、自学现代教育教学理论、积极感受教学的成功与失败等。教师自主发展是教师专业发展的主要路径，是教师专业理想确立、专业情感积淀、专业技能提高、专业风格形成的关键。

（2）自我反思。

自我反思是教师以自己的专业活动为思考对象，对自己在专业中所做出的行为以及由此产生的结果进行审视和分析的过程。教师自我反思被认为是“教师专业发展和自我成长的核心因素”。新课程改革强调教师在教学前、教学中和教学后的自我反思，教学前反思具有前瞻性，能使教学成为一种自觉的实践，并有效地提高教师的教学预测和分析能力；教学中反思具有监控性，能及时、有效地在教学过程中进行调控；教学后反思具有批判性，能促使教学经验理论化，促进教师的教学总结能力和教学评价能力的提高。

（3）同伴互助。

同伴互助是指教师在自我反思的同时，开放自己，加强教师之间以及在课程实施等教学活动上的专业切磋、协调和合作，共同分享经验，互相学习，彼此支持，共同成长。同伴互助的实质是教师作为专业人员之间的交往、互动与合作，是教师合作文化的体现，同伴互助的基本形式包括对话、协作和帮助。

（4）专业引领。

专业研究人员的引领是教师专业成长不可或缺的重要途径。专业研究人员主要包括教研人员、科研人员和大学教师。专业引领的实质是理论对实践的指导，是理论与实践的对话，是理论与实践关系的重建。从教师角度讲，加强理论学习，并自觉接受理论指导，努力提高教学理论素养，增强理论思维能力，这是从教书匠通往教育家的必经之路。专业引领的形式主要有学术专题报告、理论学习辅导讲座、教学现场指导以及教学专业咨询等。其中，教学现场指导是最有效的形式，也是最受教师欢迎的形式。

总之，教师在专业成长中必须学会学习，提高终身学习的意识和能力；培养和发展自我反思能力，成为反思型教师；努力培养创新精神，强化创新能力；重视教师交往与合作能力的培养，注意在竞争中合作；努力在教学活动中成为课程的开发者和教育教学的研究者。

历年真题

【5.26】某校经常组织某学科教师互相观摩教学，课后针对教学过程展开研讨，提出完善教学的建议，这种做法体现的教师专业发展途径是（　　）。

A. 进修培训　　B. 同伴互助　　C. 师德结对　　D. 自我研修

【5.27】骨干教师闵老师在年终的同行评测中测分不高，很郁闷，上课时学生出一点差错他就大发雷霆，闵老师应该（　　）。

A. 严格待生，专注教学　　B. 保持个性，坚持自我

C. 注重反省，调试自我　　D. 迎合同事，搞好关系

【5.28】某小学要求教师重视教学科研。卢老师抱怨道："搞研究有什么用，上课又用不着。"卢老师的说法（　　）。

A. 正确。教师须服从学校的一切安排

B. 不正确。研究有利于教师专业发展

C. 正确。小学教师搞研究没用

D. 正确。研究对应试帮助不大

【5.29】骨干教师华老师教学能力突出，经常一个人钻研教学，不愿意参加集体备课，这说明华老师缺乏（　　）。

A. 严于律己的意识　　B. 团队协作的精神

C. 严谨工作的态度　　D. 敬业爱岗的品格

【5.30】夏老师和汤老师都在积极准备参加市小学教学基本技能大赛，首次参加比赛的夏老师向汤老师请教，汤老师因担心夏老师在比赛中超过自己，就说自己也不清楚，汤老师的做法表明她（　　）。

A. 具有帮助同事自我创新的意识

B. 缺乏尊重同事人格的品质

C. 具有促使同事自主发展的意愿

D. 缺乏与同事互助合作的精神

重点提示

教师个体专业发展的内容体现了教师的职业素养，既有政治思想素养、教育思想素养，又有职业道德素养、业务素养。学习时要结合《小学教师专业标准（试行）》加强理解，重点掌握教师职业道德的相关内容。此部分内容大多以选择题和简答题的形式进行考核，注意识记"基本理念"、教师的权利和义务，特别是教师职业道德的相关内容。

第二节　小学生

小学生作为教育教学过程中最基本的要素之一，既是教师工作的对象，在学习的过程中又是学习活动的主体。了解和研究小学生，明确他们享有的权利与应尽的义务，有助于树立正确的学生观，更好地保护学生的权益和促进其健康发展。

一、学生的本质特点

学生首先是人，具有人的本质属性，是生活在一定的社会关系中的具有特定的社会属性的个体，依法享有各种社会权利。但学生又具有特有的本质属性，他们是完整的人，是独特的人，是具有发展潜能和发展需要的人，是具有独立意义的人，是以学习为主要任务的人。

（一）学生是学习的主体

学生在学习过程中，是能动的主体，具有发展的可能性和可塑性。学生具有自我意识和自我调控能力，是自我学习与自我管理的主体，也是自我改造与自我发展的主体，具有独立性、选择性、调控性、创造性和自我意识性。学生个人的爱好、兴趣、理想、追求等都不同程度地表现出个人的独立意志，反映了其主观能动性。

（二）学生以系统学习间接经验为主

学生以系统学习间接经验为主，首先是由教学活动的任务决定的，教学要使学生从不知到知，从知之不多到知之较多，就必须掌握人类文明的精华；其次，学生学习的时间相当有限，不可能凡事都经过实践获得直接经验；最后，学生系统地学习间接经验，可以缩短个体的不成熟期，使其今后的发展更为顺利。

（三）学生具有明显的发展特征

“人的发展”是指作为整体的个人在从生命的起点状态到生命的终点的全部人生中，在与环境的相互作用中，身、心两个方面的整体的积极变化过程。小学阶段是儿童生长发育的重要时期，身心发展表现出快速性、协调性、开放性、可塑性等特点。

在一定的社会和教育条件下，儿童在每个不同的年龄阶段中会表现出一般的、本质的、典型的心理特征，身心发展具有顺序性、阶段性、不平衡性、互补性、个体差异性等发展特征。

二、学生的权利保护

学生是独立的社会个体，有独立的法律地位。只有正确认识学生的身份，尊重学生的权利，才能科学地教育和管理学生。

（一）学生的身份和法律地位

学生作为独立的社会个体，具有生存权和发展权等基本人权；学生的特殊身份决定了其享受特殊保护。1989 年 11 月 20 日联合国大会通过了《儿童权利公约》，标志着保护儿童权利已成为国际行为，体现了儿童权利保护的核心精神。其基本原则是：儿童利益最佳原则、尊重儿童尊严原则、尊重儿童观点与意见原则、无歧视原则。

（二）学生的权利

学生是权利的主体，依法享有国家法律所规定的各项社会权利。《教育法》、《义务教育法》、《中华人民共和国未成年人保护法》（以下简称《未成年人保护法》）、《中华人民共和国预防未成年人犯罪法》等均对未成年学生的权利做出了规定。未成年学生享有的主要权利概括起来主要包括以下几个方面。

1. 人身权

人身权是公民权利中最基本、最重要、内涵最为丰富的一项权利。由于未成年学生正处于身心发展的关键时期，因此人身权受到特别的保护。国家除了对未成年学生的人身权进行一般保护外，还对未成年学生的身心健康权、人身自由权、人格尊严权、隐私权、名誉权和荣誉权等进行特殊保护。

（1）身心健康权。

身心健康权包括保护未成年学生的生命健康、人身安全、心理健康等内容。《中华人民共和国宪法》第四十九条规定，“父母有抚养教育未成年子女的义务”。《未成年人保护法》第十一条规定：“任何组织或者个人发现不利于未成年人身心健康或者侵犯未成年人合法权益的情形，都有权劝阻、制止或者向公安、民政、教育等有关部门提出检举、控告。”第三十五条规定：“学校、幼儿园应当建立安全管理制度，对未成年人进行安全教育，完善安保设施、配备安保人员，保障未成年人在校、在园期间的人身和财产安全。”

（2）人身自由权。

人身自由权是指未成年学生有支配自己人身和行动自由的权利，未经法定程序，不得非法拘禁、搜查和逮捕，如教师不得因为各种理由随意对学生进行搜查、不得对学生关禁闭等。

（3）人格尊严权。

人格尊严权是指学生享有受他人尊重、保持良好形象及尊严的权利，如教师不得对学生进行谩骂、体罚、变相体罚或采取其他有辱学生人格尊严的行为。

（4）隐私权。

隐私权是指学生有权要求私人的，不愿或不便让他人获知或干涉的、与公共利益无关的信息或生活领域，如教师不得随意宣扬学生的生理缺陷或隐私，不得随意私拆、毁弃学生的信件、日记等。

（5）名誉权和荣誉权。

名誉权和荣誉权是指学生有权享有大家根据自己日常生活行为、作风、观点和学习表现而形成的关于其道德品质，才干及其他方面的正常的社会评价；有权享有根据自己的优良行为而由特定社会组织授予的积极评价或称号。他人不得歪曲、诽谤、诋毁和非法剥夺。

2. 受教育权

受教育权是学生最主要的权利，我国的宪法、义务教育法和未成年人保护法等一系列法律法规都对此做出了明确规定。

学生的受教育权包括受完法定年限教育权、学习权和公正评价权。受完法定年限教育权是指年满 6 周岁的儿童应入学接受义务教育并受完法律规定年限的教育，学校和教师不能随意开除学生。学习权是指学生有权利在义务教育年限内在校学习，在教育教学过程中，教师不得以任何借口随意侵犯或剥夺学生参加学习活动（如听课、作业等）的权利。公正评价权是指学生在教育教学过程中享有教师、学校对自己的学业成绩、道德品质等进行公正的评价，并客观真实地记录在学生成绩档案中，在毕业时获得相应的成绩证明和毕业证书的权利。

从我国的有关法律法规来看，学校和国家在保证学生的受教育权方面负有重要责任。国家除了为所有学生提供正常的教育机会外，在义务教育阶段还要尤其关注贫困和残疾学生，使他们享受物质帮助权，如对贫困学生和残疾学生减免学杂费，设立帮困、帮残基金，实施奖学金、助学金、贷学金制度等。学校无权因学生交不起学杂费或其他摊派费用（如建校费、校服费等）而让学生停学、退学或变相开除等。

历年真题

【5.31】张某利用未成年人在街头乞讨，依据《中华人民共和国未成年人保护法》的相关规定，对于张某的行为（　　）。

A. 应当由公安机关依法给予行政处罚

B. 应当由司法机关提起公诉

C. 应当由未成年人主张自我权利

D. 应当由社区组织予以制止

【5.32】小学教师余某在课间休息时，习惯在教室外面的走廊吸烟。该教师的行为（　　）。

A. 合法，教师有课间休息的权利

B. 合法，教师未侵犯学生的权利

C. 不合法，教师不得在学生集体活动场所吸烟

D. 不合法，教师在征得学生同意之后方可吸烟

【5.33】小学生军军的父母不履行监护职责，对其旷课和夜不归宿行为放任不管。依据《中华人民共和国预防未成年人犯罪法》的相关规定，应给予军军父母训诫并责令其严加管教的机关是（　　）。

A. 教育行政机关　　B. 公安机关　　C. 学校　　D. 检察机关

【5.34】正在读小学六年级的小刚经常无故旷课。依据《中华人民共和国未成年人保护法》的相关规定，学校应当（　　）。

A. 及时与监护人联系　　B. 尊重小刚的选择

C. 及时通报警方　　D. 予以开除处理

【5.35】同学们正在听孙老师讲课，乐乐却偷偷扯了一下糖糖的头发，糖糖疼得大叫。孙老师立即大声呵斥道：“乐乐，你不想听就出去！”“乐乐太坏了，以后同学们都别跟他玩。”孙老师的做法（　　）。

A. 合理，维护了教师的权威　　B. 不合理，侮辱了乐乐的人格
C. 合理，保护了糖糖的健康　　D. 不合理，破坏了课堂学习氛围

（三）学生的义务

在享有法律规定的各项权利的同时，未成年学生也要履行法律规定的各项义务。教师有责任教育学生了解自己的义务、履行自己的义务。如果学生在日常生活和教育活动中未尽义务或违反规定，由此造成的后果则应由学生自负。《教育法》中规定学生应履行的义务有：①遵守法律、法规；②遵守学生行为规范，尊敬师长，养成良好的思想品德和行为习惯；③努力学习，完成规定的学习任务；④遵守所在学校或者其他教育机构的管理制度。

重点提示

建议下载《教育法》《教师法》《未成年人保护法》及联合国《儿童权利公约》，详细了解其中的内容，以便于正确理解学生权利保护的相关内容，更好地依法从教。

三、树立正确的学生观

学生观是指教育者对学生的基本看法，它支配着教育行为，决定着教育者的工作态度和工作方式。传统学生观把学生视为被动的客体，是教育者管辖的对象，是存储知识的容器；而现代学生观则认为学生是积极的主体，是学习的主人，是发展的、独特的、具有独立意义的人。“一切为了每一位学生的发展”是新课程改革的最高宗旨和核心理念。

（一）全面发展的学生观

对于人的认识贯穿了整个人类文明史，古往今来的教育家都从不同角度思考过人的发展问题，并据此提出了各自的教育主张。马克思主义从分析现实的人和现实的生产关系入手，为考察和说明人的发展提供了新的科学的方法论，指出了人的全面发展的条件、手段和途径。

马克思主义认为人的全面发展是指人的智力、体力得到充分的、自由的、和谐的发展，同时也包括道德、志趣、意向等个性品质的发展。马克思主义关于人的全面发展的具体内容包括：①人的生产物质生活本身的劳动能力的全面发展；②人的才能的全面发展；③人自身的全面发展；④人的自由发展。实现人的全面发展的根本途径是教育同生产劳动相结合。

马克思主义关于人的全面发展学说确立了科学的人的发展观，是我国教育目的制定的理论基础。我国的全面发展教育主要包括德育、智育、体育、美育、劳动技术教育，“五育并举”是我国全面发展教育目的的根本特征。其中，德育对其他各育起着保证方向和保持动力的作用，它体现了社会主义教育的方向，是“五育”的灵魂；智育则为其他各育的实施提供了认识基础；体育是实施各育的物质保证；美育和劳动技术

教育是德育、智育、体育的具体运用和实施。

教师在工作中贯彻全面发展的学生观的基本策略主要包括以下五个方面。

（1）正确处理诸育关系，科学设计教育活动。

（2）正确认识全面发展和个性发展的关系，促进学生全面、和谐发展。

（3）坚持以人为本，充分发挥教师和学生的潜能。

（4）树立崇高理想，培养学生的创新精神和实践能力。

（5）确定合理的培养目标，促进学生的主动发展。

历年真题

【5.36】筱筱喜欢唱歌跳舞，孙老师对她说："成天蹦蹦跳跳的，没有学生样，学生得老老实实学习才行！"孙老师的说法忽视了（　　）。

A. 学生的心理发展　　B. 学生的全面发展

C. 学生的主动发展　　D. 学生的主体发展

（二）以人为本的学生观

以人为本既是一种社会发展思想，又是一种教育思想，两者密不可分。

从社会发展思想看，以人为本是科学发展观的核心，这体现在：第一，以人为本是历史唯物主义的一项基本原则；第二，以人为本是我们党的根本宗旨和执政理念的集中体现；第三，以人为本全面回答了科学发展观的一系列基本问题，即为谁发展、靠谁发展、发展成果如何分配。这就是说科学发展必须依靠人民、为了人民，将发展成果与人民分享。

从教育思想看，以人为本就是在教育活动中以学生为本，以学生全面发展为本，以全体学生的全面发展为本。这体现在：第一，在教育教学活动中做到尊重学生主体地位，引导学生成长；第二，在教育教学活动中，以促进学生全面发展为目标；第三，坚持以人为本，必须面向全体学生。

以人为本的学生观要求教师在教育教学中以促进学生发展为目的，全面看待学生，确立学生的主体地位，公平公正地对待每个学生，尊重热爱学生，因材施教，促进学生的个性发展，树立为学生服务的意识。

1. 公正平等地对待每位学生，尊重他们的人格和受教育的权利

教育公平的一个重要标志就是公平地对待每一个学生，服务每一个学生，关注每一个学生。对不同性别、年龄、出身、智力、个性、相貌以及关系密切程度不同的学生能够做到不偏心、不偏袒、同等对待。爱全体学生，才是爱学生的真谛所在。

尊重学生表现在要尊重学生人格、人身不受侵犯的权利，无论在任何情况下，都不能用刻薄、粗俗的语言讽刺、挖苦、嘲笑和打击学生，尤其是不能体罚和变相体罚学生。教师与学生要建立起一种平等、民主与合作的关系，要经常与学生平等地交换意见，采纳他们合理的建议和要求。

2. 要公正合理地对学生进行教育

教师不应以自己的私利和好恶为标准处理师生关系，要给所有学生提供平等的受

教育的机会。

教师教育学生，必须是爱与严相结合。爱不是出于个人的狭隘感情，而是出于对教育事业的热爱，出于一种高尚的道德感、责任感；严也不是随心所欲，而是严中有爱、严中有理、严中有方、严中有度。教师应深入了解学生，潜心研究教育的规律，以公正、合理的态度和方法教育学生。

3. 要公正合理地对学生进行评价，努力创设一个民主、平等的班集体

如何对学生的知识、能力、品质和进步程度给予恰当评价，历来是教育工作者关注和讨论的问题。因此，评价公正也是体现教育公正的一个重要方面。教师在教学过程中，无论是在写评语、打分数时，还是在选举时，都应该做到不徇私情、规范准确。

4. 要公正客观地处理学生中的各类矛盾冲突

学生在学习和生活中，会与同学、学校、教师等产生矛盾，甚至发生冲突。公正原则要求教师在处理涉及学生的矛盾时，必须主持公道。教师应调查研究，分析原因，寻求相应的解决办法，妥善处理。

教育工作者应通过自己的不断努力来实现教育的公正，完善学生人格，健全学生心理，有效提高教学效率。教育公正是一种追求，需要每位教育工作者身体力行。

5. 要关注学生的情绪生活和情感体验

教育的过程应该让学生有愉悦的情绪和积极的情感体验。学习知识重要的是培养学习的兴趣，学生对知识的学习感兴趣，就会变被动为主动，以学习为乐事，在快乐中学习，既能提高学习的效率，还能够加深对知识的理解，这样学到的知识才能够灵活地运用。

（三）因材施教，促进学生的个性发展

孔子首倡的“因材施教”思想在今天仍有重要意义，对促进学生的个性发展具有重要价值。未来社会需要高素质的个性化人才，需要教师通过个性化的教学来培养。教师在教学中要创设浓厚的文化氛围，引导学生开展丰富多彩的活动，发挥学生的特长，塑造学生的良好个性，培养学生的创造精神和实践能力。具体地讲应努力做到以下几个方面。

（1）教师对学生的一般知识水平、接受能力、学习风气、学习态度和每个学生的兴趣、爱好、知识储备、智力水平以及思想、身体等方面的特点，都要充分了解，以便从实际出发，有针对性地进行教学。

（2）教师在教学中既要把主要精力放在面向全班集体教学上，又要善于兼顾个别学生，使每个学生都能得到相应的发展。

（3）针对学生的个性特点，提出不同的要求。教师应该为具有不同个性特点的学生设计最优化的教育方案，并运用于教育实践。因材施教的教育原则，应贯彻于日常的教学过程之中。

重点提示

重点理解学生的本质特征、学生观的基本内容，学会运用学生观的相关理论分析教师的教育教学行为。此部分是必考内容，一般以材料分析题的形式进行考核。学习时应注意知识的前后联系，做到学以致用。

四、小学师生关系

师生关系是教师和学生在教育教学活动中结成的相互关系，包括彼此所处的地位、作用和相互对待的态度。它是一种特殊的社会关系和人际关系，是教师和学生为实现教育目标，以各自独特的身份和地位通过教与学的直接交流活动而形成的多性质、多层次的关系体系。师生在教育内容上体现为授受关系，在人格上是一种民主、平等的朋友关系，在社会道德上是相互促进的关系。

（一）良好师生关系的基本特征

理想的师生关系是教育活动顺利进行和教育目标完成的基本保证，建立理想的师生关系是教育工作者的共同追求，也是教育规律的必然要求。理想的师生关系是师生主体间关系的优化，从其发生发展的过程及其结果来看，体现为三个方面的基本特征。

1. 尊师爱生，相互配合

尊师就是尊重教师，尊重教师的劳动和教师的人格与尊严，对教师要有礼貌，了解和认识教师工作的意义，理解教师的意愿和心情，主动支持和协助教师工作，虚心接受教师的指导。尊师是学生对教师正确的认知、情感和行为的综合体现，是人类的美德。得到学生的尊重是教师最大的需要和满足。爱生就是爱护学生，尊重和信任学生，严格要求学生，公正对待学生，是教师热爱教育事业的重要体现，是教师对学生进行教育的感情基础，是师德的灵魂，也是培养学生热爱他人、热爱集体的道德情感基础。

尊师爱生体现了现代新型师生关系，是师生交往与沟通的情感基础和道德基础，其目的主要是相互配合与合作，顺利开展教育活动。

2. 民主平等，和谐亲密

师生关系的民主平等体现了师生在教育过程中相互尊重人格的权利、相互开放、平等对话、相互理解、相互接纳等关系。民主平等不仅是现代社会民主化趋势的需要，而且是教学生活人文性的直接要求和现代人格的具体体现。它要求教师能向学生学习、理解学生，发挥非权力性影响力，并一视同仁地与所有学生交往，善于倾听不同意见；也要求学生正确地表达自己的思想和行为，学会合作和共同学习。

民主平等的关系是师生在共同参与的过程中形成的。共同参与意味着教师和学生以不同的主体地位和作用进入实际的教育生活，形成需要、智能、个性等方面的互补，发挥各自的积极性、主动性、创造性。民主平等和共同参与的结果是师生的融洽、协调。和谐亲密体现了师生的人际亲和力、心理相融度。

3. 共享共创，教学相长

共享就是教师和学生共同体验和分享教育中的欢乐、成功、失望与不安，它是师生情感交流演化的表现。共创就是教师和学生在相互适应的基础上，相互启发，使师生的认识不断演化，共同生活的质量不断提高。共享共创体现了师生关系的动态性和创造性，是师生关系的最高层次。共享共创的结果是教师和学生相互促进、共同发展，是学生的道德、思想、智慧、兴趣、人格等的全面生成及教师专业自我的成熟过程。

（二）构建良好师生关系的基本策略

师生关系是教育过程中最基本、最重要的人际关系。师生关系总是在一定社会背景之中的，与师生双方密切相关，受多种因素制约。但就教育内部而言，建立良好的师生关系要靠双方共同努力，而教师是关键。建立民主平等、和谐亲密、充满活力的师生关系，对教师来说，主要有以下几种策略。

1. 了解和研究学生

教师要与学生取得共同语言，使教育与影响深入学生的内心世界，就必须了解和研究学生。了解和研究学生包括了解学生的个体思想意识、道德品质、兴趣、需要、知识水平、学习态度和方法、个性特点、身体状况和所在班集体的特点及其形成原因。了解和研究学生存在于教师教育生活的每一时空。

2. 树立正确的学生观

学生观影响教师对学生的认识及其态度行为，进而影响学生的发展。我国传统的学生观将学生看作是被动的受体、教师塑造与控制的对象，学生在教育中处于边缘位置，对学生的教育是预设的、规范的。而正确的学生观承认学生具有巨大的发展潜力，学生的不成熟性具有成长价值，学生具有主体性，特别是创造性；学生是责权主体，有正当的权利和利益；学生是一个整体的人，是知、情、意、行的统一体。正确的学生观来自教师对学生的了解和研究，来自教师向学生的学习和自我的反思。

3. 热爱、尊重学生，公平对待学生

热爱学生包括热爱所有学生，对学生充满爱心。尊重学生特别要尊重学生的人格，保护学生的自尊心，维护学生的合法权益，避免师生对立。教师处理问题必须公正无私，使学生心悦诚服。

4. 主动与学生沟通，善于与学生交往

师生关系一般要经历生疏、接触、亲近、依赖、协调、默契阶段。在师生交往的初期，有时会出现不和谐因素，如因为不了解而不敢交往或因误解而造成冲突等，这就要求教师要善于掌握交往与沟通的主动性，经常与学生保持接触、交流；同时，教师还要掌握与学生交往的策略与技巧，如寻找共同的兴趣或话题，一起参加活动，邀请学生到家里做客，与学生保持通信联系等。

5. 努力提高自我修养，健全人格

教师的素质是影响师生关系的核心因素。教师的师德修养、知识能力、教育态度、个性心理品质无不对学生产生深刻的影响。教师要使师生关系和谐，就必须通过自己崇高的理想、科学的世界观、人生观、渊博的知识、严谨的治学态度、活泼开朗的性格、多方面的兴趣爱好来吸引学生。为此，教师要做到：①加强学习与研究，使自己更加智慧；②经常进行自我反思，正确评价自己，克服个人的偏见和思维定式；③培养自己多方面的兴趣和积极向上的人生观；④学会自我控制，培养耐心、豁达、宽容、理解等个性品质。

☞ 本章小结

本章内容是学习教育要素中的两个主体要素。作为未来的小学教师，我们必须全面了解自己将要从事的教师职业的性质和特点，了解小学教师专业标准的基本内容和小学教师的专业发展的相关知识。系统掌握教师的职业道德、教师的权利和义务、小学生的权利保护、师生关系等内容，深入理解学生观的实质，能够运用全面发展、以人为本、因材施教等学生观评析教师的教育教学行为，在学习中提升教育思维和分析问题、解决问题的能力。

☞ 本章要点回顾

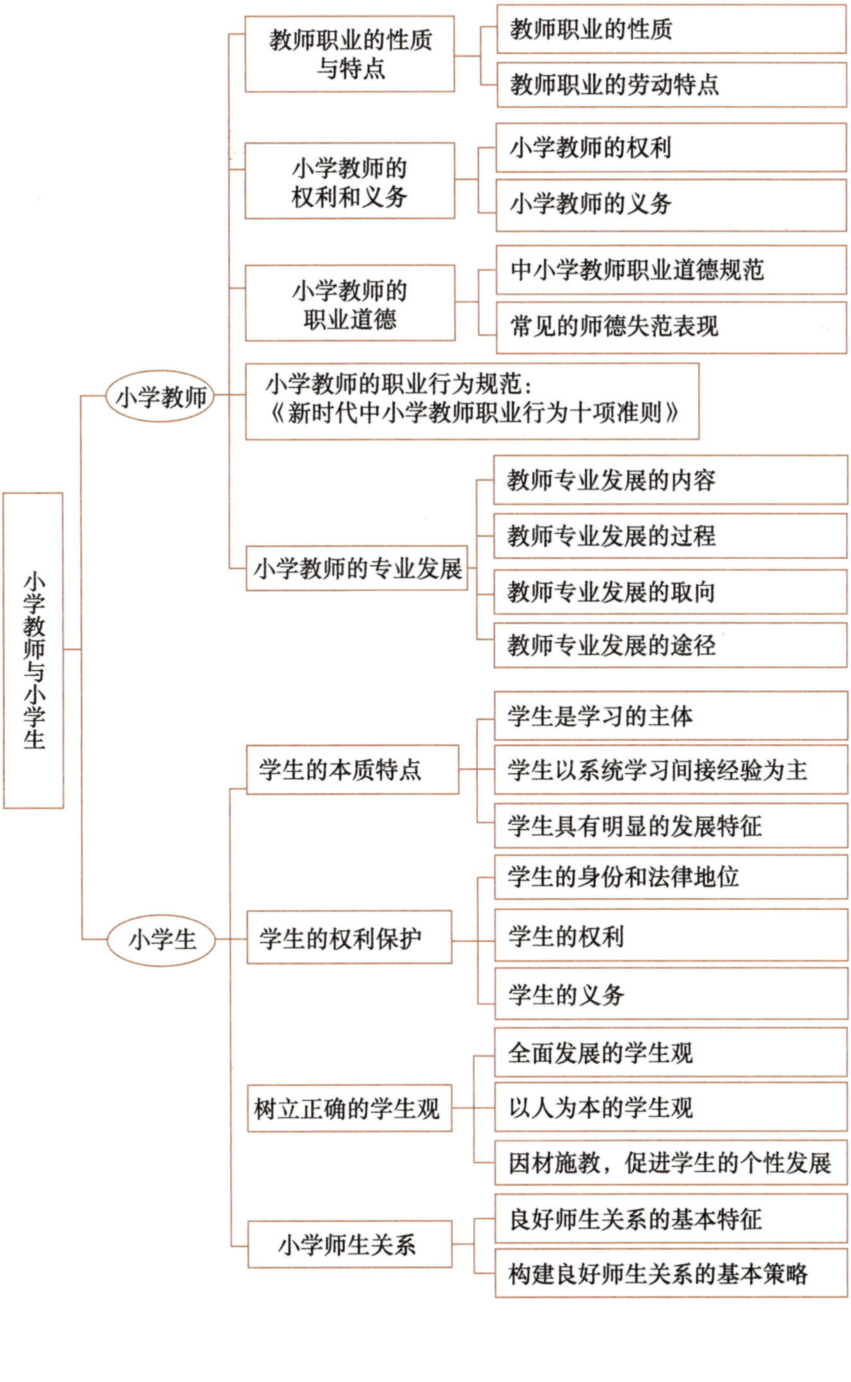

☞ 学习资源

1. 陈永明 等 . 教师教育学［M］. 北京：北京大学出版社，2012.

2. 闫祯 . 教育学学程：模块化理念的教师行动与体验［M］. 2 版 . 北京：北京大学出版社，2013.

3. 俞婷婕 . 教师教育学研究［M］. 杭州：浙江大学出版社，2019.

4. 袁振国 . 当代教育学［M］. 5 版 . 北京：教育科学出版社，2020.

5. 靳玉乐 . 现代教育学［M］. 成都：四川教育出版社，2021.

6. 冯建军 . 现代教育学［M］. 南京：南京师范大学出版社，2019.

第六章

课程与基础教育课程改革

☞ 学习完本章，应该做到：

◎ 了解：我国基础教育课程改革的现状和趋势。
◎ 识记：课程概念、课程理论流派及其代表人物和主要观点。
◎ 理解：课程的类型、课程开发的模式、课程改革的理念和目标。

☞ 学习本章时，重点内容为：

◎ 课程的概念、课程的类型、课程理论流派、课程改革。

☞ 学习本章时，知识要点与具体方法为：

本章内容按“课程及其理论”“基础教育课程改革”这两条主线展开。首先在厘清课程概念的基础上理解课程的意义、类型，在了解课程理论的基础上加深对课程本质的理解。其次通过基础教育课程改革理念、目标等的理解，掌握课程改革的意义、现状和趋势。学习本章内容要注重联系学科教学、联系学生生活。

【引子】

学生到学校就是读书吗?

我收到王飞老师写的文章《孩子，学校给你的不仅仅是分数》，讲述了一个这样的故事：一个学生不肯来校读书。王飞和班主任决定前去家访。学生见到老师就说：“读书没意思，学校没意思。”王老师灵机一动，说：“去学校又不是为读书的。”

“到学校不为读书？那为了什么？”

“为了生活，为了做人，为了交朋友，为了锻炼身体，为了做些自己喜欢做的事情，为了学点自己有用的本事啊。读那几本书，考点分数，只是很小的一部分啊。你看，一个人在家里，什么都不做，就是玩游戏、看电视，能够学到什么？时间一久，身体变差了，心情也不好了，朋友也没了，什么本领也学不到。在学校呢，每天有体育课，可以锻炼身体；每天和同学们一起吃饭聊天，可以交朋友；每天可以看点喜欢的书，参加喜欢的兴趣小组，学点东西。这不是很快乐吗……”

这个学生居然被老师的一番话打动了。第二天，他就回到了学校。①

难道学生到学校就是读书吗？难道教科书就是课程吗？

---

① 厉佳旭．守护教育的良心［M］．宁波：宁波出版社，2017：前言．

第一节　课　程

一、课程概念

（一）课程的内涵

看到“课程”这个词，你想到的是什么？教材、教室、写着各种清单和图纸的一摞纸……或者是一些专家在办公室里起草着各种发给教师的文本……

在我国，唐朝孔颖达在《五经正义》里为《诗经·小雅·巧言》中“奕奕寝庙，君子作之”一句做的注疏“以教护课程，必君子监之，乃依法制”。这是我国“课程”一词最早的记载。“奕奕寝庙，君子作之”可以直解为“好大的殿堂，由君子主持建成”。“奕奕”形容“宏伟”状，“寝庙”指殿堂、庙宇，比喻伟大的事业；“君子”乃指有德者。全句的喻义为：伟大的事业，乃有德者维持。孔颖达用“课程”一词指“寝庙”及其喻义“伟业”，其含义必然十分宽泛，远远超出了学校教育的范围。

宋朝朱熹在《朱子全书·论学》中频频提及“课程”，如“宽著期限，紧著课程”“小立课程，大作功夫”等。朱熹的“课程”主要是指“功课及其进程”，或“学习的范围、时限、进程”，或“教学与研究的专门领域”，这与现在日常语言中的“课程”的意义已极为相近。

从我国典籍记载来看，“课程”一词既包括教学科目（学科），又包括这些科目的教学顺序和时间，即“课程”是指课业（学习科目）及其进程。

西方“课程”一词源自拉丁语“currere”，意为“奔走、跑步”，其名词意为“跑道”，隐喻“一段教育过程”。课程用做教育科学的专门术语，始于英国教育家斯宾塞的《什么知识最有价值》，他所指的课程就是教学科目。1918 年，美国学者博比特《课程》一书的出版，标志着课程开始作为一个独立的研究领域。课程理论研究迅速发展，人们对课程含义的认识逐步摆脱课程即为教学科目的狭隘范畴，开始将课程看作以一定的教育目的为指导的涉及学生学习活动的整体框架的极为广泛的概念，即课程与学生和教学内容有密切联系，但又有区别。

随着课程理论的深入研究和课程实践的丰富，关于课程定义非常多，但主要有以下几种观点。①课程是学科和教材。将课程视为学科和教材由来已久，如中国古代的“六艺”、欧洲中世纪的“七艺”。将课程视为学科和教材，强调受教育者掌握完整的科学知识体系，强调课程是传递知识的过程，而知识传递有一个依据，这个依据就是教材。②课程是经验。美国教育家杜威认为，决定学习的质和量的是儿童，而不是教材，强调教学必须成为儿童生活经验的一部分。将课程视为经验，是认为只有个体亲身的经历才是学习，外在的知识才能转化为学习者自身的经验。③课程是教学计划。美国教育家塔巴把课程定义为学习计划，美国课程学家比彻姆也认同课程是指有关学校教育工作计划的范围和安排的书面文件。把课程定义为教学计划，看到了课程与教学之间的联系，课程不仅包含了课程内容体系，还包含了内容实施的各个环节。④课程是预期的学习结果或目标。博比特、加涅等学者认为课程是教育者试图达成的教学目标或预期的教学成果。这表明在进行课程设计时，应事先指定一套有结构、有序列的教学目标或学习结果，所有教学活动都是为达成这些目标服务的。

我们将课程定义为：各级各类学校为实现培养目标，在教师指导下的学生学习活动的总体，在这个总体中除了学校课程表中所规定的课程外，还有配合课内教学所组织的全部课外活动，以及在整个学校生活中教师和学生集体的价值观、态度、行为方式等校园文化因素对学生的影响。[①]

课程是学校实施教育教学工作的主要载体，是实现教育目的、培养全面发展人才的重要保证。

（二）课程的类型

课程的类型是指课程的组织方式或指设计课程的种类。[②] 不同的课程思想就有不同的课程价值观，也就有了不同的课程类型及相应的组织结构。

1. 分科课程、综合课程与活动课程

从课程内容的组织方式来划分，课程可分为分科课程、综合课程与活动课程。

（1）分科课程又称学科课程，是一种单学科的课程组织模式，它强调不同学科门类之间的相对独立性，强调一门学科的逻辑体系的完整性，其主导价值在于使学生获得逻辑严密和条理清晰的文化知识。

分科课程的特点：科目化、预设化、结构化、学问化、专业化、系统化；由于学科繁多，易造成学生负担过重。

（2）综合课程又称广域课程、统合课程或整合课程。其根本目的是克服学科课程分科过细的缺点，是打破传统的学科课程的知识领域，组合两门以上学科领域而构成的课程。它由英国教育家怀特海率先提出，综合课程强调学科之间的关联性、统一性和内在联系，其课程的主导价值在于通过相关学科的整合，促进学生认识的整体性发展并把握解决问题的全面的视野与方法。综合课程一般包括五个层面的整合：相邻知识系列的整合，性质相近学科的整合，人文、自然和社会学科的整合，文化的整合，儿童与文化的整合。

综合课程的特点：整体性、实践性、开放性、生成性、自主性。

（3）活动课程又称儿童中心课程、经验课程，是为打破学科逻辑组织的界限，从儿童的兴趣和需要出发，以活动为中心组织的课程。杜威是活动课程的重要代表人物。

活动课程的特点：活动性、经验性、主体性、综合性、开放化、心理学化、乡土化。

历年真题

【6.1】小学“科学”课程整合了自然科学各学科的内容，这种课程属于（　　）。

A. 融合课程　　B. 广域课程　　C. 核心课程　　D. 合并课程

---

① 扈中平，李方，张俊洪．现代教育学［M］.2 版．北京：高等教育出版社，2005：218.

② 施良方. 课程理论：课程的基础、原理与问题［M］. 北京：教育科学出版社，2013：119.

2. 必修课程与选修课程

从对学生的学习要求的角度来划分，课程可分为必修课程与选修课程。

（1）必修课程是指国家、地方或学校规定，学生必须学习的公共课程，是为了保证所有学生的基础学习而开发的课程。其主导价值在于培养和发展学生的共性，体现对学生基本的要求。在基础教育中，必修课程可以分为国家必修课、地方必修课和学校必修课等。

（2）选修课程是指依据不同学生的特点与发展方向，允许个人选择的课程，是为了适应学生的个性差异而开发的课程。其主导价值在于满足学生的兴趣、爱好，培养和发展学生的良好个性。

历年真题

【6.2】从实现学校培养目标来看，必修课和选修课之间具有（　　）。

A. 层次性　　B. 等量性　　C. 等价性　　D. 主次性

3. 国家课程、地方课程与校本课程

从课程设计、开发和管理主体来划分，课程可分为国家课程、地方课程与校本课程。

（1）国家课程是由国家教育行政部门规定的课程。它一般由中央政府授权教育主管部门自上而下统一编制、实施和评价，是由国家根据自身利益和对公民基本素质发展的一般要求而开发设计的。它反映了国家教育的基本标准，体现了国家对各个地方、社区的中小学教育的共同要求，是国家课程的主体。国家课程的主导价值在于通过课程体现国家的教育意志，确保所有国民的共同基本素质。它对政治方向的把握、教育方针的贯彻、培养目标的落实起着决定性作用。

国家课程具有强制性、统一性、公共性、基础性、神圣性等特点。

（2）地方课程又称地方本位课程，是地方教育主管部门（省级政府或其指定的相关部门）以国家课程标准为基础，在一定的教育思想和课程观念的指导下，根据地方经济、政治和文化发展，以及对人才的特殊需求等实际情况而设计的课程。它是不同地方对国家课程的补充，反映了地方社会发展状况对学生素质发展的基本要求。同时，地方课程对该地方的中小学课程实施具有重要的导向作用，地方课程的主导价值在于通过课程满足地方社会发展的现实需要。

地方课程具有地方性、多样性、特色化、自主性等特点。

（3）校本课程实质上是一个以学校为基地，以学校教师为主体，在保证国家课程和地方课程实施的前提下，根据对自身学校学生需求的科学分析与评估，充分利用社区和学校资源进行开发的多样化的、可供学生选择的课程。其目的是促进学生个性成长、教师专业成长，形成学校特色。校本课程开发应是民主决策的过程，即校长、教师、课程专家、学生以及家长和社区共同参与课程编制、实施和评价。校本课程的主导价值在于展示学校的办学宗旨和特色。

校本课程具有校本性、多样性、灵活性、个性化、特色化、自主性、动态性特点。

历年真题

【6.3】某学校开发一门介绍当地风俗、物产与人物的课程，该课程属于（　　）。

A. 地方课程　　B. 校本课程　　C. 隐性课程　　D. 分科课程

4. 显性课程与隐性课程

从课程的呈现方式来划分，课程可分为显性课程与隐性课程。

（1）显性课程又称正式课程、官方课程或公开课程，是指在学校情境中以直接的、明显的方式呈现的课程。它包括为实现一定的教育目标而正式列入学校计划的各门学科以及有目的、有组织的课外活动。显性课程一般有固定的教材，有规定的教学内容，有明确的教学目标，同时能够进行测验和评价。

显性课程的主要特征是计划性，这也是区分显性课程和隐性课程的主要标志。同时，显性课程还具有显露性、行政性、规范性、可评估性等特点。

（2）隐性课程又称潜在课程、非正式课程、隐藏课程，是学校情境中以间接的、内隐的方式呈现的课程，如师生关系、校风、学风等。隐性课程是伴随着显性课程而生的，没有显性课程也就没有隐性课程。对学生而言，隐性课程可能是有意识的，也可能是无意识的；可能是有计划的，也可能是非计划的课程；可以是教育活动，也可以是学生自发的学习活动。

隐性课程具有整体性、非公开性、依附性、潜隐性、愉快性、易接受性、持久性、难评估性等特点。

历年真题

【6.4】学校利用板报、橱窗、走廊、墙壁、雕塑、地面、建筑物等媒介，旨在体现教育理念，实现育人功能。在课程分类中，这属于（　　）。

A. 学科课程　　B. 活动课程　　C. 显性课程　　D. 隐形课程

二、课程理论流派

课程涉及的主要因素有知识、学生、社会。对这三个因素的关注程度，决定了课程理论的倾向性。① 课程理论可分为学科中心课程理论、活动中心课程理论和社会中心课程理论。学科中心课程理论以学科为中心，活动中心课程理论以儿童活动为中心，社会中心课程理论以社会问题为中心。

（一）学科中心课程理论

学科中心课程理论是最早出现、影响最广的课程理论。斯宾塞、夸美纽斯、赫尔巴特和布鲁纳等是学科中心课程理论的代表人物，永恒主义、要素主义、结构主义是其代表理论。

① 施良方. 课程理论：课程的基础、原理与问题［M］. 北京：教育科学出版社，2013：80.

学科中心课程理论的基本观点是，学校课程应以学科的分类为基础，以学科教学为中心，以掌握学科的基本知识、基本规律和相应的技能为目标。

学科中心课程理论的早期代表人物是斯宾塞，他在《什么知识最有价值》一文中提出为人类各种活动做准备的最有价值的是科学知识。为此，他以人类的五大活动来设置课程：① 直接保全自己的活动，相应设置生理学和解剖学课程；② 间接保全自己的活动，相应的课程是读、写、算以及逻辑学、几何学、物理学、化学、生物学、地质学等；③抚养教育子女的活动，相应的课程是心理学与教育学；④ 社会政治活动，相应的课程是历史学与社会学；⑤ 闲暇爱好与感情活动，相应的课程是了解与欣赏自然、文化、艺术知识。

赫尔巴特对学科中心课程理论做出了重要贡献，他在《普通教育学》一书中提出根据人的“多方面兴趣”来设置课程：根据经验的兴趣开设自然、地理、物理、化学等课程，根据思辨的兴趣开设数学、逻辑学、文法学课程，根据审美的兴趣开设文学、绘画、音乐等课程，根据同情的兴趣开设语言课程，根据社会的兴趣开设公民、历史、法律等课程，根据宗教的兴趣开设神学课程等。

永恒主义课程是学科中心课程理论的主要流派之一，认为中小学的课程应是“不变的学问”“包含有关人类思想永恒价值的理念和原理”。

要素主义课程是学科中心课程理论的又一典型学派，认为教育要传授具有严谨学术体系的各门学科，传授人类文化的宝贵财富。所以，课程要以共同的、不变的文化要素（包括基本知识、基本技能和传统的态度）为核心，强调以学科为中心和学习的系统性。

布鲁纳使当代学科中心课程理论进一步发展。他认为一门学科的概念、关键概念、原理及其相互关系是一门学科的基本结构，是组成一门学科的核心，因而课程应根据学科结构来安排。

学科中心课程理论的主要优点如下：

(1) 按学科组织教学内容，有利于文化遗产的保存与传递。

(2) 按学科教授相关知识，有利于系统知识的掌握。

(3) 根据学科逻辑编排教材，有利于促进学生思维的发展。

(4) 传授给学生基础知识与基本技能是教育的主要任务。

(5) 课程的构成比较单纯，容易教学和评价。

学科中心课程理论的主要缺点如下：

(1) 按学科组织教学内容，容易把相关知识割裂。

(2) 学科内容往往与社会关心的问题及发生的事件脱节。

(3) 没有考虑学生的兴趣与需要。

(二) 活动中心课程理论

活动中心课程理论又称儿童中心课程理论，是与学科中心课程理论相对立的一种课程理论。其主要代表人物有卢梭、杜威等。

活动中心课程理论的主要观点如下：

(1) 课程设置应当以儿童的活动为中心，而不是以学科为中心。该理论认为课程设置应根据学生的活动来进行，而不是按学科的逻辑来安排。

（2）以儿童的直接经验作为教材内容。该理论认为儿童的一切学习都来自于经验，而学习就是经验的改造或改组。因此，学习必须和个人的特殊经验发生联系，教学必须从学习者已有的经验开始。

（3）主张打破严格的学科界限，强调在活动中学习。该理论认为按学科编排课程不符合社会生活实际，不能解决现实问题，因而必须打破严格的学科界限，有步骤地扩充学习单元和组织教材，强调在活动中学习。

（4）教材编排应注意儿童的心理结构。该理论主张教材的编排不应根据学科的逻辑而应根据儿童的心理结构，即根据学生的心理发展规律来安排教材，就是说教材要心理学化。

（5）强调教师的作用是协助与引导。儿童是学习的主人，学习什么、在什么时候学、如何学等，都应充分尊重儿童。教师是儿童学习的辅助者和引导者。

卢梭对活动中心课程理论的形成具有重大贡献。他用崭新的视角来审视儿童，“发现儿童”是他在教育思想史上的最伟大的贡献。他认为儿童具有一种内在的“自然性”，这种自然性不是静止不变的，而是具有无限的潜在能力。教育要关注儿童的本性与社会生活，遵循儿童的“自我活动”，既要尊重儿童的身心成熟阶段，又要适应儿童的个性差异和两性差异。

杜威认为儿童有四种本能，并相应地表现为四种活动：语言和社交的本能和活动，制造的本能和活动，艺术的本能和活动，探究的本能和活动。课程设置就应当以这些本能为基础，并尽量满足这些本能的要求。他主张教材应当心理学化，应当把各门学科的教材或知识恢复到原来的经验，通过教学把它变成儿童个人的直接经验。

活动中心课程理论具有以下优点：

（1）重视学生的需要与兴趣，尊重学生的主体性，有利于学生学习的主动性、积极性的发挥。

（2）强调教材的心理组织，有利于学生在与文化，与科学知识的交互作用的过程中，获得人格的不断发展。

（3）强调实践活动，重视学生通过亲身体验获得直接经验，有利于培养学生解决实际问题的能力。

（4）重视课程的综合性，主张以社会生活问题来整合各种知识，有利于学生获得对世界的完整认识。

活动中心课程理论的局限主要表现为：

（1）过分地夸大了个人经验的重要性，忽视对系统的学科知识的学习，忽视学生思维力和其他智力品质的发展；把学生日常生活中个别经验的作用绝对化而不顾及这些经验本身的逻辑顺序，结果学生只能学到一些支离破碎的知识，降低了学生的系统知识水平。

（2）对于习惯了学科课程的讲授方式的教师而言，活动课程的组织较困难。

（3）降低了教师的指导作用。教师是学生学习的参谋或顾问，帮助学生解决疑难问题，而不是执行有计划的教学任务。

（三）社会中心课程理论

社会中心课程理论是从进步主义教育运动中分化出来的，主张设计课程的依据是通过对社会问题的分析而确定教育目标，即围绕重大社会问题来组织课程内容；主张打破传统的学科界限，但不是按儿童的活动来组织课程，而是把社会现实问题作为课程设计的核心。

社会中心课程理论可以分为社会适应派与社会改造派。社会适应派认为，社会变化是个人发展的决定因素，社会在发展变化，设置课程和选择教学内容应该为学生了解不断变化的世界并求得生存提供服务。社会改造派认为，社会在变化，把社会问题作为课程设计的核心，其宗旨不是为适应社会，而是把学生培养成改造社会的工具，帮助他们积极地投入到社会改造中去。

社会中心课程理论的早期代表人物有美国教育家康茨和拉格等，20 世纪 50 年代后的主要代表人物是美国教育家布拉梅尔德，当代的代表为法国社会学家埃米尔·杜尔凯姆（又译为迪尔凯姆、涂尔干等）。

早在20 世纪 30 年代，在世界性经济危机冲击下，以康茨、拉格为代表的社会中心课程理论者认为，教育的目的在于按照主观设想的蓝图“改造社会”，把学校作为形成“社会新秩序”的主要工具。为此，他们主张围绕社会改造的“中心问题”组织学校课程。20 世纪 50 年代，以布拉梅尔德为主要代表的社会改造主义教育派有所发展，认为教育的根本价值是社会发展，学校应致力于社会的改造而不是个人的发展。为此，他们主张课程的最终价值是社会价值，课程是实现未来理想社会的运载工具。

社会改造主义课程理论的基本主张有：

（1）课程目标：要统一于未来的“理想社会”的总目标，各门学科的内容统一于“社会改造”，课程安排统一于解决问题的活动。

（2）课程内容：没有统一的课程内容，它以广泛的社会问题为中心。如学校课程要关注犯罪、战争、贫富、种族歧视、失业、环境污染、疾病、饥饿等问题，学生对这些问题要有批判性见解。这些课程应由教育者按照社会需要来决定，而不是由学生自己来决定。

（3）课程组织：应以解决实际的社会问题的逻辑来组织课程，而不是学科知识的逻辑。

（4）学习方式：尽可能让学生参与到社会生活中去，增强学生适应社会生活的能力。

社会中心课程理论有两个值得注意的特点：一是主张学生尽可能多地参与到社会中去，因为社会是学生寻求解决问题方法的实验室；二是以广泛的社会问题为中心。

社会中心课程理论重视教育与社会、课程与社会的联系，以社会需要来编排课程，有利于教育为社会服务；重视各门学科的综合学习，有利于学生掌握解决问题的方法。其不足之处在于，它片面强调社会需要，忽视制约课程的其他因素，如学科本身、学生本身的系统性及需要，忽视各门学科的系统性，不利于学生掌握各门学科的系统知识。同时，社会中心课程理论还夸大了教育的作用，许多社会问题单靠教育是不可能解决的。

三、课程开发

1935 年，美国课程论专家卡斯威尔和坎贝尔合著的《课程开发》（*Curriculum development*）出版，“课程开发”的概念立即引起人们的高度关注。“Development”这个词包含了创建、发展、形成等意思，它进一步突出了课程建设是一个不断改进的过程。事实上，社会上的各种因素处于不断变化中，学校本身也在不断发展，学生也会有新的需求和兴趣，这些都影响着课程的建设。正因如此，“课程开发”逐渐被共识性地认为能够更确切地描述课程建设的活动。

（一）课程开发的含义

课程开发也叫课程制作、课程编制、课程发展等，是指通过需求分析确定课程目标，再根据这一目标选择某一个学科（或多个学科）的教学内容和相关教学活动进行计划、组织、实施、评价、修订，以最终达到课程目标的整个工作过程。课程开发既包括技术又包括实践。

课程开发除了包括目标、内容、活动、方法、资源和媒介、环境、评价、时间、人员、权力、程序和参与等各种课程因素外，还包括了各种因素之间的交互作用，特别是包含了课程决策的互动和协商。因此，课程开发的重点是强调过程性和动态性。它所关心的课程问题是课程开发的层面、机构、人员及其所代表的政治利益、教育价值等。

课程开发的层次可以分为国家本位的课程开发、地方本位的课程开发、学校本位的课程开发。课程开发的层次也可分为宏观、中观、微观等层次。宏观层次主要解决理论问题，如课程的价值、目的、主要任务、基本结构等；开发的结果主要是基本政策，如课程计划，包括课程宗旨、性质、目标、选择课程内容的原则等。中观层次的重点是课程标准的研发，包括课程目标、内容、学习要求（必修、选修）、学习时间建议、教学方式方法建设、评价要求等。微观层次是指教师直接参与的课程实施，主要是课时计划、特定的实践活动等的设计。

（二）课程开发的模式

1. 目标模式

目标模式又称泰勒模式，由美国著名教育学家、课程评价专家、现代课程理论之父拉尔夫·泰勒提出。1949 年，泰勒出版了课程领域的经典著作《课程与教学的基本原理》。在此书中，他明确提出任何层面的课程设计都必须回答的四个基本问题：① 学校应该达到什么教育目标？② 提供什么教育经验最有可能实现这些目标？③ 怎样有效组织这些教育经验？④ 怎样确定这些目标正在得以实现？这四个基本问题也就是课程开发的四个步骤：确定教育目标、选择教育经验（或学习经验）、组织学习经验和评价。

2. 过程模式

过程模式的主要代表人物是英国课程理论家斯腾豪斯。

过程模式主张：

(1) 课程开发过程是一个开放的系统。学习不是线性的、被动接受的过程，而是主动参与、探究的过程。目标和内容无法预先加以明确的规定，因为学生的兴趣在学习过程中会不断发生改变，教学过程中也会出现许多偶发事件。因此，过程模式主张课程设计应当是一个开放的系统。

(2) 强调教育过程本身的价值。过程模式反对目标模式所持的工具主义的知识观，强调知识本身的内在价值；强调教育本身即过程，而非达成目的的手段。在教育过程中，学生通过对自然、社会、自我的探究获得探究能力，增进批判能力，成为有灵性、有教养的人。

(3) 主张按学生的需要，相对灵活地选择和组织内容。目标模式认为课程内容和教育目标之间有着最密切的一一对应关系，只要内容是按照目标选择和组织的，教育目标自然就能达成。过程模式则认为，面对学生的不同需要，同一课程内容可能产生完全不同的结果。

3. 情境模式

情境模式的主要代表人物是英国教育家斯基尔贝克和劳顿。情境模式由五个部分组成。

(1) 分析情境。其主要是指对学校环境中各种相互作用因素的分析，包括对外部因素（如意识形态变化、家长和社区的愿望、学科性质的变化等），内部因素（如学生及其特点，教师素养及其价值观、知识、技能、兴趣，校风，校内的政治结构以及设施设备情况等）等的分析。

(2) 拟定目标。目标包含并陈述教育活动方向的喜好、价值和判断。目标是一连续过程的一部分，不是终点。

(3) 设计教与学的课程方案。其主要内容为：①设计教学活动，包括内容结构和方法、范围、顺序；②教学工具和材料，诸如课本材料、工具清单、资源单位等；③教学环境的设计；④人员的部署和角色的界定；⑤功课表，包括时间表和资源的供应。

(4) 诠释和实施课程方案。它是指当新方案实施时，可能会产生种种问题，这些问题要通过经验的反省与解释、对实施过程的分析，逐一加以解决。

(5) 评估、反馈和重新建构。主要工作是：①开发监督和沟通系统；②评估计划的准备；③提供评估，依据课堂中收集到的证据，进一步修改方案；④评估总体结果，包括学生的态度、教师的反应及其对整个学校组织的影响等；⑤保存必要的记录，依据各参与人员的反应加以记录；⑥开发一套适用于各种结果的评估程序。

(三) 影响课程开发的因素

任何行之有效的课程开发都必须考虑儿童发展、社会需要、学科特征三大因素。

1. 儿童发展

儿童是课程最主要的使用者，也是课程优劣的评价者，适合于儿童身心发展的课程才是良好的课程，因而课程开发必须考虑儿童的身心发展规律，基于儿童、为了儿童而设计。具体而言，儿童的成熟与心理特征直接制约课程开发，因此不同阶段的课程内容与编排应与相应发展阶段的儿童心理相适应；儿童的兴趣与需要是制约课程开发的另一要素，直接影响课程内容的选择，是课程开发的基本前提。

2. 社会需求

教育受社会发展制约，同时又促进社会发展。课程，特别是国家课程，其本质是一个国家主流意识形态的反映，因而必然受制于社会发展的水平。具体而言，社会生产力的发展决定课程内容的选择、教学手段的使用以及评估方式的改革；社会制度与政策直接制约课程目标的制定与课程内容的筛选（特别是人文科学方面）；社会结构对课程结构会产生影响，因为不同的社会结构对人才的需求各不相同，因而需要不同的课程结构或体系来对应。

3. 学科特征

分科课程是目前世界上采用最为普遍的课程形态，大部分课程按学科知识结构进行编排，因而学科本身的知识体系与逻辑结构是课程开发过程中必须考虑的问题。课程开发从其本质上说是从学科庞大的知识体系中选择什么、按什么标准进行选择、根据什么逻辑进行编排的过程。

历年真题

【6.5】现代课程论认为，制约课程内容选择的因素主要包括（　　）。

A. 知识、技能与情感　　B. 难度、广度与深度

C. 社会、儿童与学科　　D. 政治、经济与文化

第二节　课程组织

一、课程目标

课程目标是对课程所要达到的结果的规定，是指课程本身要实现的具体目标和意图。课程目标是对一定阶段的学生在品德、智力、体质等方面所应达到的发展程度的规定。课程目标对课程实施具有方向引领和价值规训作用，面对的是“是什么”的问题。

课程目标是培养目标的具体化，在课程设计、课程实施、课程评价、课程改革等各个环节起着导向作用。课程目标要考虑社会期望与个体发展的平衡，既要满足社会现实需要，又要开辟学生个性发展空间。泰勒认为确定课程目标可以根据社会需求、学生特点和学科特点，确定初步的课程目标，然后运用哲学、心理学的原理对初步目标进行过滤，确定精细的目标。

课程目标是一定教育价值观在课程领域的具体化。由于人们对学生身心发展规律、社会需求以及知识的价值看法存在差异，因而对课程目标的取向有所不同。在课程目标取向上，主要有行为目标取向、展开性目标取向和表现性目标取向。

1. 行为目标取向

行为目标是以具体的、可操作的行为形式来陈述课程目标，要言明课程结束后学生身上所发生的行为变化，其特点是目标的具体性和可操作性。美国课程与教学论专

家、行为目标的早期倡导者博比特在《课程》一书中指出，20 世纪已进入科学时代，科学时代要求精确性和具体性，因此，课程目标必须具体化和标准化。博比特在《怎样编制课程》一书中，具体列举了 10 个领域中的 800 多个目标。美国教育家泰勒发展了他的行为目标理念，在《课程与教学的基本原理》一书中，他指出每个课程目标都应该包括行为和内容两个方面，行为是指学生表现出来的行为，内容是指这种行为所适用的领域。行为目标在布鲁姆等人的发展下越来越精细。虽然行为目标的具体性便于教师操作和准确评价，但学生学习的主体性未得到重视。人的行为具有很大程度的不可预知性，课程开发视为一个可预先决定和操纵的机械过程，人的主体性和创造性难以发挥，同时也肢解了人的心理和行为的整体性。

2. 展开性目标取向

展开性目标关注的不是外部事先规定的目标，而是在教育情境之中随着教育过程的展开而自然生成的课程目标。这种目标注重的是过程，它强调师生与教育情境的交互作用，课程目标正是在这种交互作用中不断生成的。展开性目标否定了预定目标对实际过程的控制，它过于理想化，在实践中很难实行。使用展开性目标要求教师根据学生的需要随时调整课程内容，并能与学生一起进行有意义的对话，而大多数教师没有受过这方面的训练。

3. 表现性目标取向

表现性目标是指学生在与具体教育情境的相互作用中所产生的个性化表现。表现性目标关注的是学生在活动中表现出来的某种程度上首创性的反应形式，它追求的是学生反应的多样性、个体性，而不是一致性。表现性目标本质上是对解放理性的追求，它强调学生的自主性和主体性，关注学生的个性发展和创造性表现，尊重学生的个性差异，指向人的自由与解放，体现的是当代人本主义的教育价值观。

二、课程内容

课程内容主要有课程计划、课程标准和教材三种表现形式。

1. 课程计划

课程计划又称教学计划，是指根据教育目的和不同类型学校的教育任务，由国家教育主管部门制定的有关教学和教育工作的指导性文件。课程计划的内容主要包括课程设置、学科顺序、课时分配及学年编制和学周安排。课程设置就是根据国家的教育目的和各级各类学校的任务、培养目标和修业年限来确定学校的学科和课程。这是制订课程计划的首要问题。

2. 课程标准

课程标准是指国家根据课程计划以纲要的形式编定的有关某门学科的内容及其实施、评价的指导性文件。课程标准的结构主要包括四个部分：前言；课程目标，这是课程标准的核心内容；课程内容；实施建议。

课程标准与教学大纲的区别。2001 年课程改革后改教学大纲为课程标准，二者不仅是用词不同，而且是有了质的区别：课程标准是对学生在某一学段应达到的共同的、统一的要求提出的规定，教学大纲是对教学内容、顺序和要求的具体规定；课程标准更多地关注学生通过学习课程内容后在知识与技能、过程与方法、情感态度与价值观方面的发展，教学大纲更多地关注学生在学科知识、技能方面应达到的水平；课程标准在关注教师教学的同时，更为关注学生的学习，教学大纲更多地关注教师的教学行为；课程标准在内容的表述方式上更多地体现指导性、启发性和弹性，教学大纲则更多地体现原则性、规定性和刚性；课程标准着眼于课程，教学大纲着眼于学科；课程标准更关注学习领域，教学大纲则关注科目。课程标准取代教学大纲意味着我国的课程理念发生了如下变化：课程价值从精英教育转向大众教育，课程目标着眼于学生素质的全面提高，课程实施从过于关注教师的教转向关注课程资源的广泛运用，课程管理从刚性转向弹性。

历年真题

【6.6】教育行政部门制定小学教学质量评价标准应依据（　　）。

A. 教学计划　　B. 课程标准　　C. 教学模式　　D. 考试成绩

3. 教材

教材是教师和学生据以进行教学活动的材料，包括教科书、讲义、讲授提纲、参考书、活动指导书以及各种视听材料。其中，教科书和讲义是教材的主体部分，故人们常把教科书与讲义简称为教材。

教科书又称课本，它是依据课程标准编制的、系统反映学科内容的教学用书。它通常按学年或学期分册，每册中划分单元或章节。课文是教科书的主体部分。

（1）教材内容选择的原则。

① 注重基础性。

② 贴近社会生活。

③ 尊重学生经验。

④ 强化价值观与道德教育。

（2）教材内容组织的原则。

① 正确把握教材内容组织的不同取向：教材取向、活动取向和经验取向。

② 处理好纵向组织和横向组织的关系。

③ 处理好逻辑顺序与心理顺序的关系。

④ 处理好直线式与螺旋式的关系。

三、课程实施

课程实施涉及国家、地区、学校和课堂各个层面，是将预期的课程计划、课程方案付诸实施的过程。一般认为，有以下三种课程实施取向。

1. 忠实取向

忠实取向认为，课程就是指教科书、指导用书、教师教案或课程方案中的内容。相应地，课程实施就是指教师对课程计划或课程方案等忠实执行的过程。教师需要对课程专家所制订的课程计划进行精确执行。因此，所施课程与预定变革方案之间的符合程度越高，则课程实施越成功。这种课程实施取向将教师排除在课程编制之外，教师只是他人计划的执行者，构想与执行相分离。

2. 相互调适取向

相互调适取向认为，课程实施是指课程计划与班级或学校实际情境在课程目标、内容、方法、组织等方面相互调整、改变与适应的过程。一般来说，为了适应具体实践情境的特殊需要，课程计划会发生变化。当然课程实践发生了变化，相应的课程计划也会有所变化以起到相互调适的作用。

3. 课程创生取向

课程创生取向认为，知识是个人的、情境的。课程不能预先设计，而是在个体建构中产生。外部设计的课程被视为创生课程的一个资源，只有当这个资源利于课堂教学，它才有意义。虽然教师可能从外部设计的课程中受益，但真正赋予课程意义的是教师和学生。教师和学生才是课程知识的真正创造者，也是教师和学生持续成长的过程。

四、课程评价

1. 课程评价的概念

课程评价是指依据一定的评价标准，通过系统地收集有关信息，采用各种定性、定量的方法，对课程的计划、实施、结果等有关问题做出价值判断并寻求改进途径的一种活动。

2. 课程评价的模式

（1）目标评价模式。

目标评价模式首先由泰勒提出。这一评价模式是以目标为中心而展开的，是针对20世纪初形成并流行的常模参照测验的不足而提出的，是在泰勒的“评价原理”和“课程原理”的基础上形成的。

（2）目的游离评价模式。

目的游离评价模式是美国教育家和心理学家斯克里文针对目标评价模式的弊端而提出的。该模式把评价的重点从“课程计划预期的结果”转向“课程计划实际的结果”。

（3）CIPP 评价模式。

CIPP 是背景评价（Context Evaluation）、输入评价（Input Evaluation）、过程评价（Process Evaluation）、成果评价（Product Evaluation）这几种评价名称的英文首字母组成的缩略词，其评价内容也是由以上四个方面构成，由美国教育评价专家斯塔尔比姆提出。

（4）CSE 评价模式。

CSE（Center for the Study of Evaluation）是美国加利福尼亚大学洛杉矶分校评价研究中心的英文简称。该模式包括下面四个步骤：①需要评定，②方案计划，③形成性评价，④总结性评价。

第三节　基础教育课程改革

目前我国所进行的课程改革是中华人民共和国成立后的第八轮课程改革，俗称新课改，始于2001年。这次课程改革从课程理念、课程目标、课程内容等方面实施了全面变革。

一、基础教育课程改革的历程

中华人民共和国成立至今历次课程改革基本情况如下：

第一次，1949—1952年，教育部颁发了《中学暂行教学计划（草案）》，这是中华人民共和国成立后第一份教学计划（1950年8月）。设置了门类齐全的学科课程。1952年3月，教育部颁布了《中学教学计划（草案）》，同年10月，颁布了中华人民共和国成立以来第一份五年一贯制小学的《小学教学计划》。

第二次，1953—1957年，国家共颁布了五个教学计划，大幅削减了教学时数，首次在教学计划中设置劳动技术教育课。1956年国家正式发行中华人民共和国成立以来的第二套中小学教科书，这套教材理论性有所加强，特别注意了学生动手能力的培养。

第三次，1958—1965年，这一时期是我国经济发展的重要时期，同时也是“左”倾思想影响萌芽的时期。1958年“大跃进”引发了“教育大革命”，大量缩短学制，精简课程，增加劳动，注重思想教育，还出现了多种学制的改革试验。

第四次，1966—1976年，“文化大革命”使整个教育领域受到重大影响，学校课程与教学经历了一场灾难。

第五次，1977—1985年，“文化大革命”结束，拨乱反正。1978年教育部颁发《全日制十年制中小学教学计划试行草案》，统一规定全日制中小学学制十年，小学五年，中学五年。1980年出版了中华人民共和国成立以来全国统编第五套中小学教材。

第六次，1986—1991年，1986年《义务教育法》出台。国家教委公布了义务教育教学计划初稿，突出了新型教育方针的具体要求，适当增加了基础学科的教学时数，在教学计划中给课外活动留出固定的、足够的空间。

第七次，1992—1999年，1992年国家教委第一次将以往的“教学计划”改为“课程计划”。1993年秋，新的计划突出了以德育为首，德、智、体、美、劳五育并举的全面发展的教育方针，第一次将活动与学科并列为两类课程。后来又将“课程管理”作为课程计划中的一部分独立出来。1998年教育部的《面向21世纪教育振兴行动计划》有专门关于课程管理的规范。这一次课程改革，我国教育界掀起了国家课程、地方课程、校本课程以及活动课程、研究性学习课程研究的热潮。

第八次，1999年至今，进入了新一轮的课程改革，即新课改。我国新一轮基础教育课程改革于1999年正式启动，2000年1月至6月通过申报、评审，成立了各学科课程标准研制组。2000年7月至2001年2月，各研制组在专题研究的基础上形成了课程标准初稿。2001年3月教育部基础教育司在9个地区向广大教育工作者和专家学者征求意见，对各学科课程标准进一步修改。2001年5月，《国务院关于基础教育改革与发展的决定》中明确地提出“加快构建符合素质教育要求的新的基础教育课程体系”。2001 年 6 月教育部颁布《基础教育课程改革纲要（试行）》。2001 年 9 月 1 日起“新课程标准”进入基础教育课程改革实验区。为了进一步深化课程改革，《教育部关于印发义务教育课程方案和课程标准（2022 年版）的通知》中发布了新修订的义务教育课程方案和语文等 16 个课程标准，并要求“要大力推进教学改革，转变育人方式，切实提高育人质量。加大条件保障力度，保证课程有效实施。”

二、义务教育课程方案和课程标准（2022 年版）

（一）指导思想

以习近平新时代中国特色社会主义思想为指导，全面贯彻党的教育方针，遵循教育教学规律，落实立德树人根本任务，发展素质教育。以人民为中心，扎根中国大地办教育。坚持德育为先，提升智育水平，加强体育美育，落实劳动教育。反映时代特征，努力构建具有中国特色、世界水准的义务教育课程体系。聚焦中国学生发展核心素养，培养学生适应未来发展的正确价值观、必备品格和关键能力，引导学生明确人生发展方向，成长为德智体美劳全面发展的社会主义建设者和接班人

（二）课程建设的原则

（1）坚持全面发展，育人为本。
（2）面向全体学生，因材施教。
（3）聚焦核心素养，面向未来。
（4）加强课程综合，注重关联。
（5）变革育人方式，突出实践。

（三）关于课程标准的新变化

1. 强化了课程育人导向

新课程标准基于义务教育培养目标，将党的教育方针具体化细化为本课程应着力培养的核心素养，体现正确价值观、必备品格和关键能力的培养要求。

2. 优化了课程内容结构

以习近平新时代中国特色社会主义思想为统领，基于核心素养发展要求，遴选重要观念、主题内容和基础知识，设计课程内容，增强内容与育人目标的联系，优化内容组织形式。设立跨学科主题学习活动，加强学科间相互关联，带动课程综合化实施，强化实践性要求。

3. 研制了学业质量标准

各课程标准根据核心素养发展水平，结合课程内容，整体刻画不同学段学生学业成就的具体表现特征，形成学业质量标准，引导和帮助教师把握教学深度与广度，为教材编写、教学实施和考试评价等提供依据。

4. 增强了指导性

各课程标准针对“内容要求" 提出“学业要求”“教学提示”，细化了评价与考试

命题建议，注重实现“教—学—评”一致性，增加了教学、评价案例，不仅明确了“为什么教”“教什么”“教到什么程度”，而且强化了“怎么教”的具体指导，做到好用、管用。

5. 加强了学段衔接

新的课程标准更注重幼小衔接，基于对学生在健康、语言、社会、科学、艺术领域发展水平的评估，合理设计小学一至二年级课程，注重活动化、游戏化、生活化的学习设计。依据学生从小学到初中在认知、情感、社会性等方面的发展，合理安排不同学段内容，体现学习目标的连续性和进阶性。

三、基础教育课程改革的现状与趋势

（一）基础教育课程改革的现状

1. 教育理念转变

新课改引起的最大变化是教育理念的转变，而这些理念集中体现在学生观和教师观的转变。

（1）学生观的转变。

学生是发展的人、学生是独特的人、学生是具有独立意义的人等观念不断深入人心。①学生的身心发展是有规律的。教师必须依据学生的身心发展规律和特点开展教育活动。②学生具有巨大的发展潜能。教师必须坚信每个学生都是可以积极成长的，是可以获得成功的，对教育好每一个学生都应充满信心。③学生是处于发展过程中的人。学生正在发展与成长，所以学生是一个不成熟的人，是一个在教师指导下不断成长的人。学生是不是能真正健康快乐地成长，和教育有很大关系。④学生是完整的人。在教育活动中，必须反对那种割裂人的完整性的做法，还学生完整的生活世界，丰富学生的精神生活，给予学生全面展现个性的时间和空间。⑤每个学生都有自身的独特性。珍视学生的独特性和培养具有独特个性的人，应成为我们对待学生的基本态度。独特性也意味着差异性，教师要尊重学生的差异，使每个学生都得到完全、自由的发展。学生与成人之间存在着巨大的差异，学生的观察、思考、选择和体验都和成人有着明显的不同，所以，应把孩子看成孩子，而不是一个成人。⑥每个学生都是独立于教师的头脑之外，不以教师的意志为转移的客观存在。教师不仅不能把自己的意志强加给学生，而且连自己的知识也不能强加给学生，否则会挫伤学生的学习主动性和积极性，扼杀他们的学习兴趣，禁锢他们的思想，引起他们自觉或不自觉的抵制或抵抗。⑦学生是学习的主体。教师应该激励学生自己学习，自己感受事物，自己观察、分析、思考，从而使他们明白事理，自己把握事物发展变化的规律。⑧学生是责权的主体。学生是权利主体，教师要保护学生的合法权利。学生是责任主体，教师要引导学生学会对学习、对生活、对自己、对他人负责，学会承担责任。

（2）教师观的转变。

教师是学生学习的促进者，是学生学习的合作者、引导者、参与者，是教育教学的研究者，是课程的建设者和开发者，是社区型的开放教师等理念正在被广大教师和社会所接受。

2. 课程结构重构

课程结构是指在学校课程的设计与开发过程中将所有课程类型或具体科目组织在一起所形成的课程体系的结构形态。重构新的课程结构的要求是：①强调综合性，克服学科门类过多、相互独立的倾向。②加强选择性，以适应地方、学校、学生发展的多样化要求：课程结构要适应地区间经济文化的差异，必须具有一定的变通性；课程结构要适应不同学校的特点，体现选择性；课程结构要适应学生的个性差异，完善选修制。③确保均衡性，促进学生全面、和谐发展：学习领域或学科与活动的规划、设计应体现全面、均衡的原则，而绝不是平均分配；课程内容的选择也要体现均衡的原则。

重构我国基础教育的课程结构的具体做法如下：

（1）九年一贯设计。整体设置九年一贯的义务教育课程。小学阶段以综合课程为主，小学低年级开设道德与法治、语文、数学、科学、体育与健康、艺术、劳动、综合实践活动等课程，小学中高年级开设道德与法治、语文、数学、外语、科学、信息科技、体育与健康、艺术、劳动、综合实践活动等课程。

（2）增加综合实践活动课程。从小学至高中设置综合实践活动课程并作为必修课程。综合实践活动课程是基于学生的直接经验、密切联系学生自身生活和社会生活、体现对知识的综合运用的课程形态。综合实践活动课程的内容主要包括：信息技术教育、研究性学习、社区服务与社会实践以及劳动与技术教育。开设综合实践活动课程的主要目的是让学生通过实践，增强探究和创新意识，学习科学研究的方法，发展综合运用知识的能力；增进学校与社会的密切联系，培养学生的社会责任感。在课程的实施过程中，加强信息技术教育，培养学生利用信息技术的意识和能力；了解必要的通用技术和职业分工，形成初步技术能力。综合实践活动课程选择内容的原则：① 尊重每一个学生的兴趣、爱好与特长；② 体现每一所学校的特色；③ 反映每一所学校所在社区的特色；④ 善于引导学生从日常生活中选取探究的课题或问题。

（3）注重课程整合。①学科领域的综合，注重围绕实际生活问题整合各学科知识；②新设综合课程，如科学、社会、综合实践活动课程等。

3. 课程内容改进

强化课程内容与学生生活、现代社会与科技发展间的联系，精选有利于学生终身发展的基础知识和基本技能。课程内容的改进主要体现在由教学大纲到课程标准的改进。义务教育阶段的课程标准体现出普及性、基础性和发展性的三大特征。国家课程标准是教材编写、教学、评估和考试命题的依据，是国家管理和评价课程的基础，体现国家对不同阶段的学生在知识与技能、过程与方法、情感态度与价值观等方面的基本要求，规定各门课程的性质、目标、内容框架，提出教学和评价建议。义务教育课程标准着眼于培养学生终身学习的愿望和能力，体现国家对公民素质的基本要求，这些要求是绝大多数学生经过努力都能够达到的。

4. 学习方式转变

新课改倡导的自主学习、合作学习、探究学习等学习方式不断得到实现。

（1）自主学习是以学生作为学习的主体，通过学生独立地分析、探索、实践、质疑、创造等方法来实现学习目标，即主动地、自觉自愿地学习，而不是被动地或不情愿地学习。学习的“自主性”具体表现为自立、自为、自律三个特性，这三个特性构成了“自主学习”的三大支柱及所显示出的基本特征。合作学习是指学生为了完成共同的任务，有明确的责任分工的互助性学习。

（2）合作学习鼓励学生为集体利益和个人利益而一起工作，在完成共同任务的过程中实现自己的理想。

（3）探究学习是在学生主动参与的前提下，根据自己的猜想或假设，在科学理论指导下，运用科学的方法对问题进行研究，在研究过程中获得创新实践能力、获得思维发展、自主构建知识体系的一种学习方式。探究学习具有主动性、问题性、开放性、生成性和创造性。

5. 评价手段创新

在学生评价方面，建立了评价学生全面发展的指标体系，重视过程性评价、发展性评价，采用灵活多样、具有开放性的质性评价方法。

在教师评价方面，打破唯“学生学业成绩”论教师工作业绩的传统做法，建立促进教师不断提高的评价指标体系，强调以“自评”的方式促进教师教学反思能力的提高，倡导建立教师、学生、家长和管理者共同参与的、体现多渠道信息反馈的教师评价制度，打破关注教师的行为表现、忽视学生参与学习过程的传统的课堂教学评价模式，建立“以学论教”的发展性课堂教学评价模式。

在课程实施评价方面，建立促进课程不断发展的评价体系，以学校评价为基础，促进新课程的实施与发展。

6. 管理体制改革

国家、地方、学校三级课程管理模式得以落实，国家为主体进行统一设计的集中模式得以改变。学校特色化发展、学生个性化发展、选择性教育等不断得到实施。

（二）基础教育课程改革的趋势

（1）坚持立德树人根本。

（2）坚持学生为本、能力为重理念。

（3）课程目标多维化、个性化。

（4）课程内容综合化、生活化、社会化。

（5）课程实施信息化。

（6）课程管理民主化。

（7）课程开发法制化、开放化。

本章小结

本章内容包括课程、课程组织与基础教育课程改革三个部分。课程这一节内容是基础，要理解课程的内涵和类型、课程的理论流派和课程开发。课程组织主要介绍了课程目标、课程内容与课程评价三个方面，要理解课程目标及其意义，课程内容的表现形式、选择和组织原则。基础教育课程改革这一节要重点理解新课改的理念与目标，同时了解课程改革的现状与趋势。

☞ 本章要点回顾

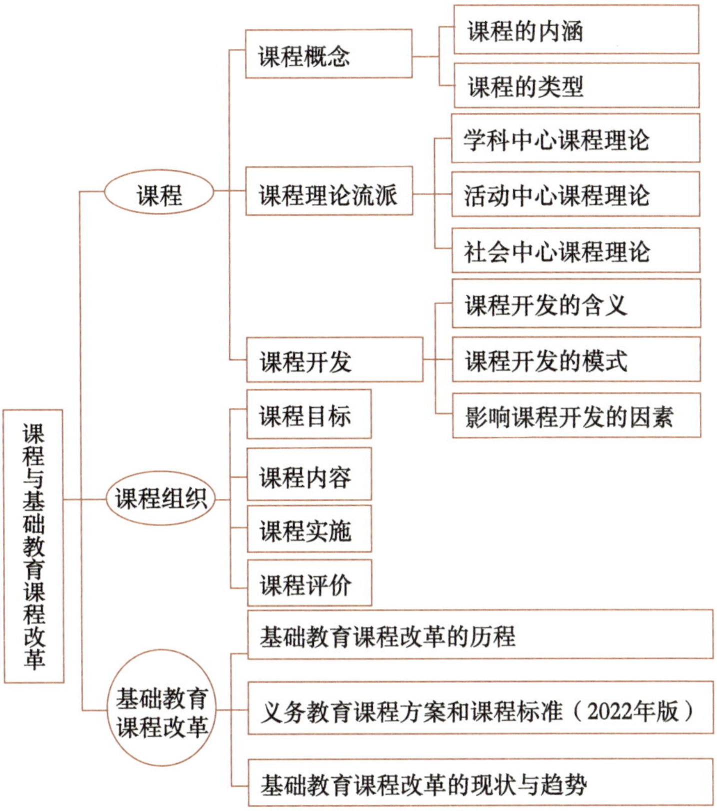

☞ 学习资源

1. 吴刚平，郭文娟，李凯．课程与教学论［M］．上海：华东师范大学出版社，2023.

2. 博比特．课程［M］．刘幸，译．北京：教育科学出版社，2017.

3. 和学森．课程改革：新世纪的国际视野［M］．北京：中国社会科学出版社，2018.

4. 崔允漷，王涛，雷浩．义务教育课程方案（2022 年版）解读［M］．北京：北京师范大学出版社，2022.

5. 吴刚平，安桂清，周文叶．新方案　新课程　新征程：《义务教育课程方案和课程标准（2022 年版）》研读［M］．上海：华东师范大学出版社，2022.

第七章

小学教学原理

☞ 学习完本章，应该做到：

◎ 了解：教学的意义、任务，教学过程的基本阶段。

◎ 识记：教学的概念，教学过程的概念，教学原则的含义，教学方法的特点，常见的教学组织形式。

◎ 理解：教学过程的本质和规律，小学常见教学原则的基本要求，小学常见教学方法，班级授课制。

◎ 应用：用教学规律、教学原则和教学方法的相关理论去分析教学过程中的现象与问题。

☞ 学习本章时，重点内容为：

◎ 教学的概念，教学规律，教学原则，小学常见的教学方法，班级授课制。

☞ 学习本章时，知识要点与具体方法为：

本章内容按“教学是什么—如何认识教学过程—小学教师应该怎么做（小学教师在教学中应该遵守什么样的规律，体现什么样的教学原则，采用什么样的教学方法，以及使用何种教学组织形式）”这条主线展开。首先，阐述教学的概念，探析教学过程的本质，在此基础上发现教学过程的规律，进而制定出小学常用的教学原则，全面介绍多种小学教师常用的教学方法，以及常见的几种教学组织形式，帮助小学教师掌握最基本的教学原理。在学习本章内容时应注意，在掌握基本概念、含义、要求的基础上，能够结合教学实际进行分析。

【引子】

课堂教学：让学生唱“主角”

今年秋季学期，人民小学紧扣“主旋律”不动摇，定准“角色”不放松，向课堂要效益，向课堂要质量，取得了办学特色和课堂教学的双丰收。该校课堂教学提倡“两个‘2分钟’，两个‘5分钟’，三个‘不能少’”，即上课前教师提前2分钟候课，下课后教师等待2分钟回答学生提问；课堂上教师连续讲课的时间不能超过5分钟，下课前要留5分钟给学生对所学内容进行消化和总结；课堂上教师提问不能少，学生上黑板不能少，教师来回走动观察学生状态及巡回指导不能少。教师巡回过程主要关注学生参与教学的主动性、参与的深度和广度、智力活动和情感体验情况等。对于备课，该校要求教师力争做到“六备”：一是脑中有“纲”，即基础教育课程改革纲要；二是胸中有“标”，即课程标准；三是腹中有“书”，即教材；四是目中有“人”，即学生；五是心中有“法”，即方法；六是手中有“技”，即现代技术。

学校的中心工作是教学，教师的主要工作也是教学，究竟何为教学？教学又有什么意义？教学要完成什么任务？带着这样的疑问，我们进入本章节内容的学习。

第一节　教学概述

一、教学的概念

（一）教学的含义

1. 教学的定义

广义的教学包括人类在所有情况下教和学的共同活动，不论是有组织的或无组织的人与人之间的传授与学习活动，都可称为教学活动。狭义的教学是指学生在教师有目的、有计划、有组织的指导下，学习和掌握系统的科学文化基础知识和基本技能，发展智力与体力，形成一定的思想品德和良好的个性品质，促进身心全面发展的一种教育活动。教育学中研究的教学是狭义的教学。那么，对教学的概念应如何理解呢？

第一，教学是师生双边共同的活动。没有教就没有学，没有学也就无所谓教。教和学是同一活动的两个侧面，教师的教影响学生的学，学生的学影响着教师的教，二者缺一不可。

第二，教学以促进学生身心全面发展为目的。任何教学都是为实现一定社会的教育目的而专门组织起来的培养人的活动。

第三，教学具有多种形态，包含多项内容。教学作为学校实施全面发展教育的基本途径，具有课内、课外、班级、小组、个别化等多种形态。教学活动的内容也多种多样，教师上课、学生听课、布置作业、课后辅导、成绩评定等都属于教学活动。

历年真题

【7.1】构成学校教学系统的基本要素包括教师、学生与（　　）。

A. 教学内容　　B. 教学方法　　C. 教学条件　　D. 教学组织

2. 教学与教育、教学与智育、教学与上课的关系

（1）教学与教育。

教育包括教学，教学是学校进行教育的一个基本途径，教学是学校教育的中心工作，其他一切工作应围绕教学来进行。但除教学外，学校还通过课外活动、生产劳动、社会实践等途径对学生进行教育。教学与教育是一种部分与整体的关系。

历年真题

【7.2】在教育理论中，教育与教学的关系是（　　）。

A. 结果与过程的关系　　B. 整体与部分的关系

C. 目标与手段的关系　　D. 内容与方法的关系

（2）教学与智育。

教学与智育是既有联系又有区别的两个概念。智育是全面发展教育的重要组成部分，是向学生传授知识和发展学生智力的教育活动。教学是实施智育的主要途径，但不是唯一途径。实施智育还有其他途径，如课外活动、竞赛活动等。同时，教学不仅是智育的主要途径，也是实施德育、体育、美育、劳动技术教育的重要途径。因此，不能把教学等同于智育。概括地说，教学与智育的关系是教育的途径和内容的关系。

（3）教学与上课。

教学与上课是两个不同的概念。它们之间是一种整体与部分的关系，教学包括上课，还包括其他形式的活动，如备课、批改作业等。上课只是教学活动的基本方式。

我们应该全面理解教学的内涵，才能科学地实施教学活动。过去，我国教育界在对教学活动的理解上，把教学简单等同于传授知识，侧重于把教学单纯看成教师的“教”的活动，认为只要教师教好了，学生就学好了，忽略了教学还包括学生的“学”，对学生怎么学、学得怎么样缺乏研究，这是片面的认识。

（二）教学的意义

教学在学校工作中居于十分重要的地位。如果学校要卓有成效地实现培养目标、造就合格人才，就必须以教学为主，并围绕教学这个中心安排其他工作，建立学校的正常秩序。教学的意义表现在如下几个方面：

1. 教学是传授系统知识、促进学生发展的最有效的形式

教学是一种专门组织起来的有计划、有目的的活动，通过教学能较简捷地将人类积累起来的科学文化知识转化为学生个人的精神财富，从而促进学生的身心发展，保证社会的延续和发展。尤其在当今科学技术迅猛发展，人类即将进入知识经济的时代，如何使小学生适应这种时代的发展，教学无疑是最有效的途径。

2. 教学是进行全面发展的素质教育，实现培养目标的基本途径

1998 年，《面向 21 世纪教育振兴行动计划》中强调，要实施“跨世纪素质教育工程”，整体推进素质教育，全面提高国民素质和民族创新能力。素质教育是以提高民族素质和民族创新能力为根本宗旨的教育，从本质上说，就是全面贯彻党的教育方针，促进学生德智体美劳等方面生动、活泼、主动、全面地发展。教学能够有目的、有计划地将教育的各个组成部分包括德育、智育、体育、美育、劳动技术教育的基本知识传授给学生，促进小学生按预期的要求发展。只有提高教学质量，才能提高教育质量，保证人才质量。因而教学成了对学生进行全面发展的素质教育、把小学生培养成为合格人才的基本途径。

2022 年，教育部印发了《教育部关于印发义务教育课程方案和课程标准（2022 年版）的通知》。《义务教育课程方案（2022 年版）》明确指出，义务教育要在坚定理想信念、厚植爱国主义情怀、加强品德修养、增长知识见识、培养奋斗精神、增强综合素质上下功夫，使学生有理想、有本领、有担当，培养德智体美劳全面发展的社会主义建设者和接班人。

3. 教学是学校工作的中心环节，学校工作必须坚持以教学为主

学校工作以教学为主，是我国长期以来教育工作的经验总结。只要学校坚持以教

学为主的原则，教育质量就能提高；反之，教育质量就必然下降。因此，要办好学校，提高教育质量，培养优质人才，就必须坚持以教学为主，全面安排教学工作。在时间上，在学校的大部分时间用于教学；在内容上，以间接知识为主；在组织形式上，以课堂教学为主。当然，以教学为主，并非教学唯一。要培养德智体美劳全面发展的人才，不仅要通过教学，而且要通过课外活动、校外活动、劳动等途径才能实现。

（三）小学教学的任务

1. 引导学生掌握科学文化基础知识和基本技能

教学的首要任务是引导学生掌握科学文化基础知识和基本技能，因为教学的其他任务只有在引导学生掌握基础知识和基本技能的基础上才能实现。所谓基础知识是指构成各门学科的基本事实及其相应的基本概念、原理和公式及系统。它是组成一门学科知识的基本结构，揭示了学科研究对象的规律性，反映了现代科学文化发展的水平。所谓技能是指学生运用所掌握的知识去完成某种实际任务的能力，而基本技能则是指各门学科中最主要、最常用的技能。技能通过多次操作，可以发展成为技巧。目前，世界各国都十分重视并加强“双基”教学，我国也不例外。无论什么时候、进行什么样的改革，都要坚持加强“双基”教学而不应有所削弱，这样才能完成教学任务，保证教学质量。

2. 发展学生智力，培养学生的创造能力

智力是指个人在认知过程中表现出来的认知能力系统。它包括观察力、想象力、记忆力和思维能力等，其中思维能力是智力的核心。创造能力不仅是智力发展的高级形式，而且是学生个人的求知欲望、进取心与首创精神、意志力与自我实现决心的体现。只有注意发展性教学，善于启发诱导学生进行思维操作，进行推理和证明，去解决创造性的作业，才能培养学生的智力和发展他们的创造才能。人们的智力是先天遗传素质、后天环境、教育影响和个人努力相互作用的产物，但对小学生来说，教育对他们的智力发展起着主导作用。尤其是面对当今的知识经济时代，如何才能解决学生的有限学习时间和人类不断积累的巨量知识之间的矛盾？一是要有选择地引导学生掌握基本知识，二是要让学生学会学习。这是当今教学改革的一个重要课题。

3. 发展学生体力，提高学生的健康水平

体力主要是指身体的正常发育成长与身体各个器官的活动能力。教师在教学过程中要特别注意教学卫生，要求学生在坐、立、阅读、书写和其他学习活动中保持正确的姿势，保护学生的视力，防止学生课业负担过重，使学生有规律、有节奏地学习与生活，保持旺盛的精神，发展健康的体魄。要发展学生体力，首先必须充分利用体育课的教学，向学生系统传授体育基本知识和技能技巧，增强学生的身体素质；其次，还要通过其他各科教学促进学生机体的正常发育与成长。

4. 培养学生高尚的审美情趣，养成良好的思想品德

世界观是对世界的总的看法和态度。科学的世界观的形成，必须建立在科学知识的基础之上。小学生的品德、审美情趣和世界观正处在急速发展和逐步形成的重要时期，教学在使学生形成科学的世界观、培养优良的道德品质方面起着重要作用。因为，教学始终具有教育性。学生在教学中进行的学习和交往，是他们生活中认识

世界和进行社会交往的组成部分。他们在掌握自然科学、社会科学知识和联系实际过程中，将提高自己的道德修养和审美情趣；他们在班级的集体教学活动中，将依据一定的规范和要求来调节自己的思想和行为。这都为学生形成科学的世界观提供了坚实基础。

教学在强调共性的同时，也要关注小学生的个性。个性是生来具有与后天习得的一系列生理、心理、社会性的稳定特点的综合。它通过需要、兴趣、智力、能力、气质、性格等反映出来。通过教学，激发每个学生的主体性，不仅使他们有现代科技文化知识，而且有自觉能动性、独立自主性和开拓创新性，有强烈的竞争意识、平等观念和合作精神。

二、教学过程

教学任务的完成，教学意义的实现，必定依靠教学过程来完成。教学过程本质上是一种认识过程，为实现学生这一特殊的认识过程，我们在教学过程中应遵循什么样的规律？教学过程又有哪几个阶段？

（一）教学过程的概念

教学过程是教师根据一定社会的要求和学生身心发展的特点，指导学生有目的、有计划地掌握系统的科学文化基础知识和基本技能，同时让其身心获得一定的发展，形成一定的思想品德的过程。

教学过程的理论是教学的基本理论，历代中外教育家曾从不同角度对教学过程作过种种的探索，提出了各自的见解。

早在约公元前 6 世纪，我国伟大的教育家孔子在丰富的教学实践基础上，把学习过程概括为“学、思、习、行”的统一过程。后来的儒家思孟学派进一步提出“博学之、审问之、慎思之、明辨之、笃行之”，其重点在说明学习过程。夸美纽斯认为一切知识都是从感官的知觉开始的，主张把教学建立在感觉活动的基础上。这是以个体认识论为基础提出的教学论。

19 世纪，赫尔巴特试图以心理学的“统觉”原理来说明教学过程，认为教学过程是新旧观念的联系和系统化的过程，并提出了四段教学法“明了—联想—系统—方法”，揭示了课堂教学的某些规律。

19 世纪末，杜威则认为教学过程是学生直接经验的不断改造和增大意义的过程，是“从做中学”的过程。它以新的知识观和知识形成观作为教学理论的基础，提出了五步教学法：困难—问题—假设—验证—结论。

20 世纪 40 年代，凯洛夫认为教学过程是一种认识过程。50 年代以来，学者们以强调师生交往、认知结构的构建、信息加工以及系统状态变换等不同观点来对这一过程进行解释。这些不同的观点各有其哲学、心理学的理论依据，并在一定程度上反映着对教学实践认识的不断发展。

历年真题

【7.3】孔子主张学习过程应包含四个基本环节，它们是（　　）。

A. 导、学、习、行　　　　B. 学、思、习、行

C. 闻、行、忠、信　　　　D. 知、情、意、行

（二）教学过程的本质

如何认识教学过程的本质，理论界有不同的看法。在我国，长期通行的看法是把教学过程看作是一种特定的认识活动，是实现学生身心发展的过程。其主要观点为：

教学过程首先是一种认识过程。教学过程对教师来说是教学生认识客观世界并使学生获得全面发展的过程，对学生来说是在教师指导下认识客观世界并获得全面发展的过程。从认识论的角度看，教学过程是认识与实践统一的过程。教学过程中学生的认识活动是人类认识活动的一种形式，它必须遵循人类认识活动的一般规律，即从感性认识到理性认识、从具体到抽象、从简单到复杂、从低级到高级。人类认识过程是实践、认识、再实践、再认识，无限循环往复的过程。教学过程中学生认识客观世界的过程也是认识与实践、教与学的统一过程。人类通过认识过程不断改造着客观世界，同时也改造着主观世界。教师和学生同样是在传授知识和接受知识的过程中去认识世界，同时发展自己的各种素质与能力。因此，教学过程本质上是一种认识过程。但是这种认识又不同于一般的认识，它既具有人类认识活动的共同性，又有其特殊性。

教学过程是认识的一种特殊形式，其特殊性在于：它是学生个体的认识，是由教师领导未成熟的主体通过学习知识去间接认识世界。其目的在于：学生在教师的指导下，把社会历史经验变为学生个体的精神财富，不仅使学生获得关于客观的映象（即知识），也使学生个体获得发展。学生个体的认识的特殊性表现如下：

（1）认识的间接性。

在教学活动中，学生的认识从根本上说是认识人类已知的知识。在认识的对象和方式上都具有间接性。从认识对象看，学生的认识对象主要是经过前人无数次实践总结的认识结果——概括化的知识体系。它主要以书本知识的形式体现出来，即学生主要是通过掌握书本知识认识世界。学生的认识是以学习间接经验为主，接受和占有人类已有的认识成果，而这些间接经验是从人类浩繁的认识成果中精选出来的，是最基本、最重要、最适用的，具有高度概括性的书本知识。从认识形式看，学生主要不是通过亲身实践去获得知识。学生的认识主要是依靠他人的实践，占有他人的经验，不必事事去体验，即“间接地去体验”。

（2）认识的交往性。

教学过程包括教师的教和学生的学的双边活动，教学活动是一种特殊的交往活动，表现为以下几个方面。①特殊的交往目的。教学交往的最终目的是通过生动活泼的教学活动，促进每个学生的全面发展，使每个学生的人格日臻完善。②特殊的交往内容。教学内容是经过选择、净化的人类文化精华，它主要是教材或其他知识载体，是从人类历史所积累的大量知识中精心挑选的，并结合主体认识特点而经过加工改造的易于学生掌握的中介物。③特殊的交往主体。在教学过程中，交往双方是具有特定社会角

色、担负不同社会期望的人——学生和教师。教师是具备一定知识素养、满足一定能力条件且身心较为成熟的人；而学生则是正在成长中的主体，无论知识还是社会经历和实践经验都不丰富，却具有发展潜能。④特殊的交往方式。一般交往在方式上具有自发性、盲目性和无意识性，而师生交往具有高度的自觉性和目的性。它是以教材这一文化中介，进行文化传承和创新，促进学生发展为目的的特殊交往。因此，同一般的交往相比，师生交往在交往目的、交往内容、交往主体以及交往方式等方面都有很大的不同。

（3）认识的教育性。

在教学认识过程中，学生不仅仅掌握了学科知识，同时他们的情感、态度、价值观等方面也在变化发展。尤其对小学生来说，他们是身心正处于发展中的个体。在学校这种以教学为主导活动的特殊环境中，教师对学生的影响是必然也是客观的，教师的言行、品德等对学生具有重要的教育作用。教学内容所反映的知识体系是人类在长期的认识过程中所取得的最基本的认识成果，是人类智慧的高度结晶；同时，还凝聚着情感、意志、性格等因素。此外，除了智力价值之外，教学内容还具有伦理、美学等多方面的教育价值。然而，教学内容本身具有的多种教育因素，在静态下是不能充分发挥作用的，它必须通过教师引导学生对教学内容开展积极的认知活动，方能转化为学生内在的精神力量，从而促进学生形成与社会要求和教育目的相一致的积极向上的情感、态度、价值观。

（4）有领导的认识。

教学过程与一般的认识活动不同。一般的认识活动主要靠自己的摸索和总结。在教学活动中，学生的活动是在教师领导下进行的，学生的学习活动离不开教师的指导。教师的领导保证着学生认识的方向和质量，避免或减少了学生在认识上可能出现的曲折和反复，从而使学生的认识具有便捷性和高效性。在教师领导下的认识是人类认识的捷径。首先，小学生身心处于成长发展的时期，各方面的发展尚未成熟，仅仅依靠自己的力量是无法完成社会要求所规定的教学任务，需要教师的指导。其次，教师是经过国家专门训练和培养的专业技术人员，以教育和培养学生为职责，他们有责任、有条件领导学生完成教学任务，促进学生发展。

（三）教学过程的基本阶段/基本结构

教学过程的结构是指教学进程的基本阶段。根据学科性质、教学目的任务和学生的年龄阶段不同，教学过程的展开、进行和发展的程式也不完全一样。教学过程没有一成不变的程式，且呈现多样综合的特点。按照教师组织教学活动中所要求实现的不同认识任务，可以划分出教学过程中学生认识的不同阶段。

1. 引起学习动机

学习动机是推动学生学习的一种内部动力。学习动机往往与兴趣、求知欲和责任感联系在一起。教师要使学生明确学习目的，启发学生的责任感，激发学生学习的积极性。

2. 领会知识

领会知识是教学的中心环节。它包括使学生感知教材和理解教材。

（1）感知教材。

感知教材是指教师引导学生通过感知形成清晰的表象和鲜明的观点，为理解抽象概念提供感性知识的基础并发展学生相应的能力。感知的来源包括：学生已有的知识经验，直观教具的演示，参观或实验，教师形象而生动的语言描述，学生的再造想象以及社会生产、生活实践。

（2）理解教材。

理解教材是指教师引导学生在感知基础上通过分析、比较、抽象概括以及归纳演绎等思维方法的加工，形成概念、原理，真正认识事物的本质和规律。理解教材可以有两种思维途径：一是从具体形象思维向抽象逻辑思维过渡；二是从已知到未知，不必都从感知具体事物开始。

历年真题

【7.4】教学的中心环节是（　　）。

A. 领会知识　　B. 巩固知识　　C. 运用知识　　D. 检查知识

3. 巩固知识

巩固知识是指教师引导学生通过各种各样的复习，对学习过的材料进行再记忆并在头脑中形成巩固的联系。知识的巩固是不断吸收新知识、运用知识形成技能的基础。巩固知识往往渗透在教学的全过程，不一定是一个独立的环节。

4. 运用知识

学生掌握知识的目的在于运用，教师要组织一系列的教学实践活动引导学生动脑、动口和动手，以形成技能技巧，并把知识转化为能力。

5. 检查知识（包括技能与各种认识能力）

检查知识的目的在于使教师及时获得关于教学效果的反馈信息，以调整教学进程与要求；帮助学生了解自己掌握知识技能的情况，发现学习上的问题，及时调节自己的学习方式，改进学习方法，提高学习效率。

学生掌握知识的基本阶段对组织教学过程具有普遍的指导意义，但是，也要防止在运用中出现简单化和形式主义的偏向。因此，在运用时要注意以下几点：

首先，应根据具体情况灵活运用。学生掌握知识的过程实际上是生动活泼、多种多样的。它不可能千篇一律采用“基本式”，都按五个阶段进行教学，往往更多地采用“变式”，即根据实际情况对基本式作些改变，灵活地加以运用。

其次，注意阶段之间的内在联系，不要割裂。教师引导学生掌握知识不能按部就班，一个阶段、一个阶段界线分明地机械进行，而是要按学生掌握知识的规律性和学生在教学中的具体情况，引导他们从一个阶段很自然地能动地发展到下一个阶段。

最后，每个阶段的功能都是整个教学过程中不可缺少的因素。在设计和组织教学过程时，可以根据具体情况减去某些阶段，如不进行专门的感知，不做专门的复习巩固等。但是，在教学过程中却不能忽视这些阶段的功能，因为这是有效地进行教学必须考虑的因素。

重点提示

教学是学校工作的中心环节，也是实现全面发展的基本途径，我们应能够辨析教学的概念，用全面发展的视角来理解小学教学应完成的任务。在教学过程的学习中，应深入理解教学过程本质上是一种特殊的认识过程，是学生在教师指导下认识教学内容的过程。此部分内容大多以选择题的形式进行考核，考生应在识记的基础上加强对知识的理解，尤其是教学的概念、教学过程的本质。

第二节　教学规律与教学原则

在教学过程中，我们应遵循怎样的基本规律？我们的教学工作应该有什么样的准则和要求？这关系到教学的成败，任何一个教师都必须遵守。

一、教学过程的基本规律

（一）直接经验与间接经验相结合

人的知识来源有两个方面：直接经验与间接经验。直接经验是指通过自身实践，接触外界事物获得的感性认识。例如，我们通过接触知道石头是坚硬的，棉花是柔软的；通过观察知道水是无色、透明的。间接经验是指他人的认识成果，是他人通过实践获得的理性认识，大多表现为书本知识，也包括以各种现代技术形式表现的知识与信息，如电影、电视、录音、录像等。例如，我们从书上知道水的化学分子构成是氢和氧，这属于间接经验。在教学过程中，学生的认识同样存在直接经验和间接经验两种形式，学生以学习间接经验为主，但又离不开直接经验。教学过程是直接经验与间接经验相互作用的过程。

1. 学生认识的主要任务是学习间接经验

在教学过程中，学生主要是学习间接经验，并且是间接地去体验。以间接经验为主组织学生进行学习，这是学校教育为小学生精心设计的一条认识世界的捷径。它的主要特点是：把人类世世代代积累起来的科学文化知识加以选择，使之简约化、洁净化、系统化、心理化，组成课程，引导学生循序渐进地学习，这样可以避免人类在认识发展中所经历的错误与曲折，使学生能用最短的时间，最高效率地掌握大量的、系统的文化科学基础知识；同时，还可以使学生在新的起点上继续认识客观世界，继续开拓新的认识领域。

2. 学生学习间接经验要以直接经验为基础

要使人类的知识经验转化为学生真正理解掌握的知识，必须依靠个人以往积累的或现时获得的感性经验为基础。因为书本知识是以抽象的文字符号表示的，是前人生产实践和社会实践的认识和概括，而不是来自学生的实践与经验。所以，教师在教学中要充分利用学生已有的经验，增加学生学习新知识所必须有的感性认识，以保证教学的顺利进行。可见，教学是以学习书本知识为主，是学生个人认识赶上人类认识、获得自身发展的捷径。如果要使学生便捷而高效地掌握书本知识，那么必须根据教学的需要充分利用和丰富学生的直接经验，这是间接经验与直接经验之间的必然联系。

3. 教学过程中要正确处理直接经验和间接经验的关系

教学中要防止两种片面倾向。一种是过分强调书本知识的学习，忽视实践活动的倾向。如果教师教学只注重书本知识的灌输，学生学习时只会死记硬背书本知识，就会理论脱离实际。另一种是过分重视直接经验，忽视书本知识的教学倾向。持这种倾向者过分强调学生通过自己的探索来获取知识，而忽视系统学习书本知识的必要性。

（二）掌握知识与发展智力相结合

知识是人类智慧的结晶，是头脑里的经验系统。智力是人类对客观事物的认识能力，是各种认识力的总和。教学过程是学生掌握知识、发展智力的过程。在教学过程中，掌握知识与发展智力相互依存、相互促进，二者辩证统一在教学活动中。

1. 掌握知识是发展智力的基础

学生智力的发展有赖于知识的掌握，知识为智力提供了广阔的领域，只有掌握了某方面的知识，才有可能从事某方面的思维活动；同时，知识中也包含有认识方法的启示，教师应向学生介绍关于归纳、演绎、解决问题等思维方法的知识，要求学生积极进行认识、思考和判断。这里需要指出的是，知识不等于智力，学生掌握知识的多少并不完全表明其智力的高低，而发展学生的智力也不是一个自发的过程，必须探索两者之间的差异以及相互转化的过程和条件，以引导学生在掌握知识的同时，有效地发展他们的智力。

2. 发展智力是掌握知识的重要条件

学生对知识的掌握依赖于他们的智力发展。发展学生的智力是顺利进行教学的重要条件，是提高教学质量的有力措施。特别是在科学技术迅猛发展的时代，教学内容迅速增多、程度不断提高、难度不断加大，尤其需要在教学中培养和提高学生的智力，发展他们的创新能力，这样才能迎接 21 世纪的挑战。

3. 防止单纯抓知识教学或只重能力发展的片面性

在近代教育史上，对于教学中应如何处理掌握知识与发展智力的关系问题，形式教育论者与实质教育论者曾经有过长期的争论。前者认为，教学的主要任务于训练学生的思维形式，知识的传授则是无关紧要的；后者认为，教学的主要任务在于传授给学生对生活有用的知识，至于学生的智力则无须进行特别的培养和训练。两种观点都有片面性，都把掌握知识与发展智力人为地割裂开来，我们要防止这两种倾向。

（三）掌握知识与提高思想相结合

教学过程既是传播和学习系统的文化科学知识的过程，又是学生在掌握知识的基础上接受思想品德教育的过程，知识教学与思想品德教育具有本质联系。因此，教师在传授知识的同时要注重对学生进行思想品德教育。

1. 学生思想的提高以知识为基础

人们的思想观点和世界观的形成都离不开人们的认识，都需要以一定的经验和知识为基础。尤其是要培养学生正确的人生观、科学的世界观，更需要以一定的科学文化知识为基础。在教学过程中，向学生传授科学文化知识，引导他们接触自然和社会，认识人生、社会和宇宙及其发展，不仅可以增长学生的知识、智慧和才能，而且可以帮助学生认识社会发展的规律，掌握时代的潮流、人民的意愿，分辨是非，评价善恶，培养社会主义品德，为树立正确的人生观、科学的世界观奠定良好的基础。但是，学生掌握了知识并不一定能够提高思想，这里有态度问题、情感问题，由知识到思想的转化问题。因此，要使教学中传授的知识能给学生以深刻的思想影响，不仅要使学生深刻领悟知识，而且要善于引导和激发学生对所学知识的社会意义产生积极的态度，在思想深处产生共鸣，受到熏陶与感染，形成自己的善恶观念、爱憎情感和价值追求。

2. 学生思想的提高又推动他们积极地学习知识

学生掌握文化科学知识的过程是一个能动的认识过程，他们的思想状况、学习动机、目的与态度对他们的学习起着十分重要的作用。如果教师能够在教学中不断提高学生的思想水平，端正他们的学习态度，引导他们树立远大理想和抱负，把个人的学习与文化的昌盛、科技的发展、祖国的建设、人类的幸福联系起来，那么就能给学生的学习以正确的方向和巨大的动力，推动他们自觉地、主动地进行学习，尽个人最大的努力来增长自己的知识、智慧和才干。可见，教学具有教育性。但在引导学生正确理解知识的过程中，教师必须使他们对所学知识产生积极的态度，才能使掌握的知识转化为他们的观点，促进他们思想的提高；学生思想的提高又必将积极推动他们进一步努力学习。

3. 在教学中要防止两种偏向

在教学过程中要防止下面两种偏向。一种是单纯传授知识、忽视思想教育的偏向。持这种观点的人以为教材富有思想性，学生学了思想自然会提高，无须教师引导。另一种是脱离知识的传授而另搞一套思想教育的偏向。这种思想教育显然是无本之木，不仅不利于学生思想的提高，而且有害于系统文化科学知识的教学。

（四）教师主导作用与学生主动性相结合

教学活动是教师的教和学生的学组成的双边活动，如何处理好教与学的关系一直是教育史上的一个主要的理论和实践问题。传统教育倾向于把师生关系看作是单向的传与授的关系，以教师为中心，强调教师的权威和意志，把学生看成是被动的知识接受者。儿童中心主义走向另一极端，在教学中把教师降到从属地位。现代教学论强调教与学两者的辩证关系，教学是教师教、学生学，学生是教师组织的教学活动中的学习主体，教师对学生的学习起主导作用。

1. 承认教师在教学过程中处于组织者的地位，充分发挥教师的主导作用

教师的主导作用表现在：教师的指导决定着学生学习的方向、内容、进程、结果和质量，起到引导、规范、评价和纠正的作用。教师的教还影响着学生的学习方式以及学生学习的主动性、积极性的发挥，影响着学生的个性以及人生观、世界观的形成。

2. 承认学生作为学习主体的地位，充分发挥学生参与教学的主体能动性

在教学中，学生是学习的主体，其能动性具体表现在：受学生本人兴趣、需要以及所接受的外部要求的推动和支配，学生对外部信息选择的能动性、自觉性；受学生

原有的知识经验、思维方式、情感意志、价值观等制约，学生对外部信息进行内部加工的独立性、创造性。

3. 建立合作、友爱、民主平等的师生交往关系

教学过程是师生共享教学经验的过程，在此过程中师生共同明确教学目标，交流思想、情感，实现培养目标。教师在师生交往活动中，要善于创设和谐情境，鼓励学生合作学习；要善于体验或引起学生的兴趣和需要，鼓励学生积极学习、主动参与；要善于从学生的年龄特征和个别差异出发，对学生提出严格的要求；要善于洞察学生的内心世界，尊重学生的个性和才能；要善于引起学生在思想和情感上的共鸣，培养学生的自我调控能力，鼓励学生大胆创新，同时创设自我表现的机会，使学生不断获得成功体验。

二、教学原则

（一）教学原则概述

1. 教学原则的概念

教学原则是根据一定的教学目的和教学任务，遵循教学过程的基本规律而制定的对教学的基本要求。它是指导教学活动的一般原理，包含四个方面的含义：教学原则是为教育目的实现而服务的；教学原则对教学内容、教学手段起着指导作用；人们对教学规律的认识是教学原则确定的基础；教学原则从属于教学目的，是为教学目的服务的。

2. 教学原则和教学规律的关系

教学规律是教与学内部矛盾运动的客观规律，人们只能去发现它、掌握它，但不能制造它；而教学原则是人们在认识教学规律的基础上制定的一些教学的基本准则，是对教学规律的反映。人们只有对教学规律不断地发现和掌握，才会使教学原则不断发展和完善。教学规律是制定教学原则的客观依据和基础，科学的教学原则是教学规律的体现和反映。

3. 教学原则是对教学实践经验的总结

由于人们对教学过程规律的认识不同，在教学实践中所面临的课题不同，所制定的教学原则就有所不同。古今中外教育家对教学原则都有不同的论述。

我国古代《学记》中便总结了“教学相长”“启发诱导”“藏息相辅”“预”“时”“孙”“摩”“长善救失”等宝贵的教学经验，这些都属于教学原则范畴，只不过未加科学论证。

随着科学与教学实践的发展，教育界对教学原则的探讨便日益深入。夸美纽斯在《大教学论》中提出了 37 条教学原则，并试图给予论证。此后，各国的教育家如裴斯泰洛齐、赫尔巴特、第斯多惠、乌申斯基等对教学原则都做了研究。在教学理论中，逐步形成了直观性、启发性、系统性、巩固性、可接受性、教育性等传统的基本原则。

（二）我国目前小学教学原则及运用

1. 直观性原则

（1）什么是直观性原则？

直观性原则是指在教学中要通过学生观察所学事物，或教师语言的形象描述，引导学生形成所学事物、过程的清晰表象，丰富他们的感性知识，从而使他们能够正确理解书本知识和发展认识能力。

直观性原则反映了学生的认知规律。小学生的思维发展正处在从具体形象思维向抽象逻辑思维过渡的阶段，特别是小学低年级学生，仍以具体形象思维为主。从教学效果看，运用直观手段，使学生感到形象鲜明、生动有趣，便于巩固所学知识。

教学活动的特点之一是：它是一种间接认识，学生在教学中是以学习前人经验即书本知识为主的。这些书本知识的真理性固然毋庸置疑，但它们与学生的生活和个人经验存在相当的差距，有些甚至是完全陌生的。直观性原则的意义是：通过给学生提供直接经验或利用学生已有的经验，帮助他们掌握理论知识。

对教学中的直观性原则，古今中外教育家都做过非常精辟的阐述。中国古代教育家荀况说过“不闻不若闻之，闻之不若见之”“闻之而不见，虽博必谬”，提出了在学习中不仅要闻之更要见之，才能博而不谬。夸美纽斯在他的著作《大教学论》中指出，应该尽可能地把事物本身或代替它的图像放在面前，让学生去看看、摸摸、听听、闻闻等，率先提出了教学中的直观性原则。乌申斯基也指出，一般来说，儿童是依靠形式、颜色、声音和感觉来进行思维的。直观性原则的提出是教育史上的一大进步。20世纪以来，由于广播、幻灯、电影、录音、录像、电视、电子计算机等现代化技术手段的发展和应用，使直观对象和人的感官的局限有了重大的突破，这为直观教学原则的贯彻开辟了新的广阔的前景。

历年真题

【7.5】荀子曰：“不闻不若闻之，闻之不若见之。”这句话所体现的教学原则是（　　）。

A. 直观性原则　　B. 启发性原则　　C. 巩固性原则　　D. 量力性原则

【7.6】乌申斯基认为，儿童是依靠形式、颜色、声音和感觉进行思维的。这个观点要求小学教学应当遵循（　　）。

A. 启发性原则　　B. 直观性原则　　C. 因材施教原则　　D. 理论联系实际原则

【7.7】张老师在课堂上出示了一个钟表模型，通过对三个指针的操作，帮助小学生很快理解了“时、分、秒”的概念，这体现的教学原则是（　　）。

A. 巩固性原则　　B. 直观性原则　　C. 循序渐进原则　　D. 因材施教原则

一般来说，直观手段有三种。

① 实物直观。实物直观是通过实物进行的，直接将对象呈现在学生面前，实物直观最为真实有效，能让学生充分感知事物。但实物直观往往由于受到实际条件的限制

而无法使用，并且不是所有的事物都可以通过实物来呈现给学生的，如地球的形状等。

② 模像直观。模像直观是对实物的模拟，包括图片、图表、模型、幻灯、录音、录像、电影、电视等。模像直观能够有效地弥补实物直观的缺憾，特别是随着现代技术在教育领域的应用，使得模像直观的范围更加广阔，大到宇宙天体，小到分子结构，都能够借助某种技术手段达到直观的效果。

③ 言语直观。言语直观是教师运用自己的语言、借助学生已有的知识经验进行描述，引起学生的感性认识，达到直观的效果。与前两种直观相比，言语直观可以最大限度地摆脱时间、空间、物质条件的限制，是最为便利和最为经济的。言语直观的运用效果主要取决于教师本人的素质和修养。

（2）在教学中贯彻直观性原则的基本要求。

第一，要明确直观教学的目的，恰当地选择直观手段。选择和使用直观手段，必须从教学的需要出发，直观教学是手段不是目的。一般来说，学生对于教学内容比较生疏，在理解和掌握上遇到困难或障碍时，或教学内容是教材的重点时，才需要教师运用直观手段。直观教学的目的是丰富学生的感性知识，为学生学习和掌握抽象的理性知识奠定基础。直观性原则要贯穿在教学过程的始终，教师不仅在感知教材、教授新教材阶段需要采用直观手段，在巩固知识阶段也可采用直观手段。同时，教师要根据学科、教学、学生年龄特征不同，选择不同的直观手段。例如，讲解《桂林山水》一课时可以选用风光视频片段导入教学；《月光曲》课文的教学可以直接使用贝多芬的歌曲导入课堂；讲解《花钟》一课的时候，可以通过让学生观赏各类花卉来提高教学效果。

第二，直观手段的运用要与教师的讲解密切配合。教学中的直观不是让学生自发地看，而是要在教师的指导下有目的地观察。教师通过提问或讲解的方式引导学生观察，帮助学生把握观察物的特征，找出事物之间的联系，鼓励学生提问、探讨，从而促使其较深刻地掌握知识。教师的讲解可帮助学生有目的地观察，透过现象看本质。离开教师指导的观察，直观手段就难以发挥其积极的作用。

第三，重视运用言语直观。直观教具的使用常常受到时间、地点、设备等条件的限制，不可能时时使用。尤其在教学条件较差的情况下，教学过程中教师需要更多地运用言语直观。用生动、形象的语言把深奥、抽象的知识描述出来，让学生如入其境，一下子就能形成表象。

第四，充分运用现代化教学手段。随着现代教育技术的高速发展和教学改革的不断深入，教学手段也在不断更新。各种信息化技术辅助教学使课堂形、声、色、文集于一体，鲜明、形象、立体、多维，不仅可以激发学生的兴趣和思维，增加课堂教学密度，而且实现了教学内容的大与小、远与近、动与静、快与慢、整与散、虚与实之间的相互转化，突破了时空的限制，在抽象与具体之间架起了桥梁。

2. 启发性原则

（1）启发性原则的含义。

启发性原则是指在教学中教师要承认学生是学习的主体，调动他们学习的主动性，引导他们独立思考，积极探索，生动活泼地学习，自觉地掌握科学知识，提高分析问题和解决问题的能力。

启发性原则是根据教学过程中教师的主导作用和学生的主体地位相结合的特点提出来的，学生的认识过程是在教师指导下进行的能动的认识过程。没有教师的引导，小学生是不可能自行达到社会对他们的要求的。没有教师的引导，学生的认识也不可能做到高效和迅捷。但学生是学习的主体，掌握知识毕竟要靠他们的观察、思考和操作，教师不应该也不可能包办代替。所以，教学要重视启发，充分调动学生的学习主动性和积极性，发挥学生自身的聪明才智。

启发性原则也是掌握知识与发展智力相统一的特点的体现。学生认识事物和掌握知识，必须通过智力活动。只有启发学生的积极思考，才能使学生真正理解和掌握知识，才能融会贯通地运用知识，提高分析问题、解决问题的能力。

中外教育家都很重视启发式教学。孔子说："不愤不启，不悱不发。"朱熹在《四书集注》中对此的解释是：愤者，心求通而未得之意；启，谓开其意；悱者，口欲言而未能之貌；发，谓达其辞。也就是说，教师在教学中要讲求艺术、把握时机，当学生处于"心愤口悱"、有强烈求知欲、进入积极的思维状态时，才适时进行诱导、点拨，以"开其意""达其辞"。《学记》中对启发式教学思想做了进一步的阐述，提出："君子之教，喻也。""喻"就是启发诱导。"道而弗牵，强而弗抑，开而弗达。"意思是说，在教学过程中，教师要引导学生而不要牵着学生走，要激励学生而不要压抑学生，要指点学生而不要代替学生做出结论。苏格拉底在教学中重视启发，他善于用问答方式来激发和引导学生自己去寻求正确答案，这种方法被称为"产婆术"。德国教育家第斯多惠的名言是："一个坏的教师奉送真理，一个好的教师则教人发现真理。"这些都体现了启发性教学原则。

（2）在教学中贯彻启发性原则的基本要求。

第一，调动学生学习的主动性。调动学生的学习主动性是贯彻启发性原则的首要问题。如果学生只靠外力来强迫命令去学习，而没有内在的动力，则学习活动很难持久。这就要求教师注意激发学生的学习动机，培养学生的学习兴趣，让学生成为学习的主人。学生的学习主动性受许多因素影响，如学生的好奇心、兴趣、爱好、求知欲、获得优良成绩或得到表扬、奖励的愿望，为实现某个远大理想等。当然，在所有的因素中，最重要的因素还是教学活动本身，教师要通过多种途径、多种形式、多种方法充分发挥教材本身的吸引力，如教学内容的情趣、奥妙、意境、价值，以及在社会生活和人类发展中的巨大作用，增强教学活动的吸引力，提高学生对教学活动的兴趣，形成推动学习的持久动力。

第二，启发学生独立思考，发展学生的思维能力。在传授知识的过程中，教师要注意启发学生积极开动脑筋，通过学生自身的思维活动，对所学知识融会贯通、理解消化。课堂提问是教师引导学生主动思考、实施启发教学的主要途径。当然，并不是所有的课堂提问都能开启学生的思维。这要求教师要善于提问，要抓住教材的重点、难点和关键提出问题，让学生带着问题思考，使学生在思考中发展逻辑思维能力。在教学过程中，教师还可以采取灵活多样的启发方式激发学生的思维，启发学生独立思考，如情境启发、比喻启发、类推启发、讨论启发、描述启发等。

第三，启发学生动手、动口、动脑，将知识创造性地运用于实际。启发式教学不仅要引导学生理解知识，自觉地运用知识，而且要教会学生懂得怎样学习，掌握学习的方法，理解学习的过程。因此，启发不仅要引导学生学会动脑，而且要引导学生动手、动口，通过亲自实践去获取知识，展开创造性学习。因为学生在掌握知识技能的过程中，即便懂了也不一定会做，会做也不一定有创造性。在教学过程中，教师要启发学生的思维，通过由易到难的各种作业与实际动手操作活动，向学生提供素材、情景、条件和提出要求，让学生自己完成创造性的作业等，以培养学生独立解决问题的能力。

第四，发扬教学民主，建立良好的课堂氛围。启发式教学反对那种“满堂灌”“填鸭式”“注入式”的教学方式，强调师生之间、学生之间的沟通交流，形成师生互动、生生互动的教学氛围；鼓励学生积极思维，敢于提出问题，善于提出问题；强调学生积极主动参与教学活动，在教学上建立一种平等、民主的新型师生关系，促进学生创新精神的培养。如果说激发培养学生的学习积极性是实施启发教学的内部心理条件，那么发扬教学民主是教师实施启发教学不可缺少的外部因素。

历年真题

【7.8】“道而弗牵，强而弗抑，开而弗达”要求教学必须遵循的原则是（　　）。

A. 因材施教原则　　B. 巩固性原则

C. 启发性原则　　D. 科学性和教育性相结合的原则

【7.9】我国最早记载和阐释孔子“不愤不启，不悱不发”教学思想的著作是（　　）。

A.《学记》　　B.《论语》　　C.《大学》　　D.《孟子》

3. 巩固性原则

（1）什么是巩固性原则？

巩固性原则是指教学要引导学生在理解的基础上牢固地掌握知识和技能，将其长久地保持在记忆中，并能根据需要迅速将其再现出来，以达到运用知识技能的目的。

巩固性原则提出的依据有以下几个。第一是依据人的认识规律。学生总是运用已有的知识去学习新的知识，只有当新旧知识建立联系时才能理解新知识。如果一个人边学边忘，那就永远无法获得知识，永远处于无知状态。关于巩固知识的意义，现代心理学已提供了许多科学的说明。第二是依据教学的任务，使学生牢固地掌握基础知识、基本技能是教学的基本任务。如果学习的知识没有得到巩固，就意味着没有完成教学的任务。第三是依据学生学习的特点。学生在短时期内集中地学习大量未经自己亲身感受的间接知识与经验，又不能立刻地、全部地运用于实践，遗忘的可能性极大，因此要及时进行巩固。心理学和教学论研究表明，遗忘是客观存在的，防止遗忘也是完全可能实现的。

许多教育家对巩固知识的问题都有精辟论述。孔子就提出“学而时习之”“温故而知新”的主张。夸美纽斯明确提出了“教与学的彻底性原则”，他形容只顾传授知识而不注意巩固，就等于“把流水泼到一个筛子上”。乌申斯基认为“复习是学习之母”。他形象地把只学习而不注意巩固知识比作“醉汉赶车”，只顾向前跑，货物一路走，一路丢，到达目的地时，只剩一辆空车。

（2）在教学中贯彻巩固性原则的基本要求。

第一，在理解的基础上巩固。理解知识是巩固知识的基础。要使学生知识掌握得牢固，首先，教师在传授时要使学生深刻理解知识。学生对知识、技能理解得越透彻，巩固就越容易。所以，在教学中，教师要引导学生把理解知识和巩固、记忆知识联系起来；教学要联系学生的生活实际，教学过程要生动、形象直观，给学生留下深刻印象；强调意义识记，尽量避免单纯的机械识记。当然，我们不否定在教学中还应要求学生对一些知识作机械记忆，如年代、人名、比重、原子量、外文词汇等。

第二，重视组织各种复习。在学习过程中，遗忘是客观存在的，有记必有忘。那么，教师如何指导学生记住那些最有价值的知识呢？最好的方法就是复习。复习就是重温已学过的知识。它可以使知识在记忆中强化，加深学生对知识的理解，提高学生的创造力。所以，复习是巩固知识的主要手段。在教学过程中，教师应根据教学需要，有计划地组织学生进行各种复习。教师要向学生提出具体、明确的复习与记忆的任务；安排好复习的时间，要及时复习，不要为考试而复习，切忌“平时不烧香，临时抱佛脚”；要注意复习方法的多样化，运用提问、作业、实验、多媒体手段等各种方法进行复习；集中复习与分散复习相结合；要指导学生掌握记忆方法，学会通过整理知识、编写提纲等帮助记忆，发展记忆力。

第三，在扩充改组和运用知识中积极巩固。复习是巩固知识的主要方法，但不是唯一的方法。在教学中，教师要加强新旧知识的联系，使知识系统化、结构化；同时，要引导学生综合、灵活地运用知识解决实际问题，在解决问题的过程中巩固知识，这才是积极的巩固。实践证明：通过简单重复来巩固知识技能是不能持久的，只有引导学生不断前进，积极运用已有知识和技能去解决新问题，或在学习中不断扩大、加深已有知识和技能，才能使他们所学的知识和技能真正得到巩固。

4. 循序渐进原则

（1）什么是循序渐进原则？

循序渐进原则是指教学要按照学科的逻辑系统和学生认识发展的顺序进行，使学生系统地掌握基础知识、基本技能，形成严密的逻辑思维能力。这个原则又称系统性原则。

循序渐进原则提出的依据有以下几个。一是由学科知识本身的逻辑体系决定的。知识本身具有内在的逻辑体系，学校的教材都是按照学科知识的逻辑体系编写而成的，具有严密的逻辑性。如果教学不按照教材的逻辑顺序，学生就不能获得系统的知识和技能，教与学都会遇到许多困难。二是由学生认识的发展规律决定的。学生的认识是按照从具体到抽象、从简单到复杂、从现象到本质的顺序进行的。同时，智力和体力的发展也是由从弱到强、由低到高逐步提高的过程。这个顺序是客观存在的，教学过程不能违背。

中国古代教育家普遍重视循序渐进的教学原则。孔子的学生赞扬孔子“循循然善诱人”。孟子以禾苗的自然生长来譬喻人受教育的过程，一方面主张尽力耕耘，反对放任自流；另一方面又反对揠苗助长，急于求成。《学记》指出“学不躐等”“不陵节而施”，提出“杂施而不孙，则坏乱而不修”，如果教学不按一定顺序、杂乱无章地进行，学生就会陷入紊乱而没有收获。张载认为教学过程“虽不可缓，又不欲急迫，在人固须求之有渐”。因为教材的难易先后和学生身心的发展都是“有渐”的，这就要求教学也须坚持“有渐”的原则，不可躐等而教。朱熹又进一步提出“循序而渐进，熟读而精思”，明确提出了循序渐进的教学要求。在国外，夸美纽斯主张应当循序渐进地学习一切，在一段时间内只应当把注意力集中在一件事情上。另外，乌申斯基、布鲁纳等都很强调系统知识的学习。

（2）在教学中贯彻循序渐进原则的基本要求。

第一，教师要按教材的系统进行教学。教师要严格按照课程标准、教科书的逻辑体系进行教学，真正把握所教学科的知识体系，不能孤立地教每一节课，注意教材的连贯性，注意新旧知识的有机联系，从学科的整体结构上来进行教学，使新知识成为已有知识的合乎逻辑的发展。当然，教学的循序渐进，并不是要教师照本宣科，而是要求教师深入研究教材的系统性，结合学生的认识特点和学生的实际情况编写讲授提纲，指导教学的进程。

第二，突出重点，突破难点，把握关键。循序渐进并不意味着教学面面俱到、平均用力，而是要区别主次，分清难易，有详有略。重点和难点是教材内容中或教学中的重要问题、关键问题，解决好这个问题，其他问题也就容易解决了。教学重点是教材中最本质、最重要的基础知识和基本技能，也是教学的核心。突出重点就是采取切实措施，使学生理解和掌握最重要的教学内容，并运用它去分析和解决实际问题。教师应该把教学重点放在基本概念、基本原理及其相互联系上，对教材中的基本概念、原理、法则、公式这些重要内容要重点讲解、精讲精练、精心巩固，并使之系统化，让学生扎实掌握知识，形成良好的认知结构。教学的难点是指学生在学习过程中，阻力较大或难度较高的某些关键点，也就是学生接受比较困难的知识点或问题不容易解决的地方。教学难点是针对具体的学生而定的，不同学生有不同的难点，每个难点都有不同的形成原因，与学生的认知结构、认知水平等因素有关。教学中教师可以通过有效指导、创设情景、合理使用多媒体课件增强直观、针对难点设计练习等多种手段帮助学生突破难点。

第三，由浅入深、由易到难、由简到繁。教学要循序渐进，不能破序前进，因为知识本身具有内在的逻辑联系，知识的掌握是渐进的过程。学生没有掌握前面的知识，就很难掌握建立在前面知识基础上的新知识。教学要符合学生认识规律，遵循由浅入深、由易到难、由简到繁的规律，一步一个脚印。学生的基础打好了，认识能力提高了，学习效率自然会提高。

历年真题

【7.10】我国古代教育文献《学记》中要求“学不躐等，不陵节而施”，提出“杂施而不孙，则坏乱而不修”。这体现了教学应遵循（　　）。

A. 启发性原则　　B. 巩固性原则　　C. 循序渐进原则　　D. 因材施教原则

【7.11】荀子在《劝学篇》中指出：“不积跬步无以至千里，不积小流无以成江海。”这句话所蕴含的教学原则是（　　）。

A. 循序渐进原则　　B. 因材施教原则　　C. 启发引导原则　　D. 直观性原则

5. 因材施教原则

（1）什么是因材施教原则？

因材施教原则是指教师要从学生的实际情况、个别差异出发，有的放矢地进行有差别的教学，使每个学生都能扬长避短，获得最佳的发展。

因材施教原则提出的依据有以下几个。第一，因材施教原则体现了我国教育目的的要求，是由我国中小学的教学任务决定的。我国小学的教育目的是为培养社会主义建设人才打好基础。因此，既要对学生实施全面发展教育，又要充分发挥学生的个性特长。新课程标准也提出了“面向全体学生，因材施教”。我们的教学应该面向每一个学生，促进每一个学生的发展。第二，因材施教原则反映了学生身心发展的特点在教学上的要求。学生在智力才能、兴趣爱好、气质性格等方面都存在个别差异。学生的个别差异不仅存在于不同的年龄阶段，即使在同一个年龄阶段的学生也存在着明显的个别差异。教学要从学生的实际出发，才能扬长补短，使每个学生在原有基础上得到充分的发展。第三，这是针对班级授课制的局限性而提出的。在班级授课制下，几十个学生一起上课，同内容、同进度、同方法，教师很难照顾每个学生的需要，因此要考虑因材施教的措施，才能使每个学生获得较好的发展。

孔子是中国古代最早重视因材施教的教育家，他要求对每个学生的差异进行详细的观察，“视其所以，观其所由，察其所安”。要了解学生，有针对性地进行教育。《论语》中记载着一个孔子针对学生特点因材施教的经典例子。

子路问：“闻斯行诸？”子曰：“有父兄在，如之何其闻斯行之？”

冉有问：“闻斯行诸？”子曰：“闻斯行之。”

公西华曰：“由也问：‘闻斯行诸？’子曰：‘有父兄在。’求也问：‘闻斯行诸？’子曰：‘闻斯行之。’赤也惑，敢问。”子曰：“求也退，故进之。由也兼人，故退之。”

针对学生智能的高低，孔子也进行不同的教学。“中人以上，可以语上也；中人以下，不可以语也。”朱熹把孔子的这一教育经验概括为“孔子施教，各因其材”。这是“因材施教”的来源。

（2）在教学中贯彻因材施教原则的基本要求。

第一，针对学生的特点进行有区别的教学。教育者要深入地了解学生、研究学生，熟悉每个学生的特点，有的放矢地进行教育。了解学生是实施因材施教的前提，只有了解每个学生的特点，才能施以最适合学生的教育。了解学生包含了解学生的知识水平、意向发展水平和个性特长。苏联教育家苏霍姆林斯基就是了解学生的典范。他一生中仔细研究过3700名学生，给每一个学生都写了观察记录，他能指名道姓地说出25年中178名“最难教育”的学生的成长过程。对学生的了解越充分，教育的针对性就越强，教育的效果就越好。

第二，采取有效的措施使学生的个性得到充分的发展。《义务教育课程方案（2022年版）》指出落实因材施教需要“创设以学习者为中心的学习环境，凸显学生的学习主体地位，开展差异化教学，加强个别化指导，满足学生多样化学习需求。引导学生明确目标、自主规划与自我监控，提高自主、合作和探究学习能力，形成良好的思维习惯。发挥新技术的优势，探索线上线下深度融合，服务个性化学习。”具体而言，在教学过程中，教师要运用多种教学方式，适应学生的个体差异，促进学生的个性发展。例如，对完成基础性作业仍有困难的学生，教师要加强指导帮扶，帮助他分析原因、巩固知识，提高作业完成质量；对学有余力的学生，适当增加一些学习内容，满足学生的求知欲，使他们的才能获得充分的发展。除此之外，有条件的学校可以开设一些选修课以照顾学生的兴趣与爱好。

历年真题

【7.12】“一把钥匙开一把锁”所反映的是（　　）。

A. 教育影响一致性原则　　B. 因材施教原则

C. 正面教育原则　　D. 尊重与严格要求相结合原则

【7.13】陶行知曾用松树和牡丹比喻人：用松树的肥料培养牡丹，牡丹会瘦死；用牡丹的肥料培养松树，松树会被烧死。这一比喻运用到教学上，所体现的教学原则是（　　）。

A. 直观性原则　　B. 因材施教原则

C. 启发诱导原则　　D. 循序渐进原则

【7.14】上课时小明和小红都没有回答出王老师的提问，王老师直接批评了聪明外向但不认真思考的小明，对内向胆小的小红则耐心启发。她遵循的教学原则是（　　）。

A. 启发创造原则　　B. 因材施教原则

C. 循序渐进原则　　D. 因势利导原则

6. 理论联系实际原则

（1）什么是理论联系实际原则？

理论联系实际原则是指教学要以学习基础知识为主导，从理论与实际的联系上去理解知识，注意运用知识去分析问题和解决问题，达到学懂会用、学以致用。

理论联系实际原则提出的依据主要有以下两点。第一，理论联系实际原则体现了学生认知活动的特点。学生的学习内容是以间接经验为主的，客观上容易脱离实际，对知识理解不透造成死记硬背、不会运用等。因此，学习书本知识时只有联系实际，才能顺利实现从感性认识到理性认识的飞跃。第二，理论联系实际原则是我国教育目的的客观要求，也是教学的最终目的。学校教学的目的不仅是让学生掌握系统的文化知识，而且要培养学生运用知识分析问题、解决问题的能力。所以，理论联系实际是教学所必需的。

理论联系实际是人类认识或学习活动的普遍原则之一，是教学必须遵守的。在中国古代，荀子就提出：“知之而不行，虽敦必困。”在西方，古希腊智者派认为，没有实践的理论和没有理论的实践都没有意义。裴斯泰洛齐很重视“知识与知识的应用”。他指出：你要满足你的要求和愿望，你就必须认识和思考，但是为了这个目的，你也必须行动，知和行又是那么密切地联系着，假如一个停止了，另一个也随之而停止。乌申斯基也指出：空洞的毫无根据的理论是一点用处也没有的。理论不能脱离实际，事实不能离开思想。

（2）在教学中贯彻理论联系实际原则的基本要求。

第一，书本知识的教学要注重联系实际。在教学中贯彻理论联系实际原则，最主要的是要正确处理好书本知识和现实生活实际的关系。教师要重视理论知识的教学并结合教材的系统学习，恰当地联系学生的生活实际，进一步深化学生对书本知识的理解。《义务教育课程方案（2022 年版）》提出：加强知识学习与学生经验、现实生活、社会实践之间的联系，注重真实情境的创设，增强学生认识真实世界、解决真实问题的能力。在教学时，教师要结合教学内容，根据学生的认知规律和现有水平，打破书本知识的界限，从学生熟悉的生活情境，感兴趣的故事、实例、新闻等入手，吸收并引进与现代生活、科技等密切相关的具有时代性、地方性的信息资料充实教材内容，使枯燥的书本知识变得生动、有趣，使学生积极主动投入学习。

第二，重视培养学生运用知识的能力。学生运用知识能力的培养主要应从两个方面入手。① 重视教学实践环节，如练习、实验、实习等。创造一切条件让学生亲自动手，学习、验证知识。通过教学实践有效激活知识，创设课堂上的操作及一系列实践活动，如量一量、摆一摆、拼一拼、画一画、演一演等，通过手脑并用，多种感官参与，培养运用所学知识分析解决问题的能力。② 引导学生参加课外活动和社会实践。教师应当根据教学的需要组织学生进行一些参观、访问、社会调查，参加一些课外学科或科技小组的实际操作活动，或组织他们从事一些科学观察、实验与小发明以及生产劳动等，让学生把书本上学到的知识很好地运用到实践中去，提高他们的实际操作能力。

第三，正确处理知识教学与能力训练的关系。《义务教育课程方案（2022 年版）》提出：注重“做中学”，引导学生参与学科探究活动，经历发现问题、解决问题、建构知识、运用知识的过程，体会学科思想方法。2023 年教育部发布的《基础教育课程教学改革深化行动方案》也提出：加强科学教育实践活动，遴选一批科技馆、博物馆、研学基地、高科技企业等，作为中小学科学教育实践基地，结合科学课程标准，设计相应的科学实践活动，组织学生在实践探究中学习。

第四，补充必要的乡土教材。乡土教材是指以本地方的地理、历史、政治、经济、文化和民族状况等为内容的教材，有乡土历史、乡土社会、乡土自然、乡土文学等。中国历史悠久、幅员辽阔，每个地方都有它特有的历史文化、物产资源、风土人情、生产建设等，地域差别很大。因此，在使用统一的教材时，必须适当补充乡土教材，使教学不脱离地方实际，能为当地的经济建设服务。

7. 量力性原则

（1）什么是量力性原则？

量力性原则又称可接受性原则，是指教学的内容、方法、分量和进度要适合学生的身心发展，是他们能够接受的，但又要有一定的难度，需要他们经过努力才能掌握，以促进学生的身心健康发展。

教学活动要讲究效率，在同样的时间内，学生所学越多则教学效率就越高。但是，教学效率的获取必须以符合学生身心发展规律为基础，脱离了这个基础，不仅教学效率本身是不可靠的，还会对小学生的发展造成消极的影响。教学难度超过学生的实际接受程度，学生不可能真正理解和掌握所学的知识，各种心理机能也不可能得到恰当的运用和提高；教学难度低于学生的实际接受程度，学生会因为缺少必要的注意和紧张而难以对所学知识留下深刻印象，而且由于无法进行有价值的学习活动而使各方面的发展失去机会

《学记》载：“学者有四失，教者必知之。人之学也，或失则多，或失则寡，或失则易，或失则止。”我国古代的教学实践在简易的教学内容上和个别教学方法上，都已认识到要考虑不同对象，“长善而救其失”。墨子也曾说过：“夫智者必量其力所能至而如从事焉。”

（2）在教学中贯彻量力性原则的基本要求。

第一，根据学生的年龄特征。教师应当不断加强自身的心理学素养，及时掌握心理学的新进展。20 世纪以后发展心理学的研究，对于教师正确理解和贯彻量力性原则具有重要的意义。

第二，了解学生发展的具体特点。年龄特征和发展阶段主要是揭示个体发展的普遍规律，这些普遍规律体现在学生发展的各个方面，而且是极为多样化的。教师要具体地研究学生的发展特点，例如，在学习某种新知识的时候，他们原有的知识准备情况如何？他们的思维或记忆水平是否能够完成这一学习任务？可能发生什么困难？能够达到什么样的理解和掌握程度？……在这样的研究基础上，才可能真正做到“量力”。

第三，恰当地把握教学难度。什么样的程度和水平最符合量力性的要求，很难有确切的具体标准，需要根据心理学揭示的普遍规律和对学生的具体研究，由教师自己来把握，这是教师劳动创造性的体现，是需要教师不断思考、不断解决的问题。

8. 科学性和思想性统一原则

（1）什么是科学性和思想性统一原则？

科学性是指教学内容必须是正确的、科学的，教学方法、教学组织形式也是适当的、科学的。思想性是指合理、灵活地结合教学内容对学生进行思想教育。此二者是高度一致的，科学性是思想性的基础和前提，思想性是科学性的灵魂，是提高科学性的保证。

（2）在教学中贯彻科学性和思想性统一原则的基本要求。

第一，在教学内容的选择和组织上，要注意科学性和思想性相结合。教学的内容应当是正确的、富有教益的。在方法组织上，应自然、巧妙地将二者结合，让科学性自然地“渗入”教学中去。

第二，在教学过程中，应注意发掘教学材料的思想性。我们的教学科目有些是直接进行思想、政治、道德或心理教育的，也有些是起潜在教育作用的。对于有隐形教育性质的教学，教师应给予充分的重视，认真分析课本，把思想性融入科学性中，既教书又育人。

第三，教师要加强自身修养。作为为人师表的教师，其自身的言行举止就是一种教育。教师的教学态度、待人方式和工作方法等都会影响学生的认识和思想，都会起到潜移默化的教学效果。

历年真题

【7.15】教师在选择和组织教学内容时，首先要保证教学内容具有（　　）。

A. 科学性与思想性　　B. 生活性与情境性

C. 系统性与逻辑性　　D. 专业性与学术性

【7.16】曹老师在教《圆的周长》时，讲述了我国古代数学家祖冲之在计算圆周率上的卓越贡献，同学们感到很自豪。曹老师遵循的教学原则是（　　）。

A. 启发性原则　　B. 巩固性原则

C. 因材施教原则　　D. 科学性与思想性相统一原则

重点提示

教学规律是教与学内部矛盾运动的客观规律，我们必须遵守。根据教学的基本规律，我们制定出了教师教学工作的原则和要求。教学原则有非常具体的要求，可供教师学习和参考，要想教学成功就必须遵循。本部分在考试时属于重点内容，常以选择题的形式进行考核，也是案例分析和教学设计的基本依据。在学习的过程中，重点理解各个原则的含义，能够结合实际教学实践进行分析。

第三节　教学方法与教学组织形式

各种教学方法的应用是教师最基本的能力。小学常见的教学方法有哪些？各种教学方法有何特点？我们应如何选择、如何应用？我国目前常用的教学组织形式为班级授课制，班级授课制有什么特点？历史上还有哪些教学组织形式？我们下面一一进行介绍。

一、教学方法

教学方法是指为完成教学任务而采用的办法。它包括教师教的方法和学生学的方法，是教师引导学生掌握知识技能、获得身心发展而共同活动的方法。教学方法对完成教学任务、实现教学目的具有重大意义，它直接关系着教学工作的成败、教学效率的高低。但在我国长期的教学实践中，由于受传统教育思想的影响，在教学中一直存在只重“教”不重“学”的倾向，因此把教学方法片面地理解为教师教的方法，忽视了学生学习的主动性。

（一）选择与运用教学方法的基本依据

1. 依据教学目标、教学任务选择教学方法

每节课都有一定的教学目标和教学任务，不同的教学目标、教学任务选择的教学方法也不一样。例如，如果教学目标、教学任务强调以知识的传授为主，可选择以语言传递信息为主的讲授法和谈话法；如果教学目标、教学任务强调掌握动作技能为主，

可以选择以实际操作训练为主的练习法等。

2. 依据课程性质和教材特点选择教学方法

学科的性质、教材的内容制约着教学方法的选择。例如，小学语文、英语、道德与法治科目多采用讲授法、谈话法，数学、科学科目常用讲授与演示、实验相结合的方法，艺术科目多用练习法等。在教学进程中，同一科目的不同阶段、不同单元、不同的课时也要采用不同的方法。例如，语文教学中，在教诗歌时，朗读的训练较多；在教作文时，较多地应用讲授与练习相结合的方法等。

3. 依据学生的年龄特点和知识水平选择教学方法

针对不同年龄阶段的学生，教师应选择不同的方法：低年级学生注意力易分散，理解力不强，教学方法要新颖、多样，强调直观，避免长时间的讲授；高年级学生自制力增强，思维也得到发展，可多采用讲授法或讨论法。针对同一年龄阶段不同的学生，教学方法也应有所差异。例如，对所学内容缺乏感性认识的学生，可采用演示法；对已有相应的感性认识的学生就不必再使用演示法。

4. 依据教学条件选择教学方法

这里的教学条件主要是指时间条件、空间条件、设备条件等。不少教学方法的运用需要一定的教学条件。例如，演示教学法需要一定的直观教具，实验教学法需要一定的仪器、材料，程序教学法需要有教学机器，尤其是现在许多现代化教学手段的运用都需要相应的教学条件。教师应根据不同的教学条件，选择合理的教学方法，最大限度地运用和发挥教学条件的作用，以达到最佳的教学效果。

5. 依据教师自身的素质选择教学方法

使用某种教学方法需要教师具有相应的素养。有些方法虽好，但如果教师缺乏必要的素养，驾驭不了，就不能产生良好的效果。例如，有的教师长于语言描述，有的教师长于板书图示，有的教师长于以情感人，所以教师在选择教学方法时，应结合自己的业务水平、实际经验、个性特点选择最适合自己的教学方法，形成富有个性的教学风格。

历年真题

【7.17】教学目标与任务是选择教学方法的重要依据。以下有利于实现技能、技巧性教学目标的教学方法是（　　）。

A. 陶冶法　　B. 讨论法　　C. 练习法　　D. 讲授法

【7.18】课堂教学中，课堂桌椅摆放方式会影响教学方法的运用效果。一般说来，桌椅摆放成“秧田型”最适合的教学方法是（　　）。

A. 实验法　　B. 讲授法　　C. 探究法　　D. 访论法

（二）教学方法的种类

1. 以语言传递为主的教学方法

（1）讲授法。

讲授法是指教师运用口头语言系统、连贯地向学生传授知识的方法。讲授法是一种最古老的教学方法，也是迄今为止在世界范围内应用最广泛、最普遍的一种教学方法。它可用于传授新知识，也可用于巩固旧知识，常常与其他教学方法结合使用。讲授法可分为讲述、讲解和讲演三种方式。讲述是教师向学生叙述、描绘事物和现象。讲解是教师向学生解释、说明、论证概念、原理、公式等。讲演是教师在中学高年级采用的一种教学方法，它要求教师不仅要系统地、全面地描述事实，而且要通过深入分析、推理、论证来归纳、概括科学的概念或结论。

讲授法的特点：①可以使学生在比较短的时间内获得大量的、系统的知识；②有利于教师有目的、有计划地开展教学活动，发挥教师的主导作用。

讲授法的局限在于，如果运用不好，就会出现教师满堂灌、学生被动听的局面，不利于发挥学生学习的积极性和主动性。

运用讲授法的基本要求：

① 讲授的内容要有科学性、系统性和思想性。科学性是指教师讲授的内容必须是正确的、科学的。这就要求教师要有扎实的专业知识。系统性是指教师教授的内容既要突出重点、难点，又要系统、全面，体现知识间的内在联系。思想性是指教师讲授的内容要体现教育的因素，在讲授知识的过程中使学生的思想得到提高。

② 讲授要注意启发性。教师在讲授过程中要启发学生的想象，要留给学生思考的时间，使学生随着教师的讲授开动脑筋思考问题，做到讲中有导，突出学生的主体作用。

③ 讲授要讲究语言艺术。讲授法是以语言为工具的教学方法。教师的语言水平直接影响着讲授的质量和效果。教师讲授要做到语言清晰、准确、精练，既逻辑严密又清楚明白；要注意语音的高低、语速的快慢，讲究抑扬顿挫；语言要生动形象、富于感染力；要善于使用体态语言。生动形象的语言对小学生尤为重要。

④ 讲授法要与其他教学方法配合使用。由于讲授法是以教师讲为主，而小学生的注意力集中的时间有限，因此，一节课中教师不能单一地使用讲授法。一般来说，讲授法总是与其他教学方法结合使用，避免学生因长时间听讲而出现疲劳和注意力分散的现象。

（2）谈话法。

谈话法也叫问答法。它是指教师按一定的教学要求向学生提出问题，要求学生回答，并通过问答的形式来引导学生获取或巩固知识的方法。谈话法是被古今中外教育工作者广泛应用的一种有效的教学方法。古希腊哲学家、教育家苏格拉底“产婆术”式的问答法是运用谈话法的典范。谈话法也是我国小学常用的一种教学方法。一般来说，谈话法有三种方式：① 为传授新知识而进行的谈话，② 为巩固知识或检查知识而进行的谈话，③ 教师在讲授过程中或者在学生活动过程中进行的谈话。

谈话法的特点：①能够比较充分地激发学生的主动思维，促进学生的独立思考，调动学生学习的积极性和主动性；②有助于教师及时获得学生的反馈信息，有针对性地调整教学过程；③有助于学生语言能力和思维能力的提高。

谈话法也有局限性：谈话法比较费时间；传授的知识不易系统化；不易使全体学生都参与到谈话中来，很难照顾到每一个学生；使用谈话法时学生还需要有一定的知识储备。一般情况下，谈话法经常与讲授法等其他方法配合使用。

教师在教学中运用谈话法时，容易出现两种偏差：一种是教师居高临下，不自觉地把学生当“对手”，对其比较苛刻，不注意肯定其优点，往往压抑甚至伤害了学生的积极性；另一种是虽然在教学改革中，教师能够采用谈话法活跃课堂气氛，但许多教师几乎按照课前预定方案一问一答，而且只有教师的提问，没有学生的质疑与议论，本应是双向或多向的师生互动与对话却成了单向的问答。

运用谈话法的基本要求：

① 谈话前要做好充分的准备。上课前，教师要根据教学内容和学生实际拟好谈话提纲。例如，围绕教材内容准备提哪些问题，预测学生可能出现的答案，如何针对学生的回答加以引导等。一般来说，谈话应围绕教学的重点展开，教师在课堂上提出的问题不能太随意，提出的问题要能激发学生思维。

② 谈话要面向全体学生。谈话法是在教师与个别学生中进行的。因此，使用不当就会出现其他学生“听而不闻，闻而不思”的现象。这就要求教师提出的问题要面向全体学生，要吸引全体学生参加到谈话过程中来。首先，谈话的内容应当是能够引起全体学生注意的、在教学中具有普遍性和重要性的问题。其次，最好是向全班学生提出问题，让全体学生思考，然后再指名回答。最后，教师谈话的面要广，不能只局限于少数学生，应尽量让更多的学生发言。

③ 谈话过程中要善于引导。在谈话过程中，教师要善于针对学生的回答进行引导，学生回答正确的应及时鼓励，学生回答错误时要耐心启发引导，把学生引到正确的答案上来，不要批评或制止其回答问题，避免伤害学生的积极性。

④ 谈话结束要做好小结。在谈话法使用过程中，教师要注意做好归纳、小结，使学生的知识系统化、科学化，并注意纠正学生回答问题过程中出现的错误，帮助学生准确地掌握知识。

（3）讨论法。

讨论法是指学生在教师指导下为解决某个问题而进行探讨，辨明是非真伪，以获取知识的方法。讨论法是在教师指导下，学生以同桌或小组为单位，根据学习的内容和教师提出的问题，充分发表意见，通过各抒己见，互相评价、启发以获得知识。它是一种立体式交流过程，也是一种集思广益的学法。学生对通过讨论获得的知识理解更透彻、印象更深刻。讨论法的方式有很多，可以是全班讨论、小组讨论，也可以是整节课讨论，或一节课中部分时间讨论。

讨论法的特点：在讨论过程中，每一个学生都可以发表自己的见解，有利于充分调动学习的主动性，激发学习的热情；讨论过程是学生充分发表自己观点的过程，也是不同思维、不同观点、不同思想的碰撞，有利于培养学生的思维能力和语言能力；学生围绕某个课题讨论，必须充分运用过去所有的知识和经验来阐述自己的观点，因此运用讨论法有利于提高学生综合运用知识的能力。但是，讨论法需要学生有一定的知识储备和逻辑思维能力，所以不适合低年级学生，一般只在小学高年级的课堂中使用。

运用讨论法的基本要求：

① 讨论的问题要有吸引力。选择好讨论的问题是成功运用讨论法的前提。在教学过程中，教师选择讨论的问题要有吸引力，能激起学生的兴趣，有讨论、钻研的价值。给学生讨论的题目应该符合学生年龄特点和知识水平，能激起学生思考，让学生有话可说；问题要有针对性、科学性；题目不宜太大，否则学生讨论起来抓不住重点，不着边际，蜻蜓点水，收获不大。

② 讨论前要做好准备。教师首先要钻研教材，精心设计讨论程序，把握讨论焦点，确定讨论的问题，并对学生提出具体的要求，布置、指导学生收集相关资料，准备好发言提纲，避免讨论时的“冷场”现象。此外，应注意提高课堂讨论的效率。

③ 讨论过程要善于启发引导。运用好讨论法的关键是教师的引导，教师的引导应贯穿始终。当学生的讨论偏离课题时，教师要引导学生围绕题目中心展开议论，逐步将讨论引向深入，鼓励学生言之有理、持之有据。在讨论过程中，教师不要急于表达自己的观点，更不要暗示问题的结论。

④ 讨论结束要小结。在讨论结束前，教师要简要概括讨论的情况，使学生获得正确的观点和系统的知识，纠正错误、片面或模糊的认识。对争论的问题，教师要阐明自己的看法，但要允许学生保留自己的意见。

历年真题

【7.19】李老师在教《落花生》时，让学生谈谈做人该做落花生这样的人，还是做苹果、石榴那样的人，大家各抒己见。李老师运用的教学方法是（　　）。

A. 讲授法　　B. 讨论法　　C. 谈话法　　D. 发现法

（4）读书指导法。

读书指导法是指教师指导学生通过阅读教科书、参考书及课外读物以获取知识、发展能力的一种方法。它包括指导学生预习、复习、阅读参考书和自学教材等形式。

这些形式都要求教师提出明确的要求或任务，并给予学生知识上和方法上的指导，从而更好地调动学生学习的主动性，培养和提高学生的自学能力。

读书指导法是加深理解和牢固掌握知识，扩大学生的知识领域，培养学生读书的兴趣及自学的能力，从而具备终身学习条件的一种很好的方法。但使用这一方法时如果缺少教师明确的指导与帮助，就会导致学生耗时耗力，得不偿失。

运用读书指导法的基本要求：

① 教师要提出明确的教学目标和要求。在读书的过程中要让学生带着任务、问题去学习，这样才能提高学生学习的自觉性、主动性，自主地调节自己的行为去实现学习目的。

② 教师要教给学生读书的方法。在学生阅读的过程中，教师要引导学生掌握朗读、默读和背诵，以及浏览、通读和精读的方法，要帮助学生利用读物本身的目录、序言、注释、图表和工具书来理解读物内容，并学会做记号、提问题、做摘要、写提纲和读书心得等。

③ 教师要组织学生交流读书的感受。当学生读书完毕后，教师还要根据实际情况组织学生相互交流，加深对学习内容的理解。

2. 以直观感知为主的教学方法

（1）演示法。

演示法是指教师通过展示实物、直观教具，进行示范性实验或采取现代化视听手段等，指导学生获得知识或巩固知识的方法。随着自然科学和现代技术的发展，演示手段和种类日益繁多，演示的内容得到扩充，特别是一些宏观和微观的现象，可以通过现代化手段非常直观地展示在学生面前。在现代教学中演示法的作用越来越重要。演示不仅成为学生感知、理解书本知识的手段，也是学生获得知识、信息的重要来源。

演示法有很多形式：实物、标本、模型演示，图片、图表演示，实验演示，多媒体教学手段演示以及教师的示范动作，等等。

演示法的特点：生动、形象、直观，有利于激发学生的兴趣和学生观察力的培养。通常演示法是作为辅助的方式配合讲授法和谈话法使用的。

运用演示法的基本要求：

① 做好演示前的准备。在演示前，教师要根据教学任务的需要做好演示的准备。例如，教学的哪个环节需要演示，演示的时间多长，用哪一种方式演示等。教师要事先准备好演示需要的用具，如果是演示实验，应先试做一遍。

② 要使学生明确演示的目的、要求。在演示前，教师应事先向学生提出具体的要求，让学生明确要观察什么、怎样观察，以及需要思考的问题，使学生积极、主动地投入演示活动中。

③ 演示过程要与教师的语言引导相结合。在演示的过程中，教师要利用语言把学生的注意力吸引到演示对象的主要特征上，排除无关干扰，结合演示进行讲解和谈话，引导学生边看、边听、边思考、边议论，以获取最佳效果。教师要引导学生把观察到的现象与书本知识结合起来，并根据观察结果及时讨论。

④ 注意演示的细节。演示法想要取得预期的效果，教师需要注意一些细节：不要过早拿出直观教具或用完后迟迟不收好，这样会分散学生的注意力；要让全体学生都能清楚地观察到演示活动。

历年真题

【7.20】教师运用实物与教具进行示范实验，指导学生获取知识的教学方法是（　　）。

A. 练习法　　B. 演示法　　C. 实验法　　D. 发现法

（2）参观法。

参观法是指教师根据教学内容的需要，组织学生去实地观察学习，从而获得知识或巩固、验证已学知识的方法。参观法有准备性参观、并行性参观、总结性参观三种形式。参观法可使课堂教学与实际生活紧密联系起来，不仅有利于学生更好地理解所学知识，丰富感性经验，开阔视野，而且有利于学生在现实中受到生动的思想品德教育。

运用参观法的基本要求：

① 参观前要做好计划与准备。参观目的与参观时间的确定、交通工具的安排、参观地点的拟定，以及安全注意事项等的强调，这些都需要教师提前做好计划与安排。

② 参观过程中不仅要求学生感知事实，更重要的是引导学生透过现象认识本质。在参观过程中，教师要给予具体的指导，要引导学生通过教师的讲解或者参观场所讲解员的讲解，仔细地观察事物，透过现象去揭示事物发生、发展及变化的规律，从而认识事物的本质及其特征。

③ 参观结束后教师要组织评议，讨论参观过程中产生的问题并加以总结。参观结束后，教师要及时地引导学生进行多种形式的总结，把所获得的感性认识上升为理性认识。

历年真题

【7.21】教《新型玻璃》一课时，为了丰富小学生对玻璃的认识，张老师带领学生去玻璃厂观看玻璃的生产流程。这种教学方法是（　　）。

A. 实验法　　B. 参观法　　C. 实习法　　D. 演示法

3. 以实际训练为主的教学方法

（1）练习法。

练习法是指学生在教师指导下运用知识去完成一定的操作以形成技能、技巧的方法。练习的种类很多，按培养学生不同方面的能力可分为口头练习、书面练习、实际操作练习，按学生掌握技能、技巧的进程可分为模仿性练习、独立性练习、创造性练习。

练习法的特点：练习是学生的一种教学实践活动，是训练学生手脑结合、发展智力技能和动作技能的重要方法。通过练习使学生理论联系实际，学以致用，有利于提高学生运用知识分析、解决实际问题的能力。

运用练习法的基本要求：

① 明确练习的目的与要求，提高练习的自觉性。每次练习前，教师要向学生提出明确的练习目的与具体要求，如练习的具体内容、练习的步骤、练习的方法、练习的格式及练习过程中要注意的问题等，从而提高学生练习的主动性，自觉地进行练习。

② 精选设计练习，分量适当。教师要根据教学要求、学生的实际情况有针对性地精选练习材料；练习要难易适中，要把典型练习、变式练习和创造性练习密切结合起来，使学生能举一反三、触类旁通，发展他们的实际操作能力和创造能力，切忌搞题海战术。

③ 练习的方式要灵活多样。单一的练习容易使学生产生疲劳，灵活多样的练习可以激发学生的兴趣。教师在设计练习时既要有口头练习、书面练习，也要有实际操作的练习。练习的题型要多种多样，如小学语文练习，可以有造句、组词、填空、归类、扩充句子、对对联等多种形式。

④ 重视练习结果的反馈。教师要了解学生练习的结果，对学生的练习作业，教师要及时检查，获得反馈信息，发现错误要及时纠正、指导，及时调整教学过程，进一步加强教学的针对性，同时培养学生自我检查、自我矫正的能力和习惯。

（2）实验法。

实验法是指学生在教师的指导下，利用一定的仪器设备，控制一定的条件进行独立操作，通过观察事物的发生和变化，以获取知识和培养技能、技巧的方法。实验法可分为感知性实验和验证性实验两种形式，被广泛应用于中学的物理、化学、生物等自然学科的教学中，小学的自然课和科学课也经常采用此种教学方法。实验法不仅有助于理论联系实际，培养学生手脑并用的操作能力、观察能力，而且有助于培养学生热爱科学的情感和实事求是的科学态度。

运用实验法的基本要求：

① 实验前要做好充分的准备。实验前的准备工作包括制订实验计划，准备好实验用品，检查相关器材，分配好实验小组并要求学生做好充分的理论准备。

② 进行时要具体指导。在学生做实验的过程中，教师要巡视全班的实验情况并给

予具体的指导与帮助，针对共同的问题还应及时地向全班学生做好讲解与说明。

③ 结束时要进行总结。教师在实验结束后应该根据学生的实验情况，指出存在的问题，分析问题产生的原因，并提出改进的意见，要求学生写好实验报告，并将实验用品收好、放好。

历年真题

【7.22】小学科学课上，教师指导学生通过显微镜观察植物的内部结构，获得有关植物的知识。这种教学方法属于（　　）。

A. 参观法　　B. 实验法　　C. 演示法　　D. 实习法

（3）实习作业法。

实习作业法是指学生在教师的组织和指导下，在校内外的一定场所，综合运用所学的理论知识进行实际操作或其他实践活动，以掌握知识，形成技能、技巧的方法。

实习作业法具有感性、综合性、独立性和独创性的特点，适用于操作性、实践性较强的学科，因而在自然科学和技术学科中占有重要地位。例如，数学课的测量实习，物理、化学课的生产技术实习，生物课的植物栽培和动物饲养实习，地理课的地形测绘实习，劳动技术课的生产技术实习等。实习作业法有利于贯彻理论联系实际的原则，培养学生操作实践及独立工作的能力，但如果不注重指导则易流于形式。

运用实习作业法的基本要求：

① 做好前期准备。教师要制订好实习作业的计划，选好实习的地点，准备好仪器，编定实习作业小组；还要给学生讲明实习作业的目的、任务、程序、组织领导与管理的制度、纪律和安全等注意事项，以提高学生的自觉性。

② 注重实习作业过程中的全面指导。在学生完成实习作业时，教师要认真巡视，掌握学生各方面的情况，对于发现的问题要及时地交流与辅导，以保证实习的质量。

③ 做好后期的总结。实习作业结束后，教师要指导学生以个人或小组的方式写出全面或者专题的总结，以巩固实习的效果。

历年真题

【7.23】在讲完长方形面积计算后，王老师要求学生回家计算一下自己房间的面积，以加深对面积知识的理解。这种教学方法是（　　）。

A. 实践研究法　　B. 实验教学法　　C. 实习作业法　　D. 实物演示法

【7.24】根据教学任务的要求，在校内或校外组织学生进行实际操作，将理论知识运用于实践，以解决实际问题的教学方法是（　　）。

A. 实验法　　B. 演示法　　C. 读书指导法　　D. 实习作业法

4. 以情感陶冶为主的教学方法

（1）欣赏教学法。

欣赏教学法是指在教学过程中，教师指导学生体验客观事物的真善美的一种方法。

它包括自然的欣赏、人生的欣赏和艺术的欣赏。

（2）情境教学法。

情境教学法是指在教学过程中，教师有目的地引入或创设以形象为主体的具有一定情绪色彩的生动具体场景，以引起学生一定的情感体验，从而帮助学生理解教材，并使学生的心理机能得到发展的方法。

小学课堂教学情境的创设主要包括生活展现的情境、图画再现的情境、实物演示的情境、音乐渲染的情境和表演体会的情境。

历年真题

【7.25】张老师在教《我爱故乡的杨梅》一课时，用多媒体播放江南水乡的美景，为学生设计真实、具体、生动的场景，其采用的教学法是（　　）。

A. 情景教学法　　B. 示范法　　C. 演示法　　D. 现场教学法

二、教学组织形式

教学组织形式是指为完成特定的教学任务，教师和学生按一定要求组合起来进行活动的结构。在教学史上先后出现的影响较大的教学组织形式有个别教学制、班级授课制、分组教学制、设计教学法、道尔顿制、文纳特卡制和特朗普制。

（一）个别教学制

1. 个别教学制的概念与发展

个别教学制的产生是与古代社会生产力发展水平比较低的状况相适应的。在古代的东西方，学校教学组织形式一般都采用个别教学的形式。教师向学生传授知识，布置、检查和批改作业都是个别进行的，即教师对学生一个个轮流地教。教师在教某个学生时，其余学生均按教师要求进行复习或做作业。

2. 个别教学制的优缺点

个别教学制最大的优点是：教师能根据学生的特点因材施教，使教学内容、进度适合学生的接受能力；但不足之处是：难以完成系统化、程序化传授知识的任务。一名教师所能教的学生数量是很有限的，因而个别教学制的教学效率不高。

历年真题

【7.26】在古代，中国、埃及和希腊的学校主要采用教学组织形式是（　　）。

A. 个别教学　　B. 复式教学　　C. 分组教学　　D. 班级教学

（二）班级授课制

1. 班级授课制的概念与发展

班级授课制是一种集体教学形式。它把一定数量的学生按年龄与知识程度编成固定的班级，根据周课表和作息时间表，安排教师有计划地向全班学生集体上课。

班级授课制是人类社会发展到一定历史阶段的产物。16 世纪以后，随着资本主义的发展，生产力水平得到空前的提高，生产规模不断扩大，社会对劳动者的质量和数量提出了新的要求，导致教育范围扩大，受教育者的数量大量增加，受教育者的质量也有所提高。17 世纪初，乌克兰兄弟会学校兴起了班级授课制的组织形式。1632 年，夸美纽斯出版了《大教学论》一书，该书最早从理论上对班级授课制进行了阐述，为班级授课制奠定了理论基础，后经赫尔巴特的发展而基本定型。工业革命后，班级授课制成为西方学校的主要形式。在中国，1862 年在北京设立的京师同文馆首先采用这一形式。1902 年，清政府颁布《钦定学堂章程》（壬寅学制）后，班级授课制在全国广泛推行。

2. 班级授课制的优缺点

班级授课是我国学校教学的基本组织形式，因为它具有其他教学形式无法取代的优点，在提高教学质量与效率上仍能起主要的作用。

（1）有严格的制度保证教学的正常开展和达到一定的教学质量。它在自身发展过程中形成了一整套严格制度：如按年龄、知识编班分级制度，学年、学期和学周制度，招生、考试和毕业制度，作息制度，课堂纪律与常规等，使教学制度化、规范化和科学化，保证教学活动正常运转并获得一定质量。

（2）有利于大面积培养人才。由于以班级作为单位来培养人才，一个教师能同时教几十个学生，从而提高了教学效率，有利于大范围地培养人才。

（3）有利于系统知识的传授。班级授课制能以周课表的方式科学地安排各科教学，使之有条不紊地交错进行，确保学生循序渐进地学习和掌握各学科的系统科学知识，完成预定的教学计划。

（4）能够充分发挥教师的主导作用。各国的教学实践都反复证明，迄今为止最能充分发挥教师在教学中的主导作用的仍是班级授课这种教学形式。实际上，它就是为充分发挥教师的主导作用，最大限度地提高教师工作效率和使各科教师协调一致对学生教学而形成起来的，并不断得到改进和完善。

但是，班级授课制也存在一定局限性。任何一种教学组织形式都不可能完美无缺，班级授课制虽然有许多优点，但也存在一些不足：

（1）不利于因材施教。班级授课制过分强调统一要求、统一施教。但是一个教师同时面对几十个学生，客观上难以照顾到学生的个别差异，所有的学生接受同一个进度，以同一个速度进行学习，不利于学生的个性发展。

（2）不利于学生积极性、主动性的发挥。班级授课制过分强调教师的主导作用，教学主要围绕教师的“教”来展开，学生常常消极地听讲、看板书或做笔记，很少有机会与教师互动，学习比较被动，学生的积极性、主动性的发挥受到一定程度的限制。

（3）不利于理论联系实际。班级授课制过分强调系统知识的获得，教学活动主要是在课堂内进行，而课堂教学的时间是有限的，学生接触社会生活、参与社会实践受到一定限制，因此容易出现理论脱离实际的倾向。

历年真题

【7.27】目前我国小学普遍采用的主要教学组织形式是（　　）。

A. 班级教学　　B. 分组教学　　C. 复式教学　　D. 个别教学

【7.28】最有利于高效率、大面积传授知识的教学组织形式是（　　）。

A. 班级授课制　　B. 道尔顿制　　C. 特朗普制　　D. 文纳特卡制

3. 班级授课的特殊形式：复式教学

复式教学是把两个或两个以上年级的学生编成一班，由一位教师用不同的教材，在同一节课里分别对不同年级的学生进行教学的组织形式。教师对一个年级的学生讲课，同时组织其他年级的学生自学或做作业，并有计划地交替进行。复式教学是教学的一种特殊组织形式。这种形式适用于教师少、学生少、校舍设备差、经济落后的地区。由于我国幅员辽阔，各地经济发展不均衡，在人口居住分散、交通不便、经济落后、师资缺乏的山区、牧区和农村，仍有部分学校采用复式教学。

复式教学分为多种形式，有单班学校制和二级或三级复式制。单班学校制是把几个年级的学生全部编在一个班里。二级或三级复式制是把两个年级或三个年级的学生编在一个班里。例如，把一、三年级或一、三、五年级编成一个班，把二、四年级或二、四、六年级编成另一个班。采用复式教学时要注意尽可能地减少各年级之间的相互干扰，课程表的编制以“同堂异科”为好，把直接教学时间长的学科同便于安排自主作业的学科相互搭配等。

复式教学的主要特点是：直接教学和学生自学或做作业交替进行；一节课内有多个学科、多个年级、多种教材；教学过程复杂；复式教学一节课内学科多，讲课时间少，教学任务重，因而备课时对教学过程的组织、教学时间的分配和教学秩序的处理等有更复杂的要求。

4. 班级授课制的辅助组织形式：现场教学和个别教学

现场教学是根据一定教学任务，教师有目的、有计划地组织学生到工厂、农村和其他场所，通过观察、调查或实际操作进行教学的组织形式。它是课堂教学的一种辅助形式。

现场教学的特点：现场教学可以向学生提供丰富的直接经验，有助于理解和掌握理论知识；通过实际操作，培养学生运用知识于实践的能力。现场教学也是师生接触社会生活、参与实践活动的重要途径。

个别教学就是教师根据每个学生的具体情况，对学生进行个别指导，有针对性地开展教学。个别教学的目的是促进每一个学生的发展，实现教育的目的。

现场教学和个别教学作为教学的辅助形式，是针对课堂教学的局限性而提出的，主要是用来弥补课堂教学容易忽视因材施教、容易脱离实际等不足。因此，它们是配合班级授课制使用的。

（三）分组教学制

1. 分组教学制的概念

分组教学制就是按学生的能力或学习成绩把他们分为水平不同的组进行教学，一般可分为外部分组和内部分组两类。外部分组是指学校打破按年龄编班的传统习惯，根据学生的能力水平或学习成绩编班进行教学。外部分组主要有两种形式，即学科能力分组和跨学科能力分组。内部分组是指在传统的按年龄编班的班级内，按学生的能力或学习成绩等编组。

2. 分组教学制的优缺点

分组教学的优点是：能较好地照顾个别差异，重视学生的个别性，有利于因材施教和发展学生的个性特点。

其不足之处也比较显著：对学生能力和水平的鉴别不一定科学，却要按能力和水平进行分组教学，忽视了学生的发展性；对学生心理发展的负面影响较大，被分到所谓的快班或实验班的学生容易骄傲自满，被分到所谓的慢班或普通班的学生容易产生“破罐子破摔”的心理；在分组教学的问题上，家长、学生、教师与学校的意见很难达成一致；由于学生处于不断发展变化中，为了确保学生在分组教学中能受到恰当的教育，分组就必须经常进行，情况一变就得重新分组，教育管理上比较麻烦。

历年真题

【7.29】能让学生充分交流互动并有利于发挥其主体作用的教学组织形式是（　　）。

A. 道尔顿制　　B. 个别教学　　C. 分组教学　　D. 文纳特卡制

（四）设计教学法

设计教学法是美国教育家克伯屈于 1918 年从杜威“从做中学”的教育思想出发，并在其“问题教学法”的基础上，根据内部动机和附随学习的理论所创行的一种教学组织形式和方法。

设计教学法的目的在于克服传统教学中呆板的课堂教学、只重视书本知识、学生被动地学习以及孤立的分科教学体制等缺陷。它废除班级授课制、打破学科界限、摒弃传统的教科书，主张在教师指导下，由学生自己决定学习目的和内容，在自己设计、自己负责的单元活动中获得相关的知识和能力。

（五）道尔顿制

道尔顿制是由美国教育家帕克赫斯特于 1902 年在美国马萨诸塞州道尔顿中学创设的。道尔顿制是指教师不再通过上课向学生系统地讲授教材，而只为学生分别指定自学参考书、布置作业，由学生自学和独立作业，有疑难时才请教师辅导，学生完成一定阶段的学习任务后向教师汇报学习情况和接受考查。道尔顿制有利于调动学生学习的主动性，培养他们的学习能力和创造才能，但不利于系统知识的掌握，且对教学设施和条件要求较高。

（六）文纳特卡制

文纳特卡制是美国教育家华虚朋于 1919 年创立的一种教学组织形式和方法，因试行于伊利诺伊州的文纳特卡镇的中小学而得名。它是适应个别教学的一种形式，其目的在于充分发展儿童的个性和才能，培养儿童的社会意识。华虚朋为文纳特卡制设定了四个目标：① 给儿童以优美快乐的生活，② 充分发展儿童的个性，③ 个人的社会化，④ 养成儿童普通必需的知识和技能。依据这四个目标，文纳特卡制把课程分为两个部分。第一部分是日常必需的或基础的知识和技能，如阅读、拼字、习字、写作、计算等，要求每个儿童在个别教学中将这些知识与技能掌握纯熟，这类课程是学科课程。第二部分是创造的与社会的活动，如美术、音乐、文学欣赏和各种创造表演等，这类课程属于活动课程。第一部分采用个别化教学方式，适应儿童个性发展的需要；第二部分采用团体活动的方式，以发展儿童的个人能力和社交意识，分别安排在一天的上午、下午进行。

文纳特卡制实施个别教学，要有特殊的准备：① 首先编辑儿童自学、自正（自我订正）的教材。教师根据社会的需要和儿童身心发展程序，把选定的材料按学科划分为教材单元，并为每个单元制定一串由有顺序和系统的细小单位构成的作业指定，便于儿童自学；同时根据作业指定，编辑自正材料（即答案），由儿童进行自我订正。② 制定诊断测验，包括练习测验和正式测验。练习测验作为儿童自学教材的一部分，儿童学完了一个教材单元，进行自我测验，然后进行自我订正。正式测验由教师执行，测验的目的不在于评分，而在于指出错误，帮助儿童做好补救工作。儿童补习后，再给予正式测验，直到通过后才进行新的教材单元的自学。儿童坐在哪个教室里依据儿童的社会年龄而定，即一个儿童在哪个教室里最能与其他的儿童相结合。儿童年龄相若、可以过共同团体生活的编为一级，而不管儿童在基础知识与技能方面的差异。活动课程由儿童自己设计、自己进行，教师加以指导。文纳特卡制在 20 世纪 30 年代曾在一些国家很盛行，在中国的一些地方如开封、福州等地试行过。但由于它本身的一些不足和在编教材方面的困难，20 世纪 30 年代后此制日渐减少。

（七）特朗普制

特朗普制是由美国教育学教授劳伊德·特朗普于 20 世纪 50 年代提出的一种教学组织形式。这种教学组织形式把大班上课、小班研究和个别教学三种教学形式结合起来。大班上课是把两个以上的平行班合在一起上课，讲课时应用现代化教学手段，由出类拔萃的教师担任；小班研究是将大班的学生分为几个约 20 人左右的小组，由教师或优秀生领导，研究和讨论大班授课材料；个别教学则是指学生独立做作业，其中部分作业是教师指定的，部分作业是学生自主选择的。

特朗普制既有班级授课制的优点，也有个别教学的长处，但管理起来比较麻烦。

重点提示

小学常用教学方法是每个教师都应掌握的一项基本能力，本章列举出九种常用教学方法，分别从含义、特点和基本要求方面进行论述。学习时要注意全面理解、区分并学会运用。此部分大多以选择题的形式进行考核，在进行教学设计时应灵活应用。

我国目前常见教学组织形式为班级授课制，除此以外还有其他几种影响较大的教学组织形式。学习时应着重理解班级授课制，同时能够区分其他几种教学组织形式。此部分大多以选择题的形式进行考核，注意区分几种教学组织形式的不同。

本章小结

本章内容着重于小学教学的基本原理。要想做好教学工作，必须对小学教学基本原理有全面的理解。正确理解教学的含义和本质，它是教师做好教学工作的基本前提；把握教学基本规律，遵循教学基本原则，这是衡量教学是否成功的标尺；能够掌握并运用多种教学方法，清楚了解几种影响较大的教学组织形式，这是教师教学的基本能力要求。提高理论基础是做好教学工作的重要保证，因此，在学习本章内容时，既要兼顾教学理论的学习，更要学会应用教学理论分析现实教学问题，为教学设计打下坚固基础。

本章要点回顾

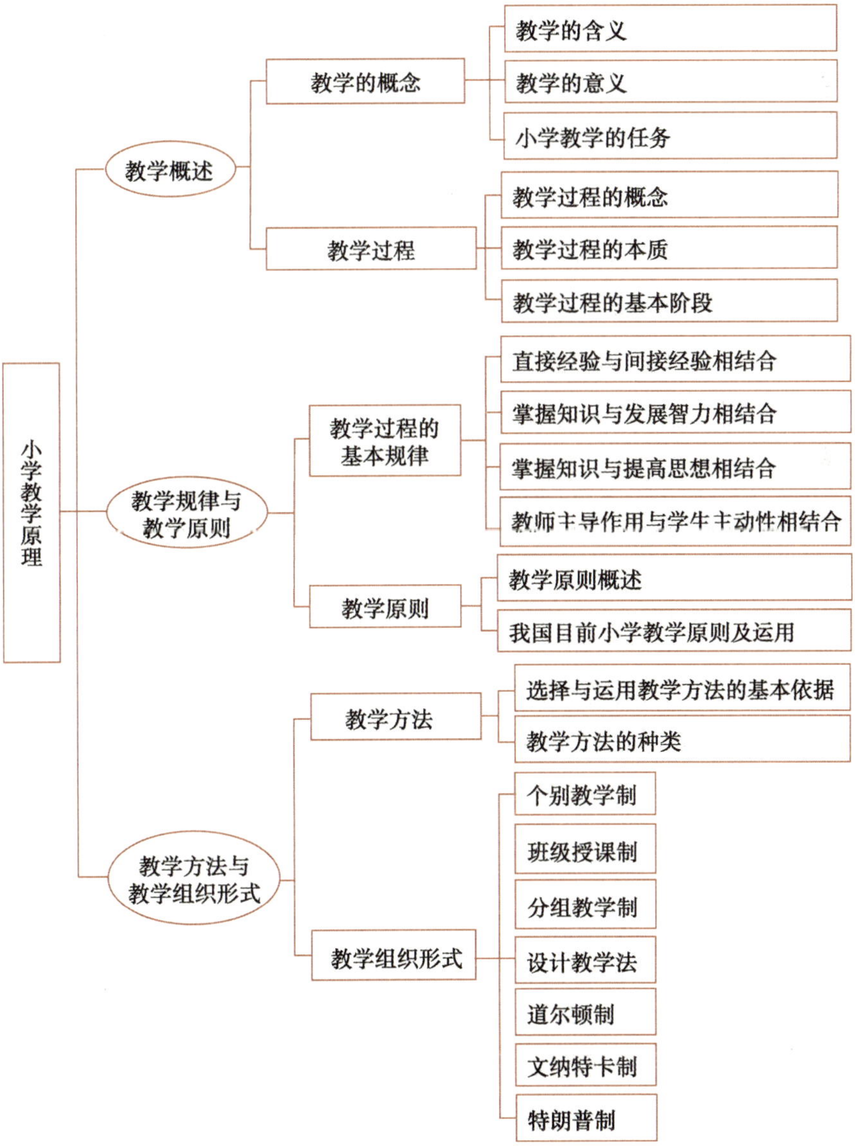

☞ 学习资源

1. 汪霞. 小学课程与教学论［M］. 上海：华东师范大学出版社，2011.

2. 曾文婕. 小学课程与教学论［M］. 北京：中国人民大学出版社，2023.

3. 教育研究杂志社.《教育研究》40 年典藏：课程与教学论［M］. 北京：教育科学出版社，2022.

4. 潘新民，王永红. 小学课程与教学论［M］. 北京：北京师范大学出版社，2022.

第八章

小学教学设计

☞ 学习完本章，应该做到：

◎ 了解：教学设计的原则和依据，信息化背景下小学教学设计的发展趋势。

◎ 识记："教学设计"的概念和步骤，"学习需要""学习内容"等概念。

◎ 应用：能够运用一定的方法进行学习需要的分析、学习内容的分析和学习者的分析，能够根据要求进行教案的编写；能够根据教学设计相关要求进行案例分析。

☞ 学习本章时，重点内容为：

◎ 教学设计前端分析。

◎ 教案的设计与编写。

☞ 学习本章时，知识要点与具体方法为：

本章主要围绕教学设计概述、教学设计的前端分析与教案编写、教学设计前沿等三块内容展开。首先，从"设计"的概念入手，引出对"教学设计"的理解，接着分析教学设计的原则、依据以及步骤。其次，探讨了教学设计前端分析中的学习需要分析、学习内容分析、学习者分析，以及教案编写的步骤与注意事项。最后，根据课程改革与信息技术发展现状，分析了当前教学设计的综合化、信息化特征。

【引子】

有教师说："教学设计不就是写教案吗？教案，我们天天写，就是写出上课中的教学步骤。所以教学设计就是编写教案。"

这样的理解正确吗？请谈谈你的看法。

第一节　教学设计概述

一、教学设计的含义

1. 什么是设计

"设计"是一种较为普遍的社会活动，如建筑设计、环境设计、装潢设计、个人形象设计、编制软件设计等，各种各样的设计与我们的生活息息相关。不同的设计虽有不同的要求、内容和方法，但有一点是相同的，即都是为了实现一定目标而拟定的预先决策方案。《现代汉语词典》（第 7 版）对动词"设计"的解释是"在正式做某项工作之前，根据一定的目的要求，预先制定方法、图样等"，教学中的设计也是如此。

但设计并非随意地拿出几种方法、图表或者步骤就算完成，它是设计者有目的、有计划地经过思考、想象、创新之后的一种解决问题的方式。相较于日常生活计划的随意性和变动性，它具有高度的精确性、细致性与科学性，同时也具有超前性、预测性、创造性。

2. 什么是教学设计

教学是一种双边活动，是教师指导学生学习的过程。教师开展教学必须要做出精心设计与具体安排，而且这种设计与安排应是有目的、有计划地按照一定的依据、原则来进行的。教学设计体现在教学的各个环节，如开展学习需要分析、学习任务分析、陈述教学目标、选择教学策略、实施教学评价等。

教学设计的概念首先由美国教育心理学家罗伯特·米尔斯·加涅提出。他在《教学设计原理》中提出：教学设计是一个系统化规划教学系统的过程。

美国教学设计理论家肯普在《设计有效教学》一书中强调：如何有效地规划、开发、评价与管理教学过程以使之能确保学生取得良好业绩表现，这一系统方法被称为“教学设计”。

美国教学设计理论家迪克与凯里在为教师写的教学设计普及读物《教师规划指南》中认为：教学设计是设计、开发、实施与评价教学的系统化过程。

国内外还有一些教学设计专家提出了对“教学设计”概念的解释，他们的解释基本上都从不同方面强调了教学设计所包含的范围、特点及性质，都强调了它的系统化过程。

综上所述，教学设计是指根据课程标准的要求和教学对象的特点，有序安排教学诸要素，确定合适的教学方案设想和计划的过程。其根本特征在于如何创造一个有效的教学系统。

二、教学设计的原则

为有效实施教育教学活动，作为主导者的教师应依据教育教学基础理论和课程标准，遵循以下几点原则对教学活动进行思考和设计。

（一）系统性原则

教学设计是一项系统工程，由教学对象和教学目标的分析、教学内容和方法策略的选择以及教学实施、教学评估等子系统所组成，各子系统既相对独立，又相互依存、相互制约，组成一个有机整体。在诸子系统中，各子系统的功能并不等价，其中教学目标起指导其他子系统的作用。同时，教学设计应立足于整体，每个子系统应协调于整个教学系统中，做到整体与部分辩证统一，系统分析与系统综合有机结合，最终达到教学系统的整体优化。

（二）程序性原则

教学设计是一项系统工程，但诸子系统的排列组合具有程序性特点，即诸子系统是有序地成等级结构排列，且前一子系统会制约、影响着后一子系统，后一子系统依存并制约着前一子系统。根据教学设计的程序性特点，教学设计中应体现出其程序的规定性及联系性，确保教学设计的科学性。

（三）可行性原则

教学设计要成为现实，必须具备两个可行性条件：一是符合主客观条件，即既要考虑学生的年龄特点、已有知识基础和师资水平等主观因素，还要考虑教学设备、地区差异等客观因素；二是具有可操作性，教学设计应能指导具体的实践，真正将教学理论转化为教学技术。

（四）反馈性原则

教学成效考评只能以学生在教学活动前后的变化以及对学生作业的科学测量为依据。测评教学效果的目的是为了获取反馈信息，以修正、完善原有的教学设计，使之不断地优化。

（五）层递性原则

层递性原则要求教师设计的教学活动：一方面要按照知识内容本身，从易到难，循序渐进，有梯度；另一方面，按照学生自身的知识构成、能力水准的层次，有计划、有针对性地因材施教。只有这样，绝大多数学生才能跟上教师的教学节奏，学有所得。

（六）多样性原则

多样性原则要求教师在设计教学活动时，要注重教学方法、活动形式的多样性，力求采用各种不同形式的活动来达成目标。本原则是为了避免教学的枯燥乏味，使教学焕发生机、迸发激情、产生兴趣、积极参与。

（七）相关性原则

相关性原则要求教师在设计教学活动时，能把与教学主题、教学目标不相关的材料、活动、环节尽量删除，留下与之相关的内容，从而体现教学过程的逻辑性、紧凑性、精简性，并使教学过程环环相扣。

在设计教学活动时，需要综合考虑以上原则，它们相互关联、缺一不可，共同组成了教学设计的指导性原则。

三、教学设计的依据

教学设计是一项复杂的工作，也是整个教学活动中最基本的组成部分。若要顺利实施教学活动，达到预期教学目标，教师就必须对教学活动进行周密思考和设计。一般来说，教学设计的依据主要有以下几个方面。

（一）教学理论

依据科学的教学理论和学习原理设计教学活动，实际上就是要求教学设计的方案和措施要符合教学规律。在教学实践中我们不难发现，有些教师，特别是从事教学工作时间不久的新任教师，由于不懂得如何在教学理论的指导下对教学做出详细规划，因而在课堂教学中往往随意发挥，影响了课堂教学质量。需要注意的是，有经验的教师若轻视系统的理论指导，教学时局限于经验化处理，那么教学效果也不理想。因此，教师只有自觉运用科学的理论指导教学设计，才有可能使教学摆脱狭隘的经验主义窠臼，才有条件谈论追求教学效果最优化的问题。

（二）系统理论

教学是一个由多种教学要素构成的复杂系统，各教学要素间存在着密切的联系和多种作用方式。运用系统方法分析课堂教学系统中各因素的地位和作用，使各因素得到最紧密的、最佳的组合，从而优化课堂教学效果，这是教学设计的一个基本特征，同时也是教学设计成功与否的关键。

（三）课程标准

课程标准是国家课程的基本纲领性文件，是国家对基础教育课程的基本规范和质量要求，也是许多教育教学活动开展的主要依据，如教材编写、教学活动组织、教学评估和考试命题等。只有读通读懂了一门课程的课程标准，教育工作者才能明白我国教育目的对不同阶段的学生在学科核心素养等方面的基本要求。只有在明确课程的性质、目标、内容框架之后，才能提出合理的教学和评价的建议。

（四）教材体系

教材是指课堂上和课堂外教师和学生使用的所有教学材料，如课本、练习册、活动册、故事书等，既可以是教师自己编写或设计的材料，也可以是计算机网络上使用的学习材料。教学设计时，教师需参考利用多种教学材料，而不是单单一本课本。

教材体系即教材的框架结构，是指某一学习阶段的教材中知识内容的整体结构和编排次序。进行教学设计时，教师必须明确教材体系的构成，能进行整体结构分析和单元结构分析，把握课程的知识体系。即使是某一节课的教学设计，也需要分析教材的整体框架，明确教材中各单元的相互关系，以及教材内容的前后联系。

（五）教学的实际需要

从根本上讲，教学设计的全部意义就在于满足教学活动的实际需要，并为实现这种需要提供最优的行动方案。在具体的教学过程中，教学活动的实际需要集中体现在教学的任务和目标中。教学工作者在进行教学设计时，应首先明确教学任务和教学目标，并对它们进行认真的分析、分解，使之成为可操作的具体要求。在此基础上，综合考虑各种教学因素，选择设计必要的教学措施和评价手段，使教学设计方案在立足教学现实需要的基础上发挥出其应有的作用。

（六）学习者特点

教学设计既要关心“教”，又要关心“学”。课堂教学是教师和学生双方共同活动的过程，教是为了学，学是教的依据和出发点。所以，教师的教必须通过学习者积极主动的学才能起到有效作用。因此，在教学设计的过程中，教师除了从教的角度考虑问题外，还必须把学习者身心发展的特点和规律作为教学设计的重要依据。也就是说，教师作为教学活动的设计者，应全面分析学生学习的需求、认识规律和学习兴趣，着眼于辅助、激发、促进学生的学习。正如加涅所指出的：校舍、教学设备、教科书以至教师绝不是先决条件，唯一必须假定的事是有一个具备学习能力的学习者，这是我们考虑问题的出发点。

（七）教师的教学经验

从一定意义上来说，教学设计的过程也是教师个体创造性劳动的过程，成功的教学设计方案必定凝聚着教师个人经验、智慧和风格。教师的教学经验、智慧和风格是形成教学个性及教学艺术性的重要基础，是促进课堂教学丰富多彩、生动活泼的基本条件。好的教学经验是教师在长期教学实践中总结出的教育教学规律，它们在课堂教学中可以弥补教学理论的某些不足，帮助教师取得好的教学效果。因此，教师的教学经验也是教学设计的基本依据之一。在教学设计中，教师不能完全依据经验行事，也不能排斥教学经验的作用。只有将科学的理论、方法与好的教学经验结合起来，才能使教学设计既有共性又有个性，并最终达到科学性和艺术性的有机统一。

历年真题

【8.1】集体备课时，教师在教学目标设置和内容选择上如存在意见分歧，应首先遵从（　　）。

A. 教材编排　　B. 课程标准　　C. 名师经验　　D. 教学指导

四、教学设计的步骤

在教学设计的过程中，教师主要需考虑三个方面的问题：一是期望学生学会什么（教学目标），二是如何达到预期的教学目标（教学策略、教学媒体），三是如何及时获取反馈信息（教学评价）。根据这三个方面的要素，考虑具体的教学设计步骤。

教学设计会因设计任务及设计者的不同而呈现多种形式，但基本上都会包含如下几个步骤。

（一）教学对象分析

教学对象分析即分析所教班级学生的基础、学习情况及学生对本课程的知识的理解能力，通过本课程的学习，学生可以在哪些方面得到提高，等等。

（二）教学内容分析

教学内容分析即分析教材所涉及的内容，对内容进行分层。比如哪些内容是学生必须掌握的，哪些是容易掌握的，哪些是较难掌握的，学生目前的知识水平与所学内容有哪些差距，学习的内容对学生有哪些实际的帮助，等等。

（三）设定教学目标

根据该班学生的实际情况及教材的要求进行具体分析，设定本次课程的教学目标，注意目标的整体性、层次性、可操作性和适切性等特征。

（四）确定教学重点、难点

研读教材，根据学习者的具体情况及课程知识内容确定教学的重点与难点。

（五）梳理教学思路

阐述清楚设计者的教学思路，说明为实现教学目标而选择何种教学方法和教学手段，说明能否达到预期教学效果，等等。

（六）选择教学策略

选择教学策略是指在课堂教学中所采取的具体做法，如怎样组织教学内容，怎样设计教学顺序，怎样选择恰当的教学方法，怎样组合运用教学媒体，等等。

（七）安排教学过程

一个完整的教学实施过程一般包括导入、学习新课、巩固练习、课堂回顾与小结、作业布置、反馈评价等环节。在这个过程中，需充分体现师生互动及学生的主动参与。

历年真题

【8.2】在学习《长城》一课时，通过阅读课文和观看长城的影像，学生感受到万里长城的雄伟和壮观，民族自豪感和爱国之情油然而生。这一教学活动主要达成的教学目标是（　　）。

A. 知识与技能　　B. 认知与技能

C. 过程与方法　　D. 情感、态度与价值观

【8.3】教学设计的概念首先是由（　　）提出的？

A. 加涅　　B. 肯普　　C. 杜威　　D. 斯金纳

【8.4】王老师在《两小儿辩日》教学开始时说到：“孔子是我国古代学识渊博的大教育家，有一次却被两个小孩子提的问题难住了，为什么呢？学习了这篇课文后，你们就知道了。”王老师的导入方式是（　　）。

A. 设疑导入　　B. 直接导入　　C. 经验导入　　D. 活动导入

重点提示

从“设计”“教学”概念的理解引申出“教学设计”的概念，并陈述了国外教育家对“教学设计”概念的解释。所以综合地理解，教学设计是根据课程标准的要求和教学对象的特点，将教学诸要素有序安排，确定合适的教学方案的设想和计划的过程。其根本特征在于如何创造一个有效的教学系统。最后需要大家了解教学设计的原则和依据，并且能够知道教学设计的基本步骤。

第二节　教学设计的前端分析与教案设计

一、教学设计的前端分析

教学设计的前端分析是指在教学设计开始时，先分析若干直接影响教学设计，但又不属于具体设计事项的问题，主要包括学习需要分析、学习内容分析和学习者分析。

（一）学习需要分析

教学设计是一个问题解决的过程，学习需要分析则是问题解决过程的起点，是教学设计过程的基础。只有深入教学实际，了解教学中存在的问题和需要，收集大量的资料和可靠的数据，才能为学习内容和学习者的分析，为教学目标、教学策略、教学媒体、教学过程的设计，以及教学设计成果的评价等奠定坚实的基础。

1. 学习需要的含义

在教学设计中，学习需要是一个特定的概念，是指学习者学习方面的当前状况与被期望达到的状况之间的距离，或者说是学习者已经具备的水平与期望学习者达到的水平之间的差距。①

重点提示

期望达到的学习状况－目前学习状况＝差距（学习需要）

有差距才有需要，这里的差距指出了学习者在能力、素质方面的不足，指出了教学中实际存在和要解决的问题。

2. 学习需要分析的含义

学习需要分析是教学设计前端分析中的一个重要组成部分。在教学设计实践发展的过程中，人们从最初只关注“如何教”到后来关注“教什么”，再到关注“为什么教”，即学习需要的分析等问题。可见，学习需要分析可以使教学设计更有的放矢。

学习需要分析是指通过一定的方法，找出学习者的现状和期望之间的差距，确定需要解决的问题和问题的性质，继而形成教学设计的总目标，为教学设计其他步骤打好基础的活动过程。具体包括三个方面的工作：一是通过调查研究，分析教学中是否存在要解决的问题；二是分析存在问题的性质，以确定解决该问题的必要途径；三是分析现有的资源及约束条件，以论证解决该问题的可行性。所以，学习需要分析的结果是提供“差距”的有关数据和资料，以此形成设计总的目标。

3. 学习需要分析的步骤

学习需要分析一般可以分为四个步骤，但在实践中可以根据实际情况灵活掌握。

---

① 乌美娜．教学设计［M］．北京：高等教育出版社，1994：56.

第一步是规划。规划包括确定分析对象、选择分析方法、确定收集数据的技术、选择参与分析的人员。

第二步是收集数据。收集数据不可避免地要考虑样本的大小和结构。样本必须是每一类对象中具有代表性的个体。收集数据的技术可以包括问卷、评估量表、面谈、小组会议及案卷查询等。此外，收集数据还应包括日程的安排以及分发、收集问卷等工作。

第三步是分析数据。对收集到的数据，设计者必须进行分析，并根据经济价值、影响、某种顺序量表、呈现的频数、时间顺序等对分析的结果予以优化选择和排列。

第四步是撰写分析报告。分析报告的内容包括：概括分析研究的目的，概括地描述分析的过程和分析的参与者，用表格或简单的描述说明分析的结果，以数据为基础提出必要的建议。①

4. 学习需要分析的方法

以不同的期望值作为参照系分析学习需要，可以形成两种确定学习需要的方法。

（1）内部参照需要分析法。

内部参照需要分析法是由学习者所在的组织机构内部，用已经确定的教学目标（期望状态）与学习者的学习现状作比较，找出两者之间存在的差距，从而鉴别出学习需要的一种分析方法。②

这种方法的前提是以接受既定的目标作为期望值来分析学习需要，比较适用于我国普通学校的教育。同时，运用该方法需要注意下面几点：

① 学习者的期望状态是既定的，体现为教育组织机构在学科教学大纲中所规定的教学目标；

② 把期望的状态用可测量的行为术语描述出来，使教学目标具体化，形成完备的指标体系；

③ 重点收集能够反映学习者目前状态的资料和数据，收集方法可采用测验、问卷、座谈等。

还需要注意的是，教学目标的制定要充分反映机构内、外环境的要求，充分考虑学生自身发展的要求与特点，只有如此，内部参照分析才是有效的，否则它不能揭示学习者真正的需要。

（2）外部参照需要分析法。

外部参照需要分析法是根据机构外社会的要求（或职业的要求）来确定对学习者的期望值，以此为标准衡量学习者的学习现状，找出差距，从而确定学习需要的一种分析方法。③

这种方法揭示的是学习者目前的状况与社会实际要求之间存在的差距，其特点是以社会目前和未来发展的需要作为准则和价值尺度去检视教育教学中存在的问题，从而制定出教育教学目标。我国的职业技术培训学校较多采用这种方法分析教学问题。这种方法也是对机构内部目标合理性进行论证的有效方法。

---

① 杨九民，范官军．教学系统设计原理［M］．武汉：湖北科学技术出版社，2005：81.

② 同①：82.

③ 同②.

由于这种方法中的期望值是根据社会需要来制定的，所以首先要收集和确定与期望值相关的社会需求信息。收集信息、数据的具体方法有以下几种：

① 对毕业生的跟踪访谈与问卷调查。主要收集他们对社会需求的感受，以及工作后对学校教育或培训教学的意见和建议，从中不仅能获得关于社会期望的信息，而且能获得学习者现状的信息。

② 分析毕业生所在单位对毕业生的工作记录，了解他们对职工的要求和对毕业生的评价，以此获得相关信息。

③ 设计问卷发放到与所授专业相关的工作岗位，得到社会对人才能力素质的要求信息。

此外，还有现场调查、专家访谈等方法，通过了解专家关于社会目前及未来发展对人才需求的看法来获得信息。

内部参照需要分析法和外部参照需要分析法的主要区别是期望值的参照系不同，以及由此带来的信息收集方法的差异。

（二）学习内容分析

为了保证教学目标的实现，也为了填补学生学习前后的差距，教学设计者需要选择正确的、合乎目的的学习内容。

1. 学习内容分析的含义

学习内容是指为了实现教学目标，要求学习者系统学习的知识、技能和行为规范的总和。它具体体现在教学计划、教学大纲、教科书和教学软件里。

学习内容有一定的结构体系，教科书中通常是以“章”“节”“目”“款”等来表示它的不同层次，有时也将学习内容分为课程、单元和项目（单元下面的各知识点）三个层次。

学习内容分析是指以总的教学目标为基础，旨在规定学习内容的范围、深度和揭示学习内容各组成部分的联系，以保证达到教学效果最优化的过程。学习内容分析要解决的核心问题是安排什么样的学习内容，才能够实现学习需要分析所确定的总的教学目标。

学习内容分析主要包括两方面的基本工作：第一，选择学习内容，确定其广度和深度；第二，揭示学习内容各部分之间的联系，安排其呈现的顺序。

学习内容的安排是对已选定的学习任务进行组织编排，使它具有一定的系统性或整体性的过程。

在一门课程中，各单元学习内容之间的联系一般有三种类型：一是相对独立，各单元在顺序上可互换位置；二是一个单元的学习构成另一个单元的基础，这类结构在序列上极为严密；三是各单元学习内容的联系呈综合型，即有些单元可以互换位置，但有些单元不能随意调换。所以教师在安排学习内容时，首先要搞清楚各项学习任务之间的联系。

2. 学习内容分析的步骤

不论是哪一个层次的学习内容，一般都可以采用以下步骤进行分析。

（1）选择与组织单元。

为实现一门课程总的教学目标，学习者必须学习哪些内容？首先，从单元层次开始。单元作为一门课程内容的划分单位，一般包括一项相对完整的学习任务。在这些单元学习任务中，哪些应先学、哪些应后学？这涉及对各单元的顺序安排。通过选择与组织单元，可确定课程内容的基本框架。

（2）确定单元目标。

单元目标是一个单元的教学过程结束时所要得到的结果，说明了学习者学完本单元的内容以后应能做什么。确定了单元目标，课程目标就能具体化了。

（3）确定学习任务。

根据单元目标，我们可以区别学习任务的性质，学习任务一般可分为认知、动作技能和态度（情感）三大类。

（4）分析任务。

分析任务是指要对各单元的学习任务逐项进行更深入细致的分析：如为实现单元目标，学习者必须学习哪些具体的知识与技能？这些知识与技能之间存在哪些联系？等等。对不同类型的学习任务，需运用不同的任务分析方法。

（5）评价内容。

这一步是对任务分析的结果——已确定的知识与技能及其相互的联系进行评价，在这一步要删除与实现单元目标无关的部分，补充所需要的内容。

3. 学习内容分析的方法

分析学习内容是为了规定学习内容的范围、深度及学习内容各部分的联系，回答“学什么”的问题。其基本方法有归类分析法、图解分析法、层级分析法、信息加工分析法、使用卡片法等。

（1）归类分析法 。

归类分析法主要是对有关信息进行研究分类的方法，旨在鉴别为实现教学目标所需学习的知识点。例如：一个国家的省市名称可按地理区域的划分来归类，人体外表各部位的名称可由上向下，按头、颈、躯干、上肢、下肢分类等。确定分类方法后，或用图示、或列提纲，把实现教学目标所需学习的知识归纳成若干方面，从而确定教学内容的范围。

（2）图解分析法。

图解分析法是一种用直观形式揭示教学内容要素及其相互联系的内容分析方法，用于对认知教学内容的分析。图解分析的结果是一种简明扼要、提纲挈领地从内容和逻辑上高度概括教学内容的一套图表或符号。如历史教学中，可以用几条带箭头的线段及简洁的数字、符号来剖析一次著名战役的全过程，其起因、时间、地点、参战各方人数、结果等都被反映在图解之中。这种方法的优点是使分析者容易觉察内容的残缺或多余以及相互联系中的割裂现象。

（3）层级分析法。

层级分析法是用来揭示教学目标所要求掌握的从属技能的一种内容分析方法。这是一个逆向分析的过程，即从已确定的教学目标开始考虑，要求学习者获得教学目标规定的能力，他们必须具有哪些次一级的从属能力？而要培养这些次一级的从属能力，又需具备哪些再次一级的从属能力？依次类推。可见，在层级分析中，各层次的知识点具有不同的难度等级：愈是在底层的知识点难度等级愈低，愈是在顶层的知识点难度等级愈高。而在归类分析中则无此差别。

层级分析的原则虽较简单，具体操作起来却不容易。它要求教学设计者熟悉学科内容，了解教学对象的原有能力基础，并具备较丰富的心理学知识。

（4）信息加工分析法。

信息加工分析法是由加涅提出的，它是将教学目标要求的心理操作过程揭示出来的一种内容分析方法。这种心理操作过程及其所涉及的能力构成了教学内容。例如，求算术平均数的解题过程即反映了这种信息加工过程。

在许多学习内容中，完成任务的操作步骤不是按"1→2→3→…→n"的线性程序进行的。当某一步骤结束后，需根据出现的结果判断下一步怎么做。在这种情况下，就要使用流程图表现该操作过程。流程图除了直观地表现出整个操作过程及各步骤以外，还表现出其中一系列决策点及可供选择的不同行动路线。

信息加工分析不仅能将内隐的心理操作过程显示出来，也适用于描述或记录外显的动作技能的操作过程。

（5）使用卡片法。

学习内容分析的工作细致复杂，常有必要对分析结果进行修改、补充或删除一些内容。因此，教学设计者需掌握一种计划技巧，较有效的计划技巧是使用卡片。具体方法是，将教学目标和各项内容要点分别写在各张卡片上，对它们的关系进行安排，经讨论修改后再转抄到纸上。使用卡片的主要特点是灵活，便于修改及调整各项内容之间的关系；另一特点是形象直观，便于讨论时交流思想。

（三）学习者分析

教学设计的一切活动都是为了促进学习者的发展以及他们更有效地学习，所以需要对学习者进行深入地分析，以学习者的特征为教学设计的出发点。

学习者分析的目的是为了了解学习者的学习准备情况及学习风格，为后续的教学系统设计步骤提供依据。

1. 学习准备

学习准备是指学习者在从事新的学习时，原有的知识水平或心理发展水平对新的学习的适应性。

对学习者学习准备的分析包括两个方面：一是一般特征，二是初始能力。

（1）一般特征。

学习者一般特征是指对学习者从事学习产生影响的心理、生理和社会的特点，包括学生的年龄、性别、年级水平、认知成熟度、智能、学习动机、个人对学习的期望、生活经验、经济背景、文化背景、社会背景等因素。它们与具体学科内容虽无直接联系，但影响教学设计者对学习内容的选择和组织，影响教学方法、教学媒体和教学组织形式的选择与运用。

了解学习者一般特征的主要方法有观察、采访（面试）、填写学生情况调查表和开展态度调查等。

小学生一般心理特征分析的内容包括：在思维发展上，小学生思维具备初步逻辑的或言语的思维特点，逐步地从具体形象思维向抽象逻辑思维发展，大约10—11岁是这一转变的关键年龄；在言语发展方面，小学生能够用语言进行假设和推理，有一定的语言表达能力及语言辨析事理的能力；在情感意志发展方面，小学生的自我意识、自主作用、模范趋向有较快发展，学习动机倾向于兴趣，意志较为薄弱，抗诱惑、自控能力有限，需要教师有效引导和控制。

（2）初始能力。

初始能力是指学生在学习某一特定的学科内容时，已经具备的有关知识与技能的基础，以及他们对这些学习内容的认识和态度。态度是指通过学习形成的影响一个人对特定对象作出行为选择的有组织的内部准备状态。技能是掌握并能运用专门技术的能力。

初始能力分析的内容包括：预备技能的分析，即了解学习者是否具备了进行新的学习所必须掌握的知识与技能，这是从事新学习的基础；目标技能分析，在从事新的学习之前，了解学生对目标技能掌握情况；学习态度分析，如了解学习者对将要学习的内容有无兴趣、对这门学科是否存在偏见和误解、有没有畏难情绪等都是学习态度分析的内容。

历年真题

【8.5】以下不属于学习者分析的内容是（　　）。

A. 一般特征分析　B. 学习风格分析　C. 初始能力分析　D. 教学目标分析

【8.6】学习者初始能力分析包括（　　）。

A. 预备技能、目标技能和动作技能分析

B. 预备技能、目标技能和态度分析

C. 预备技能、目标技能和能力倾向分析

D. 预备技能、目标技能和先决技能分析

【8.7】简答题：简述什么是学习需要并说明学习需要分析的目的。

2. 学习风格

学习风格是指学习者持续一贯的带有个性特征的学习方式，是学习策略和学习倾向的总和，也是对学习者感知不同刺激，并对不同刺激做出反应这两个方面产生影响的所有心理特性。

个体稳定的学习方式和学习倾向的学习风格源于学习者的个性，是学习者的个性在学习活动中的定型化、习惯化。

学习者一旦形成某种学习风格就有相对的稳定性。因此，从某种程度上说，学习风格是学习者个别差异的集中表现。测定学习风格的目的是在承认和尊重学习者学习风格差异的前提下，安排教学内容、选择教学方法和教学媒体，使教学活动能够最大限度地适应学习者的学习风格。所以，对学习者学习风格的分析是因材施教的前提和根本。

（1）学习风格的构成要素。

学习风格是个体在一定生理特性的基础上，受心理发展、社会环境和教育的影响，

在长期的学习活动中逐步形成的。它在心理层面上具有以下几种构成要素：①

① 认知风格。认知是个体获取并加工外在信息的主要途径。认知风格表现为个人对外界信息刺激的感知、思维、记忆和解决问题的一贯方式。它也是学习风格在心理层面上的核心内容。具体地说，其中知觉风格可以分为场独立型与场依存型；记忆风格可以分为趋异与趋同两种方式；思维风格可以分为分析与综合、发散与集中等不同思维方式；解决问题风格可以分为沉思型与冲动型。

② 成就动机。成就动机是指个体力求获得成就的倾向，对个体的学习、工作起着定向和推动作用。因成就动机在每个学习者身上会表现出不同的结构、倾向和水平，所以会使他们的学习行为表现出不同的动力色彩。美国认知教育心理学家戴维·保罗·奥苏贝尔（有的译为奥苏伯尔）等人通过研究，将成就动机的结构分为三个部分：认知内驱力、自我提高内驱力和附属内驱力。这三个部分在成就动机结构中所占的比重，会受年龄、性别、人格特征及成长环境和经历等因素的影响，从而反映出学习者的学习倾向和学习特征，构成学习风格的一个重要方面。

③ 内外控制点。内外控制点主要是对个体的归因差异进行说明和测量。根据美国心理学家社会学习理论家朱利安·罗特的发现，个体对自己生活中发生的事情及其结果的控制源会有不同的解释。对某些人来说，个人生活中多数事情的结果取决于个体在做这些事情时的努力程度，这种人相信自己能够对事情的发展与结果进行控制，他们的控制点在个体的内部，这些人被称为内控者。另外一部分人，他们更相信命运和机遇等外在因素会决定自己的状况，认为个人的努力无济于事，这些人被称为外控者。

④ 焦虑水平。焦虑在心理学上是指某种实际的类似担忧的反应，或者是对当前或预计对自尊心有潜在威胁的任何情境具有一种担忧的反应倾向。很多研究都表明，一个人的焦虑水平是影响其学习风格的重要方面。焦虑按性质进行划分，可以分为正常性焦虑和过敏性焦虑。正常性焦虑也会表现出过高或过低的焦虑水平，这取决于自尊心受到威胁的程度。过敏性焦虑则是由遭到严重伤害自尊心的事情引起的。自尊心受伤害程度越高，过敏性焦虑水平越高。

对于某些儿童或者学生，由于他们在成长过程中没有得到外界（主要是父母）的认可和评价，从而导致缺乏内在的自尊心和价值感，当他们遭受失败和挫折时就极易引发过敏性焦虑。

⑤ 学习坚持性。学习坚持性是指学习者为完成学习任务而持续地克服困难的能力，通常以学习者每次学习活动所持续的时间长短为标志，这是学习者学习风格的意志特征。学习坚持性会受学习情境、学习任务、学习兴趣、学习态度、成就动机及学习者的年龄、性格、意志发展水平等因素的影响。

上述各个要素，并不是单独地从各自的维度上影响学习行为的，它们之间往往相互渗透，所以需要教师全方位地把握、考虑与统筹，才能找出适合于不同学习风格的教学策略，促使每一个学习者扬长避短，得到全面发展。

---

① 杨红．谈学习风格构成的心理要素［J］．教育探索，2007（7）：77-79.

（2）学习风格的测量。

如何对一个学习者的学习风格进行测量，这也是众多教育研究人员力图解决的课题。美国心理学家邓恩等人在 1978 年曾设计了两种《学习风格测定表》，用于测量在校学生和成人学习者的学习风格。这种测量表实际上是一种态度量表，含有一系列意见陈述，例如：我喜欢一个人自学，我喜欢下午做作业，我在安静的环境中学习效果最好；我记得最牢的是那些我听到的事情。邓恩等人设计的测量内容包括感情需求、环境需求、社会性需求等方面。①

对学习者的特征进行测量，也是为了更好地开展个别化教学，使教学更符合学习者的特点，使教师做到因材施教，使课堂教学更具精准化的水平。

历年真题

【8.8】提出“学习风格”概念的学者是（　　）。

A. 奥苏伯尔　　B. 加涅　　C. 布鲁纳　　D. 塞伦

二、教案的编写

教案即教学工作中的课时计划，是教师进行教学活动的依据。它关系到一节课的具体安排和教学质量。因此，如何编写好教案是每一位教师都应重视的问题。

（一）教案的构成要素

简单地说，一个完整的教案应包括以下要素：教学目标（或学习目标）、教学内容、教师的教学活动、学生的行为、教学媒体和教学时间分配等。在教学实践中，有经验的教师写纲要式的简案较多，新教师一般以写讲稿式的详案居多。

详细地说，教案也可以包括几个方面：教学课题，教学目标，课时分配与授课类型，教学重点、教学难点及教学关键，教学准备，学情分析，教学方法，教学过程，板书的设计，课后反思及教学参考资料等。

在以上的构成要素中，教学过程是关键，一般包括以下几个步骤：导入新课、讲授新课、巩固练习、归纳小结、作业安排。

（二）教案的书写格式

教案没有固定的格式，通常各学校根据自己的实际情况，在遵循教案基本构成要素的基础上编制富有自身特色的教案格式。教案从基本形式上可分为三大类：记叙式教案、表格式教案和卡片式教案。

1. 记叙式教案

记叙式教案是指主要用文字形式将教学方案表达出来的教案。记叙式教案根据内容的详略分为讲稿式的详案和纲要式的简案。记叙式教案是教学实践中最基本、最常用的一种教案形式。

---

① 杨九民，范官军．教学系统设计原理［M］．武汉：湖北科学技术出版社，2005：109.

记叙式教案的模板：

【课题】：

【教学对象】：

【使用教材】：

【教学目标】：

【教学重点】：

【教学难点】：

【教学方法】：

【课时】：

【教学过程】：导入新课、讲授新课、巩固练习、课堂小结

【板书设计】：

【教学反思】：

2. 表格式教案

表格式教案是指以表格形式呈现备课内容的教案。表格式教案具有言简意赅、重点突出、方便使用等特点。

表格式教案的范例如下：

备课教案

教师姓名：　　　　课程名称：　　　　章节名称：

教学内容：　　　　授课时间：　　　　累计课时：第　　课时

教学目标	知识目标	
	技能目标	
	情感目标	
教学重点与难点	重点	
	难点	
教学方法		
教学准备		
教学过程		
作业与练习		
课堂小结		
教学板书		
教学反思		

3. 卡片式教案

卡片式教案是指将教案的纲要、重点、难点和易忘记点等内容，以及需要补充的材料等以卡片的形式呈现的一种教案。

卡片式教案适合于有一定教学经验的教师使用，也可以作为教师授课时的辅助材料。卡片式教案通常有两种作用：一是教案纲要提示，二是教学内容提示和材料补充。

卡片式教案没有固定的格式，教师可根据自己的需要确定其书写格式与内容的详略。卡片式教案形式灵活、方便，有利于修改与补充，在辅助课堂教学方面有一定的优势。

（三）教案编写要注意的几个问题

1. 教案编写应考虑内容全面、环节完整、具体明确、层次清楚

教案编写的各部分需做到衔接自然顺畅，以确保教案在教学中的指导作用。教案若书写杂乱、不分层次，教师在课堂上就无法及时准确地按教案的内容安排进行教学，这会造成教学准备的充分程度下降，将直接影响教学质量。

2. 教案编写的重点应是教学过程和教学方法的设计

实际教学中应避免两种倾向：一种是教案写得过于简单，只写成提纲形式，这样不利于教师的课前准备和具体教学过程的实施；另一种是将教案写成烦琐的讲稿，造成上课时照本宣科，不利于灵活地把握教学进程。

3. 教案编写要处理好教与学的关系

教学过程是在教师的指导下，学生将所学内容纳入自己的认知结构的过程。因而教案编写并不是知识的罗列，而是设计好教法与学法、处理好教与学的关系。首先，教师要创造良好的知识情境，使师生共同置身于情境之中，从探索中提出问题、总结规律、解决问题；其次，教师要研究如何设计启发和点拨学生的思维程序及要点。

4. 教案编写要求教书与育人相结合

教案不能仅重视传授基础知识和技能、技巧，还要重视开发学生的智力、培养学生灵活运用所学知识去解决实际问题的能力，以及学生的思想品德教育。在教案编写过程中，教师一定要有计划地寓思想教育、能力培养于知识传授之中。

5. 编写的教案可根据课堂实际情况做必要的调整

教案是组织教学的依据，但在具体教学实施中，教案并不是绝对不可改变的。教师可以根据课堂上的实际情况，灵活机动地做些必要的修改和调整，以适应实际教学情况的变化，更好地完成教学任务。

6. 认真对待教学反思或教学后记的作用

教学反思或教学后记是教案的一个组成部分，因此教师要认真填写教学计划的执行情况、效果如何、有什么经验教训、出现问题的原因是什么、应如何改进等，以便不断积累和总结教学经验，提高教学水平。

重点提示

本节主要探讨教学设计前端分析，分别从学习需要分析、学习内容分析、学习者分析三个方面进行，并阐明了这三者的主要内容、方法和步骤。另外还探讨了教案的构成要素、书写格式及编写的注意事项。

第三节　教学设计前沿

在信息化技术飞速发展的今天，人们的生活方式已发生了翻天覆地的变化，而这种迅猛发展的势头必将带来教学领域、学习领域的深刻变化，教育教学研究者要不断地改进教学设计的侧重点，以适应未来教育发展和人们生活的需求。

教学设计理论和实践走过了半个多世纪的历程，从最初较为单一地对程序化教学的重视，到如今发展为整合了心理、技术、评价、测量和管理的多维研究领域，在学术研究层面和教学实践层面都取得了丰硕的成就。

许多学者的研究认为，未来教学设计会突出如下几个特点：

（1）教学设计越来越注重跨学科研究和跨领域的应用；

（2）教学设计越来越注重信息技术与教育理念的整合，注重信息技术环境下的教学设计；

（3）教学设计越来越注重各种因素整合下的学习环境的建构；

（4）教学设计越来越注重新的评估理念和评估方法，注重学习过程中的交互作用。

一、小学教学设计的综合化

（一）新课改倡导综合化教学

在课程改革的过程中，我们知道原有课程结构存在过于强调学科本位、科目过多和缺乏整合的现象，学生学习的门类较多，知识被割裂，因而学生在实践中缺少整合知识的能力。后来，教育部印发的《基础教育课程改革纲要（试行）》中明确提出：“改变课程结构过于强调学科本位、科目过多和缺乏整合的现状，整体设置九年一贯的课程门类和课时比例，并设置综合课程，以适应不同地区和学生发展的需求，体现课程结构的均衡性、综合性和选择性。”

整体设置九年一贯的义务教育课程，小学阶段以综合课程为主。从小学至初中毕业设置综合实践活动并作为必修课程，主要目的是加强学科与学科之间的联系，加强学生对知识的综合运用能力，强调学生的社会实践能力和探究、创新能力的发展。

新课改所提出的课程结构、课程内容、学习方式等方面的综合化，势必要求教师转变以往传统的教学模式，树立全新的教学设计理念。

（二）教学设计过程综合化

教学设计是将教学诸要素有序安排，确定合适的教学方案的设想和计划的过程。在这一过程中，关键是如何将教学内容、教学方法、教学手段、教学环境等要素进行有序、合理地安排。教学设计综合化就需要考虑这些环节的综合化，如教学内容设计的综合化、教学方法手段设计的综合化、教学环境因素的综合化利用等。

1. 教学内容设计的综合化

首先，改变以往课程内容“难、繁、偏、旧”和过于注重书本知识的现状，加强课程内容与学生生活以及现代社会和科技发展的联系，关注学生的学习兴趣和学习经验，精选终身学习必备的基础知识和技能。其次，加强一门学科与其他学科之间的联系，注重学生综合运用知识的能力。

2. 教学方法、教学手段等的综合化

根据教学目标、教学内容和学生身心发展的实际情况，选择多种不同的教学方法或教学手段，并且将其灵活运用于课堂教学。如讲授与讨论、游戏、角色扮演、小组合作等相互结合，传统教学与现代化手段相结合，课堂学习与课外实践探究相结合等，目的都是为了学生更好地理解与学习，为了更好地达成课堂教学目标。

3. 教学环境设计的综合化

教学环境本身就是一个由多种不同要素构成的复杂系统，包含物理环境和心理环境。狭义的教学环境特指班级内影响教学的全部条件，包括班级规模、座位模式、班级气氛、师生关系等。在信息化发展的影响下，网络教学使教学环境产生了巨大变化：一方面需大力推进信息技术在教学过程中的普遍应用，促进信息技术与学科课程的整合，逐步实现教学内容的呈现方式、学生的学习方式、教师的教学方式和师生互动方式的变革；另一方面需充分发挥信息技术的优势，为学生的学习和发展提供丰富多彩的教育环境和有力的学习工具。

教学设计的综合化发展趋势还表现在教学模式的综合化、教学评价的综合化、教学实施途径的综合化等，其最大目的是利用一切可利用的资源，将有形的与无形的相结合，最终促进学生的全面发展。比如综合实践活动，它给学生提供了一个相对独立的学习生态化空间，学生是这个空间的主导者，可以以自我或者以团队为中心，推动活动的进行。在这个过程中，学生是学习的主体，他将综合运用所学知识，发挥自己身上的各种潜能去完成综合实践活动任务。

重点提示

新课改倡导综合化教学，体现为教学设计过程综合化。教学设计过程综合化主要包括教学内容设计的综合化、教学方法和教学手段等的综合化、教学环境设计的综合化，同时还包括教学模式、教学评价和教学实施途径的综合化。

二、小学教学设计的信息化

当前，社会信息化步伐不断加快，云计算、大数据、物联网、移动计算、人工智能等新技术不断涌现，社会整体信息化程度不断加深，信息技术对教育的革命性影响日趋明显。

同时，党中央、国务院对网络安全和信息化工作的重视程度前所未有，《国家中长期教育改革和发展规划纲要（2010—2020 年）》、“互联网+”行动计划、《促进大数据发展行动纲要》等有关政策密集出台，《教师数字素养》行业标准推出、国家智慧教育公共服务平台上线，这些都表明教育信息化已成为国家战略，教育信息化迎来重大历史发展机遇。2015 年 5 月，习近平总书记在致国际教育信息化大会的贺信中提到，“通过教育信息化，逐步缩小区域、城乡数字差距，大力促进教育公平，让亿万孩子同在蓝天下共享优质教育、通过知识改变命运”“积极推动信息技术与教育融合创新发展”。2019 年 5 月，习近平总书记在致国际人工智能与教育大会的贺信中强调，“积极推动人工智能和教育深度融合，促进教育变革创新”“加快发展伴随每个人一生的教育、平等面向每个人的教育、适合每个人的教育、更加开放灵活的教育”。

（一）信息化教学设计

1. 信息化教学设计的概念

信息化教学设计是指运用系统方法，以学生为中心，充分、合理地利用现代信息技术和信息资源，对教学目标、教学内容、教学方法、教学策略、教学评价等教学环节进行具体策划，创设教学系统的过程或程序，以便更好地促进学生的学习。

由此可以看出，信息化教学设计是建立在全社会信息化环境极其繁荣、学习者信息素养极大提高的基础上，是教学设计发展的高级阶段。与传统的教学设计相比，信息化教学设计注重教学资源环境的设计，注重“自主、探究、合作”学习方式的设计，注重问题的设计。

2. 信息化教学设计的特点

信息化教学设计是在传统的教学设计中加入信息化元素。与传统教学相比，它有如下一些特点：

（1）信息化教学设计注重培养学生的创新精神和实践能力，明确“以学生为主体”，充分利用各种信息技术和信息资源来支持学生的“学”。

（2）信息化教学设计不限于课堂教学形式和学科知识系统，而是将教学目标组合成新的教学活动单元，以“问题解决”“问题驱动”作为学习与研究活动的主线。倡导三种新型学习模式：探究式学习、资源型学习和协作化学习。注重培养学生的三种能力：信息能力、批判性思考能力和问题解决与创新能力。①

（3）信息化教学设计要求教师和学生都要具备相应的信息意识和信息素养，掌握好一定的信息技术。②

（4）信息化教学设计强调学习过程的评价。

3. 信息化教学设计的工具

信息化教学设计的主要目的是培养学生的信息素养、创新探究精神和实践能力。在信息化教学设计中，信息技术常常作为获取信息、探索问题、协作讨论、解决问题和构建知识的多种认知工具，具体的表现形式有如下几种：

（1）信息技术作为演示工具。这是信息技术与课程整合的低级层次。如利用演示文稿软件（Powerpoint）或者一些多媒体制作工具，综合利用各种教学素材，编写自己的演示文稿或多媒体课件；使用现成的计算机辅助教学软件或多媒体素材库，选择其中合适的部分用在自己的讲解中，来演示其中某些难以理解的内容，或用图表、动画等展示动态的变化过程和理论模式等；也利用模拟软件或者计算机外接传感器来演示某些实验现象，帮助学生理解所学的知识。

---

① 陈晓慧．教学设计［M］．2 版．北京：电子工业出版社，2009：232.

② 同①.

（2）信息技术作为交流工具。这是指将信息技术以辅助教学交流的方式引入教学，主要完成师生之间情感与信息交流的作用。在有互联网或局域网的硬件环境下，教师可根据教学的需要或学生的兴趣开设一些专题或聊天室，并赋予学生自由开辟专题和聊天室的权利，使他们在课后有机会对教学、教师、无法解决的问题等进行充分的交流。

（3）信息技术作为个别辅导工具。目前有大量的操练练习型软件和计算机辅助测验软件，让学生在练习中和测验中巩固、熟练所学的知识，决定下一步学习的方向，实现了个别辅导式教学。

（4）信息技术提供资源环境。这是指突破书本是知识主要来源的限制，用丰富的网络资源来极大地扩充教学知识量，使学生不再只是学习课本上的内容，而是能开阔思路，了解到百家思想，培养获取信息、分析信息的能力。

（5）信息技术作为信息加工与知识构建工具。这主要培养学生信息加工、信息分析能力和思维的流畅表达能力，强调学生在对大量信息进行快速提取的过程中，学会对信息进行整合、加工和再应用。

（6）信息技术作为协作工具。信息技术环境大大扩充了协作的范围，减少了协作的非必要性精力的支出，有利于促进学生高级认知能力的发展，有助于学生协作意识、技巧、能力、责任心等方面的素质的培养。比如，学生可以借助聊天软件、电子邮件、论坛等网络通信工具，实现相互之间的交流，参加各种类型的对话、协商、讨论活动等。

（7）信息技术作为研发工具。在将信息技术运用于教育教学的过程中，最重要的是培养学生的探索能力、自己发现问题和解决问题的能力，以及创造性思维能力。而且很多的工具型教学软件都可以为研究性的教学和学习提供很好的支持。比如，在数学教学中，几何画板软件就为学生提供了自己动手、探索问题的机会；在经济学课程中，虚拟现实技术可以模拟真实的商业情境，让学生在各种真实、复杂条件下做出决策和选择，以提高学生对真实问题的解决能力。

4. 信息化教学设计的注意事项

（1）注重情境的创设与转换。一方面使学生经历与实际相类似的认知体验；另一方面注重情境的转换，使学生的知识能够得以自然的迁移与深化。

（2）充分尊重工具和资源的多样性。这些工具和资源的选择应当同学生的主题任务相关，能够帮助学生完成解决问题，促进学生的意义建构。比如，教师提供给学生与教学主题或问题相关的网络资源、典型案例，对学生的学习进行一定的指导和帮助等。

（3）以“任务驱动”和“问题解决”作为学习和研究活动的主线。这里需注意几个问题：学习活动的展开通常可以围绕某一个问题或主题，这些内容通常来自现实学习和生活中的一些具体事例；学习活动具有明确的任务性、目的性，学生知道为什么而做，教师的重点放在如何有效地引导学生方面；现实中的任务与问题不同于强加给学生的学习目标或现成答案。学生通过对问题和主题的主动探索活动体验学习的快乐，培养学习兴趣。

（4）学习结果通常采用灵活的、可视化的方式进行阐述和展现。在学习活动结束时，学生应当对自己的学习结果进行总结和展示，同他人进行讨论和协商，以加深对学习过程的理解和反思。这些内容通常以研究报告、演讲、讨论等形式展开。在这些过程中，教师应当对学生的学习成果进行必要的指导和帮助，帮助学生更好地将学习成果展示出来。

（5）鼓励合作学习。在信息化教学中，学生通常是以小组或其他协作形式展开学习，在学习过程中互相帮助，共同完成某一项任务目标，实现“问题解决”。每个学生在中间承担一定的任务，担当一定的角色，学习活动过程成为“学习者身份和意义的双重建构”。学生之间相互协作，共享他人的知识和背景，共同实现组织目标。

（6）强调学习过程和学习资源的评价。信息化教学设计是一个连续、动态的过程，在学习过程中，教师通过不断的研究和质量评估，收集数据，使用过程性评价达到改进设计的目的。同时，由于信息化学习资源种类繁多，为了有效地利用信息化学习资源，必须对资源进行优化选择。

（二）小学信息化教学设计案例

《五彩池》教学设计方案：北川羌族自治县曲山镇小学张钰老师

学科领域：语文、自然、地理、思想品德、美术、音乐，突出主要学科语文。

学习目标任务：情感目标、认知目标、技能目标。

情感目标：有感情地朗读课文，背诵喜欢的段落；养成热爱家乡、热爱大自然、热爱祖国大好河山的思想感情。

认知目标：学习本课生字新词；了解五彩池神奇、美丽的特点；了解五彩池神奇的原因，培养唯物主义精神。

技能目标：形成分析、感悟和积累语言的能力；熟悉电脑网络操作，培养高级思维能力、信息处理能力和团结协作、自我表现的能力；培养创新实践能力和想象能力；培养口语交际能力。

学习难点分析：了解五彩池的特点以及池水显出不同颜色的原因；理解最后一个自然段的含义，激发学生热爱大自然、热爱祖国大好河山的感情。

设计思想：在网络环境下进行个别化教学，让学生运用网络资源自主学习课文内容，培养学生解决问题的能力和学习兴趣，提高阅读分析能力、口头表达能力、学习能力等。

设计思路：情景揭题，资料收集（激发学习兴趣）；讨论交流，质疑问难（培养质疑能力）；合作探究，自主学习（培养阅读分析、语言积累能力、团结协作能力以及解决问题的能力）；交流评价，获得真知（培养口语交际能力）；拓展学习，升华感情（培养高级思维能力、知识积累能力和信息处理能力）；练习巩固，大胆创新（培养自我表现能力和创新能力）；作品展示，体会成功（培养赏析、评价能力）；总结评价，谈谈感受（培养自我总结、自我评价能力）。

课件设计思路：

（1）学习区：知识窗（有丰富的图片、文字、视频、动画、录音等与课文相吻合的静动态资料，为学生自主学习提供了广阔的空间），小字典（有生字的读音、书写笔顺、部首、近反义词、同音词、组词，以及相关成语等资料，学生在自学生字时可根据自己的学习情况选择信息进行自学，资料来源于第七册教参书及《字词句段篇》），小导师（对课文的重点段句进行导学，帮助学生进行深入探究）。

(2) 展示区：网上学生作品。

(3) 赏析区：写景美文集锦，有关九寨、黄龙的美术、摄影、音乐作品，九寨、黄龙、五彩池的图文介绍，九寨、黄龙的导游图。

(4) 网上探索区：给学生提供相关网站。

学习过程：

(1) 情景揭题，资料收集。

第一步，在悠扬的乐曲声中，课件播放五彩池的风光，教师指引学生细看池水的斑斓色彩和水池奇特的形状，揭示课题，让学生提出问题：这是什么地方？它为什么这样美丽，这样神奇？(课件：五彩池的音像画面)。第二步，引出主题：那就让我们通过生活，通过网络走进五彩池，去收集有关五彩池的资料吧。

分析：自学能力是独立学习的能力，是观察、理解、综合概括等多方面能力的统一表现。学生在预习、自学中确定学习目标，提出自学要求，养成良好的自学习惯，而学校开发的网络平台为他们进行课前预习、质疑提供了极大方便。预习的目的是为了让学生了解学习内容。但切实达到"先学再教"则应首先解决学生预习中的困难和盲目性。教师精心设计自学提纲，有助于有的放矢地引导学生自学。这样为学生理解领悟课文较深刻的内容奠定了基础。自己能读书，不待老师讲，先学后教的模式在网络环境中得到充分体现。网络平台已成为课上、课下学生学习的伙伴。

(2) 讨论交流，质疑问难。

分析：在学生收集到充分的资料以后，我们看到了他们内心的激动与自信，于是我们组织他们进行交流讨论。只见他们就像一个个小专家，利用多媒体平台，展示自己的成果，提出自己的疑惑。他们或侃侃而谈，或争得面红耳赤，或洗耳恭听，或静静欣赏。我们惊叹于他们的博学，同时也惊叹于现代信息技术对促进学生学习的强大功能。

(3) 合作探究，自主学习。

让学生在集体环境下充分利用网络环境自主学习，探究解决问题。可采用网上交流、小组协作等方式。

重点提示

本节主要根据课程改革与信息技术发展的现状，分析了当前教学设计体现出的综合化、信息化特征，并分享了一个教学设计案例，帮助学生回顾之前所学的教学设计相关知识以及了解信息技术在教学设计中的运用。

本章小结

教育是有目的、有意识的活动，教学是教育最基本的途径，小学教学设计是教学实施的前提，是将教育理念、教学原理与学科知识紧密结合的重要环节。本章包括教学设计概述、教学设计的前端分析与教案编写和教学设计前沿三部分内容，学习时不仅要注意掌握基本概念、形成正确的理念与方法，而且要注意将这些理论、方法与具体的学科、学习对象结合，在掌握理论的同时，学会教学设计的基本方法。

☞ 本章要点回顾

- 小学教学设计
  - 教学设计概述
    - 教学设计的含义
    - 教学设计的原则
      - 系统性原则
      - 程序性原则
      - 可行性原则
      - 反馈性原则
      - 层递性原则
      - 多样性原则
      - 相关性原则
    - 教学设计的依据
      - 教学理论
      - 系统理论
      - 课程标准
      - 教材体系
      - 教学的实际需要
      - 学习者特点
      - 教师的教学经验
    - 教学设计的步骤
      - 教学对象分析
      - 教学内容分析
      - 制定教学目标
      - 确定教学重点、难点
      - 梳理教学思路
      - 选择教学策略
      - 安排教学过程
  - 教学设计的前端分析与教案设计
    - 教学设计的前端分析
      - 学习需要分析
      - 学习内容分析
      - 学习者分析
    - 教案编写
      - 教案的构成要素
      - 教案的书写格式
      - 教案编写要注意的几个问题
  - 教学设计前沿
    - 小学教学设计的综合化
      - 新课改倡导综合化教学
      - 教学设计过程综合化
    - 小学教学设计的信息化
      - 信息化教学设计
      - 小学信息化教学设计案例

☞ 学习资源

1. 曾文婕. 课堂教学设计［M］. 北京：北京师范大学出版社，2011.

2. 房元霞，郭文彬，赵汝木. 数学教学设计［M］. 北京：科学出版社，2017.

3. 傅钢善. 现代教育技术［M］. 2 版，北京：高等教育出版社，2021.

4. 马扎诺. 基于课堂中精准理解的教学设计［M］. 丁旭，盛群立，译. 北京：中国青年出版社，2022.

第九章

小学教学实施

☞ 学习完本章，应该做到：

◎ 了解：小学生学习动机激发的基本方法，学习方式的基本类型。
◎ 掌握：小学课堂教学的基本策略。
◎ 运用：小学课堂教学情境创设的基本方法。

☞ 学习本章时，重点内容为：

◎ 小学生学习动机的激发，新课程改革倡导的学习方式，小学课堂教学优化策略。

☞ 学习本章时，知识要点与具体方法为：

本章内容从“学习动机激发—学习方式改善—课堂教学优化”三个方面展开。首先在厘清学习动机的概念及理论的基础上了解小学生学习动机的激发策略，再理解小学生学习方式的概念、类型及新课程倡导的学习方式，最后认识小学课堂教学优化策略。学习本章内容要注重联系教学案例。

【引子】

罗森塔尔效应

1968 年的一天，美国心理学家罗森塔尔和雅各布森来到一所小学，说要进行 7 项实验。他们从一至六年级各选了 3 个班，对这 18 个班的学生进行了“未来发展趋势测验”。之后，罗森塔尔以赞许的口吻将一份“最有发展前途者”的名单交给了校长和相关老师，并叮嘱他们务必要保密，以免影响实验的准确性。其实，罗森塔尔撒了一个“权威性谎言”，因为名单上的学生是随便挑选出来的。8 个月后，罗森塔尔和助手们对那 18 个班级的学生进行复试，结果奇迹出现了：凡是上了名单的学生，个个成绩有了较大的进步，且性格活泼开朗，自信心强，求知欲旺盛，更乐于和别人打交道。

实验者认为，教师因收到实验者的暗示，不仅对名单上的学生抱有更高期望，而且有意无意地通过态度、表情、体谅和给予更多提问、辅导、赞许等行为方式，将隐含的期望传递给这些学生，学生则给教师以积极的反馈；这种反馈又激起教师更大的教育热情，维持其原有期望，并对这些学生给予更多关照。如此循环往复，以致这些学生的智力、学业成绩以及社会行为朝着教师期望的方向靠拢，使期望成为现实。

第一节　小学生学习动机激发

学习动机既不是学习的必要条件，也不是学习的充分条件，但它是对学习起促进作用的重要条件。激发学生的学习动机是小学教师面临的一个重大问题，无论什么学科，只有激发学生的学习动机，让学生乐于学习，才会使学习更有效率。

一、学习动机概述

（一）学习动机的概念

动机是由一种目标或对象所引导、激发和维持的个体活动的内在心理过程或内部动力，是人类大部分行为的基础。具体而言，动机是发动、指引和维持躯体和心理活动的内部动力。这个定义包含两层意思：第一，动机是一种内在动力，并非活动本身，也不是那些引起活动的外在因素；第二，动机是处于刺激和反应之间的中介，它只能促使个体在某些情况下产生反应。动机的产生依赖两类因素——需要和诱因。需要是有机体感到某种缺乏而力求获得满足的心理倾向，它是有机体自身和外部条件的要求在头脑中的反映，是动机的内在因素。诱因是指促进或阻止行为的物体或事件。

学习动机是引发和维持个体学习活动，并将学习活动指向一定学习目标的动力机制。具体地说，学习动机是引起学生学习活动、维持学习活动，并使该学习活动趋向教师所设定的教学目标的内在心理过程。动机以增强行为的方式促进学习，而所学到的知识反过来又可以增强学习动机。因此，当学生尚未表现出对学习有适当兴趣或动机之前，教师没有必要推迟学习活动。对于那些没有学习动机的学生来说，教学的最好方法应当是尽可能有效地去教他们，让他们感受到学习的乐趣，就有可能产生学习动机。

（二）学习动机的分类

根据不同的划分标准，学习动机可以分为不同的类型。

1. 直接的近景性动机和间接的远景性动机

根据起作用时间的长短划分，学习动机可以分为直接的近景性动机和间接的远景性动机。直接的近景性动机是指由活动的直接结果所引起的对活动的动机，如学生学习是为了应付教师的测验或为了博得教师的好评等。这种动机很具体，效果比较明显，但不够稳定，易随环境的变化而变化。间接的远景性动机是指由于了解活动的社会意义、活动结果的社会价值而引起的对某种活动的动机，如学生学习是为了实现个人对社会做贡献的远大理想而努力学习。这种学习动机既具有一定的社会性和理智色彩，又与个人的志向、理想、世界观相联系，因此，具有较强的稳定性和持久性，能在相当长的时间内起作用。

2. 主导性的学习动机和辅助性的学习动机

根据动机起作用的大小划分，学习动机可以分为主导性的学习动机和辅助性的学习动机。人的动机虽多种多样，但在一定的时期内或某个特定的活动上总是有一种或一些动机处于支配地位，发挥着主导作用，这就是主导性的学习动机。它对人的活动起着主要作用，制约着活动驱动力的大小、活动持续时间的长短以及活动的方向。其他动机则处于从属地位，只起辅助作用，称为辅助性的学习动机。

3. 普通型学习动机和偏重型学习动机

根据动机的强弱标准划分，学习动机可以分为普通型学习动机和偏重型学习动机。

前者是指学习者对所有的学习活动都有学习动机，不但对所有知识性学科都认真学习，而且对技能型学科甚至课外活动也从不怠慢；后者是指学习者只对某种或者某几种学科有学习动机，对其他的学科则不予重视。

4．内部动机和外部动机

根据诱因来源划分，学习动机可以分为内部动机和外部动机。内部动机是指诱因来自于学习者本身的内在因素，即学习者因对活动本身发生兴趣而产生的动机，活动本身就能使其得到满足，无须外力的作用，也不必施以外部报酬和奖赏而使其产生某种荣誉感。如学生从生活经验中知道木头和纸片可以浮在水面上，而小石子和钉子等会沉在水底，而轮船那么重却可以浮在水面上，这些疑问推动他们想去了解物体沉浮的奥秘，这就是内部动机。与此相反，外部动机是指诱因来自于学习者外部的某种因素，即在学习活动以外的、由外部的诱因而激发出来的动机，如学习是为了得到教师的表扬、父母的嘉奖，学习是为了避免因学习失败而受到惩罚等。

5．高尚学习动机和低级学习动机

根据学习动机内容的社会意义，学习动机可以分为高尚学习动机和低级学习动机。高尚学习动机的核心是利他主义，学习者把当前的学习同国家和社会的利益联系在一起。低级学习动机的核心是利己的、以自我为中心的，学习动机只来源于学习者自己眼前的利益。

历年真题

【9.1】有的小学生为了得到老师的鼓励而学习，有的小学生为了得到家长的奖励而努力学习，有的小学生为了让同学瞧得起自己而努力学习。这类学习动机属于（　　）。

A．直接的近景性动机　　B．间接的远景性动机

C．间接的近景性动机　　D．直接的远景性动机

二、学习动机理论

（一）成就动机论

成就动机论是指人愿意去做自认为重要的或有价值的工作，并力求达到完善的一种动机，其代表人物是美国心理学家戴维·麦克里兰德和约翰·威廉·阿特金森。阿特金森认为个人的成就动机可以分成两个部分：一是力求成功的倾向，二是避免失败的倾向。追求成功者喜欢选择难度大、有挑战的工作，他们渴望将事情做得更为完美。一旦成功，目标水平就提高，力求获得更大的成功；一旦失败，就调整成就目标，但不会轻易放弃。避免失败者往往倾向于选择风险小的任务。如很多学生不求高分，但求及格：成功了，继续这样的学习方式（重复做一件事情）；失败了，加剧失败的焦虑。为了消除这种心理的焦虑，避免失败者通常会为自己找合理的借口，有一种“归罪于外”的心理倾向。

（二）自我效能感

自我效能感是指个体对自己是否有能力完成某一行为所进行的推测与判断。这一概念最早由美国心理学家阿尔伯特·班杜拉提出。

自我效能感的核心是效能期望。当人确信自己有能力进行某一活动，他就会产生很强的自我效能感，并去实施该行为。班杜拉强调自我效能的动机作用，认为人们的自我效能感决定了他们的动机水平，具体表现在人们付出努力的多少和面对困难坚持时间的长短。个体的自我效能感越强就越自信，成就动机目标就越高，付出的努力就越大，坚持的时间也越长。所以，自我效能感和成就往往是成正比的。

历年真题

【9.2】简答题：老师如何培养学生的自我效能感。

（三）归因理论

归因理论由美国社会心理学家弗里茨·海德提出。在各种有影响的动机理论中，归因理论可以看作是最能反映认知观点的理论。其基本假设是：寻求理解是行为的基本动因。学生会试图去为他们的成果或失败寻找原因，而对原因的认知会对动机产生重要影响。美国认知心理学家伯纳德·韦纳对个体的归因进行了系统的研究，他发现一般人对行为成功或失败的归因往往归结为六个方面：能力高低、努力程度、任务难度、运气好坏、身心状况及外界环境。这六个因素又可以归为三个维度：稳定性（稳定和不稳定）、控制点（外在和内在）和可控性（可控和不可控）。具体如表 9.1 所示。

表 9.1　韦纳成败归因理论的六因素三维度分析

因素	稳定性		控制点		可控性	
	稳定	不稳定	内在	外在	可控	不可控
能力高低	√		√			√
努力程度		√	√		√	
任务难度	√			√		√
运气好坏		√		√		√
身心状态		√	√			√
外界环境		√		√		√

韦纳认为，每个维度对动机都有重要影响。如果将成功归因为自己聪明（稳定的、内在的、不可控的），成功时就会认为自己能力强，表现得趾高气扬；失败时就会怪自己脑子笨，表现得垂头丧气。如果将成功归因为努力（稳定的、内在的、可控的），成功时就会产生自豪感，鼓励自己继续努力，动机提高；失败时就会再接再厉，相信只要努力总会成功。

归因理论最有价值的一点是，正确的归因能够帮助学生形成学习的内部动机和对于成败的正确认识，有利于其形成正确的自我意识系统，特别是对学习成绩差的学生的学习动机激发更具有意义。

历年真题

【9.3】小丽认为自己考试成绩不理想是因为试题太难。依据韦纳的归因理论，这属于（　　）。

A. 稳定、外在、不可控的归因　　B. 稳定、外在、可控的归因

C. 不稳定、外在、不可控的归因　　D. 不稳定、外在、可控的归因

（四）需求层次理论

需求层次理论是由美国社会心理学家亚伯拉罕·马斯洛提出的，也被称为马斯洛需求层次理论。他认为所有的行为都来源于我们的需求。人的需求由低级到高级的不同层次包括：生理需求、安全需求、归属与爱的需求、尊重的需求、自我实现的需求。后扩展为七个等级，包括生理需求、安全需求、归属与爱的需求、尊重的需求、认知理解需求、审美需求和自我实现的需求。其中，最低层次的需求是生理需求，最高层的需求是自我实现的需求。需求层次理论从人类内在需求的角度解释动机，强调人类的动机来自于各种需求，而各需求之间又有先后顺序与高低层次之分。只有低一级需求基本满足后，高一级需求才能成为行为的动力。

历年真题

【9.4】小学生喜欢亲近老师，渴望得到夸奖。这种需求属于（　　）。

A. 生理需求　　B. 安全需求

C. 归属与爱的需求　　D. 自我实现的需求

（五）强化动机理论

强化动机理论是由行为主义心理学家提出来的，他们不仅用强化来解释学习的发生，而且用它来解释动机的产生。在他们看来，人的某种学习行为倾向完全取决于先前的这种学习行为与刺激因强化而建立起来的稳固联系，强化可以使人在学习过程中增强某种反应发生的可能性。如学生因学习得到了强化（如得到荣誉称号，得到老师和家长的表扬等），就能激发学生较强的学习动机。由此可见，强化动机理论所讲的学习动机，在性质上属于典型的外部动机。学校也经常采用奖励（表扬、奖品、给予特权、高分等）与惩罚（训斥、剥夺权力、低分）等办法来督促学生学习，其目的就是要通过外在诱因来维持学生的学习动机。

通过强化维持学生的学习动机，有两大优势：①见效快；②适用性强，对任何年龄的学生都可适用，特别是对学习目的还不太明确的低龄学生来说，更是不可或缺。很多学生本身对学习就不喜欢，可能很有天赋，需要通过表扬、奖励等方式激发其学

习动机。

三、学习动机激发

（一）设置合理目标

在教学过程中，目标可以用来激发学生的学习动机以改善他们的学业表现。目标设置越合理，就越能激发学生的学习动机。那么，什么样的目标才算合理呢？

（1）具体的、短期内能实现的、难度中等的目标可以有效地激发学生的学习动机。

（2）目标的可接受性也会影响学生的学习动机。

可以通过以下方式来提高目标的可接受性：

（1）引导学生自己制定目标。因为学生自己制定目标有助于他们为实现目标而努力，实现个人价值。

（2）教师与学生一起制定目标。教师可以给学生一些建议，让学生来决定选择哪个目标或目标达成的顺序。在给学生建议时，教师可通过告知其他学生已达成此目标的实际例子、提供达成目标的相关资源。

（3）学生与家长或同伴一起制定目标。

（二）增加学生自我效能感

可以通过以下方式增加学生自我效能感：

（1）通过要求学生形成恰当的预期来实现。比如，教师可让学生回答一些涉及"可能自我"（possible self）的观念性问题。

（2）通过提供挑战性任务来实现。

（3）对学生完成任务的反馈，可能会影响自我效能感，但要视学生先前是否已具备较强的自我效能感。

（4）给予学生向目标迈进的反馈，教会学生通过自我观察和自我表达来监控自己的进步情况，比如可以问"你觉得自己做了多少"，而不是"你做得太毛糙了"，或者问"你觉得自己做得怎么样"，而不是说"很好，你已经大功告成"。

（三）帮助学生学习

（1）大多数学习困难的学生，都将失败归因为不可控制的能力因素，并因此不再做出努力。教师应该采取措施，促使他们将失败归因于可控制的因素（如努力）。

（2）低成就的学生可能不知道如何努力，所以仅仅规劝其用功学习是不够的，还必须教授其有效的学习策略，让学生知道成功或失败取决于在学习及运用策略时的努力程度。

（四）合理奖赏学生

奖赏学生应遵循以下原则：

（1）物质奖励不宜过多。

（2）强化物选择要恰当。

（3）有效表扬应注意的问题。

① 发生在学生做出某种适宜的、良好的行为之后。

② 应指出学生值得表扬的具体行为。

③ 隐含着学生如果付出努力，在将来就有可能获得成功这样的信息。

（五）使学习任务富有变化和有趣

激发内部动机，要求学习任务富有变化和有趣，能够引起学生的好奇心。

（1）变化教学任务、教学方式。创设问题情境是激发学生的求知欲和好奇心十分有效的一种方法。创设问题情境是指提供能使学生产生疑问、渴望从事活动、探究问题的情境，并且学生经过一定的努力能成功解决问题的学习材料、条件和实践。

（2）采用能吸引学生兴趣的学习材料，如：

① 课本内容应当有吸引力。

② 组织有趣的辅助材料。

③ 充分利用教学软件。

历年真题

【9.5】在教学过程中学生得到教师的关注、赏识与期望后，常常表现出更积极的学习行为，这种心理效应是（　　）。

A. 蝴蝶效应　　B. 鲶鱼效应　　C. 马太效应　　D. 罗森塔尔效应

第二节　小学生学习方式改善

改变学生的学习方式就是要转变目前学生被动、单一的学习方式。我们应该提倡多样化的学习方式，让学生成为学习的主人，使学生的主体意识、能动性和创造性不断发展，培养学生的创新意识和实践能力。要改变学生的学习方式，教师首先要改变教育教学观念，只有这样才会将改变学生的学习方式落实到位。

一、学习方式概述

1. 学习的定义

心理学家把学习定义为“通过后天经验引起的能力和倾向的相对持久变化”。按学习的常识观，儿童在读书就是学习。但按学习的定义，如果儿童通过读书这种活动一无所获，即读书没有带来他的能力和倾向的相对持久变化，则不认为是学习。

2. 学习方式的定义

学习方式不是指学习中具体的策略与方法，而是指学习者在各种学习情境中所采取的具有不同动机取向、心智加工水平和学习效果的学习方法和学习形式。

3. 学习理论

理论是行为的向导。不同的学习方式可以找到相应的学习理论依据。

(1) 行为学习理论。行为学习理论认为：个体在不断接受特定的外界刺激后，就可能形成与这种刺激相适应的行为表现，即学习就是刺激与反应建立了联系。其代表人物有巴甫洛夫、桑代克、斯金纳、班杜拉等。

(2) 认知学习理论。认知学习理论包括早期的认知学习理论和现代认知心理学的研究。早期的认知学习理论主要是格式塔心理学的“完形-顿悟”理论和托尔曼的“认知-目的”理论。现代认知心理学有两个方面的内容：一是从理论的角度对学习所进行的研究，以布鲁纳、奥苏泊尔、皮亚杰等的理论为代表；二是以现代信息加工论的研究为代表，主要有加涅的学习信息加工模式。

(3) 人本学习理论。人本学习理论在心理学研究中以其重视人的“自我实现、情感、接受、对他人的关心和尊重、价值、社会活动、人际和人类关系、人类经验的类似方面”而著称于世。它的主要代表人物是马斯洛和美国心理学家卡尔·兰塞姆·罗杰斯。

(4) 建构学习理论。建构学习理论主张世界是客观存在的，但是对于世界的理解却是由个人自己决定的。人以自己的经验为基础建构现实，学生是以自己的方式建构知识。所以，建构学习理论更关注学生以原有知识为基础建构新的知识。

(5) 多元智能理论。多元智能理论是由美国教育心理学家霍华德·加德纳提出。该理论认为每个人都拥有不同的智能：语言智能、逻辑-数理智能、空间智能、运动智能、音乐智能、人际交往智能、内省智能、自然观察智能等。

二、小学生学习方式的基本类型

1. 竞争型

采取竞争型学习方式的学生学习教材是为了做得比班里其他的学生更好。他们认为，必须与班里的其他学生竞争，才能得到诸如分数或教师的注意之类的奖赏。他们把课堂看作是决一胜负的场所，必须始终获胜。

2. 协作型

采取协作型学习方式的学生认为通过分享各种思想观点和才能禀赋，才能学到最多的东西。他们与教师和同伴们合作，喜欢和别人一起工作。他们把课堂不仅看作是教学内容的学习场所，而且也是社交的相互作用的场所。

3. 回避型

采取回避型学习方式的学生对在传统课堂上学习的课程内容不感兴趣。他们不参与课堂上其他学生和教师的活动。他们对班里发生的事不感兴趣或者不知所措。

4. 参与型

采取参与型学习方式的学生想要学习课程的内容，喜欢上课。他们觉得自己有责任从课堂中学到最多的东西，当告诉他们这样做的时候，就与别人一起参与活动。他们认为应该尽量多地参加班里的有关活动，而且几乎不参加与课程学习无关的活动。

5. 依赖型

采取依赖型学习方式的学生很少表现出对知识的好奇心，只学习所要求的内容。他们把教师和同伴看作是结构和支持的源泉。他们指望权威人士的指导，想要别人告诉他们应该做什么。

6. 独立型

采取独立型学习方式的学生喜欢自己思考问题。他们比较喜欢自己学习，但是愿意听到课堂上其他人的想法。他们学习自己认为是重要的，并且根据他们的学习能力能把握的内容。

三、新课程改革倡导的学习方式

新课程改革倡导“自主、合作、探究”的学习方式。

1. 自主

自主学习通常是指主动、自觉、独立的学习，它与被动、机械、接受式的学习相对。自主学习不仅有利于学生提高学习成绩，而且是学生终身学习和毕生发展的基础。自主学习可分为三个方面：一是对自己的学习活动的事先计划和安排，二是对实际学习活动的监察、评价、反馈，三是对自己的学习活动进行调节、修正和控制。自主学习的具体形式多种多样，但始终以激发学生内部动机、“自主探索、自主发现”为主线，由“要我学”变为“我要学”。

2. 合作

学习者通过小组里的互助性学习共同完成学习任务。小组成员既需要承担个人责任，还需要开展互动活动进行促进性的学习。合作学习是一种既适合教师主导作用发挥，又适合学生自主探索、自主发现的教学策略，是新课程中大力提倡的学习方式。合作学习为学习者提供对同一个问题用多种不同的观点进行比较和分析的机会，对问题的深化理解、知识的掌握运用和人际交往能力的提高大有裨益。常见的合作学习形式有讨论、角色扮演、竞争、协同、伙伴。

3. 探究

探究学习是学习者确定探究主题，在创设的探究情境中，开展有组织的探究活动，展示探究成果，从而获得知识、技能，形成探索精神和发展创新能力。探究学习可以使学生逐步确信问题的解决往往来源于分析；有利于学生获得问题分析的方法，知道何时对问题进行分析，如何提出问题、寻求帮助，并且收集足够的信息来解决问题。这种学习方式还有利于学生形成一种主动探究和解决问题的习惯。

第三节　小学课堂教学优化

一、小学课堂教学情境创设

1. 教学情境的含义

从广义上来说，教学情境是指作用于学习主体，产生一定情感反应的客观环境。从狭义上来说，教学情境是指在课堂教学环境中，作用于学生而引起学生积极的学习情感反应的教学过程。

2. 教学情境创设的基本要素

（1）教学情境包含丰富的学科知识、能力因素和相关学科的因素。

（2）由于教学情境应是符合学生已有的认知水平和生活经验的学习环境，因此符合学生认知水平和生活经验的素材是教学情境的必备要素。

（3）教学情境具有调动学生积极学习和成长的情感因素，具有学生参与的角色要素。

（4）教学情境中包含大量的课程资源，体现了学校课程资源较高的开发利用程度，具有可供操作的硬件设施与时空要素。

（5）教学情境具有趣味性和启发性，可以引起学生浓厚的探索问题的兴趣，较好地拓展了问题空间。

3. 创设教学情境的一般程序

（1）教师要明确教学目的和教学内容，分析教学目标的落实点。

（2）教师要了解学生的实际认知能力和实际经历，运用与学生生活和实际经历密切相关的教学素材。

（3）教师要认真筛选丰富的课程资源。

（4）教师要精心设计教学情境和教学方案。在创设教学情境和制订教学方案时必须解决几个问题：教学目标的确定，教学材料的处理与准备，教学情境与教学行为方式的选择，教学组织形式的设计，教学方案的设计与编制。

（5）教师要准备教学设备和试操作。情境教学注重对情境的设置，教师应当尽可能寻找与之相关的道具、图片、影像资料，为教学创造良好的氛围。同时，为了保证教学的质量，教师也应当在正式上课前做好试操作，以保证课堂教学质量。

（6）教师要做好学生可能出现问题的预案。如果课堂教学中获取的学生情况与预想的有所不同，教师应当及时调整教学方案，从而达到教学目的。

4. 创设教学情境的方法

（1）借助语言创设教学情境。

语言是创设课堂教学情境最常用的手段和方法。在课堂教学中，教师与学生之间、学生与学生之间的互动交流在很大程度上都依赖于语言。教师运用生动、优美的语言创设教学情境，使学生沉浸在教师勾勒的美景氛围中的同时学习知识、掌握技能。幽默风趣、清晰、精确的语言可以使教学内容变得生动、形象，从而形成良好和谐的课堂气氛，达到最佳的教学效果。

（2）借助问题创设教学情境。

建构主义认为，学习总是与一定的问题情境相联系的。问题情境下的学习可以激发学生的积极情绪，激起学生的求知欲，促进学生潜能的发展，对当前所学的知识进行“同化”“顺应”，从而达到一定意义上的建构。根据教学内容，创设新奇的、具有神秘色彩的教学情境，能够有效地激发学生的学习兴趣，培养学生的创新和探究能力。

（3）借助多媒体创设教学情境。

心理学家认为，经验和实践是认识事物的最好方式，多媒体技术正是将这种经验和实践具体体现的最好方式，可以通过生动活泼的形式使学生身临其境地学习。

（4）运用游戏创设教学情境。

教师根据学生的心理特点和教材内容，设计各种游戏，创设教学情境，以满足学生爱动好玩的心理，从而产生一种愉快的学习氛围。学生在愉快的教学氛围中，在同伙伴游戏玩耍的过程中，不知不觉地学到书本中的内容，同时还能收获书本以外的知识。

（5）运用故事创设教学情境。

教师绘声绘色地讲述生动的故事，往往是激发学生学习兴趣的良方。运用故事创设情境易于被学生接受，这可以使他们产生身临其境之感，全身心地投入到课堂之中。

二、小学课堂教学组织形式

1. 教学组织形式的概念

教学组织形式是指为完成特定的教学任务，教师和学生按照一定要求组合起来进行活动的结构。教学组织形式所要解决的问题，就是教师以什么样的形式将学生组织起来，通过什么样的形式与学生发生联系，教学活动按照什么样的程序展开，教学时间如何分配和安排等问题。

教学组织形式主要受教学观念、教学任务、教学内容、教学对象和教学条件等因素的制约。

2. 常见的教学组织形式

在教育史上先后出现的影响较大的教学组织形式有个别教学制、班级授课制（班级教学）、分组教学制、设计教学法、道尔顿制、文纳特卡制和特朗普制。其中，班级授课制（班级教学）是我国现行的教学组织形式。

历年真题

【9.6】目前我国小学普遍采用的主要教学组织形式是（　　）。

A. 班级教学　　B. 分组教学　　C. 复式教学　　D. 个别教学

（1）近现代教学的基本组织形式——班级授课制（班级教学）。

班级授课制（班级教学）是把学生按照年龄和知识程度分成固定人数的班级，教师根据教学计划和规定的时间表进行教学的一种组织形式。它的特点是：把学生按照年龄和知识水平分别编成固定的班级，即同一个教学班学生的年龄和程度大致相同并且人数固定；有统一和固定的教学内容，教师按照规定的教学计划、课程标准和教科书进行教学；把教学内容以及围绕实现这种内容的教学手段、教学方法而展开的教学活动按学科和学年分成许多小的部分，分量不大，大致平衡，彼此连续而又相对完整，这每一小部分内容和教学活动就叫作“一课”，一课接着一课进行教学；把每“一课”规定在统一而固定的单位时间里进行。单位时间可以是45分钟、40分钟或是30分钟，但都是统一的和固定的。课与课之间有一定的间歇和休息。对学科而言，可能是单科独进，也可能多科并进、轮流交替。

（2）现代教学的辅助形式。

个别辅导是在课堂教学的基础上教师针对不同学生的情况进行个别辅导的教学组织形式。个别辅导一般是在学生已有的学习基础上，通过学生的复习、预习和对自己感兴趣的问题深入学习，发现自己还不明白的问题，然后向教师请教，教师针对学生的具体情况进行个别辅导。

现场教学是指学校除了班级教学之外，还要让学生通过自然和社会实践获得必要的直接经验，验证或运用理论知识，借以开阔眼界，扩展知识，激发学习热情，培养独立工作的能力，陶冶品德。这种在自然和社会实践中进行教学的组织形式，便是现场教学。

3. 新型教学组织形式

（1）翻转课堂。

翻转课堂是指在信息化环境中，教师提供以教学视频为主要形式的学习资源，学生在上课前完成对教学视频等学习资源的观看和学习，师生在课堂上一起完成作业答疑、协作探究和互动交流等活动的新型教学组织形式。

（2）微课。

微课是指按照新课程标准及教学实践的要求，以教学视频为主要载体，记录教师在课堂内外教育教学过程中围绕某个知识点（重点、难点、疑点）或教学环节而开展的精彩的教与学活动全过程。微课的主要特点有：教学时间较短，教学内容较少，资源容量小，资源构成“情景化”等。

（3）微格教学。

微格教学是一个有控制的时间系统，它是师范生和在职教师有可能集中解决某一特定的教学行为，或在有控制的条件下学习。它是建立在教育理论、试听技术的基础上，系统训练教师教学技能的方法。

从操作方式上来说，它是指以少数的学生为对象，在较短的时间内（5—20 分钟）尝试小型的课堂教学，可以把这种教学过程摄制成录像，课后进行分析。这是训练教师、提高教学水平的一条重要途径。

（4）慕课。

慕课（MOOC）是一种在线课程开发模式，它发端于过去的那种发布资源、学习管理系统以及将学习管理系统与更多的开放网络资源综合起来的旧的课程开发模式。通俗地说，慕课是大规模的网络开放课程，它是为了增强知识传播而由具有分享和协作精神的个人组织发布的、散步于互联网上的开放课程。

三、小学教师的课堂教学行为及其对学生学习的影响

1. 课堂教学行为

课堂教学行为是教师在课堂中一切行为表现的统称，它既包括言行、举止等外在动作，又包括内在心理活动。它是有方向、有目标，从需要出发为目标服务的。教师的课堂教学行为主要表现在教学语言的使用上，包括口头语言、体态语言和书面语言三个方面。

（1）口头语言。

教师的口头语言是教学过程中的主导语言。它是教师根据教学任务，针对特定的学习对象，使用规定的教材，按照一定的教学方法，在有限的时间内，为达到某种预期的效果而使用的语言。口头语言包括教师的课堂讲授、口头要求和言语反馈。

（2）体态语言。

体态语言又叫教师的非言语行为。诸如表情、眼神、手势与服饰等都属于一个人的非言语行为。教师的这些非言语行为会直接影响到学生对学习的兴趣，有助于课堂

教学效果的提高。

（3）书面语言。

书面语言在课堂上主要指教师将课本上具有知识性和教育性的重点语言再度板书于黑板，呈现在学生眼前的语言。书面语言具有很强的直观性和导向性，有助于加深学生对所学知识的印象，启发学生抓住重点和难点。

2. 教学行为对学生学习的影响

（1）教学行为对学生学习动力的影响。

首先，教师在课堂上的言语举动，如授课方式、对学生提问的语气、对学生回答问题的评价等都会影响学生学习的积极性。因此，教师在教学过程中要面向全体学生，调动学生的学习积极性。其次，教师在课堂教学过程中还应注意讲解与练习的结合，依据学生的心理合理分配时间。最后，还要加强师生以及生生的有效互动。

（2）教学行为对学生学习的影响。

教师的教学行为会给课堂气氛带上某种色彩，不同的态度和行为会形成不同的课堂气氛。教师要善于营造积极向上的课堂气氛，为激发学生的学习动机创造条件，提高学生参与学习的积极性和主动性，顺利实现预期的教学目标。

（3）教学行为对学生个性发展的影响。

教师在教学中应始终控制好自己的情绪，保持饱满、快乐、振奋、良好的精神状态，并以自身良好、积极、高尚的情操去感染和影响学生，以自身高尚的人格魅力去塑造学生高尚的人格，使学生处于愉悦、积极的情绪之中，为学习打下良好的基础。

历年真题

【9.7】材料分析题。

材料：陈老师和王老师在各自班上教学《孙悟空三打白骨精》一课，都提出这样一个问题：“你喜欢文中的谁？为什么？”有的学生说喜欢孙悟空，有的说喜欢唐僧……出乎意料的是，两个班里都有学生说喜欢白骨精，理由是白骨精为了吃到唐僧肉不怕困难，坚持不懈。但是，两位老师的处理方式却不同。陈老师的回应是：“你的想法很独特，有创意。”王老师则反问那个学生：“白骨精做的是好事还是坏事？”学生想了想，回答：“坏事。”王老师接着问：“白骨精不怕困难，坚持不懈做坏事，你也喜欢她吗？”学生红着脸摇了摇头。

问题：（1）对两位老师不同的理答进行评析。

（2）结合材料谈谈课堂教学评价的功能。

四、小学课堂教学策略

1. 直接教学策略

直接教学策略是一种以教师为中心的教学策略，主要是由教师向学生提供信息，教师的作用是以多种方式把事实、规则和动作序列传达给学生。直接教学策略通常是以演讲、朗诵的形式为主，辅以解释、举例、练习以及纠正与反馈等教学行为。这种教学策略比较适合对事实、规则、活动过程的讲解与指导。最具代表性的教学方法就是讲授法。

直接教学策略的特征有：①面向全体学生实施教学，②围绕一个明确的主题组织教学，③提供详细的、反复的练习，④采用“小步子”原则呈现材料，⑤学生需要进行一定的练习。

直接教学的程序为：①日常复习与检查，②呈现与组织新内容，③指导学生练习，④反馈与纠正。

历年真题

【9.8】作为一种常用的课程教学方法，讲授法的主要局限在于（　　）。

A. 难以呈现系统科学知识　　B. 难以控制教学时间

C. 难以发挥教师主导作用　　D. 难以做到因材施教

2. 自主型教学策略

自主型教学策略既是一种教学策略又是一种学习方法，它可以让学生更快地进入到学习的过程中，从而取得行为复杂、层次更高的成果。

要使自主型教学达到预期的教学效果，发挥其实际效用，教师在组织学生自主学习时就必须有系统的教学策略，必须使学生熟悉整个教学过程：首先，认识学习的课题，抓住目标；其次，探求解决问题、实现目标的策略与方法；最后，总结学习成果，并开展实际应用的练习。

3. 共同解决教学策略

共同解决教学策略是指借助师生对话，共同思考、共同探求、共同解决问题、共同获得知识的策略。它的基本形态是教学对话与课堂讨论。课堂教学离不开师生之间的互动与交流，而互动与交流最常用、最主要的方式是师生间的对话。教师应根据不同学生的类型采取不同的处理方式，促进学生更好地参与到学习活动中。例如，对理解能力强、上课积极回答问题的学生，教师可利用他们活跃课堂气氛，起到带头作用；对理解能力弱、回答问题又积极的学生，教师则应引导其进一步对问题进行思考，不要挫伤其学习积极性。

五、小学课堂总结方法

1. 归纳法

归纳法是指教师引领学生以准确、简练的语言对课堂讲授的知识进行归纳、概括、总结，梳理讲授内容，理清知识脉络，突出重点和难点，归纳出一般的规律、系统的知识结构等方法。它可以在一节课结束时进行，也可以在几节课结束后进行。

2. 比较法

比较法是指教师对教学内容采用辨析、比较、讨论等方式结束课堂教学的方法。比较法意在引导学生将新学的概念与原有认知结构中的类似概念或对立概念，进行分析、比较，既找出它们各自的本质特征，又明确它们之间的内在联系和异同点，使学生对内容的理解更加准确、深刻，记忆更加牢固、清晰。

3. 悬念启下法

悬念启下法是指在课程结束时，教师选择时机设置悬念，引发学生探究欲望的方法。课堂在扣人心弦处戛然而止，教师打出“预知后事如何，且听下回分解”的招牌，引发学生产生了继续探究的强烈愿望，从而为后续教学奠定良好的基础。

4. 练习法

练习法是指教师通过让学生完成练习、作业的方式结束课堂教学的方法。这是最简单、最常用的一种结课方式。教师通过精心设计的练习题，既使学生所学基础知识、基本技能得到巩固和运用，又使课堂教学效果得到及时的反馈。

5. 游戏法

游戏法是指一种把练习内容寓于游戏之中的结束课堂教学的方法。小学生往往对大量的、枯燥的练习缺乏兴趣，甚至产生厌倦心理，学习处于被动状态。采用游戏法结课能帮助学生从厌倦的情绪中解放出来，唤起他们主动参与练习的激情，收到事半功倍的效果，并从中体验成功的喜悦，唤起学生再一次追求成功的心向。

6. 提问法

提问法是指在课堂结束时，教师围绕教学内容进行口头提问，然后教师或其他学生根据回答的情况进行必要的修正和补充的方法。提问必须针对要点、难点和关键点，切忌走题。

历年真题

【9.9】教完古诗《草》后，于老师扮演耳背的奶奶让学生背给他听，故意将“一岁一枯荣”听成“一岁一窟窿”，让学生纠正并解释。这种课堂总结方法属于（　　）。

A. 归纳法　　B. 练习法　　C. 游戏法　　D. 提问法

☞ 本章小结

本章内容为小学教学实施，分别从小学生学习动机的激发、学习方式的改善以及课堂教学优化三个角度进行阐述。希望通过本章的学习，学习者不仅可以认识到在教学中要关注知识的传授，而且也要关注学习方式的改善，关注学习动机的激发，达到不仅授人以鱼，且要授人以渔，更要激之以欲。

本章要点回顾

- 小学教学实施
  - 小学生学习动机激发
    - 学习动机概述
      - 学习动机的概念
      - 学习动机的分类
    - 学习动机理论
      - 成就动机论
      - 自我效能感
      - 归因理论
      - 需求层次理论
      - 强化动机理论
    - 学习动机激发
      - 设置合理目标
      - 增加学生自我效能感
      - 帮助学生学习
      - 合理奖赏学生
      - 使学习任务富有变化和情趣
  - 小学生学习方式改善
    - 学习方式概述
    - 小学生学习方式的基本类型
    - 新课程改革倡导的学习方式
  - 小学课堂教学优化
    - 小学课堂教学情境创设
    - 小学课堂教学组织形式
    - 小学教师的课堂教学行为及其对学生学习的影响
    - 小学课堂教学策略
    - 小学课堂总结方法

学习资源

1. 庞维国. 自主学习：学与教的原理和策略［M］. 上海：华东师范大学出版社，2003.

2. 伍新春，康长远. 合作学习［M］. 北京：北京师范大学出版社，2004.

3. 刘桂旺，安海霞，邱坤彬. 自主课堂：理论探索与实践 50 例［M］. 上海：华东师范大学出版社，2020.

4. 张华. 让学生创造着长大：2022 年版义务教育课程方案和课程标准核心理念解析［M］. 北京：教育科学出版社，2022.

第十章

小学教学评价与反思

☞ 学习完本章，应该做到：

◎ 了解：小学教学评价的功能、类型、内容与方法。
◎ 识记：小学教学反思的概念、意义、内容与方法。
◎ 运用：能对小学课堂的教学设计和实施进行恰当的评价与反思。

☞ 学习本章时，重点内容为：

◎ 教学评价的类型、教学评价及教学反思的应用。

☞ 学习本章时，知识要点与具体方法为：

本章内容按“教学评价及其类型”和“教学反思及其意义”两条主线展开。第一在厘清教学评价内涵的基础上，理解教学评价的类型和主要方法。第二在了解教学反思概念的基础上，理解教学反思对教师专业发展的意义，学会用教学反思的方法促进专业成长。

【引子】

教育，要注重过程中的生长①

华东师范大学钟启泉教授曾在一篇文章中谈及美国小学四年级数学课的一个案例：教师在黑板上写下“90−65=?”，然后请几位学生在黑板上演算。

第 1 位学生列出竖式后，茫茫然而不知所措。

第 2 位学生边扳指头边思考，支支吾吾地回答不出来。

第 3 位学生在黑板上画出 9 根长线并划去 6 根，然后在剩下的 3 根长线中将其中 1 根截去一半，再写出答案“25”。

第 4 位学生先在黑板上演算“90−60=30”，再演算“30−5=25”。

考试成绩就是教学效果吗？答案正确了就够了吗？……
教学评价确实需要认真学习和研究。

第一节　小学教学评价

一、小学教学评价及其功能与类型

（一）教学评价的概念

教学评价是指以教学目标为依据，按照科学的标准，运用一切有效的技术手段，对教

① 吴举宏．教育，要注重过程中的生长［J］．人民教育，2013（8）：48-49.

学过程及其结果进行测量，并给予价值判断的过程。教学评价是对教学工作质量所做的测量、分析和评定，包括对学生学业成绩的评价、对教师教学质量的评价和课程评价等。

教学评价已经有了很长的发展历史，最早的评价是考试。19 世纪末 20 世纪初由于实验心理学的进步、统计学的兴起，教育理论工作者开始尝试用心理测验的方法，实现学生学业成绩评价的客观化、标准化，评价进入了教育测验阶段。从 20 世纪 30 年代开始，随着心理学的进一步发展，人们开始了对教育测验的反思，教育测验逐步向教育评价发展。最早倡导从测验转向评价的是美国著名的课程理论和教育评价专家泰勒。

（二）教学评价的功能

1. 诊断功能

诊断功能是指教学评价不仅能了解在多大程度上实现了教学目标，而且还能了解教学中的主要经验和问题，解释教学效果不佳的原因等，对教学起直接的诊断作用。

2. 激励功能

激励功能是指教学评价可以及时反映教师的“教”和学生的“学”的实际效果，对教师和学生起到直接的监督和强化作用。

3. 调节功能

调节功能是指教学评价可以帮助师生根据教学情况及时调节自己的教学内容、教学方法和教学过程等，从而改进教学。

（三）教学评价的类型

1. 按评价基准分类，教学评价可分为相对性评价、绝对性评价和个体内差异评价

相对性评价又叫常模参照性评价，是以常模作为评价的参照，把学生的成绩跟常模里的其他学生比较，以确定学习成绩的相对位置和名次，排名次的考试和选拔性招聘类的考试都属于相对性评价，如高考、教师招聘考试等。

绝对性评价又称目标参照评价。这种评价是设置好一个具体的目标，然后把学生的成绩与之进行比较，判断学生是否达标只看学生的成绩是否达到预设的标准。过关类的考试、资格类的考试都属于绝对性评价，比如教师资格考试、机动车驾驶考试、英语四、六级考试等。

个体内差异评价是被评价者自己跟自己比较，自己的现在跟过去比较，或者是自己的某一个方面跟另一个方面比较。

历年真题

【10.1】虽然小明的期末测验成绩不高，但与期中测验成绩相比有所提高，老师仍颁给他“学习进步奖”。这种评价属于（　　）。

A. 相对性评价　　B. 绝对性评价　　C. 个体内差异评价　　D. 终结性评价

【10.2】小红语文测验得了 90 分，但与全班平均成绩相比属于“中下”，语文老师鼓励她继续努力，争取取得更好成绩。这种评价方式属于（　　）

A. 标准参照评价　　B. 常模参照评价　　C. 个体内差异评价　　D. 形成性评价

【10.3】在小学阶段提倡运用的“档案袋评价”属于（　　）。

A. 量化评价　　B. 质性评价　　C. 绝对评价　　D. 相对评价

2. 按评价功能分类，教学评价可分为诊断性评价、形成性评价和总结性评价

诊断性评价也称教学前评价或前置评价，一般是在某项活动开始之前，为使教学计划更有效地实施而进行的评价。通过诊断性评价，教师可以了解学习的准备情况，也可以了解学生学习困难的原因，由此决定对学生的适当对待。

形成性评价是在教学进行过程中，为引导教学前进或使教学更为完善而进行的对学生学习结果的确定。它能及时了解阶段教学的结果和学生学习的进展情况、存在问题等，以便及时反馈，使教师及时调整和改进教学工作。形成性评价进行得较频繁，如单元结束评估、章节小测验等。形成性评价一般又是绝对性评价，即它着重于判断前期工作达到目标的情况。对于提高教学质量来说，重视形成性评价比重视总结性评价更有实际意义。

总结性评价又称事后评价，一般是在教学活动告一段落时为把握最终的活动成果而进行的评价。例如，学期末或学年末各门学科的考核、考试等，目的是验明学生的学习是否达到了各科教学目标的要求。总结性评价注重的是教与学的结果，借此对学生所取得的成绩做出全面鉴定，区分等级，对整个教学方案的有效性做出评定。

3. 按评价主体分类，教学评价可以分为内部评价和外部评价

外部评价是指被评价者以外的专业人员进行的评价，评价可以是统计性分析，也可以是文字描述。

内部评价就是指自我评价，包括课程设计者或者使用者自己进行的评价。

4. 按评价表达分类，教学评价可分为定性评价和定量评价

定性评价是对评价资料做“质”的分析，是运用分析和综合、比较与分类、归纳和演绎等逻辑分析的方法，对评价所获得的数据、资料进行思维加工。分析的结果有两种：一是描述性材料，数量化水平较低甚至毫无数量概念；二是与定量分析相结合，包含数量化但以描述性为主的材料。一般情况下，定性评价不仅用于对成果或产品的检验分析，而且更重视对过程和要素相互关系的动态分析。

定量评价则是从“量”的角度，运用统计分析、多元分析等数学方法，在复杂纷乱的评价数据中总结出规律性的结论。由于教学涉及人的因素，各种变量及其相互作用关系比较复杂。因此，为了提示数据的特征和规律性，定量评价的方向、范围必须由定性评价来规定。定性评价和定量评价是密不可分的，两者互为补充、相得益彰，不可片面地强调一方而忽视了另一方。

历年真题

【10.4】学期末，李老师对小明作出的评语是：“这个学期你上课听讲比以往认真，积极回答课堂提问，能按时完成作业，学习成绩有很大进步。继续加油，我看好你哦！”这种评价属于（　　）。

A. 绝对评价　　B. 相对评价　　C. 量化评价　　D. 质性评价

二、小学教学评价的内容

小学教学评价的内容主要是学生发展状况、教师授课质量及课程和教材等。此外，诊断学校中存在的特殊问题，评价教改实验，评估学校的总体表现等，也是评价工作包含的内容。

（一）学生发展状况评价

学生发展状况是衡量教学水平最主要的指标，评价的基本内容是评定学生的学业成绩、行为表现和身体状况等，即评价与德育、智育、体育、美育和劳动技术教育等相对应的教育质量。学业成绩不仅指知识领域的学习成绩，而且还包括技能和情感领域的学习表现。行为表现评价是指操行评定，用以考查学生在道德品质方面的表现。身体状况评价包括体质、体力、精力、卫生习惯和生活方式等方面的内容。

（二）教师授课质量评价

教师授课质量评价一般包括教学目标完成情况、学生的课堂参与程度、内容安排、教学方法的选用、语言表达、教学原则的遵循等方面。评价形式有专家评价、同行评价、学生评价和自我评价等，大多采用听课、评课的方式。

（三）课程和教材评价

课程和教材评价主要是对课程内容的评价，包括对教材的内容、组织编排、辅助材料等进行评议。此外，教师也可以开展微观的对课程或教材的评价活动，如课堂教学内容是否适当，语文教材在听、说、读、写方面的内容设计是否得当，教材处理有哪些困难等。

三、小学教学评价的方法

小学教学评价一般从建立评价目标开始，并以此为基础，收集被评价对象的信息，加以分析、评判，最终做出评价。

教学评价的总目标可以划分为与学业成就直接相关的评价目标和与学业成就间接相关的评价目标：前者主要包括知识、技能、情感、价值观以及学科核心素养等，后者主要包括学生的智能、性格倾向、身体发展、所处环境等。评价目标不能局限于知识技能，还应包含对学生其他身心发展方面的评价，如思想品德、学习积极性等。在实际评价时，往往针对目标中的某一个方面进行，需要对这一目标进行详细分解。收集评价信息可以通过观察、问卷和访谈等方式进行。

小学教学评价的主要方法有课堂观察、量表评价、标准化测验。

（一）课堂观察

课堂观察是指评价者运用一定的方法或手段，在对课堂教学过程进行有目的、有意识地记录、分析和研究的基础上谋求改善学生课堂学习、促进教师发展的专业活动。在课堂观察中评价者可以进行全程观察和重点观察。全程观察是指评价者全方位地观察课堂教学过程。在观察过程中，评价者应不放过任何一个细节，对一些特殊行为保持高度的敏感，并对这些行为进行及时的记录和分析。通常这一类观察的难度较大，要求评价者有熟练的观察技能和丰富的观察经验。重点观察则是指评价者根据事先确定的观察重点，有针对性地进行观察和记录。在观察过程中，评价者往往会借助一些事先准备的观察工具。重点观察还包括评价者事先与教师拟定评价重点，如重点学生、重点事件等，在随堂听课中有意识地围绕这些重点内容进行观察。课堂观察有现场观察、监视监听、录音录像等形式。

（二）量表评价

量表评价是指评价者通过编制评价量表对课堂教学进行评价的方法。在课堂教学评价中使用量表评价时，量表中的指标或指标体系是评价的基础。指标是指具体的、行为化的、可测量或可观察的评价内容，即根据可测或可观察的要求而确定的评价内容。

1. 评价指标体系设计的程序和技术

评价指标体系设计的基本程序通常包括三个阶段。

（1）发散阶段。这一阶段的主要任务是分解教育目标，提出详尽的初拟评价指标。在这个阶段，评价者通常可以采用头脑风暴法和因素分解法。前者是指在专家会议中，各抒己见，即席发言，初拟评价指标。后者是指将评价指标按照被评价对象本身的逻辑结构逐级进行分解，把分解出来的主要因素作为评价指标的方法，在分解的过程中需要使用统一的分解原则，且分解出来的指标在上下层次之间应该相互照应，按照由高到低的层次逐级分解。

（2）收敛阶段，即对初拟评价指标体系进行适当的归并和筛选。这个过程可以采用经验法、调查统计法和模糊聚类法，同时应该遵循一些基本原则，即评价指标应具有重要性、独立性，评价指标应反映被评价对象的本质属性。

（3）实验修订阶段，即评价者选择适当的被评价对象进行小范围的实验，并根据实验结果，对评价指标体系及评定标准进行修订。

2. 指标权重的确定

权重是指根据各组成指标在指标体系中的重要性和作用大小，所分别赋予的不同数值。权重代表了评价指标的重要性程度。指标权重的确定可以采用关键特征调查法、两两比较法、专家评判平均法和倍数比较法。关键特征调查法是先请被评价对象从所提供的备选指标中找出最关键、最有特征的指标等，对评价指标进行筛选并求出其权重的方法。两两比较法则是对评价指标进行逐对比较，并加以评分，然后分别计算各评价指标得分的总和。专家评判平均法则是对已经确定的评价指标，分别请专家评判其重要性，然后以专家评判结果的平均数为各指标的权重。倍数比较法则是对已确定的评价指标，以每一级评价指标中重要性程度最低的指标为基础，计为 1，然后将其他评价指标与之相比，做出重要性程度是它多少倍的判断，再经归一化处理，即可获得该级评价指标的权重。

（三）标准化测验

标准化测验是学业测试的传统方式，也是常用的一种评价方式。标准化测验要经历一系列的基本程序。

1. 明确测验目标

只有明确测验目标，才能保证有向性，避免盲目性。通常，测验目标就是教育目标，它是教、学、评、督、考的共同依据。

2. 确定测验内容

通常，这是在内容抽样和测验目标的基础上形成的。一般而言，这个过程由双向细目表来确定测验内容中所涉及的每一内容范围的相对比例，测验目标中每一层次目标的相对比重，每一测验目标层次在每一测验内容范围上的相对比重。双向细目表通常由测验目标、测验内容和权重构成。在收集测验材料的过程中要遵循以下原则：①测验材料要适合测验目的；②测验材料要能够代表该教材的全部内容；③测验材料要有普遍性；④测验材料要适合学生的程度并能鉴别学生的学习水平；⑤测验材料要能激发学生的进取心。

3. 测验设计

测验设计主要的工作包括：①测验形式的确定，即测验采用何种形式的问题；②测验题目类型的确定，主要有主观题和客观题两种类型；③测验具体题型的确定与题目编制，即确定主观题和客观题的具体形式并进行相应的题目编制；④测验题目的确定；⑤测验时间的确定；⑥测验题目的编排。

4. 测验的技术分析与鉴定

测验的技术分析与鉴定主要包括三个程序：①编写复本与进行预测。前者是重要考试的必要步骤；后者则希望获取考生的信息，以此作为测验定量分析的依据。②测验的质量分析，主要包括定量分析和定性分析。定量分析包括题目的难度分析、区分度分析、信度分析和效度分析。定性分析强调观察、分析、归纳和描述。③测验的标准化。在标准化测验中，不同的题型有不同的应用和设计技巧，后面将会展开介绍。

历年真题

【10.5】教师通过听写英语单词，了解学生的掌握情况。这种评价方式属于（　　）。

A. 测验评价　　B. 量表评价　　C. 实作评价　　D. 档案袋评价

【10.6】课程实施中，不适合评价“情感态度与价值观”目标达成度的方法是（　　）。

A. 课堂观察　　B. 活动记录　　C. 标准化测验　　D. 课后访谈

第二节　小学教学反思

一、教学反思的概念及其意义

（一）教学反思的概念

教学反思是指教师以自己的课堂教学实践为思考对象，对自己所作出的行为、决策以及由此产生的结果进行审视和分析，总结经验教训，进一步提高教育教学水平的活动。教学反思是教师提高个人业务水平的一种有效手段。

（二）教学反思的意义

1. 教学反思促进教师改进教学

教师对教学进行反思，及时发现问题，这是教学得以改进的前提条件。

2. 教学反思促进教师提升理论素养

反思教学、分析教学、改进教学是基于实践的有效教学研究，是提升教师理论素养的重要途径。

3. 教学反思促进教师提高教学境界

教学反思能够提高教师的问题意识，培养教师的批判性思维，提高教师理性分析问题的能力，提升教师的理论水平，实现由“经验型”向“研究型”和“创造型”角色转变。

二、教学反思的内容与方法

（一）教学反思的内容

教学反思包括教学前反思、教学中反思、教学后反思。

1. 教学前反思

教学前反思的内容包括反思教学内容、阶段及具体实施方法是否符合学生的需要和满足这些需要的具体目标，以及达到这些目标所需要的动机、教学模式和教学策略。教师还要对学科、教材、单元、课时等列出反思的关键项目。如：第一，需要教给学生哪些关键概念、结论和事实；第二，教学重点和教学难点的确定是否准确；第三，教学内容的深度和范围对学生是否适度；第四，所设计的活动是否有助于达到教学目标；第五，教学内容的呈现方式是否符合学生的年龄特征和心理特征；第六，哪些学生需要特别关注；第七，哪些条件会影响教学的效果等。

2. 教学中反思

教学中反思是教师在教学过程中，对不可预料情况发生进行的反思以及教师在和学生的互动作用中，根据学生的学习效果反馈，对教学活动进行的调整。不可预料情况发生时，教师要善于抓住有利于教学活动创造性实施的因素，因势利导。

教学中反思要求教师全身心地投入到教学活动中，调动各种感官捕捉反馈信息，快速、灵活地做出调整和反应。教师可运用录音和录像技术等观察手段为以后的教学后反思提供信息。

3. 教学后反思

教学后反思是围绕教学目标、教学内容、教学过程等方面进行的，具体为：

第一，教学目标方面：确定教学目标的适用性；实现教学目标所采取的教学策略的合理性。

第二，教学内容方面：是否符合教学目标、学生身心发展、学生生活经验等。

第三，教学过程方面：是否达到预期的教学效果；是否符合教与学的基本规律；

各类学生是否达到了预定目标；改变计划的原因和方法是否有效，采用别的活动和方法是否更有效；教学计划怎样修改会更有效，等等。

教学反思的过程是教师借助行动研究，不断地探讨与解决教学问题，不断地提升教学实践的合理性，不断地提高教学效益和教学科研能力，促进教师专业化的过程。

（二）教学反思的方法

1. 反思日记

在一天的教学工作结束后，教师写下自己的经验，并与其指导教师共同分析。教师可以写自己的成功之处、不足之处，也可以写改进设想等。

2. 观摩比较

教师相互观摩彼此的教学，详细描述所看到的情景，并进行讨论分析，以促进教师改进教学。

3. 协同讨论

来自不同学科或不同年级、不同学校的教师聚集在一起，首先提出课堂上发生的问题，然后共同讨论解决的办法，最后得到的方案为所有的教师及其他学校所共享。

4. 行动研究

为弄明白课堂上遇到的问题的实质，探索改进教学的行动方案，教师及研究者合作进行调查和研究。

5. 学生反馈

教师在课后深入到学生中，通过特定的问题和学生进行沟通交流，找出实际存在的问题，把握学生的学习程度，了解学生的知识结构，制定出相应的教学预案。

历年真题

【10.7】张老师经常采取一些有效的方法进行教学反思。下列不属于教学反思的是（　　）。

A. 撰写教学后记编　　　　B. 制定课程标准

C. 撰写教学案例　　　　D. 编写教学日志

☞ 本章小结

教学评价与教学反思是教学工作的重要组成部分，是改进教学工作的重要手段，也是教师专业发展的重要途径。本章内容包括小学教学评价与小学教学反思两个部分：前者主要介绍教学评价的概念、功能与类型，小学教学评价的内容与方法等；后者主要介绍教学反思的概念、方法与内容等。内容简单，但意义重大，既要求树立评价与反思理念，又要求掌握其基本方法。

☞ 本章要点回顾

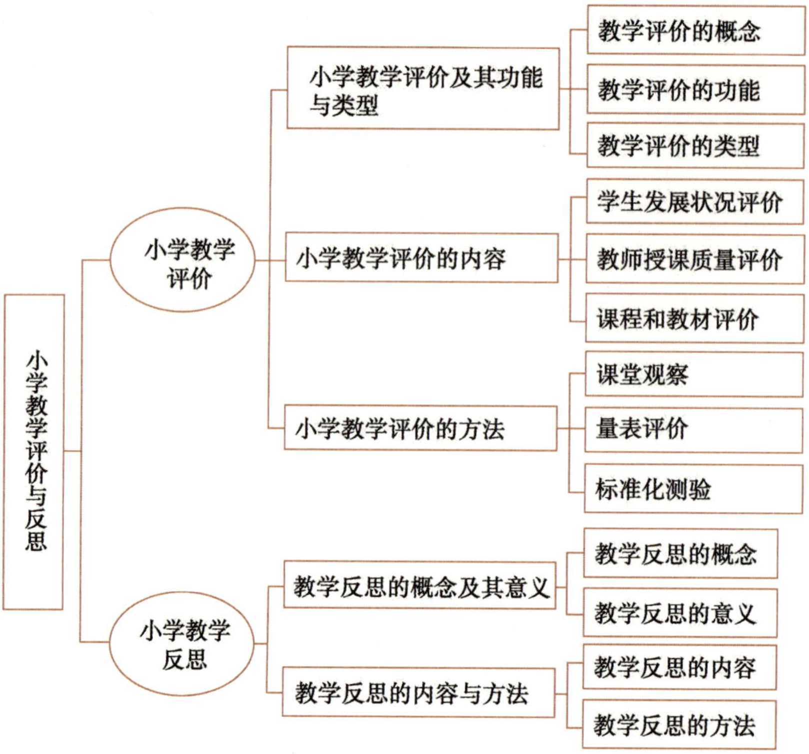

☞ 学习资源

1. 王少非．课堂评价［M］．上海：华东师范大学出版社，2013.

2. 李坤崇．教学评估：多种评价工具的设计及应用［M］．上海：华东师范大学出版社，2011.

3. 陈多仁．课堂教学评价［M］．北京：高等教育出版社，2017.

4. 邵朝友．基于学科素养的表现标准研究［M］．上海：华东师范大学出版社，2017.

5. 周文叶．中小学表现性评价的理论与技术［M］．上海：华东师范大学出版社，2014.

第十一章

小学德育

☞ 学习完本章，应该做到：

◎ 了解：小学生思想品德发展的基本规律和特点。
◎ 识记：德育的概念、内容。
◎ 理解：德育理论，小学生德育的规律、原则和方法。
◎ 应用：能够遵循小学生身心发展规律，有针对性地开展德育。

☞ 学习本章时，重点内容为：

◎ 德育理论、德育规律、德育原则和德育方法。

☞ 学习本章时，知识要点与具体方法为：

本章内容按“德育与品德发展”和“德育的规律、原则和方法”这两条主线展开。首先在厘清德育内涵的基础上理解德育与品德发展，在理解品德发展理论的基础上加深对德育的认识。其次通过掌握德育规律、德育原则和德育方法，提高小学德育实施能力。

【引子】

守住孩子品德的底线①

我的高中学校利用暑期将教室及走廊的墙壁粉刷一新，但开学后的某一天却在高二年级走廊雪白的墙上出现了一个刺眼的脚印。校长发现了这个脚印，他立即召集高中部的 18 位班主任，由班主任带领，每个班的学生逐个到这个脚印的前面抬脚比对，18 个班级 900 多名学生，不管是男生还是女生，一个一个比对，早读课时间不够就用第一节课时间，第一节课时间还不够就用第二节课时间，有一种不抓到“元凶”不罢休的劲头。但折腾了一早上，大家还是没有查出“元凶”，也没有学生“自首”，“脚印事件”最终也成了一桩无头案。当年做学生的我，听到了不少同学的议论，有人说这是小题大做、没事找事，浪费了大家宝贵的学习时间。但通过这件事，大家也有了一个共识，那就是校长对破坏校园环境的事件很重视，下次不要去触碰这根“高压线”。这个脚印当天就被擦掉了，但一个无形的脚印却印到了全校师生的心里，接下来的两年里我再没有看到墙上出现过脚印，学校的墙壁一直都是白白的。

为什么要强调立德树人？到底什么是德育？怎样才能提高德育的实效？

---

① 韩竹海．用嫉恶如仇的态度守住孩子品行的底线［J］．人民教育，2017（2）：6-7.

第一节　德育概述

一、德育的概念及其意义

（一）德育的概念

德育即思想品德教育，有广义和狭义之分。

广义的德育泛指有目的、有计划地对社会成员在政治、思想、道德和法制等方面施加影响的活动，包括社会德育、学校德育、家庭德育等。

狭义的德育是指学校德育，即教育者依据特定社会要求和德育规律，对受教育者实施有目的、有计划的影响，培养他们特定的政治思想意识和道德品质的活动，包括政治教育、思想教育、道德教育和法制教育。其中，政治教育是方向，思想教育是基础，道德教育是核心，法制教育是保障。

最狭义的德育仅指道德教育。

（二）德育与道德、品德

德育是全面发展教育的组成部分，是促进学生形成思想品德的教育活动。道德是由一定社会的经济基础决定的社会意识形态，它是以善恶为评价标准，通过社会舆论、传统习惯和内心信念来维系的调整人们相互关系的行为准则和规范的总和；道德是一种社会约定俗成的行为准则。品德是指个体依据一定的道德规范行动时所表现出来的某些稳固的个性特征，它是个体有别于他人的一种较稳固的个性特征。

品德的内容来源于社会道德，品德反过来作用于社会道德。德育是将一定社会或阶级的思想观点、政治原则、道德规范等转化为个体思想品德的教育活动。

（三）德育的意义

（1）德育是社会主义现代化建设的重要条件和保证。

（2）德育是青少年健康成长的条件和保证。

（3）德育是实现教育目的的条件和保证。

二、德育过程及其规律

（一）德育过程的实质

德育过程是指以促进受教育者一定的思想品德形成为目标，教育者与受教育者共同参与的双向互动的德育活动过程。具体而言，德育过程是教育者根据我国社会主义条件下学生品德发展的需要及其形成、发展的规律，根据社会主义社会对年轻一代的政治、思想、道德和法制等方面的要求，通过教育者的组织、启发、引导和受教育者的认识、体验和践行活动，形成受教育者一定的思想品德，发展其道德心理、培养其品德能力的教育过程。它是教育者、受教育者共同参与的，旨在促进受教育者个体思想品德发展的社会过程。德育过程实质上是一种思想、政治、道德的社会传递和社会继承过程。

德育过程由教育者、受教育者、德育内容、德育方法四个相互制约的要素构成。教育者是德育的组织者、领导者、社会代表者，在德育过程中起主导作用。受教育者既是德育的对象又是德育的主体。德育内容包括社会思想政治准则和法纪道德规范等，是德育的载体。德育方法是德育的活动方式（手段、方法）的总和，在德育过程中起着“桥”和“船”的作用。

（二）德育过程与学生思想品德形成过程

德育是我国全面发展教育的重要组成部分，德育过程是一种教育活动过程，属于教育范畴，是一种社会现象。德育过程是教育者从外部对受教育者施加影响的过程，是受教育者与外界教育影响相互作用的过程。

思想品德是人的精神素质的组成部分，思想品德形成过程是一种成长过程，属于人的素质发展的范畴，是个体现象。思想品德形成过程是在外部影响的作用下，道德主体内部自主构建的过程，是道德主体与外界各种影响相互作用的过程。

学生的思想品德发展水平是德育的基础，思想品德形成规律制约德育过程，德育工作必须遵循学生的思想品德形成规律。同时，德育的目标是促进学生思想品德的形成和发展，德育过程是促进学生思想品德形成的过程。

（三）德育过程的基本规律

1. 德育过程是培养学生知、情、意、行的过程，具有统一性和多端性

德育过程是促进学生品德形成和发展的过程，而学生的品德是由思想、政治、法纪、道德等方面的知、情、意、行等因素构成的。

知即道德认识，是指人们对一定社会道德关系及其理论、规范、意义的理解和认识，包括人们通过认识形成的各种道德的观念。情即道德情感，是人们对事物的爱憎、好恶的态度。意即道德意志，是指人们为实现一定的道德目的和道德行为所作出的自觉而且坚持不懈的努力。行即道德行为，是指人们在一定的道德认识、情感、意志的支配和调节下，在行动上对他人、社会、自然做出的反应。

在德育过程中，知、情、意、行四个要素缺一不可，它们既相对独立，又相互联系、相互影响、相互渗透、相互促进。其中，知是基础，情是动力，意是精神力量，行是关键。培养学生的品德既可以按照提高道德认识（晓之以理）、陶冶道德情感（动之以情）、锻炼道德意志（炼之以志）和培养道德行为习惯（导之以行）的顺序进行，这是德育过程的一般性；同时又要根据学生品德发展的实际情况确定不同的开端，或从导之以行开始，或从动之以情开始，或从炼之以志开始，最后达到知、情、意、行的和谐发展，这就是德育过程的多端性。

历年真题

【11.1】小学生常常“好心办坏事”，其主要原因是（　　）。

A. 道德情感不深　　B. 道德意志不强　　C. 道德认识不足　　D. 道德自律不够

【11.2】在品德形成过程中，起关键作用的因素是（　　）。

A. 道德认识　　B. 道德情感　　C. 道德意志　　D. 道德行为

2. 德育过程是学生在活动和交往中接受多方面影响的过程，具有社会性和实践性

学生的思想品德是在社会交往活动中形成的，没有社会交往就没有人的品德。学生的思想品德是在积极的活动和交往过程中逐步形成发展和表现出来并接受其检验的。因此，教师应把组织活动和交往看作德育过程的基础。活动和交往的性质、内容、方式不同，对人的品德影响的性质和作用也不同。

德育过程中的活动和交往是教师有目的、有计划地按照学生思想品德形成和发展的规律来组织和指导的，它是一种教育性活动与交往，具有明显的教育性特征。第一，德育过程的活动与交往是在教师的指导下展开的，是服从并服务于德育目标的，具有明确的目的性与组织性，而不是盲目的、自发的；第二，德育过程中的活动与交往的内容与形式主要是德育实践中的活动与交往，有其特定的范围，而不是一般的广泛的社会活动与交往；第三，学校德育过程中的活动与交往是依据学生品德形成与发展的规律和教育学、心理学原理组织起来的，能更有效地影响学生品德的形成，因而具有很强的科学性和有效性。

历年真题

【11.3】衡量学生品德形成与否的关键性要素是（　　）。

A. 道德认识　　B. 道德情感　　C. 道德意志　　D. 道德行为

【11.4】小龙明知道乱扔纸屑是不文明行为，但又总是管不住自己，教师应注重培养其（　　）。

A. 道德认识　　B. 道德情感　　C. 道得意志　　D. 道德信念

3. 德育过程是促进学生思想品德内部矛盾斗争的过程，具有主动性和自觉性

德育过程就是教师根据学生的实际情况，不断提出合理的要求，以促进学生思想品德内部矛盾不断地向教师所期望的方向发展的过程，是教师的教育和学生的自我教育相互作用、矛盾统一的过程。

事实上，学生思想品德的形成过程是内外部因素相互作用的结果。内部矛盾主要是教师的德育要求与学生已有的品德水平之间的矛盾。学生思想品德上的矛盾有不同的类型。其中，首要的、最主要的矛盾是个体品德发展需要与原有品德水平之间的矛盾；其次是知与不知的矛盾；最后是正确与错误的矛盾。在德育过程中，分清不同的矛盾对德育工作的开展具有重要意义。在德育工作中，教师要针对不同的矛盾采取不同的措施，做到德育措施的有的放矢。

学生的思想品德正是在不断产生与解决其主体品德内部矛盾与斗争中逐步形成与

发展起来的，因此要推动学生思想矛盾运动向着德育目标的方向发展，就必须发挥道德成长主体——学生自身的积极主动性。在德育过程中，教师还要引导学生能动地进行道德活动，培养自觉教育能力，学生的品德发展有赖于培养和发挥学生个人的自觉能动性和自我教育能力。

历年真题

【11.5】德育过程的主要矛盾是（　　）。

A. 教师与学生的矛盾

B. 教师的教与学生的学的矛盾

C. 个体品德发展需要与原有品德水平之间的矛盾

D. 学生与教育内容的矛盾

4. 德育过程是长期的不断提高的过程，具有反复性和渐进性

学生良好思想品德的培养、提高和不良品德的克服，都要经历一个反复的培养教育或矫正训练的过程，它是一个无止境地认识世界、认识自我的过程，不是一朝一夕就能实现的。而长期反复教育的结果，特别是道德行为习惯的培养，是一个需要长期反复培养、实践的过程，是逐步提高的渐进过程。这种长期性、反复性和渐进性是德育过程中的正常现象，也是符合学生思想品德形成规律的。

德育过程是一个不断反复、螺旋式逐步提高的过程。因此，在德育过程中，教师既要对学生的思想品德形成与变化，坚持长期抓反复抓；又要注意学生思想品德形成过程中的反复性，注意抓反复。

历年真题

【11.6】简答题：德育过程有哪些基本规律？

第二节　德育理论

一、皮亚杰的道德发展理论

瑞士心理学家让·皮亚杰早在20世纪30年代，依据精神分析学派的投射原理，采用对偶故事对儿童的道德认知发展进行了系统研究。他认为，一个人道德上的成熟主要表现在尊重准则和社会公正感这两个方面。一个有道德的人能按社会规定的准则公平、公正地对待别人。

他认为，儿童道德判断的发展与儿童认知发展的阶段相平行，儿童道德发展的进程可以在他们的认知进程中找到证据。他设计了一些包含道德价值内容的对偶故事让儿童回答，要求儿童辨认是非对错，从儿童对特定行为情境的评价中投射并推测出他

们现有的道德认知和道德判断水平。

通过大量的研究，他发现并总结出了儿童道德认知发展的总规律，即儿童道德的发展经历了一个从他律到自律的认识、转化发展过程。所谓他律是指早期儿童的道德判断只注意行为的客观效果，不关心主观动机，是受自身以外的价值标准所支配的道德判断，具有客体性。所谓自律是指儿童自己的主观价值和主观标准所支配的道德判断，具有主体性。他律水平和自律水平是儿童道德判断的两级水平。

在此基础上皮亚杰还提出了儿童道德发展的年龄阶段。他认为，10 岁是儿童从他律道德向自律道德转化的分水岭：即 10 岁前，儿童对道德行为的思维判断主要依据他人设定的外在标准，也就是他律道德；10 岁以后，儿童对道德行为的思维判断大多依据自己的内在标准，也就是自律道德。

根据认知发展阶段理论，皮亚杰把儿童道德认知发展分为四个阶段。

1. 无律阶段（0—4 岁）

无律阶段又称前道德阶段。此时，儿童还没有道德意识，不会把自己和外面的世界分开，没有明确的自我意识。这一阶段的儿童由于认识的局限性，还不理解、不重视成人或周围环境对他们的要求，在游戏时，规则或成人的要求对他们还没有约束力，只按照自己的意愿去执行游戏规则，所以这一阶段又称单纯的个人规则阶段。皮亚杰认为，促进儿童和同伴之间形成合作关系，是使儿童摆脱这种自我中心的唯一方法。

2. 他律阶段（4—8 岁）

他律阶段又称权威阶段。此时，儿童遵从成人的规则，从行为结果去判断行为的好坏，不考虑行为动机。比如，他们会认为无意打破 10 只玻璃杯的小孩比故意打破 3 只玻璃杯的小孩坏，因为后者打破的更少——这是因为他们现在还不会从行为的动机出发去判断行为本身，只单单是从行为的结果看哪个更糟糕。这个阶段的儿童认为应该尊重权威和尊重年长者的命令。一方面，他们绝对遵从成人、权威者的命令；另一方面，他们也服从周围环境对他们所规定的规则或提出的要求。皮亚杰把儿童绝对驯服地服从规则要求的倾向称为道德实在论。他指出，此阶段成人的约束和滥用权威对儿童的道德发展是极其有害的。

这个阶段类似于美国儿童发展心理学家劳伦·科尔伯格（又译为柯尔伯格）的习俗水平——遵守外在规则。

3. 自律阶段（8—10 岁）

自律阶段又称可逆性阶段。这个阶段类似于科尔伯格的后习俗水平，此时的儿童不是盲目遵守成人的权威，而是自主地用自己的道德认识去判断，有一定的规则意识，有自己内在的判断标准，而且会从行为动机出发去进行判断。这个阶段的儿童不再认为成人的命令是应该绝对服从的、道德规则是固定不变的。他们认为，道德行为的准则只不过是同伴之间共同约定的用来保障共同利益的一种社会产物。因此，规则已经具有了一种保证相互行动和相互给予的可逆特征，规则面前、同伴之间是一种可逆关系，我要你遵守，我也得遵守。判断好坏不是以权威而是以是否公平作为判断标准，认为公平的行为就是好的，反之就是坏的。由此可见，儿童的道德判断已经开始摆脱外界的约束，并具有自律道德水平的初步萌芽。

4. 公正阶段（10—12 岁）

在公正阶段的这个时期，儿童的道德观念开始倾向于公正。皮亚杰认为，当可逆的道德观念从利他主义的角度去考虑时，就产生了关于公正的观念。公正观念不是一种判断是或非的单纯的规则关系，而是一种出于关心与同情的真正的道德关系。也就是说，儿童不再刻板地按固定的规则去判断，在依据规则判断时隐含考虑到同伴的一些具体情况，从关心和同情出发去判断。皮亚杰认为公正观念是一种高级的平等关系，这种道德观念已经能够从内部对儿童的道德判断起着决定性的作用。

从以上四个阶段可以看出，儿童的道德倾向是从认识单纯的规则到了解真正意义的规则，是从他律到自律的过渡。皮亚杰认为，品德发展的阶段不是绝对孤立的，而是连续发展的。儿童品德的发展是一个连续的统一体，可以根据儿童的各个年龄阶段的特点来教育孩子：对处于自我中心阶段的儿童的活动不应多加干涉，而应耐心地具体指导；对处于权威阶段的儿童，要靠成人的具体指导，这时，成人的示范和表率特别重要，不必强求同伴之间的互助；对处于可逆性阶段的儿童，在教育中应注意正面引导和讲明道理，平等地对待每一个儿童；对处于公正阶段的儿童，尊重他们的思想，必要时给予他们一定的指导。

历年真题

【11.7】儿童开始倾向于主持公正、平等，这个阶段属于皮亚杰理论中的（　　）。

A. 自我中心阶段　　B. 权威阶段　　C. 可逆性阶段　　D. 公正阶段

【11.8】通过“道德两难故事法”提出道德认知发展阶段理论的学者是（　　）。

A. 马斯洛　　B. 皮亚杰　　C. 科尔伯格　　D. 罗森塔尔

二、科尔伯格的道德发展理论

科尔伯格继承和扩展了皮亚杰的理论，认为儿童道德的发展是分阶段的。但是他在研究中发现，道德发展应该有多个水平，于是在 20 世纪 60 年代提出了著名的“三种水平、六个阶段”道德发展理论（具体内容如表 11.1 所示）。它提示了道德观念从认知的低级形式到高级形式的发展过程，在道德教育中产生了一定的影响。

表 11.1　科尔伯格的“三种水平、六个阶段”道德发展理论

<table>
<tr><th colspan="3">三种水平</th><th colspan="3">六个发展阶段</th></tr>
<tr><th>水平</th><th>名称</th><th>总体特征</th><th>阶段</th><th>名称</th><th>阶段特征</th></tr>
<tr><td rowspan="2">一</td><td rowspan="2">前习俗水平（9 岁以下）</td><td rowspan="2">大约出现在幼儿园及小学低中年级阶段。该时期的特征是儿童们遵守规范，但尚未形成自己的主见，着眼于人物行为的具体结果与自身的利害关系</td><td>1</td><td>惩罚和服从的定向阶段</td><td>该阶段还缺乏是非善恶观念，只是因为恐惧惩罚而要避免它，因而服从规范，认为免受处罚的行为都是好的、遭到批评指责的事都是坏的</td></tr>
<tr><td>2</td><td>工具性的相对主义定向阶段</td><td>行为的好坏按行为的后果带来的赏罚来定，得赏者为是、受罚者为非，没有主观的是非标准；或是对自己有利就好、对自己不利就不好</td></tr>
</table>

（续表）

三种水平			六个发展阶段		
水平	名称	总体特征	阶段	名称	阶段特征
二	习俗水平（10—20岁）	这是在小学中年级以上出现的，一直到青年、成年。该时期的特征是个人逐渐认识到团体的行为规范，进而接受并付诸实践	3	人际协调的定向阶段	个体按照人们所称“好孩子”的要求去做，以得到别人的赞许
			4	维护权威或社会秩序的定向阶段	服从团体规范、“尽本分”、要尊重法律权威，这时判断是非已有了法制观念
三	后习俗水平（20岁以上）	这个阶段已经发展到超越现实道德规范的约束，达到完全自律（自己支配）的境界。这个水平是理想的境界，成人也只有少数人达到	5	社会契约定向阶段	有强烈的责任心与义务感，尊重法制，但相信它是人制定的，不适于社会时理应修正
			6	普遍伦理定向阶段	有个人的人生哲学，对是非善恶有其独立的价值标准。对事有所为有所不为，不受现实规范的限制。当个体达到这个阶段时，他能超越某些规章制度，更多考虑道德的本质，而非具体的原则

科尔伯格开创了道德两难故事法，作为研究道德发展问题的重要研究方法。道德两难故事法是皮亚杰对偶故事的发展，同样也是用情境故事设置道德冲突并提出道德问题，让被试在自己的反应中“投射”内心的观念，反映出被试的道德发展水平。他共设计了9个两难故事，这些故事都包含两种尖锐对立的不同价值选择，所代表的冲突是青少年关注的，引发的问题对被试在较高的发展水平上有意义。他采用这种方法测试了10多个不同国家6—21岁的被试，发现尽管种族、文化和社会规范等各方面存在不同，但道德判断能力随年龄发展而发展的趋势却是一致的。

历年真题

【11.9】小刚能够着眼于社会的希望和要求，并以社会成员的角度思考道德问题。按照科尔伯格的道德发展阶段理论，小刚的道德发展阶段处于（　　）。

A. 前习俗水平　　B. 习俗水平　　C. 后习俗水平　　D. 准习俗水平

第三节　小学德育的目标与内容

根据教育部2017年制定的《中小学德育工作指南》，我国小学德育目标和内容如下。

一、小学德育的目标

小学德育目标是教育者依据教育目的，通过德育在儿童品德发展上所要达到的总体规格和要求，亦即小学德育所要达到的预期目的或结果。

小学德育目标是实施小学德育的出发点，也是检验小学德育是否达标的质量标准。它不仅决定了小学德育的内容、形式和方法，而且制约着小学德育的整个过程。

我国中小学德育总体目标：培养学生爱党爱国爱人民，增强国家意识和社会责任意识，教育学生理解、认同和拥护国家政治制度，了解中华优秀传统文化和革命文化，增强中国特色社会主义道路自信、理论自信、制度自信、文化自信，引导学生准确理解和把握社会主义核心价值观的深刻内涵和实践要求，养成良好政治素质、道德品质、法治意识和行为习惯，形成积极健康的人格和良好心理品质，促进学生核心素养提升和全面发展，为学生一生成长奠定坚实的思想基础。

我国小学低年级德育目标：教育和引导学生热爱中国共产党、热爱祖国、热爱人民，爱亲敬长、爱集体、爱家乡，初步了解生活中的自然、社会常识和有关祖国的知识，保护环境，爱惜资源，养成基本的文明行为习惯，形成自信向上、诚实勇敢、有责任心等良好品质。

我国小学中高年级德育目标：教育和引导学生热爱中国共产党、热爱祖国、热爱人民，了解家乡发展变化和国家历史常识，了解中华优秀传统文化和党的光荣革命传统，理解日常生活的道德规范和文明礼貌，初步形成规则意识和民主法治观念，养成良好生活和行为习惯，具备保护生态环境的意识，形成诚实守信、友爱宽容、自尊自律、乐观向上等良好品质。

二、小学德育的内容

（一）理想信念教育

开展马克思列宁主义、毛泽东思想、邓小平理论“三个代表”重要思想、科学发展观、习近平新时代中国特色社会主义思想学习教育。加强中国历史特别是近现代史教育、革命文化教育、中国特色社会主义宣传教育、中国梦主题宣传教育、时事政策教育，引导学生深入了解中国革命史、中国共产党党史、改革开放史和社会主义发展史，继承革命传统，传承红色基因，深刻领会实现中华民族伟大复兴是中华民族近代以来最伟大的梦想，培养学生对党的政治认同、情感认同、价值认同，不断树立为共产主义远大理想和中国特色社会主义共同理想而奋斗的信念和信心。

（二）社会主义核心价值观教育

把社会主义核心价值观融入国民教育全过程，落实到中小学教育教学和管理服务各环节，深入开展爱国主义教育、国情教育、国家安全教育、民族团结教育、法治教育、诚信教育、文明礼仪教育等，引导学生牢牢把握富强、民主、文明、和谐作为国家层面的价值目标，深刻理解自由、平等、公正、法治作为社会层面的价值取向，自觉遵守爱国、敬业、诚信、友善作为公民层面的价值准则，将社会主义核心价值观内化于心、外化于行。党的二十大报告提出：用社会主义核心价值观铸魂育人，完善思想政治工作体系，推进大中小学思想政治教育一体化建设。

（三）中华优秀传统文化教育

开展家国情怀教育、社会关爱教育和人格修养教育，传承发展中华优秀传统文化，大力弘扬核心思想理念、中华传统美德、中华人文精神，引导学生了解中华优秀传统文化的历史渊源、发展脉络、精神内涵，增强文化自觉和文化自信。

（四）生态文明教育

加强节约教育和环境保护教育，开展大气、土地、水、粮食等资源的基本国情教育，帮助学生了解祖国的大好河山和地理地貌，开展节粮节水节电教育活动，推动实行垃圾分类，倡导绿色消费，引导学生树立尊重自然、顺应自然、保护自然的发展理念，养成勤俭节约、低碳环保、自觉劳动的生活习惯，形成健康文明的生活方式。

（五）心理健康教育

开展认识自我、尊重生命、学会学习、人际交往、情绪调适、升学择业、人生规划以及适应社会生活等方面教育，引导学生增强调控心理、自主自助、应对挫折、适应环境的能力，培养学生健全的人格、积极的心态和良好的个性心理品质。

第四节　小学德育的原则

一、德育原则的内涵

德育原则是根据教育目的、德育目标和德育过程规律提出的指导德育工作的基本要求。德育原则是德育过程基本规律在德育工作过程中的反映，德育原则要按照德育规律和学生身心发展水平，特别是思想品德发展水平制定，是德育过程规律的具体落实。

二、《中小学德育工作指南》中指出的德育基本原则

1. 坚持正确方向

加强党对中小学校的领导，全面贯彻党的教育方针，坚持社会主义办学方向，牢牢把握中小学思想政治和德育工作主导权，保证中小学校成为坚持党的领导的坚强阵地。

2. 坚持遵循规律

符合中小学生年龄特点、认知规律和教育规律，注重学段衔接和知行统一，强化道德实践、情感培育和行为习惯养成，努力增强德育工作的吸引力、感染力和针对性、实效性。

3. 坚持协同配合

发挥学校主导作用，引导家庭、社会增强育人责任意识，提高对学生道德发展、成长成人的重视程度和参与度，形成学校、家庭、社会协调一致的育人合力。

4. 坚持常态开展

推进德育工作常态化，创新途径和载体，将中小学德育工作要求贯穿融入学校各项日常工作中，努力形成一以贯之、久久为功的德育工作长效机制。

三、小学德育的其他原则

1. 理论和实践相结合原则

理论和实践相结合原则是指进行德育要以学生的现实生活为基点，联系学生生活和实践经验，引导学生把思想政治观念和社会道德规范的学习同参与生活实践结合起来，把提高道德思想境界与养成道德行为习惯结合起来，做到心口如一、言行一致。

贯彻理论和实践相结合原则的要求是：

（1）理论学习要结合学生生活实际，切实提高学生的思想；

（2）注重实践，培养道德行为习惯。

2. 疏导原则

疏导原则是指进行德育要循循善诱、以理服人，从提高学生认识入手，调动学生的主动性，使他们积极向上。疏导原则也被称为循循善诱原则。

贯彻疏导原则的基本要求是：

（1）讲明道理、疏通思想；

（2）因势利导、循循善诱；

（3）以表扬、激励为主，坚持正面教育。

历年真题

【11.10】材料分析题。

材料：一天上课时，李老师发现班上许多同学的课桌上写了不少字，有自编的，有摘录名人的。内容多是健康的，但也有极少数是消极的。而且有的同学写一句不够，还写了好多句。看到这些，李老师既高兴又生气。高兴的是学生仰慕名人，内心蕴藏着积极向上的激情；生气的是他们在课桌上胡写乱画，有失文明。李老师说了自己的看法后，便向同学们提出以下建议：凡是喜欢课桌文化的学生，今后可以用小卡片写上自己喜欢的话，贴在课桌右上角。每一个月全班同学开展一次评比，采用无记名投票的方式，就内容、形式、书写三个方面，评出全班最优秀的课桌文化。

一个星期以后，李老师发现同学们按她的建议做了，而且是全班同学都参与了。李老师认真看了同学们的“座右铭”，内容健康，书写工整，非常感动，每一张小卡片上都闪耀着智慧的火花，蕴藏着同学们一份向上的激情。

问题：（1）本案例体现了德育中的什么原则？

（2）你如何看待李老师的做法？

3. 长善救失原则

长善救失原则是指进行德育要调动学生自我教育的积极性，依靠和发扬他们自身的积极因素去克服他们品德上的消极因素，促进学生的道德成长。

贯彻长善求失原则的基本要求是：

（1）“一分为二”地看待学生；

（2）发扬积极因素，克服消极因素；

（3）引导学生自觉评价自己，进行自我教育。

4. 严格要求与尊重学生相结合原则

严格要求与尊重学生相结合原则是指进行德育要把对学生的思想和行为的严格要求与对他们个人的尊重和信赖结合起来，使教育者对学生的影响与要求易于转化为学生的品德。

贯彻严格要求与尊重学生相结合原则的要求是：

（1）尊重和信赖学生；

（2）严格要求学生。

5. 因材施教原则

因材施教原则是指进行德育要从学生品德发展的实际出发，根据他们的年龄特征和个性差异进行不同的教育，使每个学生的品德都能得到最大程度的发展。

贯彻因材施教原则的要求是：

（1）深入了解学生的个性特点和内心世界；

（2）根据学生个人特点有的放矢地进行教育；

（3）根据学生的年龄特征有计划地进行教育。

历年真题

【11.11】“一把钥匙开一把锁”，反映的是（　　）。

A. 因材施教原则　　B. 疏导原则

C. 循序渐进原则　　D. 尊重学生与严格要求学生相结合原则

【11.12】简答题：贯彻因材施教原则的基本要求是什么？

6. 集体教育原则

集体教育原则是指进行德育有赖于学生的社会交往、共同活动，注意依靠学生集体，通过社会交往和集体活动进行教育，充分发挥学生集体在教育中的巨大作用。苏联教育家马卡连柯是集体教育原则的首倡者。

贯彻集体教育原则的基本要求是：

（1）引导学生关心、热爱集体，为建设良好的集体而努力；

（2）通过集体教育学生个人，通过学生个人转变影响集体；

（3）把教师的主导作用与集体的教育力量结合起来。

历年真题

【11.13】最早提出“集体教育原则”的教育家是（　　）。

A．凯洛夫　　B. 巴班斯基　　C. 马卡连柯　　D. 苏霍姆林斯基

7. 教育影响一致性和连贯性原则

教育影响一致性和连贯性原则是指进行德育应当有目的、有计划地把来自各方面对学生的教育影响加以组织、调节、整合，使其互相配合、协调一致、前后连贯地进行，以保障学生的品德能按教育目的的要求发展。

贯彻教育影响一致性和连贯性原则的基本要求是：

（1）组建教师集体，使校内教育影响一致；

（2）做好衔接工作，使对学生的教育前后连贯和一致；

（3）正确认识和发挥学校教育的引领作用，使学校、家庭和社会各方面对学生的教育影响达到最佳状态。

8. 导向性原则

导向性原则是指进行德育时要有一定的理想性和方向性，以指导学生向正确的方向发展。导向性原则是德育过程中的一条重要原则，因为学生正处在品德迅速发展的关键时期，一方面他们的可塑性大；另一方面，他们缺乏社会经验与识别能力，易受外界社会的影响。学校德育要坚持导向性原则，为学生的品德健康发展指明方向。

贯彻导向性原则的基本要求是：

（1）坚持正确的政治方向；

（2）德育目标必须符合社会发展的方针政策和总任务的要求；

（3）要把德育的理想性和现实性结合起来。

历年真题

【11.14】材料分析题。

材料：小学三年级（1）班有十几个男生特别喜欢踢足球，常常因为踢球上课迟到早退，影响正常的教学。班主任王老师为了改变这种状况，就把这些学生组成足球队，选出队长，制定队规，组织训练，后来迟到早退情况没有再发生，学生的球技也得到了提高。

问题：联系案例分析王老师在教育过程中主要遵循了哪些德育原则？

第五节　小学德育的途径和方法

一、小学德育的途径

2019年3月18日习近平主持召开学校思想政治理论课教师座谈会，会上强调：思想政治理论课是落实立德树人根本任务的关键课程。在大中小学循序渐进、螺旋上升地开设思想政治理论课非常必要，是培养一代又一代社会主义建设者和接班人的重要保障。

德育的途径是指德育的实施渠道或形式。学校德育最基本的途径是教学，包括思想品德教育课与其他学科教学，其他如课外活动与校外活动、劳动、少先队活动、班主任工作等都是德育的重要途径。

《中小学德育工作指南》明确指出的德育途径有以下几点。

（一）课程育人

充分发挥课堂教学的主渠道作用，将中小学德育内容细化落实到各学科课程的教学目标之中，融入渗透到教育教学全过程。

严格落实德育课程。按照义务教育、普通高中课程方案和标准，上好道德与法治、思想政治课，落实课时，不得减少课时或挪作他用。

要围绕课程目标联系学生生活实际，挖掘课程思想内涵，充分利用时政媒体资源，精心设计教学内容，优化教学方法，发展学生道德认知，注重学生的情感体验和道德实践。

发挥其他课程德育功能。要根据不同年级和不同课程特点，充分挖掘各门课程蕴含的德育资源，将德育内容有机融入各门课程教学中。

语文、历史、地理等课要利用课程中语言文字、传统文化、历史地理常识等丰富的思想道德教育因素，潜移默化地对学生进行世界观、人生观和价值观的引导。

数学、科学、物理、化学、生物等课要加强对学生科学精神、科学方法、科学态度、科学探究能力和逻辑思维能力的培养，促进学生树立勇于创新、求真求实的思想品质。

音乐、体育、美术、艺术等课要加强对学生审美情趣、健康体魄、意志品质、人文素养和生活方式的培养。

外语课要加强对学生国际视野、国际理解和综合人文素养的培养。

综合实践活动课要加强对学生生活技能、劳动习惯、动手实践和合作交流能力的培养。

用好地方和学校课程。要结合地方自然地理特点、民族特色、传统文化以及重大历史事件、历史名人等，因地制宜开发地方和学校德育课程，引导学生了解家乡的历史文化、自然环境、人口状况和发展成就，培养学生爱祖国、爱家乡的感情，树立维护祖国统一、加强民族团结的意识。

统筹安排地方和学校课程，开展法治教育、廉洁教育、反邪教教育、文明礼仪教育、环境教育、心理健康教育、劳动教育、毒品预防教育、影视教育等专题教育。

（二）文化育人

要依据学校办学理念，结合文明校园创建活动，因地制宜开展校园文化建设，使校园秩序良好、环境优美，校园文化积极向上、格调高雅，提高校园文明水平，让校园处处成为育人场所。

优化校园环境。学校校园建筑、设施、布置、景色要安全健康、温馨舒适，使校园内一草一木、一砖一石都体现教育的引导和熏陶。

学校要有升国旗的旗台和旗杆。建好共青团、少先队活动室。积极建设校史陈列室、图书馆（室）、广播室、学校标志性景观。

学校、教室要在明显位置张贴社会主义核心价值观 24 字、《中小学生守则》，教室正前上方有国旗标识。

要充分利用板报、橱窗、走廊、墙壁、地面等进行文化建设，可悬挂革命领袖、科学家、英雄模范等杰出人物的画像和格言，展示学生自己创作的作品或进行主题创作。

营造文化氛围。凝练学校办学理念，加强校风教风学风建设，形成引导全校师生共同进步的精神力量。

鼓励设计符合教育规律、体现学校特点和办学理念的校徽、校训、校规、校歌、校旗等并进行教育展示。

创建校报、校刊进行宣传教育。可设计体现学校文化特色的校服。

建设班级文化，鼓励学生自主设计班名、班训、班歌、班徽、班级口号等，增强班级凝聚力。

推进书香校园、书香班级建设，向学生推荐阅读书目，调动学生阅读积极性。提倡小学生每天课外阅读至少半小时、中学生每天课外阅读至少 1 小时。

建设网络文化。积极建设校园绿色网络，开发网络德育资源，搭建校园网站、论坛、信箱、博客、微信群、QQ 群等网上宣传交流平台，通过网络开展主题班（队）会、冬（夏）令营、家校互动等活动，引导学生合理使用网络，避免其沉溺网络游戏，远离有害信息，防止网络沉迷和伤害，提升网络素养，打造清朗的校园网络文化。

（三）活动育人

要精心设计、组织开展主题明确、内容丰富、形式多样、吸引力强的教育活动，以鲜明正确的价值导向引导学生，以积极向上的力量激励学生，促进学生形成良好的思想品德和行为习惯。

开展节日纪念日活动。利用春节、元宵、清明、端午、中秋、重阳等中华传统节日以及二十四节气，开展介绍节日历史渊源、精神内涵、文化习俗等校园文化活动，增强传统节日的体验感和文化感。

利用植树节、劳动节、儿童节、教师节、国庆节等重大节庆日集中开展爱党爱国、民族团结、热爱劳动、尊师重教、爱护环境等主题教育活动。

利用学雷锋纪念日、中国共产党建党纪念日、中国人民解放军建军纪念日、七七抗战纪念日、九三抗战胜利纪念日、九一八纪念日、烈士纪念日、国家公祭日等重要纪念日，以及地球日、环境日、健康日、国家安全教育日、禁毒日、航天日、航海日等主题日，设计开展相关主题教育活动。

开展仪式教育活动。仪式教育活动要体现庄严神圣，发挥思想政治引领和道德价值引领作用，创新方式方法，与学校特色和学生个性展示相结合，如升旗、入学、入队、毕业等多种仪式。

（四）实践育人

要与综合实践活动课紧密结合，广泛开展社会实践，每学年至少安排一周时间，开展有益于学生身心发展的实践活动，不断增强学生的社会责任感、创新精神和实践能力。

开展各类主题实践。利用爱国主义教育基地、公益性文化设施、公共机构、企事业单位、各类校外活动场所、专题教育社会实践基地等资源，开展不同主题的实践活动。

利用历史博物馆、文物展览馆、物质和非物质文化遗产地等开展中华优秀传统文化教育。

利用革命纪念地、烈士陵园（墓）等开展革命传统教育。

利用法院、检察院、公安机关等开展法治教育。

利用展览馆、美术馆、音乐厅等开展文化艺术教育。

利用科技类馆室、科研机构、高新技术企业设施等开展科普教育。

利用军事博物馆、国防设施等开展国防教育。

利用环境保护和节约能源展览馆、污水处理企业等开展环境保护教育。

利用交通队、消防队、地震台等开展安全教育。

利用养老院、儿童福利机构、残疾人康复机构等社区机构等开展关爱老人、孤儿、残疾人教育。

利用体育科研院所、心理服务机构、儿童保健机构等开展健康教育。

加强劳动实践。在学校日常运行中渗透劳动教育，积极组织学生参与校园卫生保洁、绿化美化，普及校园种植。

将校外劳动纳入学校的教育教学计划，小学、初中、高中每个学段都要安排一定时间的农业生产、工业体验、商业和服务业实习等劳动实践。

教育引导学生参与洗衣服、倒垃圾、做饭、洗碗、拖地、整理房间等力所能及的家务劳动。

组织研学旅行。把研学旅行纳入学校教育教学计划，促进研学旅行与学校课程、德育体验、实践锻炼有机融合，利用好研学实践基地，有针对性地开展自然类、历史类、地理类、科技类、人文类、体验类等多种类型的研学旅行活动。

要考虑小学、初中、高中不同学段学生的身心发展特点和能力，安排适合学生年龄特征的研学旅行。

要规范研学旅行组织管理，制定研学旅行工作规程，做到“活动有方案，行前有备案，应急有预案”，明确学校、家长、学生的责任和权利。

开展学雷锋志愿服务。要广泛开展与学生年龄、智力相适应的志愿服务活动。

发挥本校团组织、少先队组织的作用，抓好学生志愿服务的具体组织、实施、考核评估等工作。

做好学生志愿服务认定记录，建立学生志愿服务记录档案，加强学生志愿服务先进典型宣传。

（五）管理育人

要积极推进学校治理现代化，提高学校管理水平，将中小学德育工作的要求贯穿于学校管理制度的每一个细节之中。

完善管理制度。制定校规校纪，健全学校管理制度，规范学校治理行为，形成全体师生广泛认同和自觉遵守的制度规范。

制定班级民主管理制度，形成学生自我教育、民主管理的班级管理模式。

制定防治学生欺凌和暴力工作制度，健全应急处置预案，建立早期预警、事中处理及事后干预等机制。

会同相关部门建立学校周边综合治理机制，对社会上损害学生身心健康的不法行为依法严肃惩处。

明确岗位责任。建立实现全员育人的具体制度，明确学校各个岗位教职员工的育人责任，规范教职工言行，提高全员育人的自觉性。

班主任要全面了解学生，加强班集体管理，强化集体教育，建设良好班风，通过多种形式加强与学生家长的沟通联系。各学科教师要主动配合班主任，共同做好班级德育工作。

加强师德师风建设。培育、宣传师德标兵、教学骨干和优秀班主任、德育工作者等先进典型，引导教师争做有理想信念、有道德情操、有扎实学识、有仁爱之心的“四有”好教师。

实行师德“一票否决制”，把师德表现作为教师资格注册、年度考核、职务（职称）评审、岗位聘用、评优奖励的首要标准。

细化学生行为规范。落实《中小学生守则》，鼓励结合实际制定小学生日常行为规范，教育引导学生熟知学习生活中的基本行为规范，践行每一项要求。

关爱特殊群体。要加强对经济困难家庭子女、单亲家庭子女、学习困难学生、进城务工人员随迁子女、农村留守儿童等群体的教育关爱，完善学校联系关爱机制，及时关注其心理健康状况，积极开展心理辅导，提供情感关怀，引导学生心理、人格积极健康发展。

（六）协同育人

要积极争取家庭、社会共同参与和支持学校德育工作，引导家长注重家庭、注重家教、注重家风，营造积极向上的良好社会氛围。

加强家庭教育指导。要建立健全家庭教育工作机制，统筹家长委员会、家长学校、家长会、家访、家长开放日、家长接待日等各种家校沟通渠道，丰富学校指导服务内容，及时了解、沟通和反馈学生思想状况和行为表现，认真听取家长对学校的意见和建议，促进家长了解学校办学理念、教育教学改进措施，帮助家长提高家教水平。

构建社会共育机制。要主动联系本地宣传、综治、公安、司法、民政、文化、共青团、妇联、关工委、卫计委等部门、组织，注重发挥党政机关和企事业单位领导干部、专家学者以及老干部、老战士、老专家、老教师、老模范的作用，建立多方联动机制，搭建社会育人平台，实现社会资源共享共建，净化学生成长环境，助力广大中小学生健康成长。

历年真题

【11.15】小学德育的基本途径是（　　）。

A. 思想品德课与其他学科教学　　B. 课外活动

C. 劳动　　D. 班主任工作

【11.16】简答题：简述实施榜样教育的基本要求。

二、小学德育的方法

德育方法是为达到德育目的，在德育过程中采用的教育者和受教育者相互作用的活动方式的总和。它包括教育者的施教传道方式和受教育者的受教修养方式。小学德育常用的方法有以下几种。

（一）说服法

说服法是指通过摆事实、讲道理，使学生提高认识，形成正确观点的方法。说服包括讲解、谈话、报告、讨论、参观等。

运用说服法要注意：① 明确目的性；② 富有知识性、趣味性；③ 注意时机；④ 以诚待人。

（二）榜样法

榜样法是指以他人的高尚思想、模范行为和卓越成就来影响学生品德的方法。

运用榜样法要注意：① 选好学习的榜样，选好榜样是学习榜样的前提；② 激起学生对榜样的敬慕之情；③ 引导学生用榜样来调节行为、提高修养。

（三）锻炼法

锻炼法是指有目的地组织学生进行一定的实际活动，以培养他们的良好品德的方法。锻炼包括练习、制度、委托任务和组织活动等。

运用锻炼法要注意：① 坚持严格要求；② 调动学生的主动性；③ 注意检查和坚持。

（四）陶冶法

陶冶法是指通过创设良好的情境，潜移默化地培养学生品德的方法。陶冶包括：人格感化、环境陶冶和艺术陶冶等。

运用陶冶法要注意：① 创设良好的情境；② 与启发说服相结合；③ 引导学生参与情景的创设。

历年真题

【11.17】“让学校的每一面墙都开口说话”，苏霍姆林斯基的这句话体现的德育方法是（　　）。

A. 陶冶教育　　B. 榜样示范　　C. 实际锻炼　　D. 品德评价

（五）表扬、批评与处分

表扬是对学生的良好思想、行为做出肯定评价，以引导和促进其品德积极发展的方法。批评、处分是对学生不良思想、行为做出的否定评价，帮助他们改正缺点与错误的方法。表扬一般可分为赞许和奖励两种方式。赞许是教师对学生的好思想、好行为表示的称赞或欣赏，多以口头表示或点头、鼓掌等动作表示。奖励一般包括颁发奖状、发给奖品，授予称号。批评一般采取个别批评和当众批评两种方式。处分分为警告、记过、留校察看、开除学籍等几种。

运用表扬、批评与处分要注意以下几点要求：① 公平、正确、合情合理；② 发扬民主，获得群众支持；③ 注重宣传与教育。

☞ 本章小结

小学德育是小学教育的重要组成部分，在立德树人中发挥至关重要的作用。作为未来教师，必须正确理解德育的内容及其重要意义，系统把握德育过程及其规律，准确理解德育过程与学生品德形成过程、德育理论等内容。在此基础上，教师严格按照《中小学德育工作指南》的要求，明确德育的目标、内容、原则、途径和主要方法，切实提高解决德育过程中各种问题的能力。

☞ 本章要点回顾

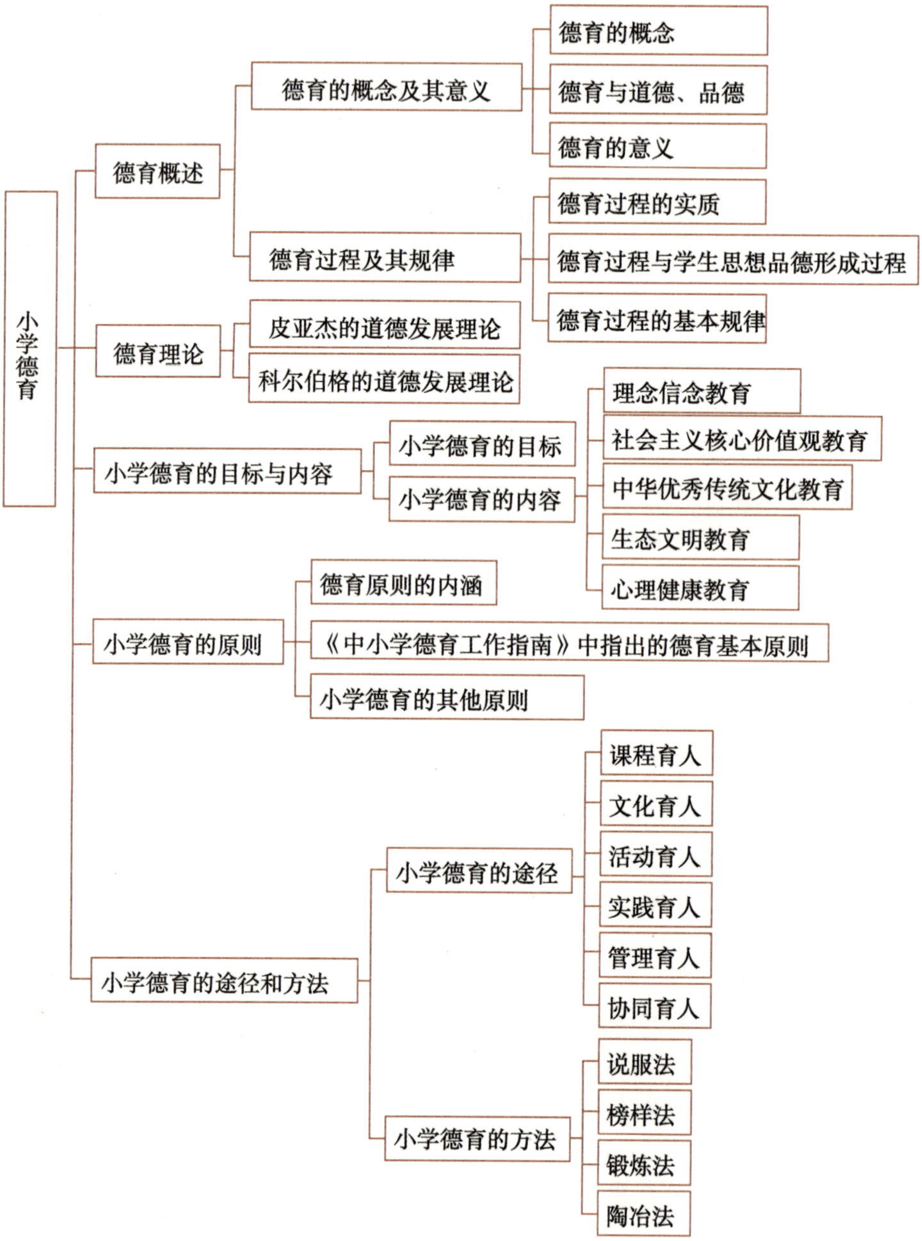

☞ 学习资源

1. 檀传宝. 德育原理［M］. 3 版. 北京：北京师范大学出版社，2017.

2. 戚万学，唐爱民. 德育原理教程［M］. 北京：教育科学出版社，2022.

3. 教育部基础教育司. 中小学德育工作指南实施手册［M］. 北京：教育科学出版社，2017.

第十二章

小学美育

☞ 学习完本章，应该做到：

◎ 了解：美育的意义、美育的发展历史。
◎ 识记：美育的概念、美育的内容及其基本类型。
◎ 理解：小学美育实施的途径与方法。

☞ 学习本章时，重点内容为：

◎ 美育的概念、小学美育的实施。

☞ 学习本章时，知识要点与具体方法为：

加强美育，促进人的全面发展和社会发展整体水平的提升，是我国教育当前面临的重要任务。本章主要探讨美育的内涵、价值，美育的基本内容，以及小学美育的实施途径与方法，以提升美育在教育乃至整个社会生活中的地位。

【引子】

以美育人

美是纯洁道德、丰富精神的重要源泉。没有美的滋养的人生必然是单调的、干涸的人生。如果青少年的精神世界没有童话、歌谣和大自然的云彩、花朵、鸟叫、虫鸣，如果青少年的心灵世界没有动人的音符和丰富的颜色，如果青少年没有艺术爱好和艺术修养，不可能全面发展。2018 年 8 月，习近平总书记在给中央美术学院八位老教授的回信中强调，做好美育工作，要紧持立德树人，扎根时代生活，遵循美育特点，弘扬中华美育精神，让祖国青年一代身心都健康成长。

党的十八大以来，以习近平同志为核心的党中央高度重视美育教育。习近平总书记也在多个场合，多次谈及美育，并形成了一系列关于美育的重要论述。2020 年 9 月，在教育文化卫生体育领域专家代表座谈会上，习近平总书记进一步强调，加强和改进学校美育。习近平总书记的一系列重要论述，既表达了对新时代美育工作的高度重视，同时又为新时代美育工作指明了方向。2020 年 10 月，中共中央办公厅、国务院办公厅印发的《关于全面加强和改进新时代学校美育工作的意见》以习近平总书记关于教育的重要论述和全国教育大会的精神为指导，从顶层设计上进一步明确了学校美育的育人功能和美育在构建德智体美劳全面发展中的重要意义，并从价值导向、课程与教材体系建设、教学模式和教学评价改革、条件建设等方面为新时代美育提供了具体的路径和方法，从而成为推动当下和今后学校美育发展中的纲领性文件，现阶段，教育行政部门虽然大力倡导学校美育价值，但是美育的基础理论与实践仍显薄弱和欠缺。本章将系统地介绍美育的概念，让学生了解美育在人的发展中的重要意义，以及在小学阶段如何实施美育。

第一节　美育概述

美育是形成儿童正确的审美观，培养其感受美、鉴赏美和创造美的能力的教育活动，是全面发展教育的重要组成部分。那么，美育的具体内涵是什么？对于儿童的发展有着什么的作用？具体包括哪些内容？本节将逐一进行讲解。

一、美育的概念及意义

（一）美育的概念

美育似乎是一个十分明确的概念，日常生活中我们理所当然地认为美育就是审美教育，甚至很多美育研究者在其表述中也习惯性地用审美教育来表示美育。这种表述是否正确？是否能够清晰准确地把美育的内涵表达出来呢？

美育的思想由来已久，它是与人类的文明一同产生的。但是由于美育思想来源的广泛性，从而造成对美育概念理解的差异性。在美育研究中，对美育内涵主要有以下几种理解①：

1. 美育是人格教育

这种观点有着深刻的历史根源。古希腊的史诗教育和音乐教育与中国先秦的诗教和乐教，都可以看作一种以艺术为手段的人格教育。如何发挥诗歌和音乐等艺术形式在人格培养中的作用，是中西古代美育共同关注的中心问题。所不同的只是中西方对人格的理解略有差异：西方人理解人格含义更宽泛一些，除了指道德品质，还指人的个性、性格；而中国人理解的人格概念则基本上与品德同义。这就使中国古代美育带有更为浓重的道德教育色彩，从而难以与道德教化区分开来而走向独立。因此，无论中西方，早期的教育本身就是一种人格教育。此外，由于当时学科分化不明显，美育的独立也是不可能的，而只能是在以人格教育为主导的格局中向前推进，并在手段上以艺术教育为主，这样就出现了手段与目的或方式与效果分离的情况。实际上，艺术教育的功能与人格养成的目标并不完全一致，人格养成更不是艺术教育的主要职能，即使在现代社会，将美育仅仅看作人格教育也只是揭示了美育思维间接效应和终极指向，而未能揭示美育独有的内涵。而且，将美育的内涵仅仅看成是人格教育不仅可能导致把美育丰富的内涵狭窄化，用道德教育掩盖美育，而且还可能造成对美育独立性的漠视甚至取消美育。我们认为，人格教育主要还是一种道德教育，它与美育有着严格区别。

2. 美育是情感教育

按照西方人的习惯，人的心理习惯可分为知、情、意，价值观念可分为真、善、美，与之相对应的学科可分为认识论（或逻辑学）、伦理学和美学，这样，美育就自然与情感的养成有着必然的联系。20 世纪初期，中国的众多学者也接受了西方人的这种

① 王道俊，郭文安．教育学［M］．北京：人民教育出版社，2009：337.

分类，并将其应用到美育的研究中，像王国维、蔡元培、朱光潜等人即是如此。然而，将美育界定为情感教育只是把握了美育的中介形式及其直接效应，却未能揭示出美育整体的价值目标。因为，情感作为主体对客体的心理反应形式和主体对客体是否满足自身需要的一种主观态度，它本身并没有内在的目的性，也没有稳定而持久的价值指向。诚然，情感无论在审美过程中还是审美心理结构中都占有重要的地位，并发挥着独特的作用，在一定意义上甚至可以说，没有情感就没有审美，就没有艺术。正因为如此，古今中外美学家、艺术家在论述艺术和审美的本质特征时，无不强调情感的特殊意义。但是，情感既不是审美和艺术的同义语，也不能直接等同于审美心理结构的本身。就实际的审美效应而言，它也许并不单纯地仅仅表现为情感的满足。审美快乐不仅多来自视、听等高级感官的感受，而且要从这种感受一直贯穿到心理结构的各个不同层次（如情感、想象、理解等），这种贯通性会使整个意识活跃起来，多种心理因素发生自由的相互作用，产生出一种既轻松自由又深沉博大的快乐体验。显然，审美愉快并不等于情感的激动，而审美情感之所以不同于日常生活中的一般情感，就在于它既渗透着认识、评价等理性因素，又融合于想象力与理解力的和谐运动中，正是这种整体的心理过程才表现为一种审美愉快。因此，把情感从整体的审美心理结构中剥离出来，作为美育所追求的目标对象，显然是失之偏颇的。

3. 美育是艺术教育

这也是一种对美育内涵的误解。理由在于：第一，美育固然要借助于相应的艺术形式，但它不是就艺术来论美，而是通过艺术修养的塑造与熏陶来培养人的审美情趣和审美习惯，它超越艺术的技能和技巧的训练范畴，更多地指向人的心理状态。第二，艺术教育的内涵是培养人的艺术素养和艺术创造能力，而美育则是通过艺术形式达到提升人的审美能力的目的，它在教育目的或功效上超越艺术教育的范围，是一种对人的整体发展水平的提升。第三，将艺术教育等同于美育，实际上是夸大了艺术教育的功能而缩小了美育的范畴。在人们的美育实践中，有很多的内容、方法和措施是可以不通过艺术教育的形式来进行的，如涉及社会生活美的内容就往往脱离了具体的艺术形式，更多的是人们的社会生活美学观的反映。第四，将美育定位于艺术教育是不利于学校对学生实施美育的。在学校教育中，很多的教育形式都可以渗透审美教育，如在体育课程中，动作的和谐协调就是一种美的体现；在道德教育中，人们深刻的情感体验往往就是一种对美的追求和向往。因此，我们认为，艺术教育是学校美育的一种重要形式，但它不是美育的简单对应，更不能用艺术教育来取代美育。

关于美育的理解还有很多，如美育是精神教育、美育是心灵教育、美育是美学知识的教育。之所以人们对美育内涵的理解有诸多分歧，主要是因为以下原因。

第一，从美育的学科归属来看，它是属于美学还是教育学，或者是边缘学科或交叉学科，人们的看法往往不一样。有人认为美育属于美学范畴，是美学的一个分支学科，也有人认为美育属于教育学。我们认为美育既和美学有关系，也与教育学有着密切关系。可以说，美学是美育的哲学基础，它主要为美育提供一般理念和宏观的普遍原则，是美育的基本理论；而教育学侧重在微观的层面，研究美感的培养及审美能力的形成，为人们实施美育提供方法指导。这样，美感的发展就必然要同时受到美学和教育学的制约，美育理论的完善与否，也必然要以美学和教育学是否成熟为前提。教育学研究美育，主要是探讨属于教育学范畴的美育的基本理论，包括对美育内涵的认识。

第二，从美育的具体实施来看，由于它与教育的其他组成部分有着密切关系，这也导致人们有意无意混淆其区别，甚至取消美育。至于美育对象与德育对象的重叠，更是一种相当普遍的现象，比如人格的养成，人们更多地将其看作德育内容而忽视了人格养成的美育价值。由于美育对象的多种属性及其与教育的其他组成部分有着千丝万缕的联系，使得人们对美育内涵的理解产生分歧，进而否认其独立存在的意义。苏联美学家莫·卡冈就明确指出：不能把个人和全体人民的审美教育看作某种特殊的、独立自在的教育形式……审美教育并非独立的教育形式，因为它没有自身的独特对象——审美价值不形成某种区域性的对象领域，而是在人掌握整个感性可感的世界的过程中产生出来的。① 我们认为美育是以实际存在着的审美活动为其深厚的现实根基的。既然审美活动作为一种重要的人生实践，是一种活生生的现实存在，既然审美活动并不能被任何一种人生实践活动所取代，它以其独特的存在方式这样或那样地影响人、作用人、塑造人，起着其他任何社会实践都难以替代的作用，那么我们有什么理由不去有意识地利用审美的特点来培养人、教育人，推动审美活动的健康发展，促进人的全面发展呢？从历史上看，绝大多数美学家和教育学家都是非常重视美育的，其原因就在于美育具有其他教育活动所不可替代的育人功能和作用。

此外，美育的发展水平必然要受到一定的社会政治、经济、文化制度和教育发展的一般情况的制约。

通过上述分析可见，美育作为一种特殊的教育方式，对其内涵的把握既要考虑学科的性质，也要兼顾其实践过程。基于此，我们将美育定义为：美育是审美教育，也是情操教育和心灵教育，是运用艺术美、自然美、社会生活美培养学习者正确的审美观点和感受美、鉴赏美、创造美的能力的教育。它是全面发展教育的重要组成部分。

（二）美育的意义

2015 年，《国务院办公厅关于全面加强和改进学校美育工作的意见》中明确指出："美育是审美教育，也是情操教育和心灵教育，不仅能提升人的审美素养，还能潜移默化地影响人的情感、趣味、气质、胸襟，激励人的精神，温润人的心灵。对提高学生审美与人文素养、促进学生全面发展发挥了重要作用。"可见，美育对社会发展和人的发展具有重要的意义。

1. 美育是我国社会主义文明建设的重要保证

美育是社会主义文明建设的一部分，是社会主义两个文明建设的重要保证。

在物质文明建设中，美育教人们按照美的原则改造客观物质世界。一是教人按美的要求来美化环境，改造大自然，环境美已成为广大人民群众的要求。在党的领导下，还将进一步改造自然，建设祖国，使祖国的面貌变得更加年轻壮美。二是教

---

① 卡冈．卡冈美学教程［M］．凌继尧，洪天富，李实，译．北京：北京大学出版社，1990：197.

育学生在未来参加物质财富生产中追求审美的要求。现代化生产的标志之一是美学与技术的高度统一。在我国社会主义现代化建设中，更应通过美育促进技术美学的研究，满足人们对优质美观、舒适方便、经济实惠的劳动用品、生活用品、文化用品的需要，克服美和效用的脱节，给平凡的劳动过程和日常生活带来审美情趣。

在社会主义精神文明中，美育更有着特殊的意义。首先，社会主义精神文明是人类文明发展的一个崭新阶段，在性质上区别于以往任何社会的文明。它是以科学的思想即马克思主义精神文明为指导，是建设社会主义、共产主义伟大实践的一部分，这本身就是人类最崇高、最美好的事业，就是“按照美的规律”改造世界。广大人民，包括青年一代，不断地接受美的教育、为美的未来而奋斗。其次，社会主义精神文明比以往任何精神文明在内容上更加丰富。在建设社会主义过程中，人们不但要求有科学技术的武装，也提出了审美的要求，并且随着社会的发展，这种审美情趣将不断增长。美育能满足这种要求，并且能引导人们，特别是青少年区分什么是真善美、什么是假恶丑，抵制庸俗、低级东西的影响，培养人们健康的审美趣味，使人们精神生活丰富多彩、充实愉快。社会主义精神文明的一个最重要的内容就是共产主义理想、信念和道德。美育对形成人的世界观和道德品质方面的特殊作用，就在于它能“净化”灵魂，陶冶德行。它通过欣赏美、创造美，提高人们的思想境界，丰富人们的精神生活，增长人们的聪明智慧，提高人们的审美能力。它对于改变社会不良风气，改变人们的道德面貌，建设高度的社会主义精神文明起着重要的促进作用。

2. 美育是促进人的全面发展的重要内容

美育是美学和教育学的“合金”，是整体教育的重要组成部分，没有美育，就不可能有个性充分的全面发展 。尽管美育的功效并不是立竿见影的，但是它却像“润物细无声”的春雨那样，渗透在人的心理领域的各个方面。并以它独特的功能对人的全面发展起着重要的、不可替代的作用。

（1）美育促进个体和谐发展。

审美的基本功能就是塑造完美的人格，而塑造完美人格的关键或中心环节在于建构完善的审美心理结构。这种心理结构的建造从个人来说是经过教育的结果，所以讲欣赏能力，就直接牵涉到培养这个心理结构的问题。假如我们所受的艺术熏陶多，文化教养水平高，那就会使心理结构丰富，审美能力强，就能够在人家不能够发现美的地方发现美，并进行美的创造。因此，可以说美育有助于智力和品德的发展。一个全面发展的人，一定是一个具有审美能力的人。

（2）美育对智育发展的作用。

关于美育提高人的智力问题，一直没有引起足够重视，在实际教育中，往往只重视知识教育，而忽视了美育。不但如此，从“重理轻文”这一现象中也能折射出现在的学校教育对美育的重视不足。

当我们面对 21 世纪的知识经济时代，思考如何为国家培养具有创新精神和创新能力的人才时，重新评价美育对发展人的创造性的特殊功能与作用具有十分重要的意义。美育是感情与理性协调统一的教育形态，但与偏向于逻辑思维、理性素质的教育形态（如数学、物理、化学等课程教育等）相比，更偏向于感性教育。智育着重于知识方面的教育，美育着重于感情、意志方面的陶冶，二者既不能互相代替，也不能偏废任何一面。只有二者并重，才能使知识和感情调和并使人正确认识人生价值。

美育与智育从根本上说是互相促进、相辅相成的。创造力作为人类精神能力的最高体现，具有高度的综合性，它不仅包含理性思维能力，还是感性和理性、直觉和思维、肉体和精神高度融合的产物。因此，培养学生创造精神和创新能力不仅要靠理性方面的教育，还需要感性方面的教育——美育。正因为如此，很多家长让孩子从小就接受音乐、美术等方面的教育，并以此作为培养创造性思维、开发智力的最有效的手段。美育正是借助于美的事物和美的文学作品对学生进行刺激与启导，使形象思维得到发展，想象力得到丰富。所以，一部文学作品、一幅精湛的艺术品、一曲动人的乐章、一种美的事物，都能唤起人们丰富的想象力，使创造智慧得到启迪与形成。而且美育过程是一个自由自觉的教育过程，是受教育者被美的事物所吸引，主动地、愉快地、自觉地追求美的人生境界的过程。美育能使人们取得更多的自由，即成为完美的全面发展的人。因此，美育成了受教育者认识世界，促进智力发展的根本途径。

（3）美育对人的道德教育的完善和巩固。

人们通过自由感受的审美境界实现了道德。审美境界可促使个体抑制感性欲求，宁静致远，保持自身尊严和高尚的人格。美育的目的在于培养人全面发展的自我意识，使人认识自身的价值、情感、地位，是对人的自由天性的培育。在美育中，道德感、理智感、美感三方面是融会贯通的，其中美感作为一种信息把三者联系起来，使审美情感成为一种道德行为的动力。这就指出了美育与德育的关系，美育与德育不仅是相通的，而且是相互依存、相互补充和相互促进的。美育是德育的深化，使人自觉脱离世俗，抛弃低级趣味，追求高尚的精神生活。

由以上可以看出，美育是人的全面发展的重要内容，在人格的形成中具有不可替代的作用。人格是人在社会化过程中形成并表现在知、情、意等心理活动各个方面的总体精神面貌。美育能够培养一个人良好的气质、性格和个性，提高人的审美能力，提升人的品格。美育对完善人的全面发展的教育任务有着不可替代的作用，没有美育的教育是不完整的教育。

历年真题

【12.1】简答题：美育的主要任务。

二、美育的内容

美育是帮助学生树立正确的审美观点、提高审美能力、培养审美情趣的教育。那么，什么样的内容可以用来促进学生审美能力的提升？这就涉及美育的内容。

（一）美育内容的基本类型

根据美育内容的范围和性质可以对美育做出如下分类[①]：

1. 按照教育范围分类

按照教育范围分类，美育一般可分为家庭美育、社会美育和学校美育三个方面。

① 金昕．当代高校美育新探［M］．北京：商务印书馆，2013：188—190.

家庭是人生的起点，也是美育的起点。家庭美育给予人的影响是基础性的和不可替代的。因为家庭美育是建立在以血缘和亲情关系为纽带的家庭日常生活基础之上的；家庭日常生活的内容极为丰富、广泛、具体，并处处注入感情的因素，对家庭成员尤其是孩子施加着全面入微的深刻影响。家庭美育的主要对象是孩子，父母则是家庭美育的天然教师，应该把家庭日常生活看作一种教育，从这里找到家庭美育实施的途径。

社会是一个广阔的空间，为美育提供丰富的素材。社会美育的领域极为广泛：演出、电视、广播，音乐厅、展览馆、博物馆，文化宫、俱乐部、体育场、游泳池、图书馆……以及生活环境的美化，风景浏览区的开发，名胜古迹的整修，还有商店橱窗的布置，路边广告的设计，这些都可以作为社会美育的工具和场所，成为社会美育的组成部分。德国诗人海因里希·海涅说：在世间一切创造物中间没有比人的心灵更美、更好的东西了。人的内在世界的美，精神世界的美，即人的心灵美是最具重要意义的美，最富光彩的美，是社会美的核心，是人类美的精髓。

学校美育是对学生进行人格养成教育的有效途径。基于学校本身“教书育人”的基本功能，在校园中通过实施美育来促进学生理想人格的形成和思想素质的提升均有着相对便利的环境条件。

2. 按照性质分类

按照美育内容性质不同，美育可以划分为自然美育、艺术美育、人生美育三个大类。

① 自然美是最原始也是最贴近人类生活的美，它就蕴藏在大自然之中。自然不仅为人类的生存发展提供基本的物质基础和环境，同时也是丰富人的精神生活使人获得美感的基本源泉。自从人类开始用审美的眼光看待世界，大自然就成了人类的审美对象。只要我们身处大自然当中，就能够陶冶于大自然的美，就可以受大自然的教育。而想要进一步欣赏自然美，真正实现自然美育，就必须要了解自然美，提高对自然美的欣赏能力，培养学生热爱自然之情。艺术是艺术家借助一定的手段方式对现实生活的典型性概括反映，是艺术家创造性的劳动成果的产物。艺术美来源于现实美，又高于现实美。

② 艺术美育是现实美的凝练和集中，它包括音乐艺术美、美术艺术美、影视艺术美、文学艺术美和环境艺术美，等等。

③ 人生美育也是美育的重要组成部分。人有心灵美、形体美，有属于人与人之间的语言美、服饰美，有属于群体活动的环境美、人情美。人生美是指社会事物、社会现象、社会生活的美，是美的最直接的存在形式，是现实生活美的最主要、最集中、最核心的一部分。人生美育主要是由人的思想、意志、情感，以及由它们在人和自然的相互关心中体现而组成的。

（二）美育的具体内容

美育内容主要包括形式教育、理想教育和艺术教育三个方面。[①]

1. 形式教育

从美学的意义上看，形式教育包括形式美和美的形式两个方面。

① 王道俊，郭文安．教育学［M］．北京：人民教育出版社，2009：356—363.

（1）形式美及其教育功能。

形式美是指事物的自然属性及其组合规律的美，美的形式是审美对象的外部美的表现形态和内部的结构方式。形式美可以作为独立的审美客体，其有相对的独立性，美的形式则与美的内容紧密相连，难以分割。

形式美的教育是美育的基础，美育始于形式美。形式美教育可以提高人们美化生活的能力，美化生活包括美化自身和美化环境两大方面。

（2）美的形式及其教育功能。

美的形式作为审美对象的外部美的表现形态和内部美的结构方式，既是意象创造的媒介，也是对象化的手段。美的形式的教育除了具有形式美教育的功能之外，还是培养人们想象力的最佳途径。

2. 理想教育

理想作为一种可能性与现实性相对应，是对未来奋斗目标的合理想象或希望。对人的理想的分类方式，可以有社会理想和个人理想之分。个人理想又可分为道德理想、人生理想、爱情理想、事业理想。理想教育主要包括社会理想教育、人生理想教育、道德理想教育、爱情理想教育。针对不同的理想教育，应该采用不同的教育方式和手段。

3. 艺术教育

自然美、社会美，艺术美都具有美育的功能，自然事物、社会生活、艺术作品都可以作为美育的内容与手段，但艺术教育无疑是美育最重要和最主要的内容与手段。尽管我们不能将美育等同于艺术教育，但艺术教育却可以说是美育的主体部分。依据美育原则，可以将艺术粗略地划分为表演艺术、造型艺术和语言艺术等，它们均有丰富而重要的美育价值。

（1）表演艺术教育。

表演艺术是指通过人的演奏、演唱，以及动作来表现作品的艺术，主要是音乐和舞蹈。艺术既能创造形象，也能表现情感。但不同的艺术形式，可能偏重于其中的某一个方面，或重形象的创造，或重情感的表现。从鉴赏的角度来看，音乐和舞蹈都是抒情的艺术，因而具有强烈的情绪感染和情绪陶冶的功能。在所有的艺术形式中，音乐能够最直接地打动人们的心弦，迅速唤起人们的情感反应；舞蹈则能够最大限度地调动人们的想象力，使人们能够充分地想象舞蹈家抽象的形体动作所象征和表现的情思。从创造的角度来看，音乐和舞蹈的情感表达功能则更为明显。音乐产生于情感表现的需要，当情感强烈到无法用声音来表达时，就出现了手舞足蹈。音乐和舞蹈既可以正式演出和表演，也可以私下自娱自乐，无论是喜悦还是哀愁，都可以通过音乐和舞蹈来宣泄和升华。

音乐和舞蹈还特别有助于节奏感的训练和培养。音乐舞蹈都具有鲜明的节奏性。音乐的节奏主要体现在音响运动的轻重缓急，速度、拍子、音符时长的长短和相互之间的比例等。舞蹈中的节奏则主要是指形体动作力度的强弱、速度的快慢和能量的大小。节奏在音乐和舞蹈中是重要的情感表现手段之一。由于人的智力、情绪和体能都具有一定的变化节奏，因此音乐和舞蹈对人的身心健康有着积极的影响。

（2）造型艺术教育。

广义的造型艺术是指所有塑造二维或三维空间的静态视觉形象的艺术，因而又称空间艺术或视觉艺术；狭义的造型艺术主要是指绘画和雕塑。造型艺术需要运用特定的物质材料来塑造可视的具体形象。因此，造型艺术的教育首先可以培养人们对各种物质材料的审美特性的感受能力，画种的区分就是依据所使用的不同材料，如油画、水墨画、版画、水彩画、水粉画等的差异，首先就表现为绘画材料的不同。水墨画的笔墨意趣、油画的色彩，木刻画的凹凸都是艺术形象塑造的重要形式，假如《米洛斯的维纳斯》不是大理石雕像而是青铜雕像，美术史对它的评价定会有所不同。绘画塑造的是二维空间形象，雕塑创造的是三维立体形象，它们都需要以点、线、面、色彩、明暗、形体等因素构成视觉形象，因此，造型艺术教育还是培养对形式美的感受力的最佳方法。绘画的主要形式是色彩，雕塑的主要形式是形体，通过素描、雕塑的创造与鉴赏，将大大提高人们对线条的曲直，色彩的明暗、冷暖，形体的方圆、轻重及其情感色彩的感受力。通过学习绘画的构图，可以掌握比例、对称、均衡等形式美的法则。

造型艺术教育可以培养和提高观察能力及形象记忆能力。临摹和写生是造型艺术的基础训练，都要以认真细致的观察对象为前提。经过训练的眼睛可以察觉色彩和形体的细微差别。临摹和写生以真实模仿对象为最高标准，但真正的艺术创造却不以对象等为目的，而是要创造出富有个性的新的艺术形象。创造独特的艺术形象，需要调动艺术家的各种能力，尤其是形象记忆能力。因此，造型艺术的教育也有益于形象记忆能力的培养。

（3）语言艺术教育。

语言艺术又称文学，是以语言为物质媒介来塑造形象、表达情感的艺术形式。语言是抽象的文字符号，因为作为语言的基本单位的词可以指称任何事物，但是不能直接表现出事物本身。因而，语言艺术教育必须建立在语言文字教育的基础上，不懂汉字的人不能欣赏用汉语写成的《红楼梦》，不懂外语的人也无法欣赏外文小说和诗歌，文学以抽象的语言符号为创造媒介，不能像造型艺术那样把艺术形象直接呈现给读者。欣赏者必须经由对原著的解读和理解，并借助于想象力才能完成文学的审美活动，越优秀的文学作品越需要调动读者的想象力，只有丰富的想象力才能把握优秀文学作品的“言外之言”和“象外之象”。

语言的抽象性既是文学之短，也是文学之长。形象的具体性，同时也就意味着确定性和有限性，语言的抽象性则同时意味着多样性和无限性，文学通过语言媒介可以突破时空的限制，既可以展现最广阔的社会情景，也可以深入人类心灵的深处。因此，文学具有重要的认识价值，如马克思和恩格斯都曾经盛赞巴尔扎克的小说对认识法国现实社会的重要作用。

第二节　小学美育实施的原则、途径与方法

《义务教育艺术课程标准（2022 年版）》

学习任务 1：欣赏身边的美

本学习任务主要帮助学生感知身边的美，认识美存在于我们周边，初步形成发现、感知、欣赏美的意识。

【内容要求】

● 观赏周边自然环境中的山水、树木、花草、动物等，感知其形状美、色彩美和肌理美，体会美存在于我们周围的环境之中。

● 识别学校或社区公共场所中常见的标识，从线条、形状、色彩的角度进行分析，了解其用途和所传递的信息。

● 观赏我国与世界各国表现儿童生活的美术作品，运用线条、形状、色彩、肌理等造型元素，以及对称、重复等形式原理，进行欣 赏、评述，了解不同国家的儿童生活。

【学业要求】

● 能根据周边环境中各种自然物与人造物，运用线条、形状、色彩、肌理等造型元素，以及对称、重复等形式原理，欣赏和评述其中的美。

● 能与同学分享、交流对身边的美的体会，初步形成发现、感知、欣赏美的意识。

上述案例是《义务教育艺术课程标准（2022 年版）》美术第一学段的学习任务之一，标准提出坚持以美育人、以美化人、以美润心、以美培元，引领学生在健康向上的审美实践中感知、体验与理解艺术，逐步提高感受美、欣赏美、表现美、创造美的能力，抵制低俗、庸俗、媚俗倾向。那么，在小学教育阶段该如何实施美育？本节主要介绍在小学教育中进行美育的原则，探讨小学美育实施的途径和方法。

一、小学美育实施的原则

美育的原则是按照美和审美意识、审美能力形成和发展的规律进行教育所必须遵循的基本要求和准则。美育原则是对美育的特性和规律的最集中的概括和总结，对美育的实施具有指导作用。根据我国小学实施美育的经验和人的审美意识发生发展的规律，实施学校美育应遵循以下原则。

（一）形象性原则

对学生进行美育应当运用现实的或艺术的美的形象，使学生直接感知到美的和谐、对称、节奏等形式，受到美的熏陶，养成高尚的情操。这一原则是由美和美的规律决定的。美不是抽象空洞的，它总是以生动可感的形象出现，这是美的第一特性，也是审美的基本特点。学生欣赏艺术，鉴别生活中的美丑，必须直接感知美的形象。如花的美丽不能从植物学上的概念中发现，植物学上所讲的“花是植物的繁殖器官”，不可

能引起学生的美感。只有直接观察到花枝的俊俏、色彩的艳丽、气味的芬芳才可以感受到花的美。

贯彻这一原则，首先要根据美育的任务和特点选择美的形象。美是形象的，但形象不都是美的，不都能起到陶冶人的情操的作用。以自然界来说，美的范围无限广阔，但像阿米巴原虫这种变形生物没有固定的外形，从美学的角度来说没有审美的价值，便不宜作为美育的内容。而现实生活和艺术作品中的美又具有时代性、民族性、阶级性的特点，选择美的形象时需要掌握美的特点和艺术评价标准。应坚持艺术性和思想性统一的要求，选择具有审美价值、符合学生年龄特征要求的形象作为美育的内容；还要帮助学生掌握美的规则和显现方式，使他们能够自由地选择审美对象。人的审美活动具有自由性的特点，可以自由想象、创造，不应当强迫限制学生的审美活动，应当允许他们从积极的审美兴趣和爱好出发，自由地选择审美对象。但必须帮助他们掌握美的规则和显现方式。美的规则有对称、平衡、对照、映衬、和谐、完整和变化统一，这是人们判断美丑的重要标准。

美的显现方式有直接显现、间接显现、象征显现和模拟显现四种。通过人的形体、仪表、言谈举止、音容笑貌，可以直接显现人的理想抱负，表现人格品行；广阔的田野、蜿蜒的山脉、成行的树林、错落的楼宇、笔直的道路等，可以间接显现劳动创造的力量；颂扬松、柏、梅、兰的诗文、绘画、雕塑，象征显现了中华民族高风亮节的气概；至于艺术作品中塑造的英雄模范则是一种模拟显现，为人们树立学习的榜样。掌握这些形式和规则，可以更好地理解和创造美。

再者，要教育学生善于体会美的形象的意韵，从而发现审美价值。美的意韵包含了思想情感和品格两个方面，如品味竹的坚韧、梅的俊俏、兰的幽香、菊的淡雅、牡丹的雍容华贵、荷花的高洁绚丽等，让学生学会在欣赏艺术作品的过程中发掘其内在的思想意韵。如阅读米兰·昆德拉的《不能承受的生命之轻》，就能够在作者轻松平淡的描述中体验到战争给人的心灵带来的空虚和无奈。这些，都是作品给人留下的想象空间和意韵的领地，需要欣赏者深入到作者的心灵世界去解读和品味作品所内含的情趣和意旨。

（二）情感性原则

对学生进行美育要引导他们深入到现实和艺术的美的意境中去，激起情感上的共鸣，达到入迷的陶醉状态，使美融化于心灵。情感性是审美心理的重要特征。引导学生感知美的事物，并不是在此基础上形成科学概念，而是要求他们融合自己的感情形成审美感受，做出审美判断。例如，欣赏齐白石画的虫鱼、花卉，感知到的不只是花鸟鱼虫，还有那春天般的清新气息引起的快慰和喜悦；听冼星海谱写的《黄河大合唱》，要感受到中华民族不畏强暴的英雄气概；听俄罗斯作曲家柴可夫斯基谱写的曲子，感知的不只是钢琴弹奏出的音乐，而且要感受到俄罗斯人民的苦难，是那种动人心魄的生活的哀伤。也只有对感知的美有深刻的情绪体验，才会产生对美的热爱，对真理的追求，才可能有美的创造。因此，对学生进行美育要特别重视审美情感的培养。情感是艺术的灵魂。艺术不仅表达人的思想，而且表达人的情感。人要进行艺术的、美的创造，就要有丰富的情感。自然美本身虽不表现情感，但它作为审美对象可以激发人的情感。所谓“触景生情”就是说欣赏自然景物可以牵动人的情思，通过自然美调动人的感情是极其珍贵的。我国当代著名的文学翻译家傅雷经常教育儿子要到大自然的怀抱中去感受“感情的美”。他曾在给儿子的信中写道：感情的美是近于火焰的美、浪涛的美、疾风暴雨的美或者是风和日丽、鸟语花香的美。这深刻地揭示了自然美和情感美的关系。

贯彻情感性原则，要掌握各种形式美的情感教育价值，正确运用各种形式美来调动学生的审美感情。各种形式美都能唤起人的审美感情，崇高的形象可以使人荡气回肠，激情万丈；优美的自然景色能给人以和谐、恬静、清新的喜悦；悲剧给人压抑和痛苦，能激发人为正义而斗争的热情；喜剧幽默诙谐，让人发出爽朗的笑声，令人快乐。同时，还要注意引导学生通过感知周围生活环境中各种事物的统一和谐关系来调动审美情感，发觉显示生活中的美。例如，单个的灼热太阳、孤独的红绿信号灯很难令人产生情感，要使学生对太阳和灯光发生情感，就要引导他们将作为审美对象的太阳和信号灯置于天空的云彩、地面建筑物造型、车辆、人群等环境的和谐运动之中，去感受大自然的生机、城市的繁华和时代的生活气息，从而产生对太阳和信号灯的感情，感情的融入和投入才是审美的前提。

（三）活动性原则

对学生进行美育应该通过审美活动，贯彻以活动教育为主的方式，让学生去感受美、鉴赏美、创造美，受到审美的熏陶。这是美育区别于学校其他方面的教育的主要标志。这一原则主要包括四个方面的含义。其一，美育本质上就是一种有组织的教育活动，它不同于纯粹的知识传授或理论讲解，是教师引导学生共同完成的对美的感受、鉴赏和创造活动，而不是单个人在书斋里的冥思苦想。其二，美育的实施主要是通过一系列的活动来完成的，如形式美教育主要是通过各种鉴赏和创造活动来完成的，艺术的鉴赏和创造活动是形式美教育的主要形式（如组织学生观看美展、参加大合唱或歌咏比赛等）。其三，美育实施的效果体现在活动的过程之中，学生正是在这样的过程中才得到美感的熏陶和感染，养成对美的追求和向往。其四，美育也是一种趋向于个人人生境界的实践活动，这就意味着学校审美活动必须让学生通过个人参与活动并在活动中进行体验和感悟，从丰富的审美活动中去体验情感的升华和心灵的圣洁，从作家的作品中去感受丰富多彩的人生和变幻莫测的生活世界，从而实现对人生现实世界的把握和对未来世界的憧憬和向往，学生的精神境界就是在这样的过程中不断得到提升和净化的。

贯彻活动性原则要求教师在美育实施过程中要采取以情景教学为主的教学方式，尽管在美育实施过程中理论分析、知识传授也起着一定的作用，但通过创设相关的情景，营造特殊的氛围，以启发和诱导的方式使学生在一种自由愉快、轻松自然的状态下潜移默化得到陶冶则是美育最有效的方式。同时，也要求教师具有一定的审美素养和语言艺术，在教学过程中多用形象化和富有感染力的语言，也可以利用幻灯片、图片资料、影像资料等形象化手段来增强教学的效果。

（四）创造性原则

对学生进行美育应当引导学生创造性地感知各种形式美的神韵和规律，启发他们按美的规律来创造美，并塑造和美化自身。学校美育的目的在于使学生的个性得到充分自由的发展，使其成为具有创造精神的人。因此，美育不是让学生被动地接受美的形式，而是要他们富有想象力地、创造性地感知、理解和创造美。

贯彻这一原则，第一，要特别注意对学生美的创造力的培养。这要求学生在美的鉴赏过程中要把对美的形象的感知同情绪上的体验结合起来，充分发挥想象力，创造出新的形象。就自然美的开发来说，既有赖于人的劳动，又要归功于诗人、画家、作家的鉴赏力和创造力。文人墨客给人们留下的诗歌、辞赋、楹联、美文成了后来游人的向导，但还需要审美主体自己的品位和想象，真正感觉到现实的美和艺术的美。例如，当学生登黄山游到玉屏楼前远眺，如果不发挥想象力，眼前见到的不过是两个高大的山峰；当把耕云峰上的一块峭石想象为“跳”向天都峰的一只小松鼠，曰“松鼠跳天都”，则另有一番情趣，从而深刻地感受到两座山峰的俊美。第二，要鼓励学生创造审美意象。学生爱在生活、学习、劳动中以其所喜欢的审美方式显现自己的审美意象，是值得被珍视和爱护的。教师一方面应当对学生予以鼓励，推动学生审美意象的发展；另一方面要帮助他们积累审美经验，选择显现的方式，进行美的创造。倘若学生喜欢观赏日常生活中的美，可以让他们通过绘画、唱歌、写诗、朗诵等方式来表达。达·芬奇从小爱画画，他画的就是日常生活中常见的东西。他去请教老师，老师就教他从画简单的鸡蛋开始。他每天画上百张，锻炼毅力，培养创造力，终成著名画家。第三，还要培养学生审美创造的技能技巧，提高学生掌握、搜集、整理审美资料、创造美好事物的本领和能力。审美要有一定的物质资料作依托，表情达意要有一定的物质媒介和载体，如掌握音乐的声调旋律、绘画的线条色彩、舞蹈的基本动作，从而能够利用已有的条件和所获得的材料，在日常生活中表现美，进行艺术美的创造，把审美意象及观念中美的构思或蓝图，运用技巧创造出实际的美的形式。第四，要为学生创造良好的文化生活环境。优美的校园、窗明几净的教室、朴素美观的家庭陈设、长辈良好的文化修养等，都有利于美育的实施。美的环境养成美的素质，学生也养成对美的追求和向往的审美心理，更能激发起学生创造美的欲望和情趣。

二、小学美育实施的途径与方法

学校实施美育的途径与方法很多，既可以通过各种教学和组织各种形式的活动来实现，也可以通过日常生活进行美育和到大自然中去寻找、享受和发现美。

（一）通过课堂教学和课外文化活动进行美育

课堂教育是学校实施美育最主要的途径，学校美育只有渗透到各科教学之中才能更有效地实施。

首先，要发掘学科内在的审美因素，揭示不同学科内涵的审美价值。中国古代思想家庄子曾提出一条重要的美学原则：判天地之美，析万物之理。我们应当用这条原则指导教学，既激励学生攀登科学高峰，又引导学生用审美的眼光去认识世界和生活。通过语文、外语、历史、地理等学科的教学，使学生掌握语言文字工具，了解人类文化历史，认识美的起源、美的本质、规律及其价值，可以为提高学生的文化艺术素养和审美意识奠定基础。审美是需要一定的知识作基础的，一个知识丰富的人，其认知能力就比较强，能够在平凡的、普通的事物中发现美的要素和内涵。学生通过掌握各科知识，特别是基础性知识，就为他们审美能力的发展准备了基础性条件。通过学科教学，可以向学生揭示自然的壮观和美丽，引导他们观察宏观宇宙和微观世界物质运动中美的奥秘，掌握美的法则。古希腊毕达哥拉斯学派认为：整个天体就是一种和谐和一种数。他们还认为：一切立体图形中最美的是球形，一切平面图形中最美的是圆形。著名物理学家爱因斯坦也曾说过：这个世界可以由音乐的音符组成，也可以由数学的公式组成。十个阿拉伯数字和若干符号就可以描述一个无限丰富的世界。英国理论物理学家、诺贝尔物理学奖获得者保罗·狄拉克一再声称：方程中所具有的优美要比它们符合实验更为重要。可见，在自然学科的教学中，教师也要善于引导学生发现科学的美，如数学中的数与形的结合，化学中的分子结构及模拟图形，物理学中的电磁场的基本方程，生物学中的细胞分裂、各种植物的千姿百态，都包含着美的因素。

其次，要注意方法的更新与变革。教师要改变传统的教学方法，讲究教学艺术，掌握教学的节奏。古人云：感人心者，莫先乎情。教师讲课要有语言艺术，绘声绘色，寓理于情，使学生如身临其境；抑扬顿挫，感情充沛，唤起学生情感上的共鸣；掌握教学节奏，在内容安排上错落有致，疏密得当，有张有弛，从容不迫，给学生以鲜明的节奏感；板书结构紧凑，逻辑严密，布局合理，字迹工整秀丽，使学生在获取知识的同时，获得美的享受，受到美的熏陶。

对学生进行美育，还可以通过艺术学科教学和课外文艺活动进行。艺术的形式很多，有音乐、舞蹈、美术（如绘画、雕塑）、文学（如诗歌、散文、小说）、戏剧、电影、电视等。艺术通过塑造典型形象反映现实生活的美，表达了艺术家的审美趣味、审美情感及审美理想。学生通过课内外的艺术鉴赏活动，可以掌握人类的审美经验，受到艺术美的熏陶，提升审美能力，这是学校美育的主要途径。

（1）音乐是一种从自然和社会生活中提炼出来的声音艺术。通过音乐的节奏与旋律反映社会生活，表达人的思想感情。从学校美育来说，音乐教育的主要目的是培养学生对音乐的感受能力和鉴赏能力，陶冶情操，丰富精神生活。培养学生对音乐的感受能力和鉴赏能力，要抓好幼儿的音乐启蒙教育和中小学的音乐基础教育，使学生掌握音乐的基础知识，受到一些音乐基本技能的训练。

（2）舞蹈是一种通过人体有韵律、有节奏的活动，传达思想、抒发情感的造型艺术。舞蹈既有刚劲又有轻柔，并伴有和谐的音乐，对学生很有吸引力。舞蹈的种类很多，应根据每月的任务和学生的年龄阶段的审美特点来开展活动。目前，中小学还没有全面开设舞蹈课程，但在音乐、体育等学科教学中讲授舞蹈基础知识，进行一些基本的舞蹈动作训练是必要的。

（3）美术通常指的是绘画和雕塑。它是在立体空间或平面上运用线条、色彩、明暗和体积的变化，传达人的思想感情，再现社会生活的艺术形式。美术的社会价值和教育价值都很大。鲁迅先生曾说：美术可以“表见文化”“辅翼道德”“救援经济”。[①] 由于绘画和雕塑采用的物资材料、表现手法及艺术处理手段不同，审美效果各具特色。绘画是在平面上通过线条、色彩、形状变化的描绘，便于展示人对自然环境、具体事

---

① 鲁迅．狂人日记［M］．北京：北京联合出版公司．2021：180.

件和人物内心的情感。如欣赏罗中立的油画《父亲》，就会发现这张肖像画上的老农布满皱纹的脸、酱果色的皮肤、硬棒的手及手中粗糙的陶碗都是美的，老农给人以动态的感觉。欧洲文艺复兴时期意大利雕塑家米开朗基罗的作品《奴隶》塑造了一个将死的奴隶，从一个角度看，有挺起身体的意向；站在另一个角度看，他的身躯又无力地倒下去；再换一个角度看，死者挣扎的徒劳感又被希望所代替。这个注定要死的奴隶，几个世纪以来试图站起来，又一次一次地倒下去，始终给人以动的感觉。今天，随着现代化建设和现代社会发展的加快，人民生活的提高，工艺美术、建筑美术在现代生活中被广泛采用来美化房屋建筑、室内装饰、产品装潢，让学生掌握一些实用美术知识和技能是十分必要的。

（4）文学是一种语言艺术。它运用语言描写自然景色和社会生活，刻画人物的形象和性格，表达作者的审美观念、审美趣味、审美理想，主要有诗歌、散文和小说几种形式。利用文学作品进行美育，可以培养学生对文学的爱好和兴趣，提高鉴赏能力和表达能力，加深对真、善、美本质的理解。运用文学进行美育，可以结合语文课进行，也可组织课外文学兴趣小组或文学社团让学生接受审美教育，通过文学创作来表现美。

（5）戏剧、电影、电视等综合艺术，形声并茂、场景逼真、各具特色，都是对学生进行美育很好的艺术形式。

此外，在课外也可采用两种方式进行：一种是开展课外兴趣小组活动，让学生在艺术实践活动中提高鉴赏美和创造美的能力；另一种是通过班级组织开展艺术欣赏活动，评论艺术作品，评价社会生活中的美的行为，提高审美趣味和鉴赏能力。

（二）通过大自然进行美育

人是自然之子，人的成长一直受到自然美的哺育。庄子说“天地有大美而不言”，肯定了美在大自然中。人要使自己“备于天地之美”，就要“观于天地”“原天地之美”“判天地之美”，要人通过对自然的观察去了解、寻求美。现代著名作家郁达夫认为，欣赏自然美同欣赏艺术是相同的。他说：“自然景物以及山水，对于人生，对于艺术，都有绝大的影响，绝大的威力，却是一件千真万确的事情；所以欣赏山水及自然景物的心情，就是欣赏艺术与人生的心情。”① 大自然是美的源泉，也是美育的课堂和教科书。大自然的美千姿百态，绚丽多彩，又和谐统一。壮观的宇宙、秀丽的山川、静谧的森林、清澈的湖水等，都能给人以美的享受。

首先，欣赏大自然的美可以提升学生的审美感知能力和理解能力。学生投身到大自然的怀抱，凭着感官直觉，看到天空的云彩，听到山间小鸟的啼鸣和潺潺的流水声，会心旷神怡；欣赏浩渺的湖水，蜿蜒的小路，起伏的山峦，以及点缀其间的亭、塔、楼阁、水榭，可以更好地把握自然景观和人文景观中美的形象的象征意义。学生欣赏自然美对于鉴赏力的提高是有帮助的。欣赏山水画不易理解笔墨、情意、境界，倘若饱览了名山胜景，就会领悟到境界因地形成，移步换景，千奇万状，从而有可能真正理解到画面上的霞映飞泉、舟横野渡、柳覆长堤的奥秘。

---

① 郁达夫．郁达夫文论集：下［M］．长春：吉林出版集团股份有限公司，2017：705.

其次，欣赏自然美可以开阔视野、增加知识、陶冶情操、砥砺品行。学生只有投入到大自然才能真正感受到山的雄伟、海的壮阔、山河的锦绣、土地的富饶。尤其是现在所见到的自然已经是人改造过的“人化自然”，自然景观和人文景观结合在一起，在游览自然风光时，会感知许多生动形象的地理、历史、文化艺术知识。到大自然中遨游，可以产生探索大自然奥秘的欲望，大自然的美之所以值得珍惜和热爱，在于它能陶冶人的性情。孔子说：知者乐水，仁者乐山；知者动，仁者静；知者乐，仁者寿。这说明了人格修养、精神品质不同，对于山水的喜爱也有不同；山水之所以引起人的喜爱，因为它具有某种和人的精神品质相似的形式结构的缘故。“智者”之“所以乐水”是因为水有川流不息的“动”的特点，这也说明欣赏自然风景同人的性情和审美修养是有关系的。傅雷教导儿子傅聪说：多同大自然和造型艺术接触，能使人恬静旷达，保持精神心理健康。

再次，利用大自然进行美育，还要掌握自然美的特征和学生的审美特点。自然美侧重于形式美。学生对自然美的欣赏往往表现为对外在形式的感性直觉。因此，要特别注意引导学生观察自然物象的线条、形状、声音、色彩等因素。从直接感知蓝天白云、皓月繁星、翠林秀木、奇花异卉、叮咚泉水，逐步理解自然的整齐有序、对称均衡等形式美的法则，让他们由认识自然美的外部特征，逐步过渡到认识其内部结构美的规律。

最后，要启发学生认识人与自然的审美关系，理解欣赏自然美的“比德”“畅神”的审美观点。自然不仅是劳动的对象，而且是审美的对象；同时，人们在欣赏自然之美的过程中都会受文化影响，形成自己的审美观念。中国古代美学的“比德”同伦理道德上的善与恶联系起来，以松柏喻坚贞，以松菊喻高洁，将梅、兰、竹、菊称作“四君子”。用“畅神”的审美观看待自然景物，把自然景物都看成是畅神悦性、有情有义的，看成是移注主观情感的审美意向。又由于自然物的特征是多方面的，它与人的社会生活往往会发生不确定的关系，使人的审美感受会有两重性。如竹子，它的自然生态是竿直而高，中间有节，枝条平垂，绿叶不凋。郑板桥赞美竹“新竹高于旧竹枝，全凭老干为扶持”，肯定了竹的审美价值；杜甫贬低竹“新松恨不高千尺，恶竹应须斩万竿”，否定了竹的审美价值。引导学生欣赏大自然的美，不能只是赞美自然景物外表的绚丽多彩，还要融合自己的思想情感，仔细品尝大自然美的花卉山石、飞禽走兽的生活习性，给人精神上的启示和鼓舞。同时，还要引导学生观察自然景观结构的变化，欣赏自然风景的特性。现在许多风景区的名胜古迹流传着美妙的神话故事、名人轶事趣闻，保留着文人墨客的墨迹。因此，要引导学生从不同的角度去观赏、把握景观的层次性和完整性，结合讲述一些自然赏识、风土人情、历史故事、名人诗词，帮助学生加深对自然景物的感知和理解。

（三）通过日常生活进行美育

俄罗斯作家车尔尼雪夫斯基有一句名言：美是生活。俄国文学评论家别林斯基说过：在活生生的现实里有很多美的事物，或者，更确切地说，一切美的事物只能包含在活生生的现实里。在人们的日常生活中，的确包含着大量的审美因素，生活环境、饮食起居、衣着打扮、待人接物、娱乐休闲等，都在一定意义上反映着人们的审美观念、审美趣味和审美能力。在日常生活中进行美育的方式有很多，主要可以通过以下几个方面进行。

1. 利用家庭环境进行美育

家庭环境是自然环境和社会环境的缩影，包括住宅环境、家庭装饰和文化生活三个层面。家庭是儿童美育的摇篮。家庭生活环境及文化生活反映主人的审美观念和艺术修养，在现代生活中，无论是乡村农民，还是城市居民，都注重环境的美化。教师要适当利用这些美化了的环境，并运用美的规律来对儿童进行审美教育。不同家庭的经济条件和住房条件不一样，最基本的是要保持房间的整洁、舒适、安静。在经济条件允许的情况下，适当地美化装饰是必要的，但色调易淡雅、协调，避免粗俗、怪异和张扬，环境要有利于培养学生健康的审美趣味。要想家庭生活环境符合对学生进行美育的要求，还要提高家长的审美修养和艺术鉴赏力，使其养成对艺术的爱好，使孩子浸润在生活美的欢乐中。

2. 组织学生参加美化学校环境的活动

学校环境的美化应与社会环境的美化协调统一。校舍建筑错落有致，校内外林木葱郁，花坛、盆景色彩调和，使学生在学校生活中感受到环境美，唤起愉快的情绪、轻松的心境。教室、实验室和图书馆的陈设，在空间布局、色彩等方面应根据美学和教学、试验、阅览的不同要求，随季节变化而变化。最基本的要求，要做到窗明几净、整齐和谐。学校环境的美化要依靠师生的辛勤劳动，用自己的双手去美化学校，要帮助学生养成讲文明、懂礼貌、爱整洁、善美化的生活习惯。

3. 引导学生在日常生活中体现美

人都有爱美的天性。在现代社会，人在日常生活中更注重对美的追求和表现，总是自觉不自觉地坚持某种审美观点，反映了自己的审美趣味和审美情感。学生如何在日常生活中体现美，需要教师从生活美学上予以指导。

（1）使学生明白爱美是热爱生活的表现，在日常生活中要充分体现美。生活用品、书籍、文具要收放整齐，不要随意乱丢；要养成良好的生活习惯，饮食起居、学习娱乐，既要合乎生理卫生、心理卫生，又要合乎审美原则。

（2）引导学生善于选择衣着打扮，讲究服饰美。学生的衣着打扮要适合年龄和身份，要活泼、美观、大方、朴素，不要成人化；要利于身体发育，合体、舒适、淡雅、方便；要适合自己的体型、性别、身份、性格及个性特征，在造型、线条、色彩搭配和线条组合上都要有讲究。教师要给学生讲授一点生活美学知识，要提醒学生，不要盲目追求时髦，比阔气。

（3）教育学生讲究言谈举止、仪表风度美。人的风度美是一种外在美，是心灵美的外化。洛克曾经倡导“绅士教育”，对于塑造英国国民素质和心理起到了重要的作用。在洛克看来，一个绅士就是一个有着良好的教养和修养的人，他的行为举止彬彬有礼，谈吐高雅，讲求绅士风度。生活在现代文明社会的人，更应该以高雅的气质和优雅的风度来陶铸自己，成为受人尊敬和亲近的人。

历年真题

【12.2】简答题：简述学校开展美育的途径。

☞ 本章小结

美育是全面发展教育的重要组成部分，对社会发展和人的发展具有着重要的意义。因此，我们首先必须清楚美育的基本概念和内容。美育是审美教育，也是情操教育和心灵教育，是运用艺术美、自然美、社会生活美培养学习者正确的审美观点和感受美、鉴赏美、创造美的能力的教育，是全面发展教育的重要组成部分。美育内容主要包括三个方面：形式教育、理想教育和艺术教育。在了解美育概念内容的基础上，要重点把握的是如何有效实施美育：实施小学美育应遵循形象性、情感性、活动性和创造性等原则。在小学教育过程中要通过课堂教学和课外文化活动进行美育、通过大自然进行美育、通过日常生活进行美育。

☞ 本章要点回顾

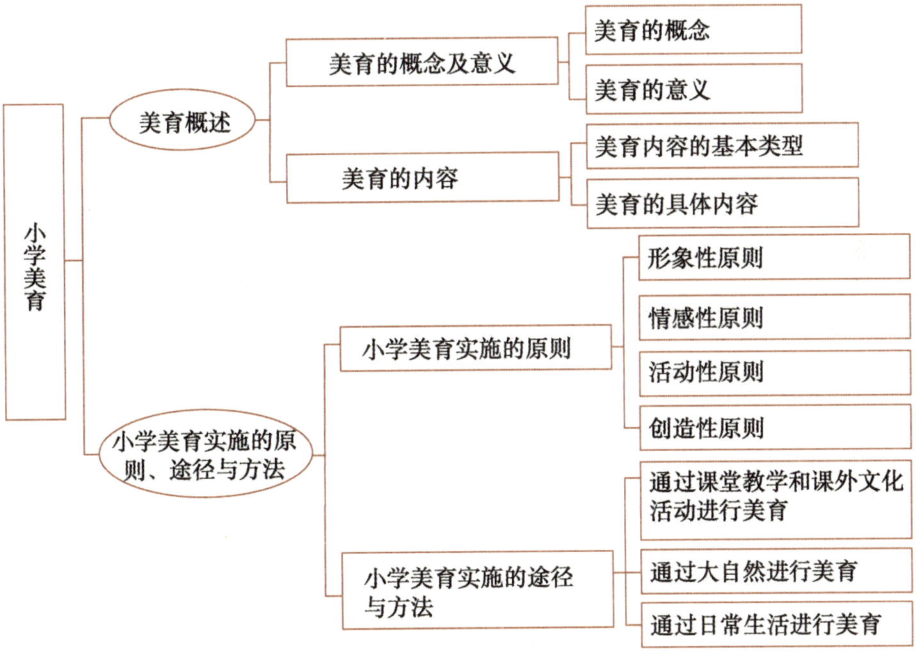

☞ 学习资源

1. 金雅，郑玉明．美育与当代儿童发展［M］．杭州：浙江少年儿童出版社，2017.

2. 何园英．追求教育本真，传承和发展美育思想：上海市金山区第一实验小学美育课程建设教育教学成果展［M］．上海：上海社会科学院出版社，2016.

3. 杜卫．美育学概论［M］．北京：高等教育出版社，2023.
4. 李睦．美育教师手册：理论、方法与实践［M］．北京：清华大学出版社，2023.
5. 班振，户艳茹．美好生活视域下的美育审思［J］．中国教育学刊，2022（3）：64-68.

第十三章

小学班主任与班级管理

☞ 学习完本章，应该做到：

◎ 了解：班集体的形成与发展、班级活动的组织与管理、班级管理方法。

◎ 识记：小学班主任的素养、班级管理的内容。

◎ 理解：小学班主任的角色定位、班级管理目标制定、小学课外活动的组织与开展、班级管理资源的开发与利用。

☞ 学习本章时，重点内容为：

◎ 小学班主任的素养、班级管理的内容、方法，以及目标的制定、班级管理资源的开发与利用。

☞ 学习本章时，知识要点与具体方法为：

本章知识要点有“小学班主任的角色定位及素质”“班级管理”“班级活动”“活动的组织与管理”。在学习本章时，应厘清班主任的定义，在此基础上了解小学班级课外活动的组织与管理，注重理论联系实践。

【引子】

为什么学生不怕我①

哎，今天真是一言难尽呀！本来想这一节应该挺好的，想着后面有老师来听课，学生们应该会表现好的，谁知道我还是太不了解小孩子。我都快气疯了，虽然胡老师说没关系，可是我的心里还是感到很难过，一整天都很郁闷。在办公室里告了学生的状，当时觉得自己特没本事，一个大人去告小孩子的状，心里有说不出的滋味。但是没办法，不告不行。如果今天不整治他们，那么以后的课就没法上了。第三节体育课时把几个“典型”人物拽到了办公室，刘老师使劲地批评了他们。其实刘老师以前就跟我说过，谁上课不老实就直接拉到办公室里。第四节的前半节课刘老师先说了几句有关班级纪律的话，然后就把班交给我整治。果然大家收敛了很多，都很老实。下午还有一节语文课，刘老师让我自己去班里管纪律，布置作业。本以为大家会像上午第四节课一样老老实实，可是谁知道效果还是不好。本来我脾气是很好的，即使上午的课上得很糟糕，我也没有发脾气，可是我忍不住了，这脾气不发不行。最后，我的嗓子都喊哑了，纪律终于好了一点。我很迷茫，在这么大的一个班级中，老师到底应该怎样做才能吸引孩子的目光呢？怎样才能让他们老老实实地上课呢？难道只有发脾气这样一个办法吗？我真的想不通。我请教了一些副科的老师，了解了一下他们上课的情况，结果是除了班主任的课，没有一门课能上好的。这到底是为什么呢？一些副科老师也很厉害，可学生就是不怕他们。而有的班主任并不是很厉害，可是学生见了就

---

① 这是编者所带实习学生的一篇日记，题目为编者所加。

像小绵羊一样，这又是为什么呢？为什么班主任的课与非班主任的课之间存在这么大的差别？又是什么因素导致产生了这些差别？今天是我实习以来过得最糟糕的一天，让我发现了一个残酷的现实：我离一名合格的教师还有很大差距！以前隐藏起来的问题在今天全部爆发了，明天要讲课文了，我很紧张……

这位同学在实习中遇到了一些困惑，同时也意识到了自己与其他有经验的教师存在差距。在将来的工作中，或许大家也会遇到相同的问题：为什么班主任的课和其他任课教师的课之间有这么大的差距？为什么有的班主任并不是很厉害，学生却听他的？为什么自己发脾气却没有效果？如果给你一个班级，你该怎么管理？

有人曾经说过："没当过班主任的教师不是一个完整的教师。"可见，作为一名教师教育专业的学生，我们不仅要具有精深扎实的专业知识和教育理论知识，以便能够胜任未来的教学工作，而且要掌握一定的班级管理知识与技能，以便能够胜任并成功地进行班级管理。

第一节　小学班主任

班级是学校教育工作的基层组织，是学生健康成长的集体环境。学校的教学工作、思想工作和课外活动等，都是以"班"为单位进行的。虽然一个班有好几位任课教师执教，但班上还有许多不属于任课教师职责范围内的事，如组织与培养班集体、开展课外与校外活动、指导班队活动、安排学生课余生活等，需要有专人来做。这就需要有一位教师全面负责，来抓班级的组织和指导工作，这位教师就是班主任。

一、小学班主任的角色定位

新时期的班主任，其角色内涵发生了很大的变化。他们不仅扮演着模范公民、父母代理人、学生的朋友与知己、学生人际交往的指导者、学生心理健康的咨询师等一般教师的角色，而且还是班级的组织者、管理者以及学生全面发展的指导者。

我国在 1988 年 8 月 10 日颁布的《小学班主任工作暂行规定（试行）》中把小学班主任的角色定位为：班集体的组织者和指导者，是学校贯彻国家的教育方针，促进学生全面健康成长的骨干力量。他对学校教育教学计划和其他各项管理的实施、协调本班任课教师的教育工作和沟通学校与家庭、社会教育之间的联系，起着重要的作用。

（一）班主任是班级的组织者

班级并不只是许多个体的简单集合，而是学校教育工作的基层教育组织，它一旦建立就作为一种教育影响因素而存在。教师对学生的影响也需要通过班级环境对学生发生作用。班级作为组织而存在，就需要一名组织者去创建良好的班级环境。优秀的班集体不是自然形成的，而是需要班主任做一系列的组织和领导工作。因此，班主任是班集体的组织者、教育者和指导者。

（二）班主任是班级的管理者

有组织的存在，就有管理的存在。班级组织一旦建立，要让它正常运转起来，就需要一个组织管理者。班级的组建、班干部的选拔与培养、班规的制定、班级的日常管理等，都需要班主任这个管理者。在我国，班主任是兼职工作者，兼任专业课教师和管理者的双重角色。班主任老师除了教好课程，还要管理好班级。所以，班主任是一种特殊的管理角色。

（三）班主任是学生全面发展的指导者

学生是一个完整的人，是发展中的人。学生的发展不是单方面的，而是全面的、协调的。我国的教育目的是把受教育者培养成德智体美劳全面发展的社会主义建设者和接班人，这就要求教师要关注学生的全面发展。班主任和学生相处时间最长，对学生影响最大，因此，班主任要担当学生全面成长的引路人的角色。

班主任是学生全面发展的指导者，这是由班主任的工作性质决定的。班主任是对一个班级及学生全面负责的人。学生的德、智、体、美、劳各方面的发展，都离不开班主任的参与和实施。班主任工作内容包括：了解和研究学生，组织和培养班集体，建立学生档案，开展班级活动，协调各种教育影响，对学生进行操作评定，班级工作计划与总结等。《中小学班主任工作规定》明确了班主任的具体工作职责与任务：

（1）全面了解班级内每一个学生，深入分析学生思想、心理、学习、生活状况。关心爱护全体学生，平等对待每一个学生，尊重学生人格。采取多种方式与学生沟通，有针对性地进行思想道德教育，促进学生德、智、体、美、劳全面发展。

（2）认真做好班级的日常管理工作，维护班级良好秩序，培养学生的规则意识、责任意识和集体荣誉感，营造民主和谐、团结互助、健康向上的集体氛围。指导班委会和团队工作。

（3）组织、指导开展班会、团队会（日）、文体娱乐、社会实践、春（秋）游等形式多样的班级活动，注重调动学生的积极性和主动性，并做好安全防护工作。

（4）组织做好学生的综合素质评价工作，指导学生认真记载成长记录，实事求是地评定学生操行，向学校提出奖惩建议。

（5）经常与任课教师和其他教职员工沟通，主动与学生家长、学生所在社区联系，努力形成教育合力。

从以上规定可以看出，班主任负责学生日常学习生活的方方面面，是学生全面发展的指导者和引路人。

（四）班主任是影响学生发展的“重要他人”

“重要他人”是社会学的一个概念，我们把对个体的成长和发展有重要影响或起关键作用的人称为“重要他人”。在一个人成长与发展的过程中，影响其发展的人很多，比如婴幼儿期，影响其发展的主要是父母和家人。入学后，教师、同学都会影响个体的发展。但是，对于学生来说，班主任最有可能成为影响其发展的“重要他人”。因为，学生具有“向师性”，学生所向的“师”主要是班主任。因为学生与班主任相处时间最多，班主任的人生观、价值观、世界观，以及教育思想与教育理念，对学生的发展起着潜移默化的作用。甚至，班主任的一句话，可以成就一个孩子，也可以毁掉一个孩子。

重点提示

“重要他人”是“对个体的自我发展（尤其是在儿童时期）有重要影响的个人和群体，即对个人的品质、语言及思维方式的发展和对个人的行为习惯、生活方式及价值观的形成有重要影响的父母、教师、受崇拜的人物及同辈群体。”——顾明远主编《教育大辞典》

（五）小学班主任的双重管理者角色

小学班级具有学校班级组织的一般特点，但由于小学的教育目标与任务和其他层次学校的目标与任务不同，所以小学班级具有自身的组织特点。比如，小学班级中存在着平行的少先队组织。根据《中国少年先锋队章程》的规定，凡是 6 周岁到 14 周岁的少年儿童，愿意参加少先队，愿意遵守队章，向所在学校少先队组织提出申请，达到入队要求后，经批准，就成为队员。根据有关要求，在小学一年级开始就把全体适龄儿童组织起来，班级就逐步地同时成为少先队组织。由于班级组织和少先队组织是由同样的成员组成的，所以小学班级实际上是一个班队合一的组织。由于小学班级的双重组织性质，所以小学班主任既是班主任，又是少先队辅导员，具有双重管理者的角色。

二、小学班主任的素养

小学班主任既是一名教育者，又是一名管理者。因此，小学班主任首先应当是一名合格的教师，要具备当代合格教师的专业素养，同时还要具备管理者的基本素养。班主任自身的素养，既是做好班主任工作的基础条件，又是决定班主任工作成效的主要因素，这里只讲解作为班级管理者的素养。

（一）管理知识素养

班主任作为一名班级管理者，不仅要掌握关于管理一般性质与规律的知识，还要掌握教育管理相关的理论知识和班级管理的理论知识。理论来自于实践，理论的发展需要实践的积累，但是理论又高于实践，反过来指导实践。有理论的实践活动是自觉的，无理论指导的实践是盲目的。因此，教师只有掌握了相关的班级管理理论知识，才能把班级管理工作做得更好。

（二）管理能力素养

1. 领导能力

班主任是班级的核心人物，是班级的旗帜和方向。要把几十个个性不同的学生凝聚在一起，组建成一个具有明确奋斗目标、严明的纪律、正确的舆论和良好班风的班集体，就需要班主任具有计划、执行、反馈、评价的领导才能。

2. 沟通与交流能力

沟通与交流是班级管理的一种有效工具，更是一种技能。在班级管理过程中，班主任需要与领导、家长、科任教师进行沟通与交流，以获得他们的支持、理解与帮助。同时，还要做好与班级学生的沟通与交流工作，以便及时、准确地了解班级学生发展动态，采取有效措施，促进班级学生的发展。

3. 应变能力

班主任面对的是一群天真无邪、充满活力和创造力的小学生。他们经常会制造一些意想不到的事端，给班主任带来一些“惊喜”。遇到偶发事件，班主任要具有良好的应变能力，能够从容妥善处理。

4. 信息能力

信息能力主要包括获取信息、搜集信息、分析信息和处理信息的能力。当前，信息技术迅猛发展，信息已成为当今时代最重要的资源。作为班级管理者，班主任要掌握一定的信息技术，合理利用信息资源，促进班级管理工作的开展。

历年真题

【13. 1】刚参加工作的彭老师买了许多关于班主任工作的攻略类书籍，阅读后信心十足地开展班主任工作，但他发现这些攻略并不管用。他充满困惑，不断地问自己，问题出在哪呢？彭老师忽视的是（　　）。

A. 班主任工作的技巧性　　B. 班主任工作的复杂性

C. 班主任工作的反思性　　D. 班主任工作的经验性

【13. 2】班主任的影响力除表现职权影响力外，更重要的表现力为（　　）。

A. 年龄影响　　B. 性别影响力　　C. 人格影响力　　D. 知识影响力

第二节　班级管理

一、班级与班级管理

（一）班级

班级是指一定年龄阶段、发展水平相当的一群学生组成的学校教育基层组织。

同一年龄段、发展水平相当的一群学生根据学校的安排固定地聚集在一起，形成了班；又因为“班”处在一定的教育阶段上，这就是“级”。

1. 班级是班级授课制的产物

班级是现代学校制度的产物，它的产生有特定的历史原因。在古代，学校教育采用的是个别教学。生产的发展要求更多的人接受教育，科学技术的发展需要教学有比较固定的结构和程式，于是在中世纪末期，集体的教学组织形式便产生了。集体的教学组织形式以班级授课为最高形式，它以固定的班级为组织，把年龄大致相同的一群学生编成一个班级，由教师按照固定的课程表和统一的进度并主要以课堂讲授的方式分科对学生进行教育。班级授课的产生适应了科学知识丰富、科学门类增多、知识技能日益复杂这一趋势，反映了在受教育人数增多的形势下人们对学校教学的要求，有利于提高教学效率并扩大教学的教育效果。

班级授课制萌芽于16世纪西欧的一些国家，兴起于17世纪。捷克教育家夸美纽斯总结当时的教育经验，提出了班级授课的理论，后来又经德国教育家赫尔巴特进一步完善而基本定型。工业革命以后，随着机器生产对学校教学提出更多、更高的要求，欧美各国逐步推行了这种教学组织形式。我国最早采用班级授课形式进行教学始于清代同治元年（1862年）于北京开设的京师同文馆，后经“癸卯学制”（1903年）加以肯定并在全国范围推行。

2. 班级是一种教育组织

组织是指人们为某一目的而形成的群体，是确保人们社会活动正常协调进行，顺利达到预期目标的体系。它通常具有三个特征：一是每个组织都有一个明确的目的；二是组织都是由人员组成的，由人员来完成工作；三是所有组织都发展出一些或更具传统色彩或开放灵活的精细结构，以便其中的人员能够从事他们的工作。班级具有以上三个特点：班级具有明确的目标——培养人，班级由学生和教师构成，班级有自己的组织结构——班委、小组长、一般学生。

班级并不是许多个体的简单集合，它一旦建立就作为一种教育影响因素而存在。学校是一个大的教育组织形式，而学校的一切活动必须通过班级来开展，所以班级是学校的基层教育组织。

3. 小学班级的特性

小学班级具有班级的一般特点，但由于小学班级与其他层次的班级的教育目标和教学任务不同，因此，小学班级有着自身的特点。

第一，小学班级是少年儿童的学习组织，对班主任具有依赖性。班级是学生学习的重要场所，小学生在小学班级中的主要活动就是学习。但由于小学生年龄还小，不能很好地理解学习的意义，自制力较差，需要班主任加强对他们的引导、教育和监督。

第二，小学班级是一个班队合一的组织或具有双重性质的组织。小学班级不仅是少年儿童学习文化科学知识的组织，还同时平行建立了少年儿童学习共产主义的组织——少先队。班级作为一个少年儿童的学习组织，是小学开展教育教学活动的基层组织，主要是为把学生培养成合格的公民服务；而它作为少先队组织，则是为把少年儿童培养成共产主义事业的接班人。由于班级成员和少先队成员是一样的，所以小学班级是一个班队合一的组织或具有双重性质的组织。

（二）班集体的形成与发展

班级组织的建立并不代表班集体的形成。从班级到班集体的形成，需要一个发展的过程。这个过程基本包含以下三个阶段：

1. 松散群体阶段

在这一阶段，几十位素不相识的学生坐在一间教室里，他们在班主任的指导下，开始按课程表上课。这看似形成了班级组织，其实他们还处于松散阶段。因为大家彼此还不太熟悉和了解，成员之间缺乏认同感，班级还没有集体奋斗目标，班级核心还没有形成，大家对班主任的依赖性还比较强。班主任在这一时期要开展多种多样的活动，一方面通过活动加强学生之间的沟通与了解，另一方面通过活动可以选拔出班级的一些积极分子并对他们加以培养，以形成班级未来的核心力量。

2. 核心初步形成阶段

在这一阶段，师生之间、学生之间有了一定的了解，班级组织基本建全，班级规范已经确立，班内积极分子能够支持班级的工作并在班主任的指导下积极组织和开展活动。每位班干部能够充分发挥自己的才能并能得到同学们的支持和认可，班干部成为班级的核心人物，成为班主任的得力助手。班主任开始从“直接领导者”——直接领导、指挥班级活动，逐步过渡到“幕后指挥者”——为学生出谋划策，由班干部开展班级工作和集体活动。

3. 集体自主活动阶段——班集体的形成

在这一阶段，班级中大多数同学都能够接受班级的要求并逐渐内化为对自己的要求，学生普遍关心、热爱班集体并自觉地遵守班级规范与纪律。班级形成了正确的舆论与良好的班风，学生们都能积极主动地参加班级活动并为维护集体的荣誉而努力奉献自己的力量。这时，班集体已经形成，班干部能够根据学校、班主任的要求，以及班级发展的需要，自觉向班级成员提出要求，自主开展集体活动。这时，班主任可以从日常繁杂的班级管理事务中解脱出来，放手让学生自主管理。当然，放手并不是不管，而是对学生进行遥控管理，必要时还需要班主任亲自上阵。

良好的班集体一般具以下特征：① 具有明确的班级奋斗目标；② 具有健全的班级组织机构和班级核心；③ 具有团结、和谐、向上的班级人际关系；④ 具有正确的集体舆论；⑤ 具有自觉纪律；⑥ 班级能开展创新的班级活动。

（三）班级管理

1. 班级管理的含义

管理是社会组织活动中的现象，它是指组织管理者运用自己被赋予的领导权力，采取计划、组织和协调等管理措施，为实现组织目标而开展的活动。其要点有三：第一，管理是与组织活动相联系的，有组织的存在就必须有管理；第二，管理主要是领导者的角色行为；第三，管理是一种实践活动，通过采用一系列的管理措施和方法，实现一定的组织目标。

班级是学校的教育基层组织，班主任是班级组织的管理者。要想把班级组织建设好，实现班级组织目标，班主任就要组织一定的班级活动，在活动中促进组织的发展。因此，班级管理就是班主任对班级组织的领导，是班主任按照学校计划和教育目标的要求，充分利用和调动学生班级内外的力量，运用一定的方法，设计、组织、协调班级内的教育活动，以实现预定的班级组织目标的过程。

2. 班级管理的两种理解

关于班级管理有两个层面的理解：一是学校领导对班级的管理，又可以称为班级外部管理，主要是指学校领导及有关职能部门对班级的管理，包括班级编制、委任班主任，以及开展以班级为单位的各种各样的活动等，它起着宏观组织、控制和管理的作用；二是班主任对班级的管理，也称为班级内部管理，主要是指班主任运用自己的智慧对班级的直接管理。

从学校组织层面来看，班级管理是学校管理诸方面工作的一个组成部分，学校领导并不直接对具体的班级实施管理。

从班级组织层面来看，班级管理是班主任对具体的班级实施的直接管理。班级组织的运行状况同班主任的管理工作状况直接相关。

因此，班级外部管理和班级内部管理是班级管理的两个不同的层面。班级外部管理为班级内部管理创造条件，班级内部管理服务并服从于班级外部管理。本章探讨的班级管理主要是班主任对班级的管理。

历年真题

【13.3】班集体形成的条件和发展的动力是（　　）。

A. 共同的奋斗目标　　B. 班主任的要求

C. 班委会的形成　　D. 共同的活动

【13.4】小学班集体形成的主要标志是（　　）。

A. 成立班委会　　B. 形成正确舆论

C. 确立班级工作计划　　D. 开展班级工作

二、班级管理目标

（一）班级管理目标的含义

目标是指个体、群体或组织对所从事的某一活动期望达到的成就或结果。人的任何实践活动都有目标，在人们的行为产生之前，都会以观念的形式存在着某种设想或预期的结果。同样，班级管理活动也有一定的目标。管理目标是指管理系统在一定时期内预期达到的目的和取得的成果。班级管理目标就是班级管理主体（主要是指班主任和学生）从本班实际出发，通过一系列的管理活动，在一定时期内使班集体所要达到的一种理想状态或预期要得到的结果。

（二）班级管理目标的特点

班级管理目标具有指向性、层次性、主体性的特点。

1. 指向性

由于目标是人们预期要得到的结果，它总是指向一定方向的，目标规定了人们的行为方向。因此，班级管理目标要求班级管理活动必须沿着预定的轨道，朝着预定的目标方向进行。这就要求目标本身必须方向正确，而要保证班级管理目标的方向正确，成为班级成员行动的方向，就必须以体现国家教育方针的总体目标为指导。

2. 层次性

层次性是指目标体系中上下之间的联系性。班级管理目标是班级建设的方向和标准，是纲领性的。要实现班级管理的目标，必须将目标分解为不同层次的子目标。它要求班级管理者在制定出班级管理目标的同时，要指导班级的每一个成员制定出意旨更为明确的具体目标，使之围绕着基本目标构成班级目标管理体制的网络。一个班级，要把培养全面发展的人才作为管理的大目标，为保证这一大目标得以实现，就必须协调和指导有关人员确定出相互一致、相互配合的小目标。

3. 主体性

目标是人们有意识的主动行为，体现了人的主观能动性和创造性。班级管理目标要体现学生的主体性，是“我要做”而不是“要我做”，要让学生主动参与到实现班级管理目标的活动中来，而不是强加给他们。班主任要努力满足师生的要求，调动大家参与班级管理活动的积极性。

（三）班级管理目标的类型

根据不同的划分标准，班级管理目标可以划分为不同的类型。

1. 从时间上来划分，可分为长期目标、中期目标和短期目标

长期目标是指班主任在带班期间的一个整体规划与构想。班主任要从班级的整体发展出发，从长远发展着眼班级的管理活动要达到的预期效果，创造性地管理与建设班级，以促进学生德、智、体、美、劳及心理健康的发展。中期目标是指一个学期或一个学年要实现的班级管理目标，它是实现长期管理目标的过渡，同时也是对短期目标的总结。短期目标是指一周或一个月要实现的班级管理目标，由于短期目标时间最短，因此目标一定要具体，切实可行，具有可操作性。在班级管理活动中，要把长期目标、中期目标和短期目标有效结合起来，分段实施，最终实现长期目标。

2. 从对象上来划分，可分为学生个体目标和班级集体目标

学生个体目标是指根据学生自己的实际情况与需求，学生经过个人努力能达到的，为实现学生的全面发展而制定的个性化目标。个体目标与个体现状的差异体现了学生发展与追求的差异。但是，学生个体目标应以班级集体目标为导向。班级集体目标是指在一个时期内，班级集体活动要达到的预期效果及标准状态。集体目标是班级共同追求的目标，要使班级有凝聚力，重要的一点就是班级必须具有共同的目标。集体目标源于个体目标，又高于个体目标，集体目标是通过个体目标的实现而实现的。

（四）班级管理目标的制定

1. 班级管理目标的制定原则

班级管理目标的制定不是随意的。为确保班级管理目标的正确性与方向性，在制定班级管理目标时需要遵循一定的原则。

（1）科学性原则。

科学性原则是指班级管理目标的制定必须符合学生的身心发展规律及学生身心发展的特点，同时还要保证与国家、学校教育目标的一致性。小学低年级、中年级、高年级等不同年级的学生有着各自的特点，他们对学校生活的熟悉程度、理解能力以及自身的知识丰富程度等都不相同，同时每一个班级又都有各自的特点。因此，在制定班级管理目标时，要分析班级现实的主客观条件，遵循教育规律，制定符合实际的科

学、合理的班级管理目标。

（2）发展性原则。

发展性原则是指班级管理目标的制定要满足学生发展的要求，充分体现以学生发展为本的思想。学生是处于不断发展变化过程中的人，具有无限的发展潜力。班级为学生的发展创造条件，班级为学生而存在，为学生的发展而存在。因此，在制定班级管理目标时，要考虑班级管理目标是否有利于学生的发展。比如，有些班主任为了实现班级的学习成绩目标而给学生留大量的作业，加强学生的学习强度和延长学生的学习时间，导致学生睡眠不足、用眼过度而早早佩戴上了眼镜。他们以牺牲学生的身体健康发展为代价，换得了眼前的“高分”学习成绩目标，这种做法不符合发展和原则。

（3）激励性原则。

激励性原则是指制定的班级管理目标能够成为班级成员的动力之源，能够凝聚班级的各种力量，指引全体成员共同奋进。要使班级目标具有激励性，就要求目标的设置一定要合理。一方面，班级管理目标的设定不能过高。如果目标过高，则学生会觉得难以实现而放弃努力，影响其积极性的发挥。另一方面，班级管理目标的设定也不能过低。如果目标过低，则学生不用努力就能轻松达到，就会让其失去行动的动力。把目标定位得恰到好处，就是让学生“跳一跳，摘桃子”。合理的目标是学生目前还没有达到这一水平，但是通过自己的努力或在教师的帮助下能够实现的目标。这样既让学生体会到了实现目标的成就感，树立了自信，又激发了学生的积极性。

（4）民主性原则。

民主性原则是指在制定班级管理目标时，要注重发挥学生的主体作用，让学生参与其中，班主任与学生共同制定目标，而不是班主任“一言堂”。大家知道，“三个臭皮匠，顶上一个诸葛亮”“多人智慧胜一人”。班主任不是圣人，在考虑问题时总会有疏漏。因此，在制定班级管理目标时，要集思广益，让全体学生积极参与，这也体现了新时期以学生为主体的管理理念。同时，学生参与班级管理目标的制定还有另一个积极意义：由于是学生自己制定的目标，更能激发他们参与班级管理的热情。

2. 班级管理目标制定过程

制定班级管理目标是班级管理的起点。班级管理目标是否科学合理，影响着班级的发展。科学地确定班级管理目标，一般来说需要经历以下几个环节。

（1）分析现状。

班级管理目标是指向未来的，但是要立足于现实的基础。因此，在制定班级管理目标时必须认真分析现状。一是科学地分析班级的现有条件，寻求制定班级管理目标的基础，如班级的人力、物力、财力、师资等条件状况。在人力上，要考虑现有班级学生的人数以及现有班干部的整体素质，学生的学习成绩、学习习惯、整体班风与学风等，估计通过教育和管理可达到的最高和最低的教学要求水平等。在物力和财力上，要考虑现有的管理设施、管理资料、管理手段等实际情况，还要考虑到近期能够改进或更新的管理设备等。在师资上，要考虑班内任课教师的政治素质、管理素质以及教学业务素质。二是要客观分析自己的现状，对于有经验的班主任，要认真分析自己以前的管理工作，寻求可以作为制定班级管理目标的依据，如有哪些成功的经验与失败的教训？为什么？对于新手班主任，则要分析自己的优势与劣势，多学习一些教育管理理论，多向老班主任请教。

（2）研究信息。

信息的收集与掌握是制定管理目标的前提。信息是决策的依据、控制的基础，只有掌握了来自各方面的信息，才能使制定的目标具有预见性，才能使班级管理适应形势的发展。因此，在酝酿班级管理目标时，参与人员必须重视获取信息、研究信息。班主任作为班级主要管理者，一是要收集国家的教育方针、政策以及教育改革的信息，掌握国家对教育发展的要求以及对培养人才规格的要求；二是要收集社会对人才的需求信息，了解现代社会需要什么素质的人才，有的放矢地培养学生；三是要研究现代学生的生理需要和心理特征的发展变化，掌握学生以及家长对教学活动的需求信息。

（3）提出目标方案。

通过分析现状和收集信息，进而提出班级管理目标的方案。首先，要明确班级管理要达到的目标。其次，要明了实现目标的具体策略和步骤。在提出目标方案时，要尽可能地提出多个目标方案，以备大家讨论商议。

（4）评估目标方案。

在目标方案拿出来之后，班主任必须利用各种有效的形式，向班内任课教师和学生宣传班级管理目标，广泛征求意见，以使目标得到修正和提高，保证其科学、合理。只有组织的目标同组织成员设想的目标相一致，反映出大家的共同愿望，大家才会合作。这样才可以激发起各个成员的积极性和自觉性。

（5）确定目标方案。

在对目标进行评估后，从备选方案中择优选取班级管理目标方案。

（五）班级管理目标的作用

1. 导向作用

有了目标就有了方向。班级管理目标是依据一定社会的需要和教育的要求确定的，体现国家的教育方针政策和学校的工作要求，为班级所有成员的行动指明了方向。要实现目标的导向功能，就要求班级管理目标具有正确性和明确性，同时，采用合适的方法让班级全体成员接受并理解班级管理目标也是十分重要的。小学生的年龄较小，他们对于理解目标可能会有困难，因此帮助小学生理解目标要采取形象化的方法。

2. 聚合作用

班级管理成效取决于班级成员能够团结一致，因此班级的凝聚力对于一个班级来说十分重要。班级的管理目标可以作为共同目标聚合全班力量。要实现这一作用，班级管理目标必须能够反映班级成员的发展需要，同时又能使班级成员在班级活动中获得一定的满足。

3. 激励作用

激励作用是指班级管理目标对班级全体师生进行管理活动具有激发鼓励的功能。目标作为人们期望的结果，往往反映了一种理想追求。如果一个目标确实成为行动者的理想，它就会发挥激励作用。对于小学班级来说，目标要想具有吸引力、发挥它的激励作用，班主任一定要根据小学生的年龄特征，给他们一个感性的追求目标。

三、班级管理内容

（一）班级组织建设

班级组织建设是班级管理的中心，主要涉及班级组织机构建设和班级组织规范建设两大方面。

1. 班级组织机构建设

一个班级要形成班集体，首先需要建立和培养一个健全的组织机构，培养学生履行义务的习惯。健全的组织机构是集体最基本的建设，没有健全的组织机构就只有个体活动而无集体管理。小学班级组织机构一般由班委会和少先队组织机构组成。

班委会一般由班长、副班长、学习委员、宣传委员、文娱委员、体育委员、劳动委员组成，有的班级还设有纪律委员。班委会直接对班级纪律、班级活动、班级环境卫生等进行管理和服务，在班级与教师、学校之间起一个桥梁作用。因此，组织和健全班集体必须健全班级组织机构，而要健全班级组织机构最主要的是要选拔和培养班干部，从而使班集体形成坚强的核心，有力地带动全班同学为实现共同奋斗目标而努力。一般来说，一批好干部可以带出一个好的班集体，反之亦然。因此，选拔和培养好班干部，使之形成坚强的集体核心，是班集体建设的一件大事。

一般来说，一个班干部应具备一个好学生的条件，在选拔班干部时应掌握下列标准：

第一，有正直公正的品德作风。正直公正是对干部的最基本的要求，特别是主要的干部，如班长。只有正直公正的干部才能真正得到大家的拥护。他们一般有为集体服务的思想和热情，是非界线比较明确，能够以身作则。

第二，具有一定的活动和组织能力。在活动和组织能力中，交往能力是最基本的能力。交往是学习和个人成长的一种媒介。交往过程总是某人将信息传递到另一个人，前者希望引起后者的反应式行动。班干部不论具体分工如何，都必须与其他学生接触，都要求与其他学生打成一片。所以，交往能力已成为班干部必须具有的一种素质。很难想象，一个不善交往的学生，能够团结同学、影响同学，在同学中享有较高威信，带动同学一起为实现共同奋斗目标而努力。而具有较强交往能力的学生，一般性格较外向，胸襟较开阔，他们能虚心听取同学意见，体现出较强的工作能力。

第三，有较强的工作责任心。这是干部能坚持为班级、为同学服务的重要原动力。那种挂着名但不肯负责的班干部，是谈不上搞好工作的。

以上三点是选拔班干部的主要的理想标准，但是，能全部符合上述条件的学生是极为少见的。因此，班主任选拔时应该从班级的实际情况出发，在比较中加以取舍，而不应苛求，重要的在于今后的教育培养。

学校少先队建立大队或中队，中队下设小队。小队由 5—13 人组成，设正、副小队长。中队由两个以上的小队组成，成立中队委员会，由 3—7 人组成。大队由两个以上的中队组成，成立大队委员会，由 7—13 人组成。大队委员会和中队委员会可以根据工作需要，设队长、副队长、旗手，学习、劳动、文娱、体育、组织、宣传等委员。小队长和中队、大队委员会都由队员选举产生，半年或一年选举一次。

2. 班级组织规范建设

班级组织规范就是班级成员在教育教学和日常行为活动中必须共同遵守的行为准则。它具体包括班级规章制度和行为规范。班级规章制度包括：学生在校学习和生活常规制度、课堂纪律要求、生活作息制度、值日生制度、课外活动制度、体育锻炼制度、奖惩制度、各种活动公约等。行为规范是指小学生所要遵循的日常行为准则，包括班级生活中对学生品德、仪表、生活方式的要求，人际交往的要求，集体生活的要求等。班级组织规范可以协调集体与个人的行为，保证成员在集体中享有的权益，以保证共同活动的目标得以实现，同时对班级学生具有塑造和警示的作用。

（二）班级日常管理

班级日常管理涉及的内容很多。学生在学校的所有表现以及与学生身份相关的校外行为表现都在管理的范围之内。班级的日常管理同学生的学习活动紧密联系在一起，主要包含以下几个方面。

1. 班级日常行为管理

小学班级的日常行为管理是小学班级管理中的首要任务。尤其是对小学一年级的学生来说，行为管理更加重要。由于小学和幼儿园的教育目标、教学方式等各方面都不尽相同，所以小学一年级的学生刚刚入学，完全不熟悉小学的生活，更不熟悉班级学习生活的规则和要求。比如他们对预备铃、上课铃、放学站路队、课间操、值日等是没有概念的。这就需要班主任根据《小学生日常行为规范》的要求制定本班的日常行为规范，加强对小学生日常行为规范的教育和管理。

2. 班级环境管理

班级环境管理主要包含班级物理环境管理和班级规范环境管理两大方面。班级物理环境管理主要包括教室环境布置和座位编排两个方面。班级规范环境管理主要是指班级各种制度管理。这里主要论述班级物理环境管理中的教室环境布置和座位编排。

（1）教室环境布置。

教室是班级的活动场所，是班级文化的重要组成部分。教室环境对学生的影响是潜移默化的。因此，班主任要注意教室环境的美化与布置。

在教室环境布置上，班主任要注意以下几个方面的问题：

第一，教室的布置应与小学生的身心发展特点、学习生活特点协调一致。小学生的思维方式主要是具体思维，抽象思维还没有得到很好的发展，再加上小学生好奇心强、活泼好动，因此，在布置教室环境时，尽量做到直观新颖、美观大方，体现童趣和童心的特点。

第二，教室的布置应在班主任的指导下，由学生自主进行设计。学生的创造性是无穷尽的，需要教师努力挖掘。教室是学生活动的天地，让学生参与教室环境的设计与布置，可以提高学生的主人翁意识、培养学生的责任感、增强班级的凝聚力。

第三，教室的布置一定要体现学习环境的特点。教室是学生学习的地方，所以教室的布置要突出知识性、趣味性、实用性和激励性。让学生一踏进教室就有想学习的冲动。比如在教室前面张贴班规、班训、班级奖状，两侧墙壁上挂上名言警句以及“红花排行榜”等，教室后面可以建“学习专栏”“我是小能手”“图书角”“智慧角”等。

第四，整体设计教室的环境，体现时效性。教室布置要注意整体的协调，要主题明确，切忌杂乱无章、缺乏美感。同时，教室布置也要与时俱进，体现时代的元素，与小学生的现实生活紧密结合。

（2）座位编排。

座位编排是指学生日常座位次序的排列方式。座位的编排方式对学生的课堂行为、学习态度、学习效果、社会交往、人际关系以及整个教育活动有着直接或间接的影响。

班主任在编排座位和管理上应从以下几个方面考虑：

第一，从有利于学生身心发展的角度考虑。要做到这一点，就要求班主任要从生理因素（身高、男女性别）、心理因素（个性、气质）、智力因素和非智力因素等方面考虑学生座位的编排。

第二，从班级管理方面考虑，班干部分布要均衡。

第三，从有利于不同类型学科上课的需要考虑。座位编排的方式主要有秧田式排列、小组式排列、圆形排列和U形排列。

3. 班级纪律管理

纪律管理是班级常规管理工作中最重要的内容。“无规矩不成方圆”，一个良好的班集体必须有严明的纪律。纪律是集体协调成员行为、使其步调一致、实现共同目标的行为规范系统。它是集体有序生活、高效率工作学习的有力保障。班级纪律管理主要包括考勤纪律、课堂纪律、自习纪律、考试纪律、课间操纪律、晨会纪律、升旗仪式以及重大活动纪律等。班主任在日常要注意对学生的纪律管理，使班级纪律走向正轨，同时还要注意日常纪律的规范和维护，使班级保持有序的运转，使学生养成自觉遵守纪律的习惯。

4. 班级学习管理

学生到学校的主要目的和任务是学习。学校组织的学习是有计划、有目的、有系统地进行的，学生在学校的学习是高效而全面的。小学生的学习不仅有课堂学习还有课外学习，课堂上的学习主要由任课教师负责，但是课外的学习活动主要依赖班主任的指导。班主任对小学生的学习管理主要是学习方法的指导。

（1）帮助小学生制定适合自己的学习目标。由于小学生的家庭背景不同，知识水平、兴趣爱好、个性特点、行为习惯等都不相同，他们对学习的认识水平存在着较大的差异，因此，教师要针对每一位学生进行指导，帮助他们制定适合自己的学习目标。

（2）指导小学生掌握具体的学习方法。学习是有方法的，如果学习方法科学得当，可以大大提高学习的效率，以达事半功倍之效。比如让学生在记一些知识点的时候，帮助他们在理解的基础上进行记忆。写读书笔记也是一种重要的学习方法，教师要帮助学生学会写读书笔记。对于小学低年级的学生，可以不要求他们写读书笔记，但要要求他们在读书的过程中多问几个为什么；对于小学中高年级的学生，可以要求他们摘抄、写感想体会，也可以对所读书籍挑毛病、写评论。

（3）培养小学生良好的学习习惯。如果问小学老师“学生学不好的原因是什么”，大多数老师不会说孩子智力有问题，而说得最多的是有些学生学习习惯太差。习惯一经形成就很难再改变。小学生年龄小，可塑性较强，小学是培养良好学习习惯的关键期，所以，小学班主任要努力帮助小学生形成良好的学习习惯。

（4）指导小学生学会思考。会思考的人永远走在别人的前面，不会思考的人总是在步别人的后尘。要培养具有创造性的人才，必须从小学生抓起，让学生学会思考。

（5）指导小学生学会合理安排时间。小学生对时间的概念不是很强，不懂得如何合理安排和利用时间，需要班主任逐步指导。

5. 班级学生的个别教育

个别教育是指根据班级成员发展的个别特点，给予特别的指导，以帮助每一个学生都获得可能的发展。

班级管理的根本目的在于建立良好的班集体，促进全体成员都获得积极的发展。由于班级成员个性、家庭等的差异，导致他们的发展也存在着极大的差异性，这就要求班主任在对班级学生进行集体教育的基础上，还要有区别地进行个别教育。班主任在对学生进行个别教育时应注意以下几个问题：

第一，在对学生进行个别教育时，要注意时间、地点和场合，最好不要在公开场合对学生进行个别教育，以免伤了学生的自尊心。

第二，在对学生进行个别教育时，要深入了解学生的问题所在，解除心理防线。

第三，在对学生进行个别教育时，对不同问题应采取不同方式。班主任的态度要诚恳，出发点是解决问题，而不是迁怒于学生。

6. 班级日常管理中的学生评价

在班级日常管理中，评价是重要的手段，也是班主任工作规定的任务。《中小学班主任工作规定》第十一条规定，班主任应“组织做好学生的综合素质评价工作，指导学生认真记载成长记录，实事求是地评定学生操行，向学校提出奖惩建议”。

奖励和惩罚是班级管理中常用的评价方法。奖励可以使学生强化符合规范要求的行为，通过奖励，可以培养学生的自信心和自豪感；惩罚可使学生回避已有的行为，改变行为方向，同时让他学会对自己的行为负责。

在班级日常管理中，运用奖惩要注意以下问题：

奖励时应注意的问题：①实事求是，公正合理；②奖励要有教育性，体现教育的意义；③奖励要有群众基础，得到学生集体的支持；④奖励要着眼于学生未来的发展。

惩罚时应注意的问题：①对学生进行惩罚时要尊重学生的人格，不损害学生身心健康；②惩罚要公正合理，不能随意对学生进行惩罚；③惩罚措施要得到学生集体的支持；④惩罚要讲究艺术，以达到惩罚的育人效果。

（三）班级活动管理

活动是教育的重要形式，也是个体经验积累、自我教育的良好形式。班级活动是班级活力的体现，是班集体形成的基础和发展的催化剂。小学班级活动管理是班级管理的基本任务之一，也是班主任进行班级组织建设的重要途径。

就一学期而言，班主任对班级的活动管理主要包括：①按照学校指导意见，针对班级学生实际情况，确定学期教学目标；②围绕学期教学目标制订学期班级活动计划；③组织实施班级活动计划，包括确定某个时间开展哪项活动，按计划组织实施每个班级活动，根据情况变化对班级活动计划进行补充、调整和修正；④检查计划完成情况，总结经验，找出不足。①

小学班级活动管理具有目的性、系统性、计划性、阶段性等特点。班主任在进行班级活动管理时要坚持有益性和多样性两个原则。有益性就是要求组织的班级活动一定要有利于儿童身心健康的发展；多样性要求组织的活动丰富多彩、形式多样，满足不同学生的需求。

（四）班级教育力量管理

班级教育力量是指班级环境中影响学生发展的主要因素。这些因素包括：班主任、任课教师、家长以及作为班级成员的学生。

班主任是一个班级的核心，对于班级管理来说，任课教师、家长以及班级中的非正式群体是班主任要协调与调度的重要教育力量。

1. 班主任与任课教师的协调

课堂教学是班级生活的重要形式，任课教师是课堂组织的领导者。班级管理的成功与否与任课教师的课堂管理有着密切的关系。因此，在班级管理过程中，班主任要做好任课教师的协调工作。班主任协调任课教师的主要任务有：了解任课教师的课堂管理，对任课教师课堂管理提供支持。

班主任要经常与任课教师沟通与交流，以了解任课教师的课堂管理状况，一方面是向任课教师学习好的管理经验，另一方面可以更好地了解学生的课堂表现，以便在班级管理工作中采取更有效的措施，为任课教师提供一定的支持。

2. 班主任与家长的协调

父母是孩子的第一任教师。小学生的家庭生活更为重要，一方面是因为他们的自主能力还发展不够，需要成年人对其进行规范；另一方面小学生的行为具有较强的可塑性，良好的家庭教育对孩子未来的发展具有深远的影响。所以，班主任应该让家长成为班级管理工作的助手，这也需要班主任对家长进行家庭教育指导。班主任对家长进行家庭教育指导的途径和方法主要有：参加家长学校的工作，家长会，家访，和家长进行电话或短信联系（如果条件允许，也可进行 QQ 或微信视频）。

3. 班级非正式群体的管理

非正式群体是相对于正式群体而言的。它是由班级组织中的一些学生在心理一致性或相容性的基础上，自愿结合而成的。非正式群体对小学生个性形成和发展有着特殊的影响。因此，在班级管理过程中，班主任必须做好非正式群体的管理工作。

下面简单介绍一下不同类型的非正式群体及其管理方法。

第一，亲班级型非正式群体（一致型）。这类群体的学生好学向上，思想活跃，积极热情，有健康的兴趣爱好，一般是以班上的优秀学生为核心的。这种群体对班级的凝聚力和正确舆论的形成有积极推动作用，是班主任和班级正式群体的有力助手。但亲班级型非正式群体也有小团体主义思想作祟、目光不够长远、思想幼稚、热情过火或狂妄执拗的可能，因而除了要积极热情地支持他们、鼓励他们之外，还要注意给予必要的引导和扶持，使之能与班级正式群体协调一致，为班级正式群体的组织目标和

---

① 张永明，宋彩琴．小学班级管理［M］．北京：北京大学出版社，2014：149.

任务服务，成为创建优秀班集体的积极因素。

第二，偏离班级型非正式群体。此群体稳定性较强，但竞争性不足。其成员一般不关心班级，只热衷于小集团，对班级的活动从兴趣出发，适合自己需要的就参加，否则就貌合神离或消极观望。他们接受班级的规范约束是被动勉强的，一般是以班上学习尖子或乐于逍遥的学生为核心的。班主任要给他们以热情的接纳、帮助和指导，把他们的兴趣、需要和爱好纳入到班级群体的活动中来，克服他们冷漠偏激的情绪，使他们成为班级活动的热心参与者和积极分子。

第三，反班级型非正式群体。这类群体成员往往是学习困难的学生或犯过错误的学生，他们之间的结合点往往是在集体生活中受过挫折或受过歧视，因而对班集体在感情上持对立态度。他们的小群体能量大、内聚力强，戒备心理和逆反心理也比较强，他们对班级的消极破坏力较大。其核心人物往往学习成绩差，有非同一般的家庭背景，交往复杂，做事有主见。对于反班级型群体，班主任应该配合班委会，以满腔的热情，对他们动之以情，耐心疏导，做好其核心人物的工作。班主任给他们信任和关怀，消除其戒备心理，利用他们的吸引力和号召力带动、转变其他成员，鼓励他们上进，消除自卑心理，改善人际关系，逐步回到班级群体中来。

班主任应当充分认识到，只有当班级正式群体和非正式群体协调一致、互为补充，班级的目标、规范和活动能使每一个成员的需要都得到满足时，整个班级才能是一个有机的集体，班级的工作才能顺利开展。

（五）班级偶发事件的处理

偶发事件是指在教育教学过程中发生的意外事件。班主任对这类事件处理得如何会影响到当事人或集体的心理，影响到学校与学生家庭乃至社会的关系。班级常见的偶发事件一般都具有偶然性与突发性、经常性与客观性、可知性与可能性等特征。班主任在偶发事件面前要小心谨慎，防患于未然；面对出现的偶然事件要沉着冷静、果断、谨慎，公正处理，掌握分寸。

1. 班级常见偶发事件

班级偶发事件多种多样，常见的偶发事件主要有以下几种情况。

（1）人际分歧。

由于班级成员家庭状况、社会生活条件等客观因素的不同，再加上气质、性格、兴趣、能力、情绪等主观方面也存在着较大的差异性，所以他们对校内、班内以及社会上发生的形形色色的事情很难达到一致意见。比如，对班级某个同学的评价仁者见仁、智者见智；思想上、见解上的不一致，在班级活动中随时都可能表现出来；观点、意见上的分歧有时会引起学生间的激烈争吵，造成矛盾。

（2）财物失窃。

班级内经常会出现财物因保管不当而丢失的现象。小学生经常会丢失铅笔、橡皮、书本、现金等，财物丢失易使学生对周围同学产生不信任感，对学校缺乏安全感。

（3）恶作剧。

在班级管理中有些偶发事件不但始料未及，而且使人很难堪，这就是恶作剧。如一学生站起来回答问题，有同学把他的板凳拉开，当他坐下的时候摔倒在地，引起全班同学大笑；或者是故意恶搞教师或同学以引起同学们的关注等。

（4）破坏行为。

破坏行为表现为有意或无意地破坏公物和破坏课堂纪律。如学生在课堂上随意讲话、制造噪声、玩弄物品、离开座位、扔东西等，这类情景在小学课堂上时有发生。

（5）暴力冲突。

暴力冲突主要指教师或家长与学生之间、学生与学生之间、教师与家长之间、家长与家长之间的冲突。它包括语言暴力冲突和肢体暴力冲突。语言暴力冲突表现为用恶毒、污秽的语言进行人格攻击和污辱。肢体暴力冲突表现为身体的攻击行为，如打架斗殴。管理跟不上的班级，学生纪律不好，打架斗殴的事情特别容易发生。

（6）顶撞教师。

教师对学生或事情本身缺乏全面了解，处理问题不注意场合，判断失当等原因，或者学生情绪烦躁、性格倔强，对问题理解偏激等因素，都容易引发或形成学生与教师顶撞的局面。例如，学生公开反对教师的建议，对教师的批评持对抗态度，当面指责教师的失当或错误，指责教师处理问题不公平，等等。

班主任在学生管理过程中应尽量避免与学生发生正面冲突，将顶撞消灭在“萌芽状态”，因为顶撞事件一旦发生，那将意味着班主任工作可能全线崩溃。

2. 班级偶发事件的处理

由于偶发事件的不可预知性，所以无法提前制定应急预案，因此需要教师运用教育机智来解决偶发事件。

教育机智是指那种能使教师在不断变化的教育情境中随机应变的心智技能。在遇到一些偶发事件时，教师若能用一两句话、一两个动作或活动化解，就会变不利为有利，取得更为理想的教育效果。良好的教育机智对学生的人品、思想方法都有较大影响，有的会给学生留下终身印象。对于教师来说，该如何使用教育机智呢？

（1）把握时机，因势利导。

因势利导就是根据学生的需要和特点，利用并调动积极因素，循循善诱，使学生扬长避短、健康成长。例如，一位教师在上课时，发现某个学生在看小说，就突然提问他。可这个学生站起来嬉皮笑脸地说：“这个问题嘛，我可以给全班开个讲座了。”全班哄堂大笑。这时教师沉着地说：“好呀！正好教学计划中有个专题讨论，下周进行，你作中心发言。”那个学生一下子泄了气。课后为了下周的发言，他查找了许多资料，做了充分准备，发言时效果很好。教师表扬了他，他也公开向这位教师道歉了。这位教师正是能因势利导，化消极因素为积极因素，才解决了这个棘手问题，充分展示了自己良好的教育机智。

还有一位刚毕业的新教师，在她接任的班里有一位男生特别喜欢汽车，但就是不爱学习，上课总爱说话。有一天班级组织外出活动，坐在车上，这位教师发现这位同学目不转睛地盯着窗外在看汽车。这时，这位教师突然灵机一动，何不利用现在这个时机对他进行教育？这位新教师就开始问那位男生：“听说你很喜欢汽车，汽车从你身边一过，你就知道是什么牌子的，而且还能说出它的性能和特点。你现在看着外面的汽车，能否给我们介绍一下，让我们也开开眼？”这位男生一听这话，兴致大发，同学们问什么回答什么，没有难倒他的问题。同学们对他是啧啧称叹，他也为自己能在同学们面前表现一把而沾沾自喜。教师抓住机会，接着又说："真想不到，你对汽车懂这么多！我们都太佩服你了。你长大以后准备干什么?""我想开汽车公司。"教师借机开始启发："这个想法不错。可是，开公司要会算账的，否则只会赔钱。你看你的数学作业总是马马虎虎，不是算错，就是丢小数点。另外，你当了老总，公司做大了，还要跟外商进行谈判，外语是不是也应该学好啊?"该男生先是不好意思地笑笑，接着若有所悟地点了点头。从此之后，这位男生像变了一个人似的，上课不再说话，作业也完成得比较认真，期末考试取得了前所未有的好成绩。更令人可喜的是，在他的带动下，经常和他在一起玩的几个男生的学习成绩也在逐步上升。

因此，教师运用教育机智，要把握好时机，对学生进行因势利导，这样才能够取得事半功倍的效果。

（2）对症下药。

对应下药是指教师能从学生实际出发，针对学生的具体特点，巧妙地采取灵活多变的教育方式、方法，有的放矢地对学生进行教育。我们看下面师生的对话：

教师：张××，我要你开始写作业。(说出愿望)

张××：我画好这个图马上就做，只需几秒钟。

教师（坚定地)：张××，我知道，但是我要你现在马上做作业。

张××：你从未给过我足够的时间来画图。

教师（平静而坚定地)：问题不在这儿，我要你现在马上做作业。

张××：我不喜欢做作业。

教师（坚定地)：我知道，但是，我要你现在马上做作业。

张××：好，你一定要我做，那我就做吧。

这位教师只是简单重复他的要求，避免和学生进行争吵。当学生说"你从未给我足够的时间来画图"和"我不喜欢做作业"时，他并不是想进行真正的讨论，只是想试一试教师的意志。教师对这两个问题都是置之不理，只是平静地重复自己的要求。最终学生服从了教师。这位教师之所以能说服学生，主要是把握了该学生的特点，真正做到了对症下药。当然，教师要随机应变，若学生提出的问题是合理的或者抱怨是真实的，教师要加以处理。

（3）随机应变。

教师随机应变的能力是教育机智的集中体现。比如，有一位英语老师，在一次英语课上，教师正在教"cock"这个单词，突然有个学生怪腔怪调地问："英语里有没有母鸡?"顿时，班上哄堂大笑，正常的课堂秩序被搅乱了。面对这种情况，你该怎么办？我们来看这位教师的处理办法：

教师不动声色，仍然用平静的声调说："有，而且还有小鸡这个单词。"接着他把这两个单词写在黑板上，带领学生齐读，很快地把学生的注意力引导到教学内容上来。那个发出怪声的学生感到自己的行为并没有引起大家的注意，便感到很不好意思。然后，教师把话题一转："×××同学不错，不但想学会'公鸡'这个词，还想知道'母鸡'这个词，现在全班同学都多学会了两个单词，但是刚才你提问的语调不太好。"接着他又讲了英语中的语调问题。

这位教师充分发挥了自己的教学机智，既不影响教学的顺利进行，又使学生受到了应有的教育，收到了意想不到的效果。试想，如果这位教师当时就停下来，把发问的学生劈头盖脸地训一顿，将会出现什么情况呢？

四、班级管理模式

管理模式是指管理所采用的基本思想和方式，是指一种成型的、能供人们直接参考运用的、完整的、管理体系。通过这套体系来发现和解决管理过程中的问题，规范管理手段，完善管理机制，实现既定目标。

（一）制度化管理模式

制度化管理模式是一种常用的管理模式，是指通过制定和执行规章制度去管理班级的活动。

规章制度是学生在学习和生活中必须遵守的行为准则，这种规则必须是大家所认可的带有契约性的规则，它具有管理、控制和教育的作用。开展以班级规章制度为核心的常规管理，是班主任工作的重要内容之一。一般来说，班级的规章制度主要由三部分组成：

（1）教育行政部门统一规定的有关班集体与学生管理的制度，如学生守则、日常行为规范、体育锻炼标准等；

（2）学校根据教育目标、上级有关指示制定的学校常规制度，如考勤制度、奖惩制度、课堂常规、作业要求等；

（3）班集体根据学校要求和班级实际情况讨论制定的班级规范，如班规、值日生制度、考勤制度等。

制度化管理模式的优势是班级管理者通过制定一些班级制度用以压制、打击和预防他们认为“恶”的行为，鼓励和扶植他们认为“善”的行为。通过规章制度的制定，使班级各项工作有章可循、有条不紊，避免班级工作的盲目性和随意性。同时，通过规章制度的贯彻，可以培养学生良好的行为习惯以及优良的班风。

但是它也有不足之处，实践证明再多的制度和条款都是不够的，无法规定完所有的事情。管理过程中教师如果站在管理者的角度，一味地“严于执法”，让学生觉得教师是“冷血动物”，缺乏人情味，学生就会从内心对教师形成逆反心理，认为自己和老师的关系就是“老鼠和猫”“警察和小偷”的关系，他们把教师的话当作耳旁风，最终形成了严重的师生对立关系，以至于“令行不止”。

（二）平行管理模式

班级平行管理是指班主任既通过对集体的管理去间接影响个人，又通过对个人的直接管理去影响集体，从而把对集体和个人的管理结合起来的管理方式。

班级平行管理的理论源于苏联教育家马卡连柯的“平行影响”的教育思想。马卡连柯认为，学生集体不仅是教育的对象，而且是教育的主体。教师要影响个别学生，首先要去影响这个学生所在的班级，然后通过班集体与教师一起去影响这个学生，这样就会产生巨大的教育力量。

班主任实施平行管理时，要从以下两个方面着手。

（1）要组织建立良好的班集体，充分发挥班集体的教育功能，使班集体真正成为教育的力量。

实践表明，一个良好的班集体可以激励集体中的每个成员不断进取，可以培养学生的优良品质，激励学生克服不良习惯，甚至可以转化个别品行不好的学生。为此，班主任必须首先认真地组织和培养班集体。

（2）要加强个别教育，通过转变个别学生，以促进班集体的管理和发展。

对于个别游离于集体之外甚至影响集体建立的特殊学生，班主任一方面要对症下药进行个别教育；另一方面仍要把他们置于集体之中，通过集体成员的监督、帮助和潜移默化，促进其转变。只有让特殊学生不断克服自身弱点，才能使班集体变得日益巩固和坚强。

总之，要实施对班集体与个别学生双管齐下、互相渗透的管理。

（三）目标管理模式

任何管理都是为了达到某种预定的目标，离开目标就失去了管理活动的前提和评价标准。目标管理是指一个组织先制定共同目标，并以此为依据，拟定相应的质量标准，限定完成时间，安排工作顺序，采取必要的措施，控制过程，使所属成员积极主动地为实现目标而自觉努力之后，检查、评价效果，总结经验教训，并转入下一目标管理周期。

班级目标管理模式是指班主任与学生共同确定班级总体目标，然后分解为小组目标和个人目标，使其与班级总体目标融为一体，形成目标体系，以此推进班级管理活动，实现班级目标的管理模式。目标管理模式是一种强调自我、自控的管理方式，是一种以自我管理为中心的管理，其目的是更好地调动被管理者的积极性。在班级中实施目标管理，就是要围绕班级成员共同确立班级的奋斗目标，将学生个体的发展与班级进步紧密地联系在一起，并在目标的指导下，实施学生的自我管理。

目标管理模式的优势是：第一，把班级工作任务转化为目标，使班级成员都能够知道自己的追求，以此要求自己，并指导和规范自己的行动。有利于班级成员转变个人在班级管理过程中的角色意识，由被动变为主动，成为班级管理的主人。第二，使师生具有共同参与班级管理的意识，人人都成为有目标意识的管理者，班级管理工作从班级管理者的个人行为变为全体成员的联合行动，大大提高了管理效率。

（四）民主管理模式

班级民主管理是指班级成员在服从班集体的正确决定和承担责任的前提下，参与班级管理的一种管理方式。民主管理的实质是在班级管理的过程中，调动学生自我教育的力量，发挥每一个学生的主人翁精神，使学生积极主动地参与班级事务，让每个学生都成为班级的主人。民主管理模式有利于培养学生的民主意识和社会责任感，有利于师生之间思想与情感的沟通，建立民主平等的师生关系，营造和谐的班级氛围。

实施班级民主管理主要要做好以下两方面的工作。

（1）组织全体学生参加班级全程管理，即在班级管理的计划、实行、检查、总结的各个阶段都让学生参与进来，班主任与学生共同实施管理活动。在计划阶段，班主任要引导学生就确定目标和制定实现目标的措施等问题进行充分讨论，要以班级成员参与讨论的广度和深度作为标尺。在实施阶段，要注意发挥班级中各种组织、各种学生干部的作用。在检查阶段，要做到班主任和全班成员相结合，在师生共同参与下进行检查和评比。在总结阶段，班主任要和全班学生一起，对班级工作的过程和成果进行质的评议和量的统计，总结经验，探讨管理规律。

（2）建立班级民主管理制度，如干部轮换制度、定期评议制度、值日生制度、值周生制度、定期召开民主教育活动制度等。坚持定期召开民主生活会，班主任、学生干部和全班同学一起，以平等身份参加会议，开展批评和自我批评，广开言路，班主任不搞“一言堂”。

五、班级管理原则

班级管理原则是指在班级管理过程中所要遵循的基本要求和准则，是人们在班级管理实践活动中不断研究和总结出来的经验认识。掌握这些原则，有助于提高班级管理效率，促进班集体的建设。

（一）以学生发展为本的原则

以学生发展为本就是把学生作为学校教育和管理的根本，就是从学生发展的立场和角度出发开展工作，时时处处把学生的切身利益放在学校改革和发展的首位。

学校教育活动的根本目的是促进学生的发展。班级管理是一种教育管理，是以人的培养为管理目标的活动。班集体建设的目的就是为了促进学生的发展，因此，在班级建设中，必须以学生为主体，树立以学生为本的思想，以满足学生发展的需要。

以学生发展为本的原则要求教师在教育教学和班级管理活动中，把促进每一个学生发展当作教育的目的，确立和尊重学生在教育活动中的主体地位，尊重他们的个性特点。班级的一切活动都应为满足学生的成长和发展而设计和组织，着眼长远，培养学生各方面的能力，尤其注重培养他们的创造力，让学生的潜能得到最大限度的发挥。在班级管理中要充分尊重学生的感情需要、人格独立和个性自由，从而创造一种良好的和谐的积极向上的班级氛围。真正体现“一切为了学生，为了学生一切，为了一切学生”的教育管理理念，而不是仅仅停留在口号上。

（二）民主性原则

民主性原则是指在班级管理过程中，班主任要放下架子，广泛听取师生的意见，调动全体成员的积极性，让他们积极主动地参与到班级管理中来。只有民主的管理才能真正把学生放到主体的位置上，真正反映学生的发展需求。

民主性原则要求班主任要增强自身的民主意识，切实保障学生主人翁的地位和权力，要积极采纳学生合理的建议，接受学生的监督。同时，班主任还要努力创造民主的氛围，为学生行使民主权利提供机会、创造条件。

（三）开放性原则

班集体不是一个封闭的集体，班集体的活力在于它同社会生活的紧密联系。在班级管理过程中，教师要不断地创造机会与条件，让学生关心社会以及学校的发展，让学生的学习生活、班级管理活动与社会生活融合在一起。

同时开放性原则还要求班主任要有一个开放的心态，不保守，不故步自封；要多与其他班级管理者多沟通交流，从开放的环境中汲取营养，从而提高班级管理水平与质量。

（四）全面管理原则

全面管理原则是指在班级管理过程中，教师要关注全体学生的全面发展，而不是只注重个别学生的某一方面的发展。

学生管理与其他管理不同，管理者的管理对象是处于不断发展变化过程中的未成年人。对学生进行管理，要实现全体学生的德智体美劳全面发展的教育目标。因此，在班级管理过程中，要注意班级的全面建设，始终坚持学生的全面发展，要对所有的学生一视同仁，兼顾大局。

六、班级管理方法

班级管理的方法很多，在班集体建设过程中没有固定的模式和方法。很多方法是班主任自己在班级管理实践活动中摸索和总结出来的，下面简单介绍一些常用的管理方法。

（一）目标管理法

目标管理在20世纪50年代中期出现于美国，以美国管理学家弗雷德里克·温斯洛·泰勒的科学管理和行为科学理论（特别是其中的参与管理）为基础形成的一套管理制度。凭借这种制度，可以使组织的成员亲自参加工作目标的制定，实现“自我控制”，并努力完成工作目标。而对于员工的工作成果，由于有明确的目标作为考核标准，从而对员工的评价和奖励做到更客观、更合理，因而可以大大激发员工为完成组织目标而努力。由于这种管理制度在美国应用得非常广泛，而且特别适用于对主管人员的管理，所以被称为“管理中的管理”。

班级目标管理法是指在班集体建设中，科学地确立集体奋斗目标和个人目标，从而推动班集体建设的方法。

在班集体建设中实施目标管理，班主任要做好以下工作：

（1）组织学生共同制定班级奋斗目标；

（2）教育学生认同内化目标；

（3）提出相应措施，制订具体行动计划。

（二）规范和制度管理法

规范和制度管理法是指班主任以规范去引导和规正学生的言行，以班级的规章制度去指导学生的行为，从而促进班集体建设的一种方法。

1. 实行规范化、制度化管理的意义

（1）克服班级管理中的盲目性和随意性。

在实际工作中我们经常会看到，有的班主任在班级管理过程中缺乏应有的规章和

制度，或者虽有规章制度但却不能落实执行，盲目性、随意性的成分很大，致使班级经常处于混乱状态，这样的班级管理水平极低，管理效果极差。

（2）规范化、制度化过程是对学生进行遵章守纪教育的过程。

通过严格地遵守规章制度的训练，从而使学生得到教育，养成遵章守纪，认真负责的良好道德风尚。

（3）便于对工作实行检查和验收。

2. 具体做法与要求

（1）指导学生学习《中小学生守则》和《小学生日常行为规范》，并逐步训练，使学生养成良好的学习、生活习惯和文明交往的习惯。

（2）根据学校规章制度的要求，从本班实际情况出发，制定出切实可行的有关规章制度和常规要求。

管理的规章制度要简明、具体可行，多从积极方面鼓励，避免从消极方面限制防范。规章制度一经建立，要保持相对的稳定性，不能朝令夕改，要坚决执行，不能流于形式。

（三）系统教育活动法

系统教育活动法是指在班集体建设中，围绕班集体奋斗目标所开展的一系列教育活动，使班集体建设通过各项活动来实现的方法。

一个好的班集体绝不是在静止状态中形成的。当班集体基本形成后，也要依靠集体活动的开展，使班集体进一步得到巩固和发展，寓思想教育于集体活动之中。集体活动之所以重要，是因为学生的个性只有在集体活动中才能获得全面发展。没有活动，学生就缺乏交往，就缺少在活动中锻炼才干、施展才能的机会。集体活动可以产生凝聚力。

进行一系列的班级教育活动时要不断更新班级活动的内容，探求班级活动的新形式，注重活动境界的拓展。境界是指事物所达到的程度或表现的情况。班级活动的境界则是指班级活动的目标高度、所涉及的活动范围、活动深度及其效果。一般来讲，活动的目标越高，对学生产生的影响就越深远，其教育效果就越深刻，同样为实现目标所付出的劳动就越多。从活动的范围看，活动涉及的范围越广，其教育面就越大，组织活动的难度也越大。①

系统教育活动法可以使每位学生的主体性、积极性得到发挥，同时还可以满足学生的不同需求，在活动中培养学生的集体主义精神和推动班集体建设和发展。

（四）全员自我管理法

全员自我管理法是指要使班级全体学生人人都主动参与管理工作，班主任的管理和学生的自我管理结合起来的一种管理方法。

实行全员自我管理，一方面，能充分调动全体学生的积极性、主动性，发挥每个学生的聪明才智，增强学生的自觉性和自信心；另一方面，可以使每个学生在思想品

---

① 郭毅．班级管理学［M］．北京：人民教育出版社，2002：288.

质、工作能力等方面得到锻炼，增强对班级的责任感和义务感，使班主任从大量的繁杂事务性工作中摆脱出来，加强对班级的指导。

运用全员自我管理方法的要求有以下几点：

（1）让学生根据学校管理目标和班级管理目标自定目标，自我加压，自我激励。

（2）班级事务实行“包干负责制”，做到“人人有事干，事事有人干”，让每个学生都参与到班级管理中来。

（3）班级成立“考评委员会”，实行定期考评制。在班主任指导下，由“考评委员会”对全体成员在品德、学习、纪律、卫生、文体活动等方面进行周考评、月考评、学期考评、学年考评。当然，考评委员会的成员不是一成不变的，要根据需要不断地进行调整与更换。

七、班级管理资源

资源是指一切可被人类开发和利用的客观存在。教育资源作为构成教育系统的基本因素，是教育系统中为支持整个教育过程达到一定的教育目的，实现一定的教育和教学功能的各种资源的总称。班主任要管理好班级，离不开充分利用社会中蕴藏的丰富教育资源。

（一）家长教育资源的开发与利用

家庭是孩子的第一所学校，父母是孩子的第一任教师。学生的各方面发展很容易受家庭的影响。在教育过程中，班主任和家长的根本目的是一致的，都是为了把学生培养成为德智体美劳全面发展的社会有用人才。家庭与班级教育有着密切的关系。家庭不仅影响着儿童的发展，同时班级的教育影响往往需要家庭的助力才能发挥积极的作用。所以，家长是学校教育中的一种重要的资源。

充分利用家长人力资源，将家长纳入到班级教学与管理中来，创立一种新颖的、多方位的管理模式，对于改进班级管理与教学效果，以及减轻班主任工作负担，都有着不可估量而深远的影响。在班级管理中，班主任要引领家长走进校园、走进班级，充分挖掘有利的家长资源，从而推进家校共育，发挥班级教育的合力。

下面简单介绍一下常用的家长教育资源开发的方法与途径。

1. 组织召开家长会

家长会是家长参与班级管理、协助班主任教育学生最常用的方法，它为班主任认识家长以及家长了解学校教育状况和孩子发展状况提供了快捷的平台。在家长会上，班主任、任课教师和全班学生家长可以一起交流班级教育状况、学生发展状况以及家庭教育中的问题，征求家长对学校教育工作、班级教育工作的建议和意见，从而达成对学生教育的共识。

要组织好家长会，充分发挥家长会的作用，需要注意以下几个问题：

（1）做好召开家长会的准备工作。为确保家长会的成功召开，班主任必须提前做好充分的准备。一是要提前一到两周通知家长，让家长有一个时间上和心理上的准备；二是要根据学校教学工作的实际，班级教育的状况，确定会议目的和会议内容；三是班主任和任课教师要根据本班的实际情况，准备好翔实的发言材料。

（2）家长会的形式要多样。传统的家长会更多是班主任一人在讲台上进行宣讲，家长在下面听。为真正发挥家长会的作用，根据需要可以采用交流式、对话讨论式、专家报告式、联谊式、总结式等多种形式。

（3）做好家长会的记录工作。每次家长会都要认真做好记录，记下家长反映的情况和提出的建议，以便进一步有针对性地开展工作。同时家长会记录可以作为分析和反思的材料，以便进一步改进家长的工作。

2. 适时进行家访

通过家访，班主任不仅可以到学生家里和家长进行面对面的交流，更重要的是可以直接观察学生的家庭学习环境，感受学生家庭成员的文化修养与精神气氛。针对优秀的家庭，可以在班级树立典型，为其他家长提供学习的榜样。针对存在教育问题的家庭，班主任可以有目的、有意识地影响和指导家长改进教育方法和教育方式，协助班级教育工作。

要做好家访工作，需要注意以下几个方面：

（1）做好家访前的准备工作。一是要与家长约定好家访的时间，避免家长反感和心慌意乱；二是要明确家访的目的，准备好家访的主题，做到有备而来；三是要准备好学生表现的各种材料，让家长对孩子在学校的表现有一个全面的了解，客观、公正地评价学生。

（2）家访时要注意自己的言谈举止。家访的目的是了解学生在家庭里的真实状况，班主任不能只顾自己侃侃而谈，而不给家长说话的机会。班主任要多看、多听，多让家长表达。同时要注意避免家访流于形式，走过场，不能三言两语、三五分钟就算家访完毕。另外，班主任进行家访时还要注意自身的安全。

（3）家访后还要做好反馈工作。要让学生家长把家访后学生在家里的表现情况及时反馈回来，同时，班主任也要把在家访后学生在学校的表现及时反馈给家长，以便双方能更好地协调合作，共同达到教育学生的目的。

3. 建立班级家长委员会

班级家长委员会是由班级学生家长代表组成的协助班级对学生进行教育管理的组织。它可以由班主任进行组建，也可以由积极的家长倡导组建。家长委员会是家长自己的组织，可以发挥家长间相互教育的功能。为保证家长委员会的有效运转，班主任可以指导家长委员会制定规章制度和活动计划，并邀请家长委员会参与班级活动的组织与策划、班级的教学与管理工作，以充分发挥家长委员会的主动性、积极性和集体力量的作用。

4. 邀请家长到学校参与班级的教学和管理活动

在班级建设中，班主任不能孤军奋战，而应该与家长携手共育。家长来自不同的行业，从事着各种各样的工作，他们在自己的领域都有着自己的专长，班主任应把家长的这种资源充分利用起来，让他们参与到班级的教学和管理活动中，以促进班集体的建设与发展。

（1）让家长参与主办班级黑板报。

黑板报是班级文化的体现，也是教育学生的一个重要阵地。班主任可以将每期板报主题交给家长委员会，由家委会牵头，组织擅长绘画、设计的家长共同参与黑板报的设计与办理，这样办出来的黑板报内容丰富、图文并茂，学生喜欢，家长也有成就感。

（2）邀请家长设计主题班会。

根据班级活动的需要，让家长们共同讨论主题班会的内容和形式，设计多种方案，择优录用，由家长负责主题班会的组织和开展。通过班队活动课，也让班级学生对自己的父母有更全面的认识，也更懂得尊重父母。同时，学生自身的自豪感、自信心也得到增强。

（3）邀请家长走上班级讲台。

许多家长具有较高的文化素质和专业特长，在教学和班级管理中，根据需要可以利用家长的职业特点，将家长请进课堂参与教学活动。比如，可以请做交警的家长为学生进行交通安全知识的讲解与教育，请做医生的家长讲一讲生理卫生方面的知识，等等。这样不但可以活跃课堂气氛，提高课堂教学实效，而且可以使家长与教师成为亲密的合作伙伴，加强家长与班级的教学与管理的联系，最大限度发挥家长的参与效果。

历年真题

【13.5】班主任李老师在利用现代通讯方式联系家长的同时，坚持定期家访，研究学生个性特点，制定班级管理规则。对李老师的做法，下列说法不正确的是（　　）。

A. 管理班级实现了优化高效　　B. 注重教师专业能力提升

C. 教育学生做到了因材施教　　D. 注重家校沟通的多元化

（二）社区教育资源的开发与利用

社区教育资源是指学校所在社区周边环境中蕴含的具有教育教学价值的各种资源的总和。以前，我们往往忽视社区在班级管理中的作用，很少涉及这方面的内容。但是，随着社会经济的发展、教育体制改革的不断深化，学校与社区的合作也在不断推进。《国务院关于基础教育改革与发展的决定》指出：“学校要加强和社区的沟通与合作，充分利用社区资源，开展丰富多彩、文明健康的教育活动，营造有利于青少年学生健康成长的社区环境。”党的二十大报告中提出：“优化区域教育资源配置”“健全学校家庭社会育人机制”。

社区拥有众多的机关、企事业单位等组织，相对于学校，社区具有明显的教育资源优势。社区教育资源包括社区的环境资源（包括自然环境资源、人文环境资源）、社区文化教育设施、设备的物资资源（包括学校、图书馆、文化馆、博物馆、体育馆、文化遗址、影剧院等）、社区人力资源（包括教师、社区教育工作者、各行各业专业技术人员、离退休干部、先进劳模等）。社区不仅可以为学生的社会实践提供了一定的场所，使班级管理得以延伸，同时，也有利于家庭教育指导工作的开展。班主任要对社区内各种资源加以有效整合，充分挖掘、利用社区教育资源。

引入社区力量协助班级管理的方法与途径如下：

（1）与社区做好协调、沟通工作，将一切可能的社区资源对学校开放。在社区教育组织的帮助下，学校可以充分利用社区内现成的或潜在的教育资源，广泛地开展校外课外活动或社会实践活动，为实现学校育人目标服务。

（2）组织学生开展社区服务活动。利用假期、周末组织学生定期或不定期地开展社区公益服务活动、志愿者活动等，比如，组织小学生为社区有特殊困难的居民提供一些力所能及的帮扶活动，帮助社区居民美化社区生活环境，通过这些活动，可以培养小学生的同理心和社会责任感。

（3）邀请社区相关人士走进课堂。班主任要及时了解社会的动态变化，将符合教育要求和有利于学生发展的社会教育力量引入到班级。比如，可以邀请社区的老干部、老红军、先进模范等对学生进行爱国主义教育、集体主义教育、革命教育和理想教育，还可以邀请社区工作者、社区警务室干警到学校进行法制教育等。实践证明，请来的这些“老师”用自己的亲身经历来教育学生，比教师空口说教的效果要好得多。

（三）学校内部教育资源的开发与利用

学校教育资源包含有物质教育资源和人力教育资源，这里主要探讨学校人力资源的开发与利用。学校内部人力教育资源主要包括学校领导、教师、学校教辅及工勤人员等。把这些教育力量整合起来，协调一致地对每个学生产生影响，这是班主任的职责。班主任应努力做好如下工作：

（1）做好与上级主管部门的沟通工作，以获得相应支持。班级是学校教育的基层组织，班级管理的好坏影响着学校的发展，所以学校领导还是非常关注班主任的班级管理工作的。但是，很多情况下，班主任不好意思和领导进行交流和沟通，导致在工作上会产生一些误解和麻烦。所以班主任要主动加强与领导的沟通，正确理解领导的决策；积极向领导汇报工作，争取领导的重视。

（2）正确处理与科任教师的关系。科任教师是班级管理中的中坚力量，优秀班集体的建设离不开科任教师的密切配合，充分利用科任教师的教育力量，可以使班级建设达到事半功倍的效果。班主任要教育学生尊重自己的科任教师，多在学生面前讲科任教师的优点与长处。同时还要主动地向学生、向科任教师了解班级教学的情况，有意识地将他们对彼此的赞扬表达给对方，加强学生与科任教师之间的感情，这样可以大大提高科任教师教学和学生学习的动力。另外，当学生与科任教师之间出现了矛盾和不愉快，班主任要站在公正的立场上，从有利于教师教学和学生发展的角度恰当而及时地处理。

（3）争取学校教辅、工勤人员的支持。学校的教辅人员、工勤人员都是在为学校的教学工作而服务，班主任要教育学生尊重学校所有的工作人员，争取他们对班级工作的支持。比如，班级的公物损坏，班主任对维修人员说话要客气，修缮完毕要表示感谢。以后再遇到班级公物损坏时，维修人员会更加及时、热情地为班级服务。

第三节　小学班级活动

一、班级活动概述

班级活动是指由班级管理者设计并组织班级全体成员共同参与的教育活动。

（一）班级活动的特点

小学班级活动具有以下特点：

1. 目的性

班级活动的目的性特点在于，班级活动是从班级组织建设出发的，是以促进学生的全面发展为最终目的的。无论什么形式的班级活动，首先要考虑的就是对班集体建设有什么样的帮助，对学生的发展有什么益处。

2. 计划性

班级活动的计划性要求班级活动不是随意开展的，而是根据班级管理和教育的需要，根据学生发展的需要，有计划地进行的。

3. 阶段性

小学阶段学生身心发展变化较大，不同年级阶段班级的特点也不相同，因此，小学低年级、中年级、高年级的班级活动内容、组织形式和方法都会呈现出阶段性的特点。

4. 灵活性

班级活动是为班级管理服务的，是为了促进学生的发展。因此，班级管理者可以根据需要组织班级活动，班级活动的形式、内容、规模等具有较大的灵活性。

（二）班级活动的意义

生命在于运动，教育在于活动。良好的班级活动不仅可以使学生愉悦身心，增长知识、锻炼能力，同时也可以加深师生之间的理解与信任，增强班级的凝聚力。班级活动在班级建设中起着不可替代的作用。

1. 班级活动是促进学生全面和谐发展的重要途径

学生的发展不是单一方面的，而是德智体美劳全面发展。班级是一种教育组织，班级活动是对学生进行全面教育的载体。班级活动能为学生的全面和谐发展提供实践的条件和生活经验的基础。通过开展各种内容和形式的班级活动，可以提高学生的思想道德素养，丰富学生的文化知识，培养学生的实践能力，促进学生良好个性的发展。

2. 班级活动是班主任全面、深入了解学生的有效方法

班主任要想管理好班级，必须对班级全体成员有一个全面深入的了解。在日常的班级管理中，有时班主任对学生的了解可能只局限于他的课堂学习、纪律等某一方面表现不好，就轻易地把他们定义为“问题学生”或“待进生”。通过组织班级活动，学生可以在活动中充分释放能量、发挥潜能，每个学生的特长都得到发挥，优点都能充分展现，同时缺点和问题也暴露无遗。班主任对学生有了更加全面的了解，才能采取更有效的措施，促进学生的发展。

3. 班级活动是增强班级凝聚力的有效手段

要建设班集体，就必须组织丰富多彩的班级活动。一个很少开展活动的班级将会显得死气沉沉、人心涣散，就像一盘散沙。没有活动，学生就感觉不到集体的存在，也不会主动去关心集体的发展。只有在班级活动中，学生才能认识到个人与集体、个

人与他人的关系，树立集体主义精神和对集体的责任感和义务感。增强班级的凝聚力，可以使班级更加团结、积极、向上。

二、班级活动类型

根据目前小学班级教育的实际情况，班级活动主要有班级例会活动、主题教育活动和少先队中队活动。下面就这三种类型的班级活动进行简单介绍。

（一）班级例会活动

班级例会是指在班主任的指导下，在班会课时间里，由班主任或班级干部主持，讨论、处理班级日常事务，进行班集体建设的班会活动。班级例会具有以下特点：

1. 常规性

在班级课程表上，一般都会列有固定的班会时间，通常是安排在周五下午。班级例会基本上每周开一次，主要是对班级一周来的各方面表现情况进行总结，对学生进行常规教育。

2. 事务性

班级例会主要是处理班级的日常事务，如总结一周以来班级的学习、纪律、卫生等方面的表现，表扬班级和同学中的好人好事，批评一些不良现象，讨论制订班级工作计划，布置下一周的班级工作任务。

3. 民主性

班级例会主要是以学生为主来进行的，而不是班主任“一言堂”。每次班级例会可以让学生轮流进行主持，让每一个学生都有发言的机会，班主任只是作为班会的参与者、倾听者。通过班级例会，让学生讨论班级的规章制度、奖惩措施，积极参与到班级管理中来。

（二）主题教育活动

主题教育活动是指根据学校的教育计划和班级学生的实际情况确定一个主题，围绕这一主题进行教育活动。

主题教育活动主要有以下特点：

1. 目的性强，主题鲜明

主题教育活动主要是为解决某一教育问题而进行的专题活动，所以，其教育目标明确、针对性强，有着明确的主题，活动的内容和开展都是围绕这个主题进行的。

2. 计划性强，结构完整

主题教育活动需要提前做好充分的准备，需要有完整的活动方案。

3. 形式多样，内容丰富

主题教育活动的常用形式有讨论式、报告式、竞赛式、表演式、游戏式、参观式和课题式等，但每种形式不是单一进行的，可以根据需要把多种形式有机结合起来。从学生全面发展的需求出发，班级主题教育活动的内容十分丰富，包含德育主题活动、智育主题活动、体育主题活动、劳动教育主题活动和心理健康教育主题活动。

（三）少先队中队活动

少先队组织是少年儿童学习共产主义的学校，少先队活动就是这个学校的课堂。少先队活动具有教育性、自主性、组织性、实践性等特点。少先队中队活动是以少先队中队为单位，在辅导员的指导和帮助下，由少先队队员当主人，自己组织的活动。在小学班级的双重管理者角色中已经讲过，小学班级组织是一个班队合一的组织，班主任具有双重管理的角色。所以，在实践活动中，少先队中队活动基本上是以班级为单位进行的。

根据活动的内容和形式，少先队中队活动一般分为一般性队会、主题队会、系列性主题活动和即兴式队会四种形式。

少先队中队活动最大的特点是它有自己特有的仪式：少先队中队队会仪式。

历年真题

【13.6】少先队员的队礼是右手五指并拢高举头上，其涵义是（　　）。

A. 党的利益高于一切　　B. 国家的利益高于一切

C. 少先队的利益高于一切　　D. 人民的利益高于一切

三、班级活动的实施

班主任组织实施班级活动，一般要经历以下四个阶段。

（一）活动设计

要组织好一场活动，首先要做好活动设计方案。班级活动设计是否有创意，关系到活动的质量与效果。班级活动设计主要包含活动主题、活动内容、活动形式、活动名称四个方面的内容。

1. 选择活动主题

选择班级活动主题是活动的第一步，也是重要的一步。班主任要根据班级建设的需要、学校教育计划和教学活动的安排，以及班级的实际需要来确定活动主题。

2. 选择活动内容

活动内容的选择要贴近学生生活，要有创意。

3. 选择活动形式

要根据小学生的特点和活动的需要设计活动的形式，尽量做到形式新颖、多样化。

4. 设计活动名称

班级活动的名称可以让全体学生共同参与进行探讨，集中大家的智慧和力量。活动名称的设计要简洁、形象、生动，能够揭示活动的主题，激发学生的热情，并能给学生留下深刻的印象。

（二）活动准备

班级活动准备得越充分、细致，班级活动的效果就越好。为保证班级活动的顺利开展，班主任要做好人员和物资的准备工作。

1. 人员准备工作

做到统筹安排，各显其能；分工明确，各尽其职；指导认真，检查到位。每一项工作都要落实到人，做到事事有人负责。

2. 物资准备工作

物资准备主要有环境的布置，查找、整理活动所需资料，准备活动用品及设备。

（三）活动实施

活动实施是班级活动的中心环节，是活动全过程的关键。在这个过程中，班主任要起指导和保障的作用，对可能出现的问题要有一个提前的预案。当遇到突发事件时，班主任首先要保持镇定，处理时要以保护和尊重学生为出发点。

（四）活动总结

班级活动结束后，要对整个活动有一个总结性的评价。一般情况下，由班主任做一个总结性发言，对活动的组织实施、活动效果以及学生的表现做一简单扼要的点评。根据需要，也可以让学生讨论、发言，表达自己对活动的感受，对活动进行评价。

第四节　小学课外活动的组织与管理

一、小学课外活动概述

小学课外活动是指学校在课堂教学之外有目的、有计划、有组织地对学生进行的各种各样的教育活动。它是学生课余生活的良好组织形式。

学生的活动不仅有课堂的学习活动，而且有课余生活。早在两千多年前，《学记》中就指出："时教必有正业，退息必有居学。"说明在古代，人们就非常重视学生的课外活动。

课外活动是培养全面发展人才不可缺少的途径，是课堂教学的必要补充，是丰富学生精神生活的重要组成部分。

（一）小学课外活动的特点

小学课外活动与其他教育活动一样，都是为了实现教育目的，促进小学生身心和谐发展，但它也有着自身的特点。

1. 灵活性

课外活动不受课程计划和课程标准的限制，可以根据学校的实际情况和受教育者的身心发展状况等来确定。在保证活动内容的科学性、思想性、趣味性的前提下，活动规模的大小、活动时间的长短、活动内容的选择等都可以灵活掌握，没有固定模式。活动项目众多，丰富多彩，生动活泼，形式灵活多样。

2. 开放性

课外活动是一种利用课余时间对学生进行教育的灵活多样的教育形式，它不受课程计划和学校围墙的限制，只要是有利于学生身心发展的活动，都可以创造条件组织开展。课外活动可以涉及学生的每一个学习生活领域，更具有开放性。同时，它对于每一位学生来说也是开放的，学生可以根据自己的需要选择参加自己喜欢的活动。

3. 自愿性

课外活动不像课堂教学，要求每一位学生必须参加。它是根据学生自己的兴趣、爱好、特长以及实际的需要，学生自愿地组织、选择和参加的活动。它体现了参与对象的个别化，满足了学生个性化发展的各种需要。

4. 自主性

与课堂教学相比，学生在课外活动中具有更大的自主性。富有成效的课外活动，大多是学生在教师和有关方面的指导和协助下，由学生独立自主地开展的。班主任要放手让学生自己设计、组织课外活动，不仅能发挥学生的积极性和主动性，而且能使学生的才能、个性得到充分发展，有利于小学生的优良个性品质的培养。

5. 实践性

课外活动与课堂教学相比具有很强的实践性。在课外活动中，学生有直接动手的机会，可以把在课堂上获得的知识运用于实际，从而加深对知识的理解；在已获取的知识的基础上，进行实际操作，并能不断地发现新的知识、掌握新的技能。同时，在学生亲自参与、组织、设计的各项实践中，获得的不仅仅是实际知识，还提高了思想和身体素质，各方面的能力都在实践活动中获得了发展。

历年真题

【13.7】由学校组织的社会公益活动、兴趣小组和同学帮扶的课外教育活动，不属于（　　）。

A. 教学计划之内的活动　　B. 教学计划之外的活动

C. 综合活动　　D. 社会实践活动

【13.8】从课外活动的内容看，学校举办的法治教育报告会属于（　　）。

A. 学科活动　　B. 社会活动　　C. 主题活动　　D. 文体活动

（二）小学课外活动的内容

学校现行的课外活动内容，基本上可以分为以下几类。

1. 科技活动

科技活动是以科学知识和现代科学技术为内容，以培养学生的科学兴趣、科学能力等科学素养为目的的课外活动。针对小学生的科技活动主要有制作科技小模型、饲养观察小动物、种植植物、采集标本等，以及举办科技讲座、科技表演、科技竞赛等。课外科技活动强调动手过程，让学生在自己动手的过程中综合利用已有知识，全面地认识事物和解决问题，提高学生动手能力，同时培养了学生的科学精神和热爱科学、学习科学的兴趣。

2. 学科活动

学科活动是对课程计划中的各学科的课外拓展学习和研究活动。学科课外活动为小学生提供机会进一步钻研自己感兴趣、更适合自己能力的学科知识。学科课外活动不是对课堂教学中相关学科知识的简单重复，而是对课堂教学内容的加深和扩大，并强调实际应用，具有自己的侧重点。

3. 文体活动

文体活动是与文艺和体育相关的课外活动。学校的课外文体活动主要包括文学（课外阅读、文学作品朗诵、文学作品欣赏）、艺术、娱乐、体育训练与体育竞赛等内容。

4. 游戏活动

游戏活动不仅能让学生有机会感受生活的多姿多彩，有机会展现自己的生命活力和丰富想象力、创造力，而且能让学生学会如何制定游戏规则，养成遵守游戏规则的习惯，培养他们的主体精神和协作精神。

5. 社会实践活动

社会实践活动是学生接触社会、了解社会、体验社会生活和社会生产实践的活动。社会实践活动是培养学生的合作精神和社会责任感等素质的重要途径。学校组织的社会实践活动主要有参观、访问、社会调查、社会公益活动等。比如，参观工厂企业、农村农场，了解社会各行各业；访问社会各界成功人士，了解他们的奋斗历程；调查社会的热点问题以及与小学生学习生活相关问题，提出自己的看法；进行公益劳动和公益宣传等。社会实践活动对培养小学生认识问题和分析问题的能力具有重要价值，有助于培养学生的社会责任感。

6. 劳动工艺活动

劳动工艺活动将劳动与工艺美术活动结合起来，让学生在参加一些有教育意义和美学意义的工艺品的劳动活动中，掌握一些工艺品的制作技术，养成心灵手巧、细致耐心和勤劳的品质。这类活动内容有花卉栽培、盆景制作、刺绣、剪纸、折纸等。

历年真题

【13.9】学校在课外活动中举办安全教育报告会，这一活动形式属于（　　）。

A. 小组活动　　B. 学科活动　　C. 阅读活动　　D. 群众性活动

【13.10】课外活动区别于课堂教学的显著特征是（　　）。

A. 自愿性　　B. 计划性　　C. 同步性　　D. 组织性

【13.11】某小学为弘扬民族文化，围绕“中国风”，组织学生在课外开展书法练习、风筝制作、中国结编织等活动。这属于（　　）。

A. 学科活动　　B. 科技活动　　C. 游戏活动　　D. 主题活动

（三）小学课外活动的形式

与课堂教学组织形式相比，课外活动的组织形式具有更大的灵活性。根据学生参与人数的不同，可分为以下三类：

1. 群众性活动

群众性活动又叫集体活动，是组织多数或全体学生参加的活动。群众性活动的特点是参加的人数较多，他们或是作为观众和听众，或是作为集体劳动、团体演出、竞赛、游戏和娱乐活动的参与者，可以在较短时间内使较多学生受到教育，并能形成一定的气氛和声势，给学生留下深刻的印象，收到较好的活动效果。群众性活动有校际的、全校的、年级的和班级的活动。学校开展的群众性活动主要有报告、讲座、各种集会、文艺联欢、各种比赛、社会公益活动和夏令营等。

2. 小组活动

小组活动是课外、校外活动常用的主要形式。小组活动的特点是自愿组合、小型分散、灵活机动。小组成员一般以共同的兴趣爱好和要求为基础结合而成，其人数的多少依据活动的性质、内容以及条件而定，由他们自己或在老师指导下进行有目的、有计划的小组活动。小组活动的辅导员可请教师、家长或校外有某方面专长的人士兼任。常见的小组活动主要有学科兴趣小组、科技小组、艺术小组、体育小组、公益服务小组等。小组活动有助于激发和培养学生不同的兴趣爱好，促进学生个性和才能的和谐发展。

3. 个人活动

个人活动是一种由学生独立进行活动的形式。常见的个人活动主要有独立进行课外阅读，进行某些观察和记日记，采集各种实物，制作模型、标本，图画写生、摄影，以及进行科学小实验等。个人活动能充分发展小学生的兴趣爱好，发挥学生的积极性和创造性，培养学生独立生活和从事各项活动的能力。

二、小学课外活动组织

（一）小学课外活动组织的基本要求

1. 要有明确的目的性和计划性

组织课外活动，必须从实现教育目的、落实培养目标和促进学生健康和谐发展的高度出发，认真考虑每一项课外活动的具体要求和活动效果。课外活动也不是随意就可以组织的，而是根据教育教学的需要，学校管理、班级管理的需要，有计划地进行的。

2. 课外活动的形式要新颖多样，内容要丰富多彩

课外活动的设计，要符合小学生的年龄特征和心理特点。小学生正是学知识的时候，他们好奇心较强，所以课外活动的形式要新颖多样，要有趣味性，以吸引他们的注意，激发他们参与活动的兴趣与热情。活动内容要丰富多彩，以满足不同学生的需求。

3. 充分发挥学生的主动性和创造性

课外活动是学生自己的自主活动，学生是课外活动的主体。让学生自己选择参与课外活动的类型，在活动之前，由学生自己设计活动计划，班主任提出合理建议，共同确定活动的内容和形式。活动由学生自己组织实施，班主任只是在必要的时候为他们提供一定的支持和指导，充分发挥学生的主动性和创造性。

（二）小学课外活动实施的主要阶段

1. 准备阶段

准备阶段是实施活动必要的前提，是完成活动的关键。该阶段主要包括以下几方

面的内容。

（1）了解和研究学生的情况。班主任对学生的家庭背景、兴趣爱好、个性特点、能力水平等要有一个全面的了解，在了解的基础上开展活动，以促进学生多种发展的可能性。

（2）拟订计划。任何一项活动都必须有周密的计划，才能保证活动实施的成功。在拟订课外活动计划时，要体现国家的教育方针政策，学校的教育目标和工作要求，拟定具体的活动要求、活动内容、活动步骤、活动方式、方法和活动时间等。

（3）做好精神和物质上的准备。精神准备主要是指要做好活动前的宣传工作，以吸引更多的学生积极参与活动。物质上的准备主要是指活动所需的场所、器材、经费等方面，以确保活动顺利有序地进行。

2. 实施阶段

课外活动的实施阶段就是将计划付诸实践的阶段。在活动实施的过程中，可以根据需要，因活动内容的不同或计划的不同而有所不同。班主任要在活动的过程中做好保障工作，以保证活动的顺利开展。

3. 评价阶段

活动结束后，班主任要对课外活动的效果进行评价，总结经验和教训，以便以后更好地开展活动。

三、小学课外活动管理

课外活动能够充实学生的生活、扩大学生的活动领域、密切学生与社会的联系，对学生的成长与发展具有特殊的意义。但是如果管理不善，就失去了课外活动的意义。因此，要协调各方面的力量，做好课外活动的管理工作。

（一）学校要重视课外活动并提供支持

课外活动是学校工作不可缺少的部分，学校应给予高度的重视。学校要对课外活动进行整体规划，并为课外活动的实施提供条件。

首先，学校应该设置专门的课外活动组织机构，由专人负责课外活动的相关工作，使学校课外活动能够持久地进行下去。

其次，学校要根据本校实际情况，充分利用各种资源，安排课外活动指导教师、课外活动的空间场地、设备和器材，为课外活动的开展提供条件支持。

最后，学校要求班主任重视并参与课外活动的组织与指导。班主任对课外活动的重视程度直接影响到课外活动的开展。比如。有些班主任利用自己手中的权利，直接占用课外活动时间上文化课。所以，学校要明确规定课外活动时间任何人不能挪用，班主任要积极参与课外活动的组织与指导，并把班级课外活动纳入到班级量化管理中。

（二）制订课外活动工作计划

学校在制订工作计划时，要把课外活动工作列入计划中。将学校课外活动的计划及其安排告知全校，要求全体老师以及学校各个部门都要配合课外活动工作。

（三）健全课外活动工作管理系统

为保证课外活动持续开展，提高课外活动的质量，必须建立健全适合本校的课外活动管理制度和课外活动工作管理系统。要认真抓好课外活动的管理，加强计划、执行、检查、总结等基本环节，不断提高课外活动的管理水平。由学校领导负责全校的课外活动，并由教导主任协助进行具体管理，年级长与班主任负责领导与管理年级和班级的课外活动，并配合全校性课外活动开展工作。

（四）建立高素质的课外活动辅导队伍

要选择觉悟较高、业务过硬的各学科任课老师辅导学生课外活动的开展，另外也可以请一些有责任心、热心和有爱心以及专业特长的家长担任课外活动的指导教师，组建一支强有力的课外活动辅导队伍，提高课外活动的效率。

（五）高度重视课外活动安全问题

学生的安全问题是学校工作的重中之重。因此，在开展课外活动时，一定要把师生的人身安全放在第一位。在活动之前，要尽力排除一切安全隐患，避免任何安全事故的发生。

本章小结

本章主要介绍了小学班主任与班级管理的相关知识。班主任工作不是人人能为、人人可为的，只有具备了班主任基本素养的教师，才有可能把班级管理工作做好。班主任要明确自己的角色定位，做学生全面发展的引路人。同时，要做好班级管理工作，还需要了解日常班级管理的内容，科学制定班级管理目标，掌握班级管理的原则和方法，合理开发班级管理资源，积极组织和开展班级活动和课外活动。

本章要点回顾

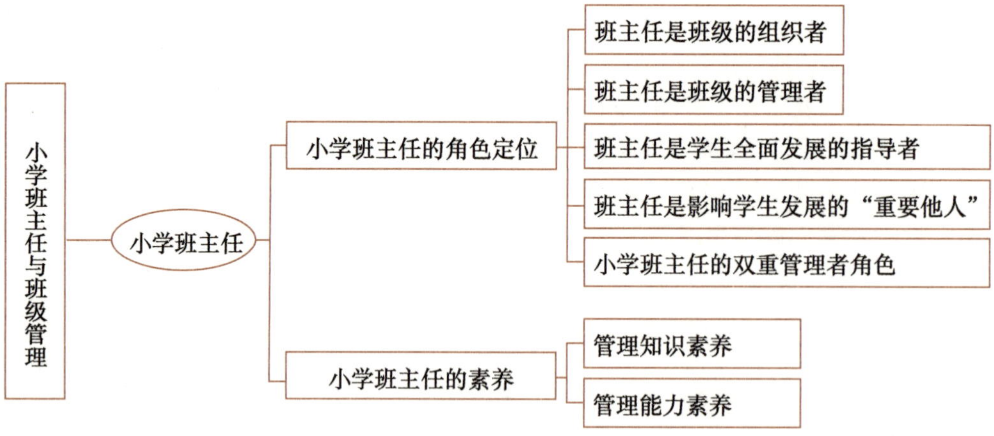

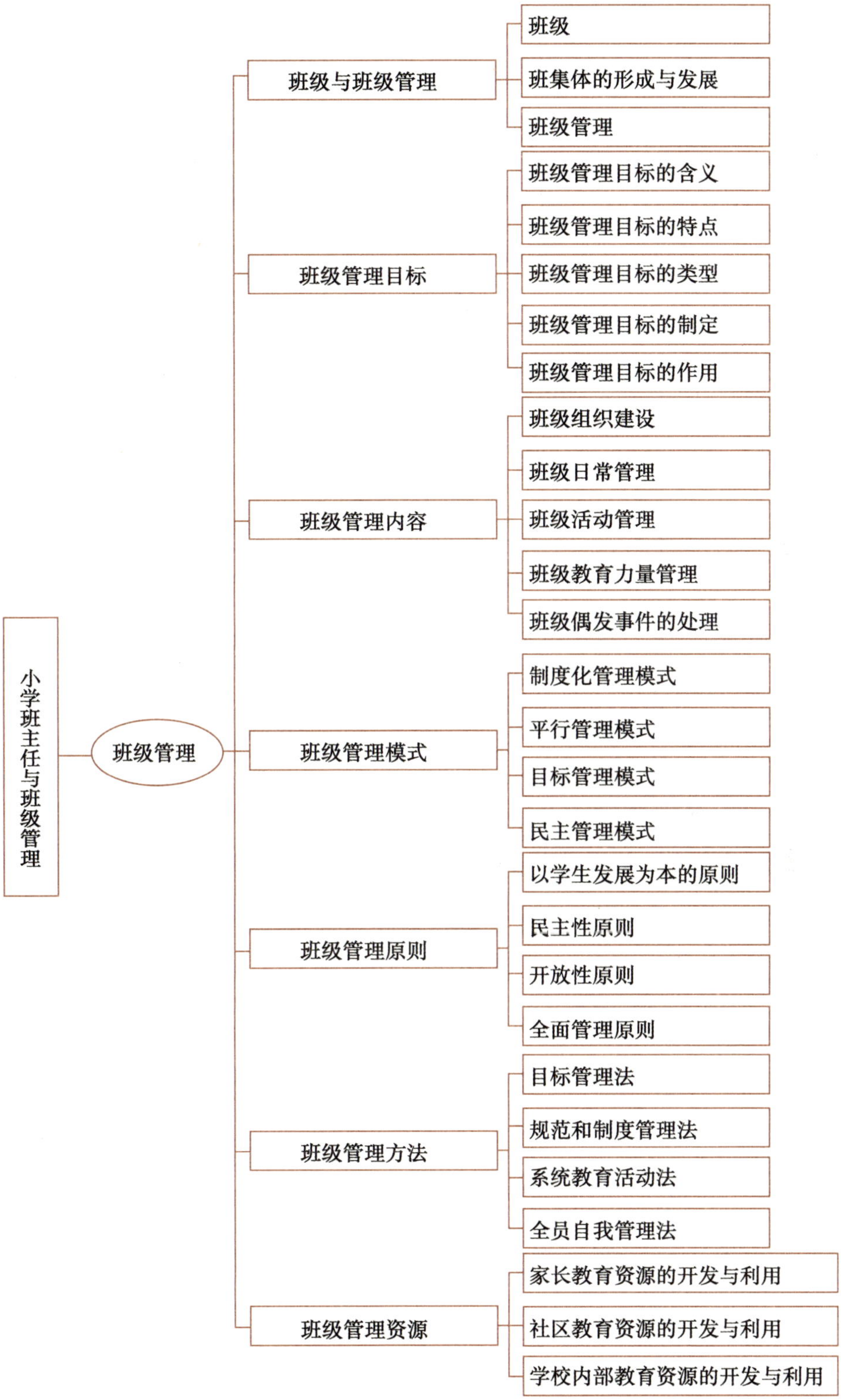
小学班主任与班级管理
班级管理
班级与班级管理
班级
班集体的形成与发展
班级管理
班级管理目标
班级管理目标的含义
班级管理目标的特点
班级管理目标的类型
班级管理目标的制定
班级管理目标的作用
班级管理内容
班级组织建设
班级日常管理
班级活动管理
班级教育力量管理
班级偶发事件的处理
班级管理模式
制度化管理模式
平行管理模式
目标管理模式
民主管理模式
班级管理原则
以学生发展为本的原则
民主性原则
开放性原则
全面管理原则
班级管理方法
目标管理法
规范和制度管理法
系统教育活动法
全员自我管理法
班级管理资源
家长教育资源的开发与利用
社区教育资源的开发与利用
学校内部教育资源的开发与利用

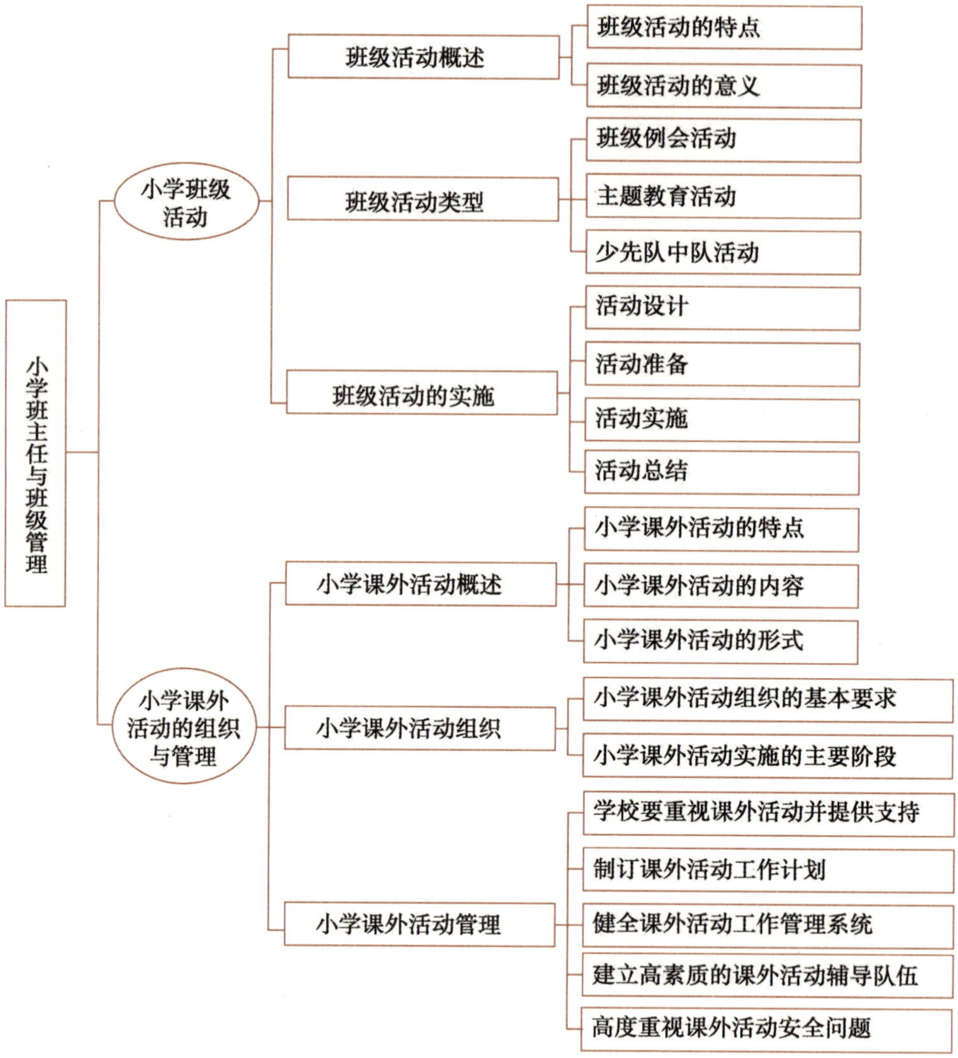

☞ 学习资源

1. 陈默．班主任学生管理训练手册［M］．上海：上海教育出版社，2023.
2. 张作岭，宋立华．班级管理［M］．3 版．北京：清华大学出版社，2019.
3. 邓艳红．小学班级管理［M］．3 版．上海：华东师范大学出版社，2022.
4. 王怀玉．小学主题教育活动创意设计与实施［M］．上海：华东师范大学出版社，2022.
5. 朱小敏．小学感恩教育主题活动设计［M］．北京：中国轻工业出版社，2012.

第十四章

教育科学研究

☞ 学习完本章，应该做到：

◎ 了解：教育科学研究（以下简称“教育科研”）的概念、步骤及主要方法。
◎ 识记：观察法、实验法、行动研究法、叙事研究法。
◎ 理解：教育科研的步骤。
◎ 应用：教育科研的设计、教育研究成果表达。

☞ 学习本章时，重点内容为：

◎ 教育科研的主要步骤、基本方法、教育研究成果表达。

☞ 学习本章时，知识要点与具体方法为：

本章的编写顺序是教育科研的主要方法、教育科研的基本步骤、教育科研成果的表达。在学习时，要注意理解各种研究方法的内涵、适用范围、使用步骤等，应用时要将教育科研的方法与教育科研步骤相结合。

【引子】

鼓励支持中小学教师增强科研意识，积极参与教育教学研究活动，不断深化对教育教学改革的规律性认识，探索适应新时代要求的教书育人有效方式和途径，推进素质教育发展。

——2019 年《教育部关于加强新时代教育科学研究工作的意见》

要成为一名合格教师，必须具备对自己教学行为加以反思、研究，并提出改进措施的能力。“教师即研究者”已经成为时代对每一位教师的基本要求，而且随着教育改革的不断深入与推进，教育中的深层次矛盾与问题越发凸显，教育科学研究在教育改革与发展中的作用越来越重要。

教师在教学实践的第一线，直接面对教育现实，容易发现各种各样的现实问题，同时在教学实践中又积累了相当丰富的经验，最有条件进行教育科学研究，最能为教育改革提供有效的依据。

第一节　教育科研的主要方法

教育科学研究是研究者借助教育理论，以有价值的教育现象为研究对象，运用相应的科研方法，有目的、有计划地探索教育规律的创造性活动。教育科研要遵循客观性、创造性、伦理性、理论联系实际的原则。

教育科研方法有许多，每种方法都有它存在的理由和现实指导意义，根据小学教师教育科研工作的实际需要，我们重点介绍以下几种教育科研的基本方法。

一、调查法

调查法是一种间接的、通过调查资料进行研究的方法。它不完全依赖感官的直接感知，是在自然状态下搜集研究对象的资料，不需要对研究对象附加任何条件，而是以现实教育事实为重点。调查法是教育科研中一种重要的方法，必须注意的是调查本身并不是目的，我们将调查报告作为成果提交上去，是为下一步进行决策、实施调整做准备。

调查法是研究者以当前的事实为对象，通过问卷调查、访谈调查和测验调查收集资料、分析资料，形成科学认识的研究方法。

问卷调查是以书面的方式提出问题，收集资料的研究方法。提问的方式有封闭式问题和开放式问题。前者是把问题的答案加以限制，只允许在所提供的范围内选择；后者是自由作答的问题。对较深层次的问题进行研究，或对要研究的问题还不太明晰的情况采用开放式问题。

访谈调查是一种研究性交谈，常常在研究比较复杂的问题时，需要向不同类型的人了解不同类型的材料时采用。访谈有个别访谈和团体访谈两种形式。访谈要注意的问题有：①要准备好谈话计划，切忌漫无边际，特别是对关键问题的提问措辞要准确，简单明了，使人易于回答；②对采访者提出的问题应分类回答，最好不要问一个答一个，这样可以使对方有一个整体印象；③做好访谈记录对最后整理出完整的访谈结果是十分重要的；④在整个谈话过程中要控制好气氛，给被访者留下良好形象，形成互相信任的合作关系。

测验调查是用一组测试题去测定某种教育的实际情境，从中收集数据进行研究。测验用的工具就是测验题目，这里分为标准题和自编题。标准题是指经过众多研究测验专家的反复实践，以一定的理论为基础编制的一套有针对性的测验题，比如成套成就测验、某种母语测验、艺术测验、外语测验、智力测验、数学测验、学科综合测验、拼读测验、阅读测验、自然科学测验、社会科学测验、感觉运动测验、职业测验、多向能力倾向测验、人格测验等。自编题可以由教师编制，但须审定，并通过信度和效度的测试分析。

调查法按调查的时序和性质分类，可分为现状调查、追踪调查和追溯调查三种。

（1）现状调查。它是截取当前教育对象的某一时间段，对众多的对象同时展开相同的问题询问、调查。

（2）追踪调查（又称发展趋势调查）。这种调查随着调查对象的发展变化进行，不断追踪。例如，选择一些中小学的学生进行多年的追踪调查，就可以从中发现出一些变化规律，研究出某些可行的教育措施。

（3）追溯调查（又称寻因调查或反馈调查）是指调查的着眼点为教育现象的历史过程，通过这种追溯调查，对某些现象的成因做出分析推断，以提高教育质量。例如，对某些单位有成就人士受教育的历史情况进行追溯调查，就可以摸索出一些有益的教育经验，为今后人才的培养提供借鉴。

二、观察法

观察法是教育研究中使用的历时最长的一种方法，许多教育论著都是建立在观察基础上的。科研观察与日常的“观察”的主要区别有两点：一是具有目的性、系统性，二是要对观察材料做出实质性和规律性的描述和解释。

1. 按观察的直接程度划分，可分为直接观察和间接观察

（1）直接观察是观察者凭借感官对研究对象进行现场感知和描述，通常在教学、训练、竞赛等活动中使用，如听课就是一种直接观察。

（2）间接观察是事件发生的时候，观察者不在现场，通过考察研究观察对象的行为结果涉及的某些特定现象，或利用一定的仪器（如录音、录像设备）对研究对象进行观察获取相关资料的观察方法。间接观察在验证直接观察资料的准确性上有着极其重要的作用。

2. 按观察对象的选择来划分，可分为有抽样观察和追踪观察

（1）抽样观察是在特定的时间内对所发生的事情进行专门观察。比如，对一节课内教师活动与学生活动的观察，或在即定的教育活动场所对某些人的行为进行专门的观察。

（2）追踪观察是一种长期、系统、全面地观察研究对象发展过程的方法。苏霍姆林斯基研究“后进生”和“调皮生”的成长过程用的就是追踪观察法。在儿童发展心理学的研究上大多采用这种观察方法。

观察法的适用范围极广，既可用于教育心理、教学的研究，也可用于学校管理、学校评价的研究；既可用于思想品德的研究，也可用于教学方法、学习方法的研究；既可用于一个学生（个体）、一个班集体（群体）的教育的研究，也可用于一所学校、一个地区、一个国家的教育问题的研究。

三、案例法

案例法是研究者如实地报告某一事件发生、发展、变化过程，以此作为资料积累进行研究的一种方法，它既可以是对一个单独事件的记载，也可以是对一系列相关事件进行的连续性、追踪式记载。案例法研究的主体是对事件的准确记录，对此进行的分析、干预、矫正、治疗等措施则是更为深化的研究。

对于中小学教师来说，案例法有特别的现实意义，案例法的对象较易选择。比如，对某个学生现状的分析、对某堂教学设计的研究分析、对某次班会设计和实施效果的研究分析等，都可以作为案例研究的对象。案例研究不仅要发现问题，而且要找到产生问题的根源，有针对性地加以解决，这种方法具有显著的实践价值，容易得到家长的理解和支持。通过案例研究，可由点及面，了解整个班级、年级的动态，有利于完成全面的教育教学工作，积累经验。

四、比较研究法

比较研究法是对物与物之间和人与人之间的相似性或相异程度的研究与判断的方法。

教育科学的比较研究是对某类教育现象在不同时期、不同地点、不同情况下的不同表现进行比较分析，以揭示教育的普遍规律。也可以理解为是根据一定的标准，对两个或两个以上有联系的事物进行考察，寻找其异同，探求普遍规律与特殊规律的方法。

比较研究法在教育科学研究中广泛运用而且具有极高的价值。

比较研究法的基本步骤是：① 明确比较目的，选定比较主题；② 广泛搜集、整理资料；③ 对材料进行比较分析；④ 做出比较结论。其中第三步是重要环节，分析时要注意事物间的因果性、全面性。

五、文献研究法

文献研究法主要是指搜集、鉴别、整理文献，并通过对文献的研究形成对事实的科学认识的方法。文献研究法是一种古老而又富有生命力的科学研究方法。对现状的研究，不可能全部通过观察与调查，它还需要对与现状有关的种种文献做出分析。

文献研究不仅是对过去的教育现象的文献式的研究，还包括对教育学、心理学、教学论等理论进行研究。比如，有一位小学音乐教师设计了“小学低年级学生彩色五线谱教学的实验研究”这一课题，就是依据自己在教学实践中观察到的低年级学生学习五线谱的许多现象，再通过阅读音乐教育学、思维心理学、色彩学等方面的资料，开拓思路，提出这一课题，并获得了研究成功。

文献研究法主要是通过已有资料来进行的研究，因此资料必须具有一定的理性认识价值，有助于开拓我们的科研视野和思路。这里要强调指出，某些人往往轻视查阅文献的工作，甚至产生错误的认识，认为它与研究目的无关；还有些人尽管对查阅文献有所认识，但由于急于求成，怕麻烦，图省事，不肯在查阅文献上下功夫，想走“捷径”，这些错误认识和“幻想”对他们极端不利。科学是老老实实的学问，这里没有什么捷径可言，起初感到的所谓捷径，其实是走更多的弯路。

六、教育实验法

实验法在自然科学中被广泛采用，也是教育科学的一种重要研究方法。教育学中所使用的实验法一般是自然实验法，即在教育活动的自然状态下进行的实验，不是在专门的实验室里进行的实验。为了与自然科学的实验法相区别，也将其叫作教育实验法。

教育实验法是研究者根据对改善教育问题的设想，创设某种环境，控制一定条件，所进行的一种教育实践活动。通过这种实践活动，来探索所设想的某种教育制度、内容、方法或形式的效果，检验其科学的价值。要想建立新的教育理论，探索出尚未被认识的教育规律，改革教育上的某些措施，不经过实验，是缺少科学证明的，是不能成立的。

教育实验法一般分为如下三种。

（1）单组实验法。

单组实验法是在一个组或一个班、一个年级、一个学校里进行实验，将实验前的情况与施加实验因素后的情况做比较，以检验实验因素发生的效应。如在一个班中先用讲授法讲课，测得一个成绩；而后再用自学辅导法教学，测得一个成绩。两个成绩相比，以判定自学辅导法的效果。单组实验法的实验时间不宜太长，因为时间过长，实验的效果易受学生年龄和学力的增长等因素的影响。在测验实验前后的成绩时，应使测验题的性质和难度相等，以便做出正确的评断。

（2）等组实验法。

等组实验法是采取两个情况相等或相似的组或班、年级、学校进行实验，一组施加某种实验因素，叫实验组，另一组不施加某种实验因素，叫控制组或对照组，将两组所得结果进行比较，以判定实验因素所发生的效应。例如，我们采用两个初中二年级班进行教学方法实验，这两个班的学生在人数、男女生数目、年龄、学习成绩、使用的教材和教师水平等各方面的情况都相同（或相似），我们对一个班的学生采用传统的讲授法，对另一个班的学生采用自学辅导法。实验一个阶段后进行测验，从而评判自学辅导法的效果。采用等组实验法，一定要先使两组各方面的情况相等或相似，在实验时，所施加的实验因素最好是一个或两个，不宜过多，否则在检验实验效果时，将不易分出某种实验因素的效能。

（3）循环实验法。

循环实验法可以分为两种情况：一种情况是将某种实验因素先在甲组实验一个时期，后在乙组实验一个时期；将在甲组实验后的成绩与在乙组实验后的成绩相加，将甲组未施加实验因素时的成绩与乙组未施加实验因素时的成绩相加；再将这两个成绩之和相比，以判定实验因素的效应。另一种情况是将两种实验因素轮换地在两组中进行实验，最后将各实验因素与各组实验的成绩相加起来，进行比较，以判定哪种实验因素效果好。这种实验法不强调各组学生的情况完全相同，可以检验某种实验因素在各种情况下的效果。但在检验实验效果时，要用统计学上的多因素方差分析的方法，才能做出科学的判定。

教育上的实验，在实验前应进行周密考虑、精心设计，做出周详的方案，进行科学的预测和假定，要把假定建立在对历史、现状的周密调查研究上，经过科学地分析，假定进行某种实验后的效果一定比未作某种实验的效果有显著的优点，否则，可能使被实验者发生难以弥补的损失。实验的每一步都要及时实事求是地做出记录，并长期地保存好记录，以供研究者利用。实验结束时，应写出详细的报告，将实验的目的、对象、时间、地点、经过、采用的仪器、图表、资料、所做的分析与结论等都交代清楚。

七、统计法

通过调查、实验可以得到大量的数字资料，对于这些数字资料所蕴含的特征和规律，只有运用统计的方法才能揭示出来。统计法是认识教学现象、实行教育管理、开展教育研究不可缺少的一种科学方法。例如，我们要研究两个班学生的数学成绩，如果不运用统计法，求出两个班学生数学成绩的平均分数和标准差，就很难科学、深刻地说明两个班数学成绩的集中情况和分散情况。再如，我们要研究学生的数学成绩和物理成绩的相关情况，不用统计法求出其相关系数，也不能科学地说明问题。

统计法包括对数字资料的搜集、整理、计算和分析等一系列过程，统计图表的制作，各种集中量数、差异量数和相关系数的计算，总体参数的估计和差异性的显著性检验等所运用的方法，都是统计法。研究教育问题时，可根据需要有选择地采用。

八、教育叙事研究法

教育叙事研究法是指以叙事、讲故事的方式开展的教育研究。教师通过对有意义的校园生活、教育教学事件、教育教学实践经验的描述与分析，发掘或揭示内隐于这些生活、事件、经验和行为背后的教育思想、教育理论和教育信念，从而发现教育的本质、规律、价值和意义。教育叙事研究法的基本步骤包括确定所探究教育现象之中的研究问题、选择研究个体、搜集故事—建构现场文本、编码并重新讲述故事、确定个体故事包含的主题或类属、撰写研究文本—确认与评估研究。教育叙事研究的基本形态主要有两种：一是叙事的教育人类学研究，其研究主体主要是专门的教育研究者，研究对象主要是中小学教师、教育管理者，专门的教育研究者倾听、查阅、研究一线教师的教育故事；二是叙事的教育行动研究，这里的研究主体主要是中小学教师，他们既是研究的参与者、行动者，又是讲述者、记录者、反思者，研究的内容大多是发生在教师自身课堂上的真实教育事件、教育问题。

九、行动研究法

行动研究法是指教师在教育教学实践中基于解决实际问题的需要，与专家合作，将问题发展成研究主题进行系统的研究，以解决问题为目的的一种研究方法。

行动研究法主要适用于教育实际问题而不是理论问题的研究。行动研究法的步骤有两种模式：

（1）四环节（四阶段）模式：计划—行动—考察—反思。

（2）六步骤模式：预诊—收集资料的初步研究—拟订总体计划—制订具体计划—行动—总结评价。

行动研究法有三个特征：一是具有动态性，所有的设想、计划都处于一个开放的动态系统中，都是可修改的；二是较强的联合性与参与性，研究者、教师、行政人员组成的小组的全体成员都可参与行动研究法实施的全过程；三是在整个研究过程中，诊断性评价、形成性评价、总结性评价贯穿于行动研究法工作流程的始终。通过行动研究，可以推动教育主体在实践中发现问题，努力寻找用实践的方法深化所进行的教育过程，提高教育主体自我反思的意识及能力，从而促进教育实践效果的提高，更好地促进教育与研究工作的顺利进行。

历年真题

【14.1】研究者关注事件揭示教育现象，采用“课描”写作方法，以讲故事方式呈现研究结果。这种教育研究方法被称为（　　）。

A. 实验研究法　　B. 调查研究法　　C. 叙事研究法　　D. 行动研究法

【14.2】在教育研究文献中，各类文物、教育史著、名师教育实录等属于（　　）。

A. 事实性文献　　B. 工具性文献　　C. 理论性文献　　D. 经验性文献

【14.3】教育研究主体通过对有意义的教育教学实践的描述与分析，发掘或揭示其背后的教育意义。这种教育研究方法是（　　）。

A. 经验研究法　　B. 调查研究法　　C. 行动研究法　　D. 叙事研究法

第二节　教育科研的主要步骤

教育科研是一种有目的、有计划的教育科研活动，有严格的工作程序。教育科研种类繁多，但其研究过程大致相同，主要包括以下步骤。

一、确定研究课题

选好研究课题具有十分重要的意义。研究课题确定得恰当与否，直接决定着研究的方向和水平，影响研究进程中各项工作的成效，关系到研究成果的价值。选题应注重实践意义和理论价值，应当具有可行性、新颖性和先进性，题目要明确具体。

二、收集相关资料

教育调查的实施是教育调查过程中的关键环节，是一项艰苦的工作。教育调查的目的是收集有关资料。教育调查的资料有两类：一是书面资料，主要是指教育行政部门的文件，学校工作计划和总结，教师的教学计划、教案，学生的作业，报刊上发表的有关文章等。二是来自调查对象的口述材料，以及调查者观察到的教育现象的事实材料等。

教育调查资料的收集，既要力求全面系统，还要注意资料的客观性、真实性和典型性。口头材料特别是对于某种教育现象的评估材料，要防止受被调查者的立场、观点、情感、好恶、亲疏等因素的影响而产生偏差。因此，调查者要善于辨别材料的真伪，做到如实反映情况。

三、进行研究设计

研究设计主要包括以下工作（含课题论证）：

（1）分析课题提出的背景；

（2）讨论研究的目的和意义；

（3）完成课题的可行性分析；

（4）对研究问题做出界定，分析研究依据；

（5）讨论界定研究的背景知识；

（6）提出研究目标；

（7）明确研究内容；

（8）确定研究对象，讨论研究关系；

（9）选择研究方法，确定研究策略与操作；

（10）设计研究步骤，对研究工作进行分解，进行时间、人员以及经费的安排；

（11）明确保障措施；

（12）确定研究结果的表现方式。

四、实施研究活动

（1）举办开题会，研究启动；

（2）按照计划对研究进行操作，收集、处理、分析资料，建构理论。

五、撰写研究报告

至此，课题研究即告完成，但是就研究整体而言，工作尚未结束，研究成果究竟如何，结论是否正确，研究成果的意义、水平怎样，还应由专家进行评议鉴定，更要经过教育实践的检验。另外，如何更好地发挥研究成果的效益，也是我们必须认真对待的问题。

第三节　教育科研成果的表达

教育科研成果是在进行教育科学研究的基础上，采用科学的方法，经过智力加工而产生的具有一定学术价值、社会价值或经济价值，并被同行专家认可的知识体系、方案或产品。科研成果最常见的表达形式有论文和研究报告。

一、论文撰写的规范

1. 信息项

（1）标题。标题包括题目、作者署名和所在单位等内容。题目是成果内容的高度概括和集中，是成果的核心和灵魂，反映研究的深度和广度。标注作者署名与所属单位的目的是对研究成果负责任，并维护作者的知识产权。

（2）摘要。摘要是对成果内容的精准概括，要求简明扼要地介绍成果的主要观点，要求精练明确，一般不超过 200 字。

（3）关键词。关键词属于主题词，由反映研究成果的名词术语组成，一般 3 ～ 8 个。

2. 基本项

（1）引言。一般包括问题的提出、理论假设，以及研究的目的、方法、结果和结论等。

（2）正文。正文是研究成果的核心内容，撰写时，观点要贯穿全文，并以观点为轴心，用材料说明观点，做到材料与观点的统一。

（3）结语。结语是整个研究过程的结晶，是成果的精髓。内容上包括总结性的论述、需进一步探讨的问题和今后的展望等。

3. 附属项

附属项一般包括：注释、参考文献、附录。

（1）注释与参考文献。注释是指对文章中的专用名词、术语等的注解，或是在文中直接引用了他人观点或原文的地方加注。注释可以有夹注、脚注和尾注三种形式。注释是一一对应关系，一经引用，非注不可。参考文献则是一个相对模糊的概念，不一定要与正文一一对应。参考文献的类型用字母表示：M 代表专著，C 代表论文集，A 代表从论文集中拆出的文献，N 代表报纸文章，J 代表期刊文章，D 代表学位论文，R 代表研究报告，S 代表标准，Z 代表未定型文献，EB/OL 代表网上电子公告，等等。论文一定要有注释或参考文献。

（2）附录。附录一般是指原始资料、数据、方案、评价材料等可以证明成果可靠性与真实性的材料。

二、研究报告的格式

（1）题目。题目一般就是采用研究课题的名称，有直叙式、判断式、提问式、抒情式等表达方式。

（2）摘要。

（3）关键词。

（4）引言。引言一般包括研究缘起、研究意义以及国内外研究现状等。

（5）正文。正文是研究报告的主体。一般包括：研究社会的背景、研究目的、研究对象及基本情况；研究方法及过程；研究结果与结论；对研究过程及结果的评价等。

（6）结论。

（7）对策与建议。

（8）注释与参考文献。

（9）附录。附录一般包括调查问卷、原始数据、访谈记录、典型案例等。

☞ 本章小结

本章主要介绍教育科研的概念、基本步骤和基本方法，尤其要掌握观察法、实验法、行动研究法和叙事研究法，注重论文、研究报告等教育科研成果的规范表达。

☞ 本章要点回顾

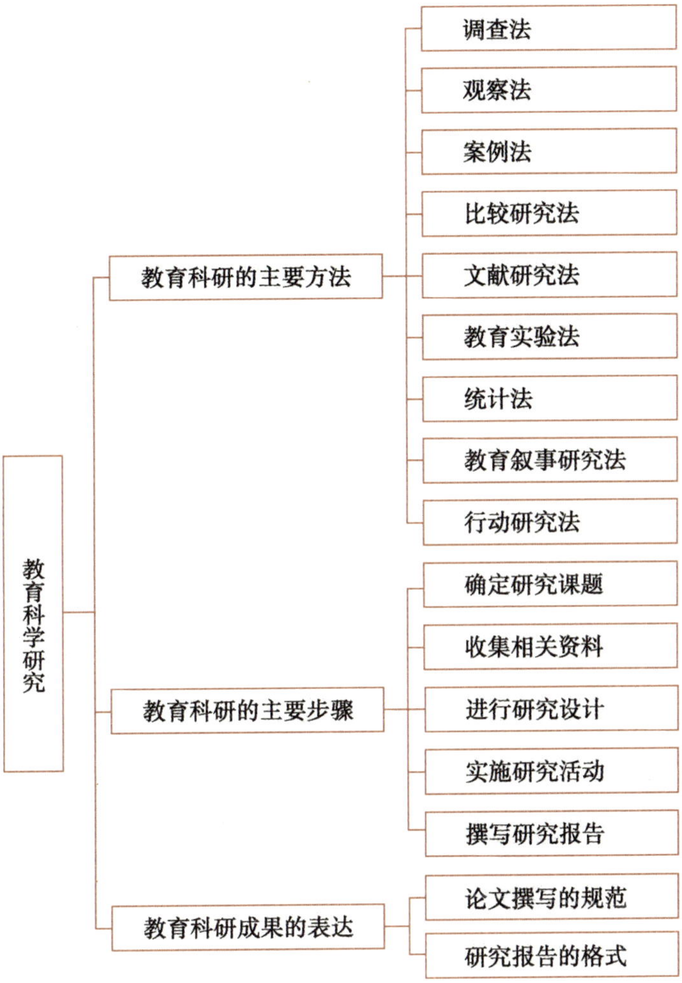

☞ 学习资源

1. 邱小捷．中小学教育科研方法［M］. 北京：高等教育出版社，2004.

2. 邵光华．教育研究方法［M］. 北京：高等教育出版社，2016.

3. 袁征，张文敬．“教育叙事”与学术研究：兼论社会科学和人文学科的革命及研究方法［J］．教育发展研究，2020，40（4）：11-17.

4. 郑蕴铮，郑金洲．教育行动研究：成效、问题与改进［J］．教育发展研究，2020，40（4）：18-23.

国家教师资格考试指导系列图书

书　名	作者	书号	定价
幼儿园笔试			
综合素质（幼儿园）（第二版）	傅建明	978-7-301-32698-5	45.00
保教知识与能力（幼儿园）（第二版）	王俏华	978-7-301-31069-4	42.00
《综合素质（幼儿园）》练习册	虞伟庚	978-7-301-24795-2	30.00
《保教知识与能力（幼儿园）》练习册	王俏华　傅建明	978-7-301-28107-9	34.00
小学笔试			
综合素质（小学）（第二版）	傅建明	978-7-301-31785-3	45.00
教育教学知识与能力（小学）（第二版）	谢先国	978-7-301-31616-0	48.00
《综合素质（小学）》练习册	王俏华	978-7-301-24793-8	30.00
《教育教学知识与能力（小学）》练习册	陈焕章	978-7-301-24796-9	36.00
中学笔试			
综合素质（中学）（第二版）	谢先国	978-7-301-32649-7	38.00
教育知识与能力（中学）（第二版）	洪　明　张锦坤	978-7-301-31073-1	58.00
《综合素质（中学）》练习册	傅建明	978-7-301-24794-5	34.00
《教育知识与能力（中学）》练习册	洪　明　张锦坤	978-7-301-24797-6	30.00
语文学科知识与教学能力（初级中学）	谢先国	978-7-301-26748-6	45.00
《语文学科知识与教学能力（初级中学）》练习册	谢先国	978-7-301-26811-7	38.00
语文学科知识与教学能力（高级中学）	柯汉琳　周小蓬	978-7-301-28305-9	48.00
数学学科知识与教学能力（高级中学）	张景斌	978-7-301-28191-8	48.00
英语学科知识与教学能力（高级中学）	孙淼　林立　刘洁	978-7-301-26837-7	47.00
历史学科知识与教学能力（初级中学）	余柏青	978-7-301-26472-0	42.00
《历史学科知识与教学能力（初级中学）》练习册	余柏青	978-7-301-28558-9	45.00
信息技术学科知识与教学能力（初级中学）	乔爱玲	978-7-301-31074-8	45.00
《信息技术学科知识与教学能力（初级中学）》练习册	乔爱玲	978-7-301-31075-5	39.00
信息技术学科知识与教学能力（高级中学）	乔爱玲	978-7-301-30958-2	49.00
《信息技术学科知识与教学能力（高级中学）》练习册	乔爱玲	978-7-301-31038-0	33.00
面试教材			
中小学教师资格考试面试通关教程	叶亚玲	978-7-301-26547-5	38.00